“十四五”国家重点出版物出版规划项目

着力推动高质量发展丛书

主编　张卓元　迟福林

U0890079

高水平开放的中国

迟福林　匡贤明　郭　达　编著

China in Advancing High-standard Opening-up

SPM 南方传媒 | 广东经济出版社

·广州·

图书在版编目（CIP）数据

高水平开放的中国 / 迟福林，匡贤明，郭达编著 .
广州 ：广东经济出版社，2024. 11. -- (着力推动高
质量发展丛书). -- ISBN 978-7-5454-9460-0

Ⅰ. F125

中国国家版本馆 CIP 数据核字第 2024GM6401 号

策划编辑：王成刚　周伊凌
责任编辑：周伊凌　于明慧
责任校对：黄思健　李玉娴　陈运苗
责任技编：陆俊帆
封面设计：集力書裝　彭力

高水平开放的中国
GAOSHUIPING KAIFANG DE ZHONGGUO
出 版 人：刘卫平
出版发行：广东经济出版社（广州市水荫路 11 号 11 ～ 12 楼）
印　　刷：广州市豪威彩色印务有限公司
（广州市增城区宁西街新和南路 4 号一楼 106 房）

开　　本：787 毫米 ×1092 毫米　1/16　　印　　张：24.25
版　　次：2024 年 11 月第 1 版　　印　　次：2024 年 11 月第 1 次
书　　号：ISBN 978-7-5454-9460-0　　字　　数：420 千字
定　　价：88.00 元

发行电话：（020）87393830
广东经济出版社常年法律顾问：胡志海律师
如发现印装质量问题，请与本社联系，本社负责调换

着力推动高质量发展丛书

编 委 会

主　　编

张卓元　迟福林

编　　委

（按姓氏音序排列）

迟福林　宋洪远　王一鸣　肖金成　张卓元

总　序

以结构转型推动高质量发展

党的二十大报告提出，“高质量发展是全面建设社会主义现代化国家的首要任务”。面对世界百年未有之大变局，我国作为具有巨大发展潜力的经济大国，实现高质量发展，关键是抓住机遇、应对挑战，通过结构转型充分释放14亿多人潜在的增长动力和发展活力，以结构转型推动高质量发展，以结构转型赢得主动、赢得未来。

以结构性改革释放转型新动力

经济转型的本质，是通过结构调整和制度变革，实现结构再平衡和结构升级。结构转型既是发展问题，也是改革问题。实现高质量发展离不开结构转型。我国经济结构转型具有自身的突出特点：一方面，我国14亿多人口的消费结构正在发生重要变化；另一方面，全球经济格局变化深刻影响我国经济结构转型的外部环境。未来10年左右，我国产业结构、消费结构、科技结构、城乡结构、贸易结构都至少有10～15个百分点的升级空间，蕴藏着高质量发展的巨大潜力。以消费结构为例，预计到2025年，服务型消费占比有望从2021年的44.2%提升到50%左右，带来10万亿元左右的新增消费市场，形成我国高质量发展的重要支撑。在新发展阶段，要稳步推进产业结构、消费结构等方面的转型升级，以结构转型赢得高质量发展的主动。

作为拥有14亿多人口的大国，我国经济结构转型有巨大空间，同时面临的问题非常复杂、任务也非常艰巨。这既有发展不平衡带来的结构性失衡，也有体制性摩擦带来的结构性失衡。解决结构性矛盾与问题，既需要结构性政策调整，更需要结构性改革的突破；既要以稳定经济增长为主要目标推进结构性政策调整，推动形成更具弹性的经济转型政策和社会发展政策，也要推进与结构转型相适应的结构性改革。

从当前情况看，推进结构转型，需要不断破解政策与体制、体制与体制、短期与中长期等方面的结构性矛盾；需要不断化解需求与供给、工业与服务业、经济增长与社会发展等结构性问题。从实践看，结构转型需要稳定并增强发展预期、充分激发市场活力、形成公平竞争的市场环境，这些都直接依赖于结构性改革的突破。从结构转型的具体任务来看，适应产业结构、消费结构转型趋势，要以服务领域为重点，着力打破市场垄断和行政垄断，促进现代服务业与先进制造业深度融合，并实现消费与供给的良性循环；适应科技结构升级趋势，要深化科教体制、人才管理体制改革，完善企业投入基础研发的体制机制，激发科技创新活力，释放科技创新潜力；适应城乡结构转型趋势，要推进公共资源与生产要素双向自由流动的体制改革，加快完善城乡基础设施；等等。

14亿多人口大国的结构转型，既是中国发展的重大机遇，也是世界经济增长的重大利好。作为世界第二大经济体，中国的经济转型升级具有国内国际的双重意义，在推动自身转型发展的同时，也将促进全球经济的复苏和增长，为全球经济转型发展和治理变革注入新活力，促进形成更加稳定、多元、平衡、包容的世界经济格局。

以高水平开放推动结构转型

我国经济发展是在开放条件下取得的，未来实现高质量发展也必须在更加开放的条件下进行。未来几年，我国推进高质量发展，既有结构转型的巨大潜力与空间，也面临着外部环境变化的重大挑战。促进高水平开放与推动经济结构调整密切相关。为应对世界之变、时代之变、历史之变，我们必须把高水平开放与结构转型结合起来，以高水平开放推动经济高质量发展。

稳定经济增长，实现高质量发展，既取决于消费结构、产业结构、城乡结构、能源结构等方面的调整优化，又取决于结构转型与国际市场的融合程度。构建新发展格局是与我国结构转型趋势相适应的中长期发展战略，需要高水平开放与高质量发展的相互促进、国际市场与国内市场的相互融合。为此，要把高水平开放与结构转型结合起来，协同推动高水平开放与强大国内市场建设。例如，以开放创新破解“卡脖子”难题，实现新型工业化的重要突破；以适度扩大优质商品与服务进口满足国内消费需求，促进消费结构升级；等等。

要以高水平开放拓展要素配置空间，提高全要素生产率。从要素流动型开放向制度型开放升级，将给提高资源配置效率带来更大促进作用。一是以主动开放释放超大规模市场潜力，推动内外市场联通、要素资源共享，实现国内循环和国际循环的良性互动。二是以服务贸易为重点建设高水平开放型经济新体制，加快打破服务业领域的市场垄断与行政垄断，推进服务业领域国有资本布局优化和结构调整。三是强化服务贸易自由便利的制度安排。加快制定并实行全国跨境服务贸易负面清单，减少制约要素流动的“边境上”和“边境后”壁垒；以海南自由贸易港等为依托，着力打造服务贸易开放新高地。四是以制度型开放推进制度性变革。例如，要加快深化服务领域资金、人才、数据等要素流动型开放，突出规则、规制、管理、标准等制度建设，在对接国际经贸规则中推动全面深化改革。

我国推动高水平开放，不仅为推进双边、区域、多边自由贸易进程提供了重要动力，也将进一步提升我国参与全球经济治理的影响力和制度性话语权。未来，要主动参与全球治理，塑造我国国际经济合作和竞争新优势。一是务实推进RCEP进程。2021年，我国与RCEP其他成员国贸易额同比增长18.1%，占我国外贸总值的30.9%。未来几年，以RCEP为抓手，与其他成员国合力建设全球最大自由贸易区，是我国推动高水平开放的重中之重。二是以服务贸易和数字贸易为重点积极参与全球经贸规则制定。要积极推动加入《数字经济伙伴关系协定》，加快构建我国数字贸易规则方案，制定数字贸易规则设计工作计划、实现路径和时间表，建立统筹协调机制，推动各规则模块有序构建。三是在广泛协商、凝聚共识基础上改革和完善全球经济治理体系，推动经济全球化朝着更加开放、包容、普惠、平衡、共赢的方向发展。

党的二十大报告对推动高质量发展进行了战略谋划和战略部署，指出了推动高质量发展重要的五个着力点：构建高水平社会主义市场经济体制，建设现代化产业体系，全面推进乡村振兴，促进区域协调发展，推进高水平对外开放。这五个方面，是未来高质量发展的重心，为高质量发展指明了方向，为实现中国式现代化奠定了坚实基础。基于对党的二十大对推动高质量发展作出战略部署的学习、理解和研究，中国（海南）改革发展研究院与广东经济出版社联合策划组织出版这套“着力推动高质量发展丛书”。我们希望，这套丛书能对加快构建新发展格局、着力推动高质量发展进行开创性的探索和实践总结，推动我国经济社会发展焕发新活力，以高质量发展全面推进中国式现代化。

这套丛书的作者大多是相关领域的知名专家学者。张卓元、王一鸣、宋洪远、肖金成等在百忙之中参与了丛书的撰写工作。我对为丛书出版付出艰辛努力的各位作者表示感谢，对为丛书出版给予大力支持的广东经济出版社表示感谢！

迟福林

2023年10月

前　言

当今世界正经历百年未有之大变局，地缘政治冲突不断加剧，全球经济格局深度调整，某些大国挑战的“小院高墙”“脱钩断链”严重冲击和干扰经济全球化进程，严重冲击经济增长。在发展与冲突成为突出矛盾的背景下，作为大国，中国如何选择？中国的选择不仅决定中国的发展前景，而且对全球发展有重要影响。

对中国来说，这个选择是明确的，就是要坚持高水平开放不动摇，坚持在开放中发展，在多边框架中解决经贸领域的矛盾与冲突，坚定经济全球化的方向不变，坚定开放、包容、共享的理念不变。

2023年9月2日，习近平主席向2023年中国国际服务贸易交易会全球服务贸易峰会发表视频致辞提出，“世界经济开放则兴，封闭则衰”。2023年9月27日，习近平总书记在中共中央政治局第八次集体学习时强调指出，“以开放促改革、促发展是我国现代化建设不断取得新成就的重要法宝”。2024年4月30日，中共中央政治局召开会议明确提出，“要率先对接国际高标准经贸规则，积极推进高层次协同开放，塑造更高水平开放型经济新优势”。

回顾40余年改革开放历程，面对世界政治经济格局的深刻复杂变化，推动中国式现代化，要在高水平开放中塑造我国国际经济合作和竞争新优势。只有推进高水平开放，只有以制度型开放推动制度性变革，只有与国际高水平规则、规制、管理、标准对接，才能倒逼深层次市场化改革。从这个意义上说，开放是最大发展，开放是最大改革，开放是最大安全。

着眼于中国式现代化，如何判断高水平开放的基本趋势，如何把握高水平开放的战略选择，如何抓住高水平开放的突出特点，如何实现高水平开放重大任务的突破，如何打造高水平开放高地，如何以高水平开放推动深层次市场化改革，如何以高水平开放推动高质量发展，如何以高水平开放的中国推动世界的发展，涉及一系列重大问题。

我以及我带领的团队，长期以来跟踪研究中国改革开放的重大问题，积极建言献策。在百年未有之大变局的大背景下，作为中国改革智库，我们更有责任开展前瞻性思考、战略性谋划、务实性行动。基于上述目的，我和我的同事匡贤明、郭达在研究积累的基础上，撰写了这本《高水平开放的中国》。在此，感谢我的同事陈薇、陈所华、刘铁奇对本书编辑给予的帮助！感谢广东经济出版社对本书出版给予的支持！

迟福林

2024年5月1日

目录 Contents

绪　　论

以高水平开放赢得未来

改革开放40多年来，我国打开国门，不断扩大开放，推动社会主义市场经济体制的建立与不断完善，走出了一条以扩大开放倒逼改革、以深化改革促进扩大开放的发展新路子，开放水平不断提升、开放范围不断扩大、开放程度不断深化，释放了14亿多人发展的强大动力。

世界经济开放则兴，封闭则衰。2023年9月27日，习近平总书记在中共中央政治局第八次集体学习时强调，“以开放促改革、促发展是我国现代化建设不断取得新成就的重要法宝”[①]。面对世界政治经济格局的深刻复杂变化，推动中国式现代化，要在高水平开放中塑造我国国际经济合作和竞争新优势。只有推进高水平开放，只有以制度型开放推动制度性变革，只有与国际高水平规则、规制、管理、标准对接，才能倒逼深层次市场化改革。从这个意义上说，开放是最大发展，开放是最大改革，开放是最大安全。

① 《习近平在中共中央政治局第八次集体学习时强调　积极参与世界贸易组织改革　提高驾驭高水平对外开放能力》，《人民日报》2023年9月28日第1版。

一、中国开放的大门越开越大

从历史上看，有的国家在经济起飞阶段往往采取自由贸易政策，但发展起来后，往往采取相对保守的贸易政策，有的甚至实施贸易保护主义。在世界百年未有之大变局加速演进的背景下，作为拥有14亿多人口的大国，中国在经济起飞并进入中高收入行列国家后，仍将推进高水平开放，仍将同世界各国共享发展机遇。

1.“中国开放的大门只会越开越大”

当前，面对逆全球化、单边主义、保护主义思潮暗流涌动的严峻挑战，习近平总书记在多个国际场合重申：“中国开放的大门只会越开越大，永远不会关上！”[①]在中国经济与世界经济深度融合的今天，不断扩大开放的中国，不仅能形成推动自身经济转型升级与高质量发展的重要动力，而且将为提升国内大循环效率和水平提供重要条件，并将在推动全球经济稳步复苏和增长等方面作出重要贡献。

2.推动新时代开放发展的“三个提升”

我国坚持开放发展，是基于适应我国经济发展阶段变化作出的战略选择，也是推动建设开放型世界经济的实际行动。与40多年前的对外开放相比，今天的大国开放，呈现出“三个提升”的鲜明特征。

（1）从扩大出口到扩大进口的提升。推动扩大进口，以更好地满足人民日益增长的美好生活需要。习近平主席在第三届“一带一路”国际合作高峰论坛开幕式主旨演讲中明确提出：“未来5年（2024—2028年），中国货物贸易、服务贸易进出口额有望累计超过32万亿美元、5万亿美元。”[②]这成为世界对中国市场的重要预期。

---

① 习近平：《与世界相交 与时代相通 在可持续发展道路上阔步前行——在第二届联合国全球可持续交通大会开幕式上的主旨讲话》，《人民日报》2021年10月15日第2版。

② 习近平：《建设开放包容、互联互通、共同发展的世界——在第三届“一带一路”国际合作高峰论坛开幕式上的主旨演讲》，《人民日报》2023年10月19日第2版。

（2）从商品市场开放向服务业市场开放的提升。随着我国城乡居民服务型消费的不断升级，社会对优质服务供给的需求越来越大，对服务业市场开放提出了现实需求。我国将全面取消制造业领域外资准入限制措施，进一步推动服务业市场开放进程。在此背景下，我国在金融、教育、医疗等领域将开放提速。当前，我国金融领域扩大开放成果显著，海南自由贸易港跨境服务贸易负面清单出台实施，我国还将在全国推进实施跨境服务贸易负面清单。

（3）从要素流动型开放向制度型开放的提升。高水平开放的核心是制度型开放，是规则、规制、管理、标准的对接。推进制度型开放是我国高水平开放的鲜明特征。我们将通过积极参与贸易和投资领域多边合作，全面实施外商投资法和相关配套法规，继续缩减外资准入负面清单，加快建立与国际通行规则相衔接的制度体系和监管模式。我们将主动对照国际高标准经贸规则，深入推进跨境服务贸易和投资高水平开放，扩大数字产品等市场准入，深化国有企业、数字经济、知识产权、政府采购等领域改革。

3.以开放的主动赢得发展的主动和国际合作与竞争的主动

进入新发展阶段，实行高水平开放就是要依托我国超大规模市场，吸引和集聚全球优质资源要素，在更高层次的合作与竞争中增强我国经济竞争力与影响力。

（1）以开放的主动赢得释放内需的主动。市场经济中，市场、需求是最稀缺的资源。我国已成为全球第二大商品消费市场，预计在未来几年内有可能成为全球第一大商品消费市场。以扩大内需为基本导向推动高水平开放，就是要以开放的主动推动释放14亿多人口市场潜力，形成增长的重要动力，实现内外市场联通、要素资源共享，构建更加开放的国内国际双循环。

（2）以开放的主动赢得深化改革的主动。习近平总书记强调："改革和开放相辅相成、相互促进，改革必然要求开放，开放也必然要求改革。"[①]改革开放40多年的实践充分证明，开放不仅是吸引国际资源要素集聚的重要条件，也是深化改革的重要动力。当前，随着经济服务化进程加快，高水平对外开放与经济高质量发

① 《习近平：坚持以扩大开放促进深化改革　坚定不移提高开放型经济水平》，《人民日报》2015年9月16日第1版。

展相互促进与融合的时代特征更为明显。以开放促改革，以改革促开放，建立更高水平开放型经济新体制，已成为我国新发展阶段的重大任务。

（3）以开放的主动赢得国际合作竞争的主动。党的十八大以来，我国主动参与和推动经济全球化进程，发展更高层次的开放型经济，不断壮大我国经济实力和综合国力，开放已经成为当代中国的鲜明标识。面对经济全球化的挑战，面对发展与冲突的主要矛盾，我国继续实施扩大开放的一系列重大举措，主动推动实施扩大开放的特别之举，将为赢得国际合作竞争新优势创造重要条件。

二、着力推进制度型开放进程

进入新发展阶段，我国实行高水平开放有着鲜明的时代特征：以制度型开放为突出特点，以推动服务贸易发展为重大任务，以打造高水平开放新高地为重要突破，以构建高水平社会主义市场经济体制为重要保障。

1.着力推动制度型开放

习近平主席在2021年1月25日的世界经济论坛“达沃斯议程”对话会特别致辞中指出：“中国将着力推动规则、规制、管理、标准等制度型开放，持续打造市场化、法治化、国际化营商环境，发挥超大市场优势和内需潜力，为各国合作提供更多机遇，为世界经济复苏和增长注入更多动力。”①

与商品和要素流动型开放不同，制度型开放意味着对外开放的重点向国内制度层面延伸。从我国推进高水平开放的趋势看，这就需要我国进一步完善外商投资准入前国民待遇加负面清单管理制度，落实准入后国民待遇；加快服务业领域的规则对接，尽快打破服务业领域的各类垄断；强化竞争政策基础地位，实现经济政策由以产业政策为导向向以竞争政策为基础转变，并加大对经济政策的公平竞争审查；主动对接国际高水平经贸规则，并在部分区域率先进行敏感领域的压力测试；强化知识产权保护，最大限度激发市场活力与创新活力。

① 习近平：《让多边主义的火炬照亮人类前行之路——在世界经济论坛“达沃斯议程”对话会上的特别致辞》，《人民日报》2021年1月26日第2版。

2.推动服务贸易发展

2021年9月2日，习近平主席在中国国际服务贸易交易会全球服务贸易峰会上的致辞指出："服务贸易是国际贸易的重要组成部分和国际经贸合作的重要领域，在构建新发展格局中具有重要作用。"①

近年来，在产业结构变革加速与服务业市场开放的双重推动下，我国服务贸易规模持续扩大，服务贸易快速发展成为我国对外贸易的突出亮点。同时，伴随着经济服务化进程的加快及城乡居民服务型消费潜力的不断释放，我国服务贸易仍有较大的发展空间，这就需要我们继续推动服务贸易结构调整优化。推动服务贸易发展已成为我国推动高水平开放的重大任务。从我国发展的趋势看，随着居民消费结构升级，预计到2025年，传统服务贸易占比将明显下降，现代生活性、生产性服务贸易比重将显著上升，届时我国服务贸易的国际竞争力将进一步提升。

值得注意的是，数字服务贸易已成为我国服务贸易领域的新亮点，呈现出加快发展的态势。初步估计，到2025年，可数字化的服务贸易进出口总额将超过4000亿美元，占我国服务贸易总额的比重将达到50%左右。在开放发展的进程中，数字服务贸易将发挥越来越重要的引擎作用。

3.推进高水平开放的区域布局

党的二十大报告指出，优化区域开放布局，巩固东部沿海地区开放先导地位，提高中西部和东北地区开放水平。加快建设西部陆海新通道。加快建设海南自由贸易港，实施自由贸易试验区提升战略，扩大面向全球的高标准自由贸易区网络。当前，对标世界最高水平开放形态，加快建设具有国际竞争力的海南自由贸易港开放型经济新体制，加强与东南亚国家的经贸合作与人文交流，进一步发挥海南在深化中国-东盟经贸合作中的重要作用，是我国推进高水平开放的重大战略任务。同时，我国持续深化自由贸易试验区建设。2013年国务院正式批准设立中国（上海）自由贸易试验区，2023年最新成立了中国（新疆）自由贸易试验区，10年来

① 习近平：《在2021年中国国际服务贸易交易会全球服务贸易峰会上的致辞》，《人民日报》2021年9月3日第2版。

自由贸易试验区扩容达到22个。自由贸易试验区推进了一系列制度创新与变革，不仅为稳外贸、稳外资发挥了积极作用，而且成为打造开放新高地的重要实践。商务部数据显示，2022年，21家自由贸易试验区以不到4‰的国土面积，贡献了全国约18%的吸收外资和进出口总额。2023年1—8月，自由贸易试验区外资外贸增速分别高于全国5.7个百分点和4.8个百分点[①]。10年来，自由贸易试验区推出了3400多项改革举措，还向全国或特定区域复制推广了200多项制度创新成果。此外，我国加快粤港澳大湾区建设进程，推进横琴粤澳深度合作区、前海深港现代服务业合作区建设，都进一步提升了粤港澳大湾区在构建新发展格局和推进高水平开放中的支撑作用。

4.以高水平开放推动制度性变革

从我国的实践看，开放是最大的改革。在高水平开放中深化改革，核心是以开放深化要素市场化改革，充分发挥市场在资源配置中的决定性作用。比如：深化土地要素市场化改革，建立城乡统一的土地要素市场；着眼于释放人力资本活力，尤其是科研人员的活力，加快改革人才管理体制，建立以人为本的科技创新激励机制；保护企业家合法权益，激发企业家潜能，充分发挥企业家在资源优化配置中的重要作用；打造市场化、法治化、国际化营商环境，在竞争中性、市场透明、知识产权、环保标准等方面加强制度安排，切实减少不必要的行政干预。

三、推动全球自由贸易进程

面对世界百年未有之大变局，作为具有世界影响力的新型开放大国，中国以何种方式影响世界，世界如何客观看待中国，成为国际国内广泛关注的重大问题。我国推动高水平开放，不仅为推进双边、区域、多边自由贸易进程提供了重要动力，也将进一步提升我国参与全球经济治理的影响力和制度性话语权。

---

① 王文涛：《努力建设更高水平自贸试验区》，《人民日报》2023年11月6日第11版。

1.推进多边、双边自由贸易进程

中国始终坚持以发展为导向，坚持以自由贸易为导向，积极主动推进多边、双边自由贸易进程。

（1）坚定捍卫经济全球化。从大国的全球责任出发，我国努力倡导各国维护经济全球化大局，坚持多边主义，完善全球治理。习近平总书记强调："我们要站在历史正确的一边，坚持多边主义和国际关系民主化，以开放、合作、共赢胸怀谋划发展，坚定不移推动经济全球化朝着开放、包容、普惠、平衡、共赢的方向发展，推动建设开放型世界经济。"①中国相继出台的扩大开放的一系列举措，全力保障全球产业链供应链稳定，并在推进高质量共建"一带一路"中提升各国基础设施互联互通水平。

（2）维护全球自由贸易体系。在经济全球化的制度安排中，自由贸易最为核心。单边主义、贸易保护主义不仅无助于本国问题的解决，还给经济全球化和全球经济复苏带来巨大障碍。各国遵循自由贸易的基本原则，共同维护全球多边贸易体制，是推进经济全球化的重要出路。其中，大国尤其需要发挥在这方面的重要作用。尽管面临某些国家挑起的贸易摩擦，中国仍然坚定维护全球自由贸易体系，反对贸易保护主义，反对"脱钩断链"，反对"小院高墙"，反对经济贸易问题政治化、武器化。

（3）积极构建自由贸易网络。在全程参与并积极推动RCEP（《区域全面经济伙伴关系协定》）签署后，我国率先批准了RCEP，并主动积极实施RCEP各项条款。目前RCEP在中国的实施已经产生了初步的红利。推进自由贸易进程，构建自由贸易网络，需要捍卫开放、包容平衡、普惠的自由贸易体系。我国倡导自由贸易体系，不是对传统自由贸易体系的简单承袭，而是赋予其新的内涵，强调开放、包容、普惠、平衡、共赢的理念，强调务实合作行动。

2.推动高质量共建"一带一路"

共建"一带一路"，是推动经济全球化的一项重大倡议。为务实推进"一带一

---

① 《习近平在看望参加政协会议的经济界委员时强调：坚持用全面辩证长远眼光分析经济形势　努力在危机中育新机于变局中开新局》，《人民日报》2020年5月24日第1版。

路”建设，我国本着开放包容的精神，同愿意参与的各相关方共同努力，把“一带一路”建成“减贫之路”“增长之路”，为人类走向共同繁荣作出积极贡献。为务实推进共建“一带一路”，我国不仅积极促成具体项目落地，而且主动发起设立了亚洲基础设施投资银行（亚投行）、丝路基金有限责任公司等相关机构，夯实实施机制。与此同时，推动沿线国家和地区在基础设施、制造业、服务业、能源资源等多个领域开展广泛合作，为提振区域经济和推动世界经济增长注入了新的动力。

截至2023年6月，中国已经同152个国家和32个国际组织签署200多份共建“一带一路”合作文件。以中欧班列为例，截至2022年底，中欧班列累计开行突破6.5万列、运输货物超600万标箱、货值3000亿美元，已开通运行82条线路，联通欧洲24个国家200多个城市。世界银行报告显示，共建“一带一路”使参与方贸易额增加4.1%，外资增加5%，使低收入国家GDP（国内生产总值）增加3.4%，并预测到2030年，共建“一带一路”每年将为全球产生1.6万亿美元收益，占全球GDP的1.3%，有望帮助全球760万人摆脱极端贫困、3200万人摆脱中度贫困。中国推进高水平开放，仍将高质量共建“一带一路”，以基础设施互联互通为依托，实现各国联动发展；由产能合作为主向产能合作与服务贸易并重转变，进一步拓展合作内容，释放“一带一路”的更大潜能。

四、高水平开放的中国与世界

2023年10月18日习近平主席在第三届“一带一路”国际合作高峰论坛开幕式的主旨演讲中指出：“我们深刻认识到，人类是相互依存的命运共同体。世界好，中国才会好；中国好，世界会更好。”[①]构建人类命运共同体，是共同应对全球性挑战的“中国方案”，并将塑造中国与世界融合发展的未来。

1.坚持世界各国命运紧密相连的理念

经济全球化与新科技革命使世界各国的利益和命运联系在一起，各国的产业

① 习近平：《建设开放包容、互联互通、共同发展的世界——在第三届“一带一路”国际合作高峰论坛开幕式上的主旨演讲》，《人民日报》2023年10月19日第2版。

链、供应链、价值链紧密相连，经济发展相互依赖。无论是应对类似新冠疫情的全球突发公共卫生事件，还是应对气候变化、人口老龄化等全球性挑战，都迫切需要在人类命运共同体理念下开展全球行动、全球合作。

2.主张共商共建共享的全球治理

当前，全球经济治理体系滞后于国际经济格局变化的矛盾日益突出，治理赤字持续扩大。全球经济治理体系只有适应国际经济格局的发展变化，才能为全球经济稳定提供有力保障。将现有治理体系推倒重来、另起炉灶，不仅会破坏现有的国际经济秩序，还会直接冲击和破坏世界的和平稳定。因此，我们既要坚持多边主义的核心价值和基本原则，也要立足世界格局变化，着眼应对全球性挑战需要，在广泛协商、凝聚共识的基础上改革和完善全球治理体系。我国坚定维护以联合国为核心的国际体系、以国际法为基础的国际秩序；维护以WTO（世界贸易组织）为基础的多边贸易体制，积极参与WTO改革，并以提升代表性、公平性和有效性为重点，推动国际经济治理体系改革。

3.以文明互鉴超越文明冲突

“文明因多样而交流，因交流而互鉴，因互鉴而发展。”①中国主张超越狭隘的“文明冲突论”，提出要尊重世界文明多样性，以文明交流超越文明隔阂、文明互鉴超越文明冲突、文明共存超越文明优越。尊重文明的多样性，最重要的是要顺应时代潮流，尊重各国对社会制度和发展道路的选择。要以文明互鉴促进世界和谐。文明的发展需要以交流互鉴为前提，取长补短，才能保持蓬勃的生命力。实现各类文明和谐共生，重要的是求同存异，充分尊重各国文明多样性和发展道路多元化，由此“让世界文明百花园群芳竞艳”。

作为新型开放大国，进入新发展阶段，我国坚持和平发展道路，奉行互利共赢的开放战略，继续推进高水平开放进程，继续同世界各国人民一道推动共建人类命运共同体。

① 习近平：《深化文明交流互鉴　共建亚洲命运共同体——在亚洲文明对话大会开幕式上的主旨演讲》，《人民日报》2019年5月16日第2版。

PART 01

第一章

高水平开放的基本趋势

当前，百年未有之大变局加速演进，全球经济格局、地缘政治格局发生深刻复杂的变化，不确定性明显加大。未来5—10年，经济全球化、全球经贸规则重构与区域经济一体化，都处于一个关键时期。作为全球经济大国，中国主动推进高水平开放，加快构建自由贸易网络，不仅为自己的发展注入重要动力，而且为不确定性增强的全球发展注入重要的确定性。

第一节

经济全球化的大趋势

冷战结束后，市场经济体制逐渐成为全球的基本经济制度。制度的一致性使制度性交易成本大幅降低，由此推动的经济全球化浪潮，在促进全球经济增长的同时，也使世界经济结构出现了前所未有的深刻变化。今天，面对百年未有之大变局，发展与冲突成为全球突出矛盾，经济全球化正面临严峻挑战；与此同时，我们也要客观看到，经济全球化大势未变，走出一条开放、包容、普惠、平衡的经济全球化新路子，仍是各方的现实需求。

一、和平与发展的时代主题面临严峻挑战

1.世界格局的深度调整

（1）俄乌冲突、巴以冲突严重冲击全球战略稳定。2022年初爆发的俄乌冲突，是冷战结束以来最大的地缘政治冲突[①]，推动着国际战略力量和格局进行深度调整。俄乌冲突绝不是一次简单的军事冲突，而是世界大格局动荡变化的必然后果。俄乌冲突以来，美国和一些西方国家持续“拱火”“递刀”，不断扩大对乌军援、向乌提供先进武器系统，导致危机长期化。根据白宫在俄乌冲突一周年之际发表的声明，已有50个国家参与由美国牵头的乌克兰防务联络小组，向乌克兰承诺

① 高云：《冲突影响不断外溢，激发各方持续反思——俄乌冲突一周年回望》，《解放军报》2023年2月23日第11版。

的军事援助总价值已达500亿美元[①]。2023年10月爆发的巴以冲突，使得中东地缘政治面临严峻挑战，进一步加剧了全球紧张格局。其对全球地缘政治产生的外溢效应，仍有待观察。

（2）**世界政治与安全格局深刻调整。**俄乌冲突后，大国之间原有的关系和本来就十分微妙的战略平衡被打破。例如，芬兰、瑞典、瑞士等传统中立国都抛弃了传统的中立姿态，全球贸易的基础设施（国际资金清算系统SWIFT）被部分国家用作制裁他国的武器，由此对全球化造成严重冲击。各类价值观、秩序观、安全观的相互碰撞冲突，将在世界范围内造成更多不确定性。

（3）**阵营对抗隐忧逐步显现。**军事冲突的爆发、传统安全风险的上升，将加剧世界范围内集团政治和阵营的对抗趋势。美国固守冷战思维、“零和博弈”错误理念[②]，政治极化态势明显。联合国开发计划署发布的《人类发展报告2021/2022》显示，2021年全球政治极化现象有所增加（见图1-1）。

2.大国关系发生重大变化

（1）**中美战略博弈常态化、长期化。**改革开放以来相当长的时间里，美国对华政策大体上遵循以“接触战略”为主的原则。随着中美两国综合国力差距的不断缩小，美国对华政策开始向挤压中国发展空间的方向转变，“对华强硬”成为美国新的战略共识，并不断将中美关系向战略竞争的方向推动。目前，拜登政府将中国定位为美国的首要竞争者，宣称要与中国展开“长期性、战略性竞争”[③]。

从“理念-利益、认知-行动、议题-回应”角度，可以更清楚地看到中美关系的基本趋势。第一，理念的冲突将超越利益的合作，并成为塑造中美关系的核心变量；第二，认知的障碍将带来行动的错判，并有可能成为激化中美矛盾的重要因素；第三，解决互为镜像的结构性矛盾，是未来10年努力推动中美关系实现好转的突破口[④]。

---

① 李晨：《俄乌冲突以来美国对乌克兰军事援助评析》，《当代美国评论》2023年第1期。

② 《佩洛西窜台的若干事实》，《人民日报》2022年8月25日第17-18版。

③ 赵明昊：《拜登政府对华战略的“1234”》，https://ciss.tsinghua.edu.cn/info/subemail_wzjx/3699。

④ 郭达、迟雪：《中美关系50年：历史演变与发展趋势》，《全球化》2023年第1期。

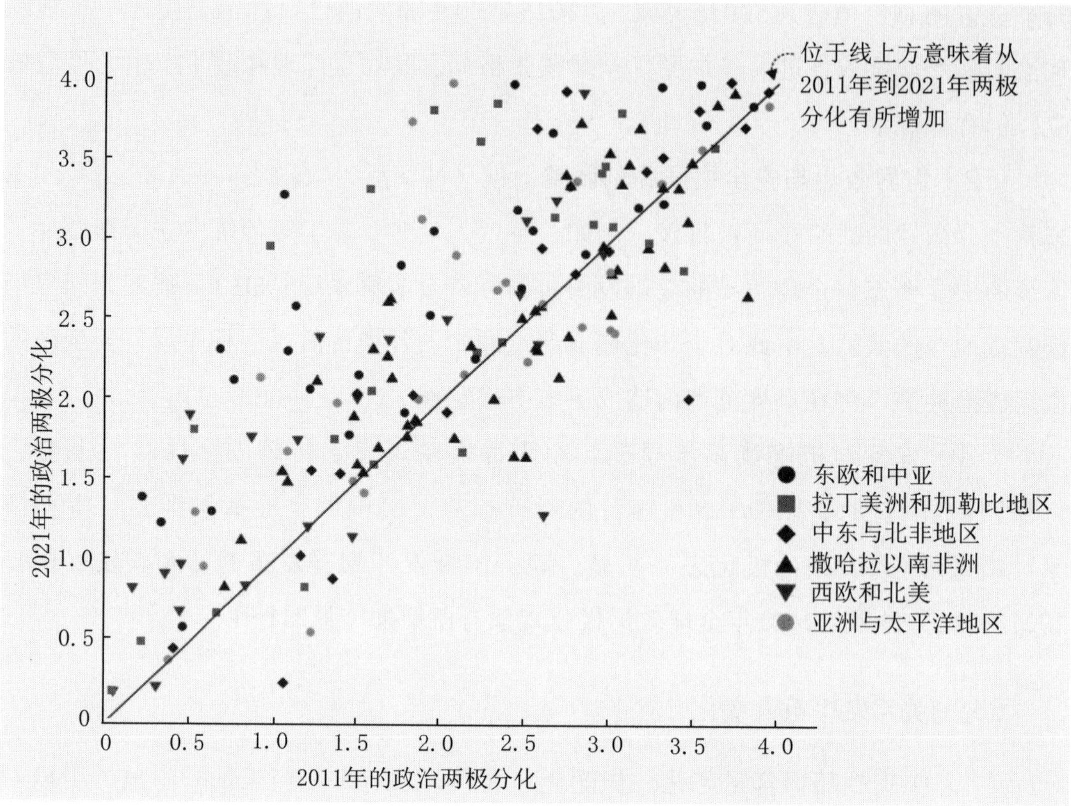

图1-1　2021年与2011年世界范围内政治两极分化对比

资料来源：联合国开发计划署发布的《人类发展报告2021/2022》。

总体上，美国产业结构的变化引发国内群体、阶层利益关系的复杂变化，是美国基本面的变化。未来相当长一个时期内，尽管美国采取的办法和策略可能不同，但都难以改变美国正在发生的这些变化，难以解决诸如产业结构变化的问题、内部利益结构的问题以及国际关系的问题等，也就难以改变中美长期战略博弈的态势。

专栏1-1　沟通合作是中美关系的出路
中国公共外交协会会长吴海龙：美国已经不是过去的美国，中国也不是过去的中国。中美之间的竞争难以避免，但中美之间的合作也不可缺少。积极拓展和扩大双方的合作面，使中美关系基本上维持稳定并向前发展的势头，是中方的良好愿望。能不能实现，取决于美方愿意不愿意和中方相向而行。 联合国前副秘书长刘振民：搞好大国关系的关键有两个方面。一是寻找最大公约数，能合作的合作。美国也逐步认识到，跟中国“脱钩断链”不现实。美国的问题是体制问题，没有解决产业链调整的问题。我们要抓住中美合作恢复的势头，和美国寻求在双方关系、国际事务中合作的最大公约数，能合作的合作。现在的大国关系不是纯粹的国家之间的关系，而是有很多复杂的周边关系。我们要避免上美国的当、上欧洲的当，我们要避免进入硬碰硬的冷战，热战绝对不能打。二是要坚决防止阵营化。当今世界的主要矛盾还是南北矛盾、发达国家和发展中国家的矛盾。与此同时，我们在经贸合作上也要避免阵营化。要把经济全球化、全球统一大市场维护住，把全球南方发展中国家这个盘子维护住，这样我们在国际市场上就有了很大的优势。一定要把握好双边矛盾，中美矛盾也好，中欧矛盾也好，尽量缩小到双边问题来处理和解决，不要扩大化。以联合国为核心的国际体系不可能解散重来。再坚持奋斗10—15年，多极世界就真来了。 中国社会科学院学部委员余永定：如何解决中美关系？沟通合作才是最终出路。中美有大量的可合作领域，比如气候领域。美国高层决策者非常清楚中美相互依存的处境，非常清楚美国跟中国不可能脱钩。但是，在中美政治气氛非常紧张，而且是每况愈下的情况下，美国的政治家不可能站出来公开说要改善中美关系。为什么中美关系会越来越坏？潘多拉的盒子是美国打开的，先是丑化中国，把中国形容成负面。一旦形成舆论了以后，想扭转就非常费力。美国与中国的政治家都应该拿出勇气。特别是美国政治家，要引导美国民众和媒体，避免一些歪曲的报道，引导美国人重新培养对中国人的感情。双方之间的关系改进了，问题就好解决了。 华南美国商会会长哈利·赛亚丁：美国和中国之间的贸易关系往往受到媒体影响。有必要认识到，政治世界和商业世界是不同的运作领域。尽管新冠疫情给全球带来了严重的挑战，但是中国作为主要的经济体之一，2022年取得了令人瞩目的成就。值得注意的是，2022年中美贸易总额达到6900亿美元左右。外商直接投资1891亿美元，同比增长5%，成为历史新高。尽管所有的公司都面临着挑战，但是中国仍然是美国、大多数欧洲国家的头号投资热土和目的地。中国是外国投资的沃土，我们的会员对中国的商业前景充满着信心。不仅因为中国庞大的市场和强劲的增长潜力，还因为中国政府坚定不移致力于为企业提供最好的服务，并且为各种所有制企业创造各种各样有利的环境。同时，中国政府还提供了进入中国广阔市场的机会。

资料来源：中国（海南）改革发展研究院：《“高水平开放与大国关系”专题研讨专家观点摘要》，《中改院简报》第1686期。

（2）俄与美欧将处于长期对抗状态。俄乌冲突爆发后，美欧等国家和地区对俄发起全方位、力度空前的制裁措施，截至2023年1月8日共12695项[①]。面对西方国家的高强度打压，俄罗斯重新审视与相关国家的关系，有针对性地实施了一系列反制裁措施。在制裁与反制裁的过程中，俄罗斯与欧洲在能源、经济、科技、人文

① 徐坡岭：《俄乌冲突下全球经济秩序面临调整》，《经济日报》2023年2月17日第11版。

等领域全面脱钩，并将进一步显著压缩俄欧对话沟通的空间，俄欧将面临更激烈的对抗。从趋势看，俄罗斯对外战略政策将转向中印等非西方国家，中俄、俄印关系将进一步加强。

（3）**美欧军事安全领域的合作进一步增强。**法国总统马克龙接受媒体采访时呼吁，欧盟应该实施“战略自主”，成为与中国和美国并驾齐驱的“第三极”[①]。从现实看，欧洲的战略自主性已遭到严重削弱。乌克兰危机以来，北约从“脑死亡”复苏，一跃成为西方对乌军事协调中枢，甚至加速向北扩张。尽管欧洲各国都加大了本国军事投入，但对美国也更加依赖，且在能源、经贸、金融等领域空间遭挤压，自主性下降。此外，欧洲内部存在的矛盾分歧也将随着战事拖延而进一步显现，欧洲战略自主面临严峻的挑战。

3.发展与冲突成为突出矛盾

（1）**全球与区域经济发展不平衡。**当前，全球范围内的冲突因素不断增多，发展与冲突逐渐演变成为全球突出矛盾。例如，俄乌冲突持续是对二战后全球秩序的重大冲击，推动着世界格局的演变和重塑。由此，经济全球化与区域经济一体化格局受到严重冲击。中、美、欧等经济体的经济增长状况存在明显差异。传统的“生产—能源—消费”的国际经济格局难以持续[②]，世界范围内的经济发展不平衡现象日益突出。

（2）**美国“以欧制俄、以俄制欧”的战略不会改变。**美国借机牵引国际关系“阵营化”和“泛意识形态化”，推动“新铁幕”向全球扩展；同时，俄欧在地缘政治和地区安全事务中都绕不开彼此，但双边关系空前恶化，由此也增大了多方面的不确定性。

（3）**经济发展仍是东方国家的主要矛盾。**东方国家的发展面临三个突出矛盾和挑战，即：东方难免会受到西方相当程度的影响和制约，如欧洲对中国对外政策

---

① 贾平凡：《推进欧洲战略自主，法国走得艰难》，《人民日报海外版》2023年5月27日第6版。

② 曹远征：《“南北国家”实力趋近与世界经济治理体系的重构》，《文化纵横》2019年第4期。

尤其是中俄关系的误解疑虑一度加深；东方也有台海、南海、印巴、中亚等冲突的爆发点；东方某些国家在一定条件下也会加入美国主导的、针对中国的集团性包围圈。

（4）**发展与冲突成为全球突出矛盾。**对我国来说，“和平与发展是时代主题”没有变，但阶段性特征明显，而发展与冲突将成为未来10年左右全球走势的一个重要特征。

二、经济全球化大势未变

1.经济全球化面临严重冲击

（1）**贸易保护主义日益加剧。**国际金融危机以来，尤其是美国特朗普政府上台以来，贸易保护主义与单边主义势头增强，全球自由贸易进程面临挑战。根据全球贸易预警信息网数据，2021年全球新采取的贸易保护措施数量达466项，是2019年的1.5倍（见图1−2）。贸易保护主义措施叠加地缘政治等因素的影响，全球贸易增速持续下滑。根据世界银行数据库相关数据测算，按2015年不变价美元计算，1990—2000年的10年间，全球货物与服务出口年均增长6.5%；2000—2010年的10年间，全球货物与服务出口年均增长4.4%；2010—2022年的12年间，全球货物与服务出口年均增长仅为3.0%。

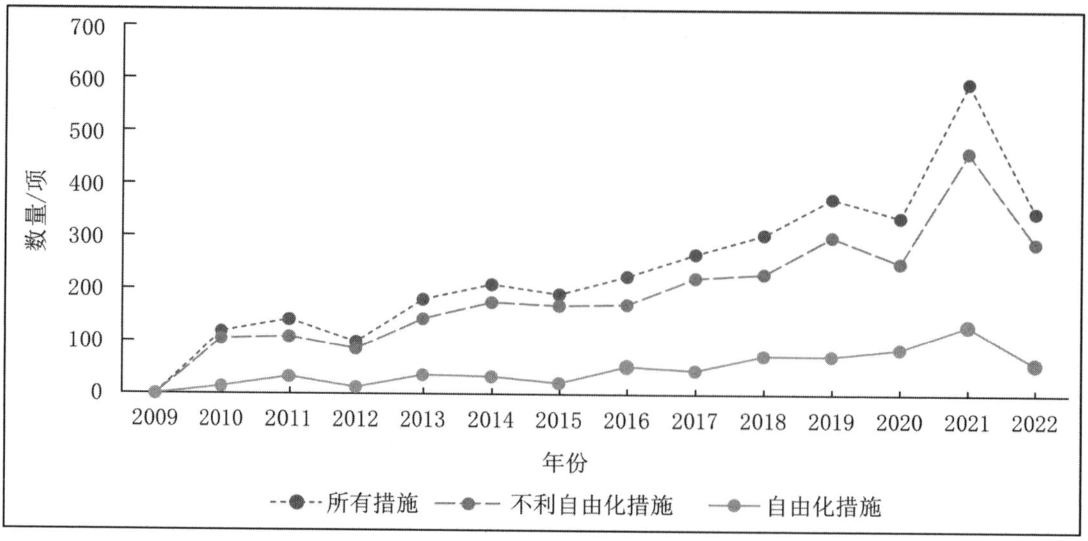

图1-2 2009—2022年新增贸易干预措施数量

（2）**全球要素流动趋缓。**全球外商直接投资流量呈整体下降趋势。2022年，全球外商直接投资（流出）总额接近1.30万亿美元，虽然较疫情中（2020年）的0.96万亿美元增长了35%左右，但与疫情前（2019年）的水平相比，仍然下降了24%左右（见图1-3）[①]。特别是在世界政治格局变化及多重因素冲击的背景下，各国政府纷纷出台更加强调内向发展的宏观政策，并进一步加大全球跨境投资安全性审查力度。未来，全球外商直接投资增速下降将是一个长期态势。

① 联合国贸易和发展会议（UNCTAD）：《2023年世界投资报告》，2023。

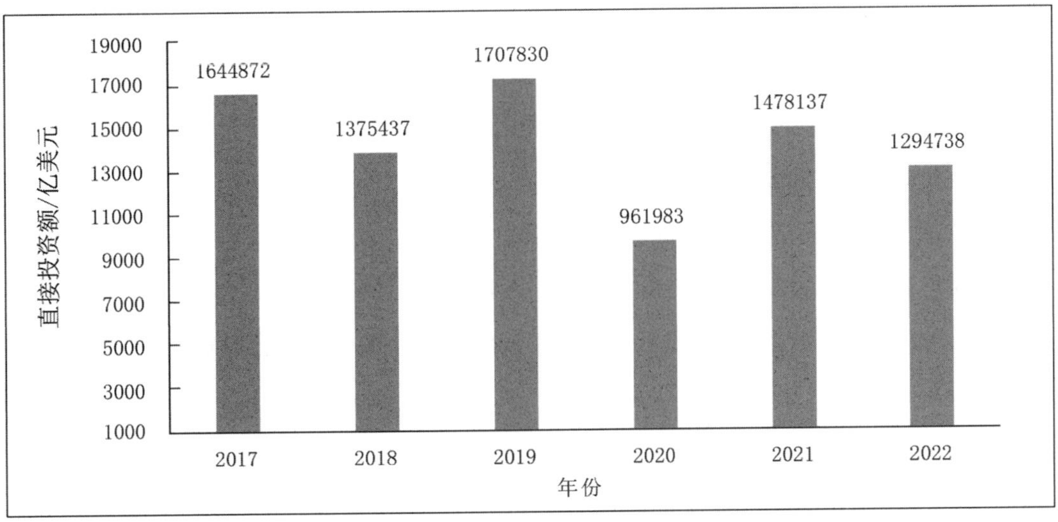

图1-3　2017—2022年全球外商直接投资额

数据来源：《2023年世界投资报告》。

全球人口流动增速放缓。据联合国世界旅游组织（UNWTO）统计，截至2023年3月，全球国际旅行人数达8558.5万人次，虽然较2022年3月增长64.5%，但仍低于2019年同期的24%。根据联合国全球迁移存量数据库的相关数据，2005—2010年，世界移民存量年均增长2.9%；2015—2020年，世界移民存量年均增速下降到2.5%。

（3）全球经贸治理体系面临挑战。第一，全球治理体系和多边机制受到严重冲击。联合国、国际货币基金组织（IMF）、世界贸易组织（WTO）等既有全球治理体系难以适应全球各类层出不穷的新问题。更重要的是，由于成员国之间的分歧，全球治理体系政治化态势愈加凸显。例如，美国以所谓“民主”“人权”“国家安全”为借口，在全球范围内大搞单边制裁和“长臂管辖”，并将治理组织和平台工具化、武器化，肆意违反治理规则，扰乱全球秩序。

第二，新兴市场国家和发展中国家加速崛起与全球治理话语权不足的矛盾突出。随着世界多极化深入推进，新兴市场国家和发展中国家崛起成为不可阻挡的历史潮流，包括金砖国家等新兴经济体在内的“多强”实力正在上升，世界朝着均势方向发展。与此同时，全球范围逐渐形成了数以百计的政府间组织，这些组织从不同领域、不同层次推进国际治理。但是，不少由主权国家组成的国际组织缺乏主权国家享有的排他性公共权力，因而无法有效行使话语权和参与权。应对气候变化、打击恐怖主义、防治重大传染性疾病等许多问题和挑战，需要全球共同应对，新兴市场国家和发展中国家寻求增加符合自身实力的代表性和话语权，这一最具革命性的变化所带来的自然是治理方式的改变。

第三，全球治理体系面临深刻重塑的重大任务。长期以来，由美国等西方国家主导建立、以西方价值观为基础的全球治理机制、治理规则成为全球治理体系的核心。随着新兴市场国家和发展中国家经济发展水平以及参与国际治理意愿的不断增长，全球治理格局将从“西方治理”逐步走向“全球治理”。美国倡导的以自身价值观为基础的规则体系（其实质是以自身利益为驱动、以牺牲别国利益为代价维护自身霸权的“零和博弈”）将难以为继，以市场和规则为基础的治理机制，将推动国际政治经济秩序向更加公正合理的方向发展。

2.经济全球化仍有内在动力

（1）经济全球化促进国际分工和资源优化配置。二战以来，经济全球化的快速发展推动资本、技术、人员和信息等生产要素在世界范围加速流动，推动国际分工不断深化。当前，全球经济增长动能不足，不应以贸易保护再进一步分割既有市场，而是要通过推进非排他的自由贸易安排，推动建设开放型世界经济，推进全球市场一体化进程。

第一，各国具有比较优势的产业得到长足发展，形成了有效的国际分工体系。为此，需要进一步完善国际分工体系，发挥各国比较优势，进一步增强全球经济增长动能。

第二，在跨国公司的主导下，实现了产业链供应链的国际化、专业化，资源要素流向成本更低、回报更高的国家，也实现了全球资源的优化配置。为此，要反对友岸贸易、友岸外包等极具意识形态的做法，反对产业链供应链的“脱钩断链”、碎片化。

第三，借助经济全球化，新一轮科技革命和产业变革在全球范围内兴起，数字经济、人工智能等领域快速发展，新产业、新业态、新动能不断涌现，有力推动世界经济繁荣发展。为此，需要进一步推进数字经济发展，发挥数字经济在催生新业态、促进传统业态转型升级中的重要作用，显著拓展全球生产可能性边界。

第四，借助经济全球化释放的生产力，全球减贫事业取得重要进展。中国过去几十年的脱贫进程，是在全球化的环境下推动的，是把全球化红利有效地转化成为就业与发展机遇，同时辅之以相应的社会政策。截至2020年底，全球每天生活费不足2.15美元的人口估计已达7.19亿，推进全球减贫进程，仍然需要释放全球化红利，仍然需要构建把全球化红利转化成为贫困人口发展机会的政策与制度安排。

（2）经济全球化仍是世界经济增长的重要动力。

第一，经济全球化推动世界经济持续增长。1990—2010年，经济全球化蓬勃发展，在此期间世界经济的年均增速达5.51%①。而受贸易保护主义抬头的影响，近几年世界经济增速明显放缓，2016—2018年分别为2.57%、3.16%、3.03%②；2019年，全球经济增速降至2.52%③，为近10年来最低水平。

第二，经济全球化提高世界全要素生产率。生产的专业化程度越高，全要素生产率则越高，这是经济增长的客观规律。世界银行《全球价值链发展报告2017》估算，价值链贸易占全球服务贸易的70%、货物贸易的2/3。在经济全球化的驱动下，伴随着全球产业链、供应链、价值链的形成，专业化分工更细、更有效率，从而推动世界全要素生产率不断提高。有研究表明：1999—2007年，全球全要素生产率年均增长0.9%；而2008年国际金融危机以来逆全球化的冲击使全球全要素生产率出现负增长。2008—2016年，全球全要素生产率年均增长-0.4%④。

第三，经济全球化促进创新成果向全球传播。以蒸汽机为标志的第一次工业革命，以电气时代为标志的第二次工业革命，以信息技术革命为核心的第三次工业革命，以人工智能为核心的第四次工业革命，都通过经济全球化向全球传播创新成果，从而形成全球经济增长的重要驱动力。

---

① 任理轩：《逆全球化违背时代潮流》，《人民日报》2018年10月17日第7版。

② 数据来源：世界银行数据库。

③ 数据根据UNCTAD数据计算得出，https://unctadstat.unctad.org/EN/。

④ 陈长缨：《全要素生产率减速或拖累全球经济复苏步伐》，《上海证券报》2018年3月19日第8版。

3.逆经济全球化之路走不通

（1）全球发展的底层逻辑与逆全球化不相容。“让世界经济的大海退回到一个一个孤立的小湖泊、小河流，是不可能的，也是不符合历史潮流的。”[①]从人类历史发展的视角来看，经济逆全球化更可能是一个阶段性现象，全球经济仍会继续向前演进，只是这个过程将更加曲折。当前经济全球化面临的问题，并非经济全球化自身所带来的，而是本应与之相适应的全球治理变革严重滞后导致的。这些年来，治理赤字不断加大，导致经济全球化阻力加大，但其根本出路在于完善全球治理，而不是逆经济全球化。

（2）资本的逻辑与逆全球化不相容。从发达国家看，其强调的“脱钩断链”“小院高墙”，并不是要改变资本的全球逐利性，更不是战略性收缩，而是暂时性策略调整，目的是建立更有利于资本自身的全球自由贸易体系。用特朗普的话说，就是“美国优先”。但从资本角度看，如果逆经济全球化阻碍和影响了资本利益，恐怕美国等发达国家也难以为继。

（3）全球南方的发展需求与逆经济全球化不相容。当前，全球南方已经成为经济全球化的主要动力。21世纪以来，国际秩序的全球性特征日益鲜明，其典型表现就是全球南方以更加积极主动的姿态参与到全球事务之中。全球南方是包括中国在内的广大发展中国家，这不是一个国际组织或政治集团，也没有明确的成员构成，而是一个包含多样化的价值观念、文化传统、发展水平以及多元化利益诉求的发展中国家群体。从实践看，全球南方追求更加公正、合理、平等和更具代表性的国际秩序，强调推动经济全球化进程，强调开放包容。如果说前几轮经济全球化主要是由发展中国家推动的话，那么未来新的经济全球化进程，很有可能将由全球南方来推动。

---

① 习近平：《共担时代责任，共促全球发展》，《求是》2020年12月16日第24期。

三、走出一条新型经济全球化之路

1.走出一条开放、包容、共享的经济全球化之路

（1）创造市场而非分割市场。自由贸易和市场一体化的战略能够带来许多好处，包括创造新的市场机会和需求、优化资源配置以及扩大全球市场规模。

创造新的市场机会和需求。通过推进非排他性的自由贸易和市场一体化进程，可以促进我国14亿多人口大市场与世界市场的深度融合。这种深度融合有助于创造新的市场机会，为企业提供更多的发展空间，并激发消费者的新需求。

优化资源配置。自由贸易和市场一体化可以打破国界限制，使资源在更广泛的范围内进行优化配置；可以充分发挥各国的优势，实现资源的高效利用，提高生产效率，推动经济增长。

扩大全球市场规模。通过开放、包容、共享的自由贸易政策，可以进一步扩大全球市场规模。这对于企业来说意味着更多的商机和发展空间，同时也能为消费者提供更多的选择和便利。

由此，推进开放、包容、共享的自由贸易战略的目标不是进一步分割已有市场，而是通过非排他性的自由贸易和市场一体化进程，推动我国14亿多人口大市场与世界市场的深度融合。这将创造新的市场机会和需求，引导资源在更广泛范围内优化配置，并进一步扩大全球市场规模。这样做有助于推动经济的发展、促进全球市场的繁荣，并为各方带来更多的机会和福利。

（2）坚持开放合作而非“去风险”。在国际贸易中，确实存在一些国家出于保护本国产业的考虑，提出了以公平贸易原则取代自由贸易原则的主张。这些主张认为，在双边贸易失衡时，盈余方应限制出口，赤字方则可以采取保护主义措施，直到恢复贸易平衡。

然而，需要认识到发达国家与新兴经济体、发展中国家之间存在着不同的起点和发展水平。后者往往面临来自外部的冲击和风险，并且相对较弱。因此，在市场双向开放的前提下，确实需要给予发展水平低于本国的国家和地区更多自主开放的时间和空间。

这种差异化待遇的做法有助于平衡不同国家和地区之间的利益，减轻不平等状况的加剧，同时也有助于促进全球经济的稳定和可持续发展。通过给予发展中国家更多的自主权，它们可以更好地适应全球经济的变化和挑战，并逐步提高自身的竞争力。

然而，这并不意味着完全放弃自由贸易原则。自由贸易依然是促进经济增长和国际合作的重要机制，能够为各国创造更多的机会和福利。因此，在制定贸易政策时，需要在平衡保护本国产业和推动开放的同时，考虑到不同国家和地区的发展需求，力求实现更加公平和可持续的全球贸易体系。

（3）构筑开放包容的产业链供应链，反对“脱钩断链”。习近平主席高度重视维护全球产业链供应链稳定畅通，深刻洞察国际国内产业发展大势，强调“要支持以世界贸易组织为核心的多边贸易体制，维护全球产业链供应链安全稳定，做大合作蛋糕，让发展成果更好惠及各国人民”[①]“维护全球产业链供应链韧性和稳定是推动世界经济发展的重要保障，符合世界各国人民共同利益”[②]。

推进开放、包容、共享的自由贸易战略的目的在于促进包容性增长和包容性全球化。这一战略旨在带动和支持广大新兴经济体和发展中国家的更多人口参与全球产业链、供应链和价值链，使其能够平等参与和分享经济全球化的红利。

通过开放市场和降低贸易壁垒，发展中国家和最不发达国家可以获得更多机会加入全球价值链，并提高本国产业的地位和作用。这种参与和分享经济全球化的过程有助于推动全球价值链的调整和升级。

关注包容性增长意味着确保经济增长的红利能够惠及更广泛的人群，而不仅仅局限于少数富裕阶层。这就需要确保贸易政策和规则能够为发展中国家创造公平的竞争环境，并提供必要的支持和机会。

此外，包容性全球化还要求国际社会采取措施，以加强技术转让、知识共享和能力建设，帮助发展中国家提高生产力和竞争力。同时，也需要根据不同国家和地

① 习近平：《在庆祝中国国际贸易促进委员会建会70周年大会暨全球贸易投资促进峰会上的致辞》，《人民日报》2022年5月19日第2版。

② 《习近平向产业链供应链韧性与稳定国际论坛致贺信》，《人民日报》2022年9月20日第1版。

区的情况，制定差异化的政策和措施，以满足各国发展的特殊需求。

2.走出一条普惠的经济全球化之路

（1）收入不平等使发达经济体面临的问题更加突出。当今世界，无论是发达国家还是发展中国家，都面临贫富分化、弱势群体权益受损等问题。这些问题如果不能得到有效解决，将直接影响全球经济的可持续发展。

根据世界银行统计数据，美国收入最高10%的群体，其收入占总收入的份额从1979年的25.3%提高到2016年的30.6%；收入最低10%的群体，其收入占总收入的份额则从1979年的2.3%降低到2016年的1.7%，这是特朗普竞选上台的一个重要原因。目前8年过去了，这一情况并未得到有效缓解，并且再次给全球自由贸易带来巨大冲击。只有发达国家积极解决自身面临的贫富分化等问题，才有条件从根本上消除本国民粹主义、单边主义和贸易保护主义产生的土壤。

（2）欠发达国家的可持续发展问题严峻。当前，欠发达国家的经济发展徘徊不前。联合国贸易和发展会议的报告显示，在总体劳动生产率方面，1991年，最不发达国家与其他发展中国家的比率为25%，而在新千年之初，这一比率降至21%，最终在2017年下降到18%①。此外，这些最不发达国家在获得能源方面远远落后于其他发展中国家，62%的人口仍过着没有电的生活②。

3.走出一条多边合作的经济全球化之路

（1）把开放、非排他的双边多边自由贸易区作为促进经济全球化新进程的重要载体。坚定维护以世界贸易组织为核心的多边贸易体制在全球贸易自由化便利化进程中的主渠道，把开放包容的区域自由贸易协定作为世界贸易组织多边自由贸易体系的有益补充。

（2）推进包容、共享的经济一体化进程。例如，通过双边多边贸易投资协定对世界贸易组织谈判中难以突破的领域进行先行试验，对自由贸易进程中的新议题进行先行探索，为推进包容、共享的经济一体化奠定基础。

① 联合国：《2020年最不发达国家报告》，2020。

② 《联合国报告：最不发达国家62%人口过着无电生活》，《节能与环保》2017年第12期。

（3）加快推进大国间自由贸易进程。新一轮经济全球化，关键在大国间的自由贸易与经济合作。2018年，全球前十大货物贸易国的货物贸易额合计占全球货物贸易总额的52%，中国、美国、德国货物贸易额合计占比超过30%；2017年，全球前十大服务贸易国的服务贸易额合计超过全球服务贸易总额的50%，美国、中国、英国、德国、法国服务贸易额合计占比接近40%[①]。通过共建开放包容的双边多边自由贸易区，加强大国间的经贸合作，带动新一轮自由贸易进程。

① 数据来源：世界贸易组织发布的《全球贸易数据与展望》。

▶▶▶

丨第二节丨

全球经贸规则重构的大趋势

全球贸易规则是全球经济秩序的重要组成部分，也是全球经济治理的重要内容。随着技术进步和贸易新业态的发展及诸边自由贸易的加快推进，当前，全球经贸规则正在加速重构。这既给我国的改革开放和发展带来新的挑战，也带来了新的机遇。

一、贸易投资自由化便利化的基本趋势

1.货物贸易朝着“零关税”规则演进

这几年，美国、日本，以及欧盟之间已经就“零关税”贸易开展谈判，欧盟与日本之间已经达成共识。例如，日本与欧盟签署《欧日经济伙伴关系协定》（EPA），2019年2月1日起生效，日本逐步对从欧盟进口的约94%的产品实施“零关税”，欧盟逐步对从日本进口的约99%的产品实施“零关税”[①]；《全面与进步跨太平洋伙伴关系协定》（CPTPP）等相关成员国也将逐步取消98%的农业和工业产品关税；在英日自由贸易协定中，英国对日本99%的出口都将享受“零关税”待遇，在汽车关税中，英日双方同意将分阶段降低关税，直至2026年全部取消。在全球生产网络遭受严重冲击的情况下，欧美等发达国家和地区很有可能加速“零关

---

① 《日欧经济合作协定将从2月1日起生效》，http://www.mofcom.gov.cn/article/i/jyjl/j/201901/20190102828902.shtml。

税”趋势，在促进新一轮全球经贸规则调整、保持自身国际竞争力的同时，将许多发展中国家排除在外。

2.规则措施由“边境上”向“边境内”转移

（1）“边境内”规则明显增多。

从最新签订的区域贸易协定内容看，协定不仅涵盖传统的关税、配额、数量限制、海关监管等“边境上”措施，也更多强调知识产权、国有企业、政府采购、劳工标准、环境标准、竞争中性等“边境内”规则（见表1-1）。

表1-1　WTO+条款与WTO-X条款议题

分类	涉及议题或条款
WTO+条款	工业产品、农业产品、海关程序、出口税、卫生和植物检疫、国营贸易企业、技术性贸易壁垒、反补贴、反倾销、公共补助、政府采购、《与贸易有关的投资措施协议》（TRIMS）、《服务贸易总协定》（GATS）、《与贸易有关的知识产权协定》（TRIPS）
WTO-X条款	反腐败、竞争政策、环境法规、知识产权、投资、劳动市场管制、资本流动、消费者保护、数据安全、农业、国内立法和国际法的对接、音像产品、文化保护、创新政策、文化合作、经济政策对话、教育培训、能源、金融支持、健康、人权、非法移民、反毒品、产业合作、信息传播、采矿业、反洗钱、核安全、政治对话、公共行政、区域合作、研究与技术、中小企业、社会事务、统计、税收、恐怖主义、签证与政治庇护

资料来源：中国世界贸易组织研究会：《世界贸易报告2011》，中国商务出版社，2012。

（2）竞争中性原则已经成为超大型自由贸易协定的重要章节。

竞争中性原则针对的是政府行为，其要害是说政府行为对市场竞争的影响应该是中性的。所谓“中性”，是不为任何市场参与者，包括国企，提供“不当竞争优势”。美国、澳大利亚、韩国、以色列、智利等18个国家通过签署双边自由贸易协定强调或包含了竞争中性原则。据统计，目前全球已有40多个国家适用竞争中性原则①。适用竞争中性原则国家的GDP比重达到全球经济总量的60%以上。

① 巴曙松：《竞争中性原则是解决经贸及国企改革问题的突破口》，https://baijiahao.baidu.com/s?id=1640564054028990142。

3.规则向区域内“高标准”和区域外“强排他”演变

（1）区域内“高标准”。例如，《美墨加协定》（USMCA）主要内容涉及三国间农产品贸易实现“零关税”、汽车配件“零关税”，不对出口到对方市场的产品使用出口补贴或WTO特殊农业保障措施等一系列条款。

（2）区域外“强排他”。主要表现为原产地规则的“高标准”、毒丸条款等域内成员国对域外成员的非关税贸易保护工具。例如，USMCA、CPTPP和EPA针对纺织服装产品均设定了“从纱开始”的原产地标准，这些标准明显高于主要自由贸易协定的原产地标准；USMCA要求包括乘用车、轻型卡车和汽车零部件在内75%的汽车配件需在北美生产，以满足“零关税”待遇。

专栏1-2　毒丸条款
毒丸条款，指《美墨加协定》第32章节，即任何一方与非市场经济国家签订自由贸易协议时，应允许其他各方在发出6个月的通知后终止本协议，并以它们之间的协议（即双边协议）来取而代之。 该条款被认为是对协议参加国经济主权的限制，目的主要在于孤立中国，并为美国对华贸易战服务。

资料来源：中国（海南）改革发展研究院课题组整理。

二、服务贸易成为全球经贸规则重构的重点与焦点

1.全球服务贸易加快发展成为基本趋势

（1）全球服务贸易规模稳步扩大。在全球经济服务化及新一轮科技革命的背景下，服务贸易快速兴起，规模稳定扩大，在全球贸易格局中的重要性全面凸显，并逐步成为全球贸易增量的重点领域。

21世纪以来，尽管受国际金融危机、疫情等冲击，服务贸易在部分年份有所波动，但服务贸易整体呈现增长趋势。2010—2019年，全球服务贸易额由7.86万亿美元增长至12.32万亿美元，年均名义增长5.12%，为货物贸易增速的2倍左右；服务贸易额占全球贸易总额的比重由20.4%提高至24.4%，提升了4个百分点；虽然

受疫情影响，但2022年全球服务贸易额仍达到了13.73万亿美元，占全球贸易总额的比重约为21.4%（见图1-4）。世界贸易组织发布的《2019年世界贸易报告》预测，服务贸易在全球贸易中的占比到2040年将提升到50%。

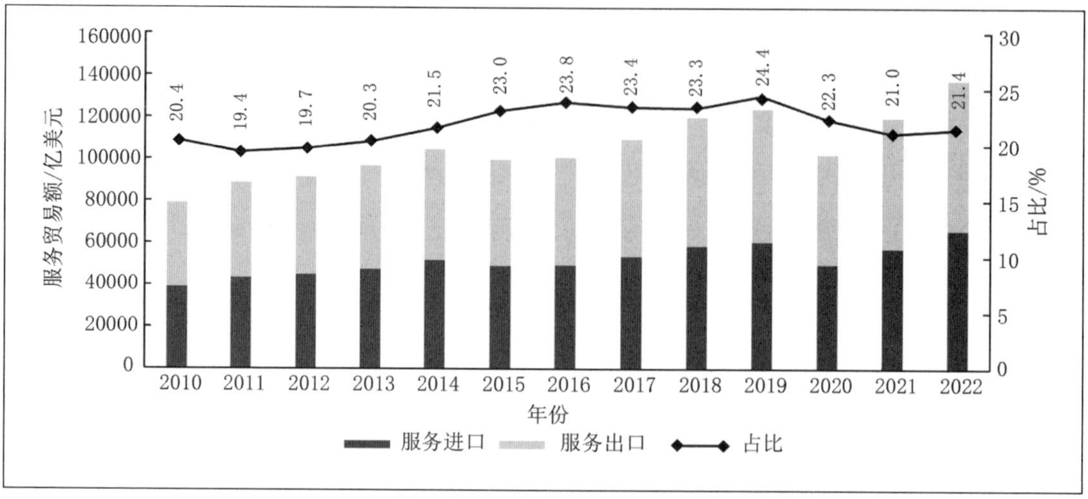

图1-4　2010—2022年全球服务贸易额及占比

数据来源：中国（海南）改革发展研究院课题组根据联合国贸易和发展会议数据库相关数据测算得出。

（2）**新科技革命推动服务贸易加快发展。**第一，新一轮科技革命推动贸易成本下降。《2019年世界贸易报告》显示，传统贸易模式下，服务贸易成本几乎是商品贸易成本的2倍，但随着数字技术发展，2000—2017年全球服务贸易成本下降了9%。从行业看，服务贸易成本下降最快的行业为运输、金融及保险、住宿及餐饮、其他商业服务等；从成本构成看，数字技术发展主要降低了生产性服务贸易面对面交流的成本。

第二，新一轮科技革命拓展服务贸易发展空间。一方面，信息技术在服务业领域的广泛应用，使服务产品生产与消费跨越了不可分离的障碍，为服务业全球化和服务贸易发展创造了客观条件，教育、健康、医疗、文化等传统不可贸易的服务逐渐变得可贸易，并成为服务贸易的重要内容；另一方面，科技革命为全球产业分工的进一步细化提供技术支撑，众多服务型企业保留核心服务，而将非核心服务或中间服务通过服务外包、自然人移动、服务投资等方式进行全球再布局，由此将众多发展中国家纳入全球服务贸易进程中，进一步拓展全球服务贸易发展空间。

第三，新一轮科技革命催生服务贸易新模式。互联网等技术的发展，使得视听等服务贸易不再需要货物载体。目前，全球服务贸易的50%以上已经实现数字化，超过12%的跨境实物贸易通过数字化平台实现①。从贸易载体来看，随着跨境电商等互联网平台的兴起，数字旅游、数字教育、数字医疗、数字金融等数字服务贸易快速发展，改变了以往以商业存在、自然人移动等为载体的服务贸易模式。此外，第三方支付、移动支付、云端交付等数字交付方式逐渐成为主流。例如，世界银行数据表明，2008—2022年，全球数字交付贸易出口规模从1.84万亿美元增长到3.82万亿美元，增长接近108%，年平均增长率约为5.36%，在服务贸易出口中的占比从45.66%增长到54.36%。2020年全球离岸外包规模约4587.8亿美元，且外包企业逐步向解决方案、系统集成、综合服务提供商和高附加值领域发展。

（3）服务贸易带动全球贸易增长。

第一，服务贸易增速快于货物贸易。2006—2022年，全球货物出口总额由12.1万亿美元增长到24.31万亿美元，增幅为101%，低于同期服务出口增幅29个百分点；年均增长4.5%，低于服务出口增速0.8个百分点。国际金融危机后的2011—2019年，全球货物出口增速仅为0.4%，而同期全球服务出口增速达4.1%②。

第二，服务贸易成为全球货物贸易的黏合剂。随着生产的日益全球化，服务作为一种黏合剂，将全球各种中间商品整合在一起。从制造业企业角度看，服务在价值链中的变化可显著促进商品销售。比如，物流、通信服务和商业服务等促进了价值链的高效运转，帮助货物、数据和技术传输，使得企业生产环节的全球布局更为便利、更为高效、更为经济。

第三，服务成为商品价值增值的主要环节。当前，商品中的服务要素对提升产品竞争力越来越重要，并成为价值增值的主要环节。从发展趋势看，价值增值环节逐渐向生产前的研发、设计阶段与生产后的市场嵌入服务阶段转移（见图1-5）。

① 《全国政协常委周汉民：抓住数字化转型先机　提升外贸国际竞争力》，https://news.cnstock.com/news,yw-202307-5089930.htm。

② 数据根据联合国贸易和发展会议统计整理。

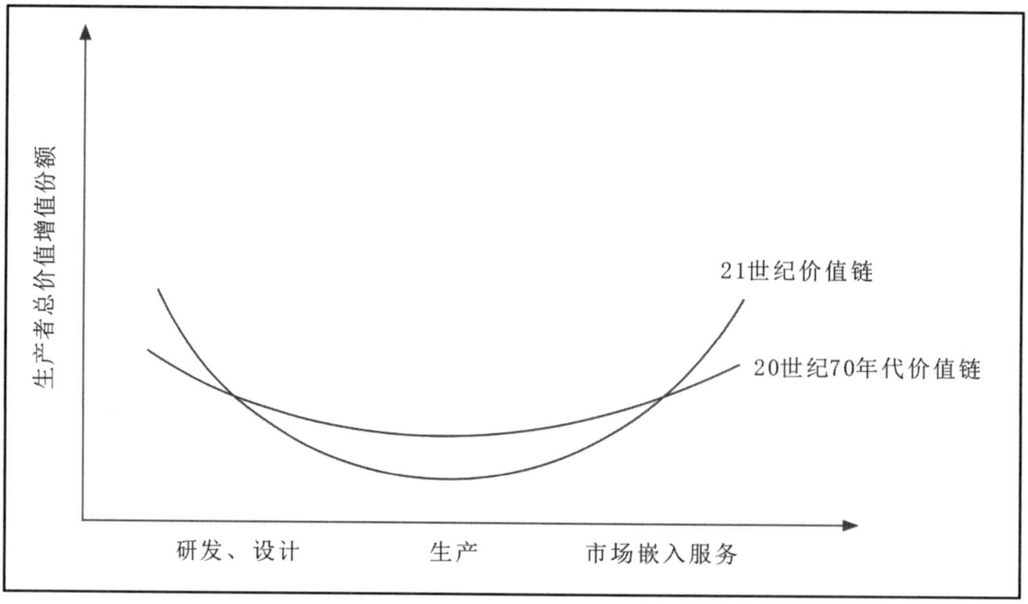

图1-5　服务在全球价值链的重要性变化

例如，美国出口商品中，55%的增加值来自服务业，欧洲这一比重更大。作为农产品和制成品出口国的荷兰，服务价值占其总出口价值的70%[①]。从微观来看，在整个价值链条中，服务成为企业利润的主要来源。在制造服务化程度最高的美国，制造与服务融合型企业占制造企业总数的58%，通用电气“技术 + 管理 + 服务”模式创造的产值已经占到企业总产值的2/3以上[②]。IBM公司在制造业基础上推动服务产品化转型，成为一家服务企业，为全球企业提供网络和软件服务，早在2009年就约有57%的收入来自IT服务[③]。

（4）**发展中国家在全球服务贸易格局中的地位和作用日益提升。**目前，虽然发达国家仍是全球服务贸易发展的主体，但随着发展中国家经济服务化进程的加速，其在全球服务贸易发展格局中的地位日益提升。发展中国家利用自身比较优势，以服务外包为重要方式积极参与全球服务贸易进程，分享更多的全球化红利，

① World Bank:*Measuring and analyzing the impact of GVCs on economic development*, 2017。

② 《发展改革委：推动中国服务与中国制造互促共进》，https://www.gov.cn/zhengce/2017-07/19/content_5211597.htm。

③ 《IBM：转型IT综合服务提供商典范》，https://www.sohu.com/a/28199977_185919。

在大力吸引国际资本及技术的同时，促进本国服务业转型升级。

从数据上可以看出，在规模上，2005—2019年，全球服务出口增幅为118%。其中，发达国家增幅为110%，发展中国家增幅为200%。在增速上，同期全球发展中国家服务出口年均增长8.2%，高于全球服务出口年均增速2.5个百分点，高于发达国家服务出口年均增速2.8个百分点；发展中国家服务出口占全球服务出口总额的比重由22.9%提升至29.8%，提高6.9个百分点（见图1-6）。

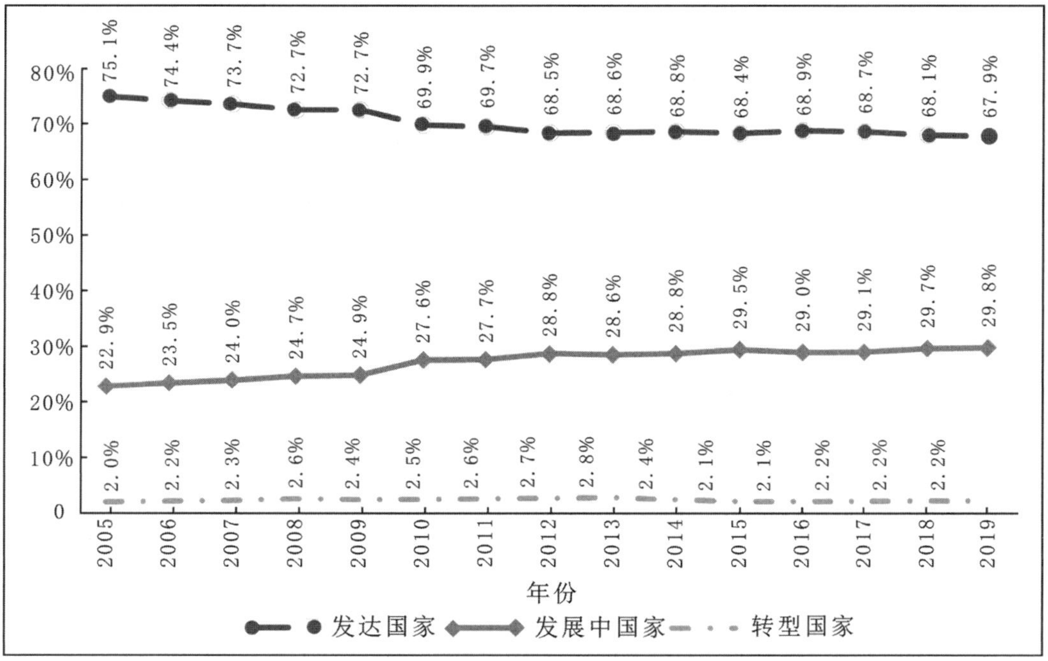

图1-6　2005—2019年各类型国家在全球服务出口中的占比

2.服务贸易规则成为影响全球自由贸易进程的重要因素

（1）成为全球贸易重要的规则标准的组成部分。服务贸易影响范围更加广泛，成为全球价值链布局的关键所在。服务贸易规则的标准将超越WTO现有的政策领域和标准。推动市场开放、削减贸易与投资壁垒是新一轮服务贸易规则重构的基本方向。例如，最新经贸协定所规范的领域从边境延伸到边境后，并力图在竞争中性、贸易便利化、知识产权、劳工标准、政府采购、环境产品等议题上形成新规则，力求实质性地提高全球市场的相互开放程度。这些议题大多涉及服务贸易，是当前规则博弈的重点，并将影响全球贸易规则重构的未来走向，对全球贸易发展与贸易格局演变产生重要的影响。

（2）成为影响全球贸易投资自由化便利化进程的重要因素。从实际情况看，美欧等发达国家和地区一方面设置资格资质要求，针对商业存在的行业许可和自然人移动等隐性限制壁垒普遍存在；另一方面通过修改国内（地区内）相关法规，对关键技术、关键基础设施和新兴产业等服务业外国投资及以商业存在方式提供服务等重点领域，加大安全审查力度。未来，技术、政策等隐性壁垒仍将是全球服务贸易进程中的重大挑战，并成为影响全球贸易投资自由化便利化进程的重要因素。

（3）成为影响开放包容全球治理体系构建的重要因素。长期以来，服务贸易规则主要由发达国家主导制定，在知识产权、环境保护、劳工利益、政府采购、碳排放标准等诸多方面提出了新兴经济体目前难以达到的标准。未来，在强调开放的同时，应充分考虑新兴经济体和广大发展中国家的现实基础和主要诉求，以构建开放、包容、共享的服务贸易体系为重点促进全球经济治理变革。

3.服务贸易成为自由贸易协定谈判的焦点

（1）多边自由贸易协定中服务贸易条款明显增多。当前，世界贸易组织67个成员达成服务贸易协议。2021年12月2日，历经长达4年的谈判之后，世界贸易组织67个成员共同发表了《关于完成服务贸易国内规制谈判的宣言》，确认服务贸易国内规制联合声明倡议谈判顺利完成，宣布达成《服务贸易国内规制参考文件》。

2007年年底前签订的区域双边自由贸易协定中，涉及服务贸易内容的协定仅有51个，占同期区域贸易协定数量的31.3%；2008—2022年签订的区域双边自由贸易协定中，涉及服务贸易内容的协定增加至144个，占比74.6%（见表1-2）。从CPTPP、USMCA等最新签订的经贸协定看，服务贸易领域的相关内容大幅提升。国际服务贸易竞争将进一步加剧，服务贸易在双边、区域贸易投资谈判中的比重将逐渐增大，成为各国谈判和博弈的焦点。

表1-2　服务贸易协定数量对比

1958—2007年	总数/个	164
	涉及服务贸易/个	51
	占比/%	31.1
2008—2022年	总数/个	193
	涉及服务贸易/个	144
	占比/%	74.6

数据来源：中国（海南）改革发展研究院课题组根据WTO RTA（区域贸易协定）数据库相关数据整理得出。

（2）服务贸易规则重构进入关键期。从实践看，服务贸易壁垒更加隐蔽，消除更加困难。与货物贸易相比，服务贸易具有无形性、生产与消费同步性等特点。与货物贸易通过关税来设置“显性壁垒”不同，服务贸易更多采用国内资格资质要求、参股比例限制、自然人移动限制、经营范围和形式限制，以及设置繁杂的审批条件和程序等“隐性壁垒”。由于隐蔽性和非数量性，服务贸易自由化远比货物贸易自由化复杂得多，消除服务贸易壁垒的困难也大得多。

三、数字贸易成为全球经贸规则重构的新兴领域

1.数字贸易成为服务贸易新形态

（1）全球经济数字化转型加速。数字服务贸易将成为全球贸易的新形态、未来贸易发展的新引擎。

第一，全球数字经济规模快速扩大。近年来，全球经济数字化发展趋势愈加明显，传统产业加速向数字化、网络化、智能化转型升级，数字经济规模持续扩大。2018—2021年，全球数字经济增加值从30.2万亿美元增长至38.1万亿美元，增长了26.2%。2021年，全球数字经济名义增长15.6%，高于同期GDP 2.5%的名义增速，数字经济已成为全球经济发展的新动能①。

第二，全球数字经济占比不断提升。全球数字经济在国民经济中的地位持续提

① 中国信息通信研究院：《全球数字经济白皮书（2022年）》，2022。

升。根据《全球数字经济白皮书（2022年）》，2018—2021年，全球数字经济占GDP的比重由40.3%增长至45.0%，提升4.7个百分点。2021年，高收入国家数字经济占其GDP的比重高达52.0%，中高收入国家数字经济占其GDP的比重为34.4%，中低收入国家数字经济占其GDP的比重仅为18.5%，高收入国家数字经济对国民经济的带动作用远超中高收入国家和中低收入国家（见图1-7）[①]。

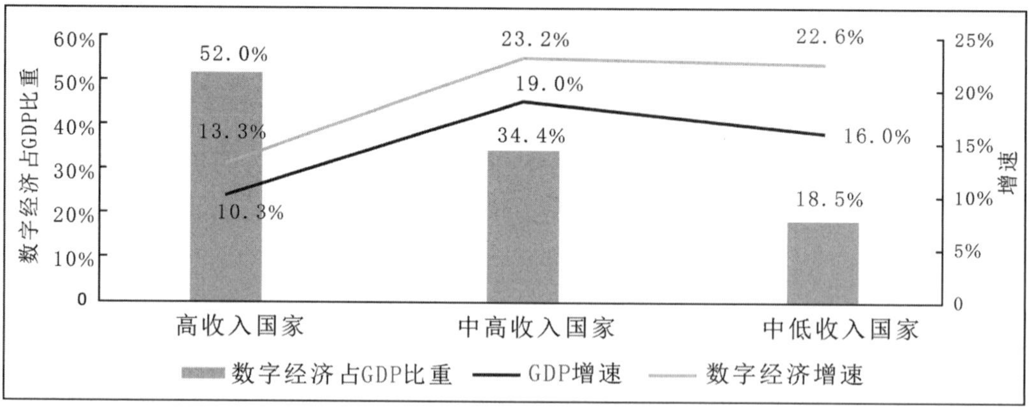

图1-7　2021年全球不同收入国家数字经济规模发展情况

数据来源：中国信息通信研究院：《全球数字经济白皮书（2022年）》，2022。

第三，数字技术与实体经济加速融合，推动传统产业数字化。2021年全球数字产业化占数字经济的比重为15.0%，占全球GDP的比重为6.8%；产业数字化占数字经济的比重达到85%，占全球GDP的比重为38.2%。其中，第三产业数字化引领行业转型发展，第一、第二、第三产业数字经济占行业增加值的比重分别为8.6%、24.3%和45.3%[②]。产业数字化成为驱动全球数字经济发展的关键主导力量。

（2）数字贸易成为全球贸易的突出亮点。第一，数字服务贸易快速发展。从短期增长看，2019年，在全球贸易负增长背景下，全球数字服务出口逆势实现3.75%的增长，对服务出口贡献率达98.3%，在服务出口中的占比上升0.9个百分点；从长期趋势看，2011—2020年，全球数字服务贸易、服务贸易、货物贸易复

① 中国信息通信研究院：《全球数字经济白皮书（2022年）》，2022。

② 同上。

合增长率分别为4.4%、1.19%和-0.4%[①]。相关机构预测，未来10—15年时间，全球货物贸易将呈2%左右的增长、服务贸易将呈15%左右的增长，而数字贸易增速则高达25%[②]。

第二，数字服务贸易成为服务贸易发展的主导力量。2010年，数字服务贸易在服务贸易中的占比为47%，并于2015年首次超过五成，2019年进一步上升至52.0%[③]。若将商业存在的数据纳入考虑，数字服务贸易规模将是目前的2—3倍。具体来看，一方面，服务贸易交付方式的数字化转变。2005—2021年，全球数字交付的服务出口规模由1.20万亿美元增长至3.81万亿美元，年均增长约7.5%，远高于同期服务贸易出口额5.2%的增速，占服务贸易出口额的比重由44.67%提升至62.77%（见图1-8）[④]。特别是在疫情冲击下，服务贸易数字化转型趋势明显增强。2019—2021年，全球数字交付的服务出口占服务出口总额的比重由52.30%提升到62.77%，提升了10.47个百分点。另一方面，服务贸易载体的数字化转型提速。数字旅游、数字教育、数字医疗、数字金融等数字服务贸易快速发展，改变了以往以商业存在、自然人移动等为载体的服务贸易模式。

---

① 中国信息通信研究院：《全球数字经贸规则年度观察报告（2022年）》，2022。
② 黄奇帆：《在长三角地区协同推进建设开放新高地》，《宏观经济管理》2019年第3期。
③ 中国信息通信研究院：《数字贸易发展白皮书（2020年）》，2020。
④ 根据联合国贸易和发展会议数据库相关数据计算得出。

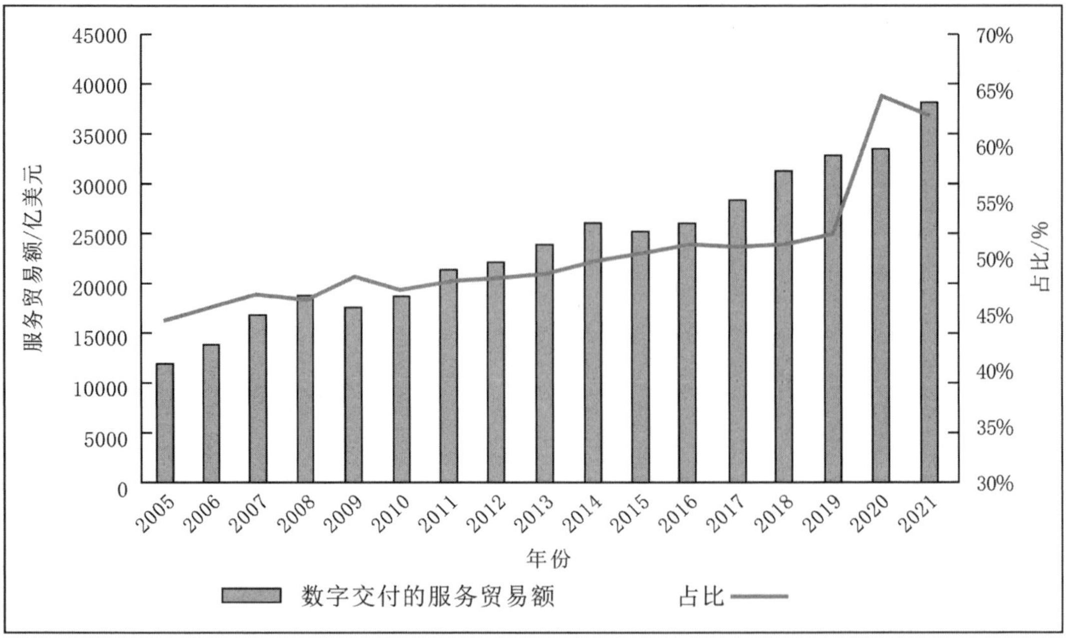

图1-8　2005—2021年全球数字交付的服务出口及占比

数据来源：联合国贸易和发展会议数据库。

第三，货物贸易数字化转型趋势明显。在数字经济与技术快速发展、互联网用户不断增加的背景下，全球数字贸易快速兴起。以网络零售交易为例，2013—2022年，全球网络零售额由1.08万亿美元增长至5.31万亿美元，年均增长19.4%；占全球零售总额的比重由5.1%增长到18.9%。初步预测，全球网络零售额仍将保持20%左右的年均增速，到2026年将达到7.5万亿美元，约是2019年的2.1倍，占全球零售总额的比重将提高至22.2%[①]。

（3）数字技术推动货物贸易与服务贸易相融合。数据显示，占全球贸易总额80%左右的货物贸易中有30%是由服务贸易带动的。从趋势看，由于新一轮信息技术的发展，部分服务贸易不再需要货物载体。有报告预测，到2060年，50%的制成品可以通过3D打印完成，这个比例甚至有可能提前在2040年实现[②]。未来随着3D

① 数据来源：eMarketer。

② 李艳洁：《3D打印重构世界秩序》，http://www.cb.com.cn/index/show/zj/cv/cv13455811261。

打印等技术的成熟并推广，数字技术将直接推动货物贸易与服务贸易相融合。

2.数字贸易规则正处于构建的关键期

（1）数字贸易规则框架正处于确立之中。2021年6月，经济合作与发展组织（OECD）在贸易政策报告中总结了当前国际数字贸易规则制定中的议题清单（见表1-3），包含促进电子交易、数字产品非歧视待遇、消费者保护、隐私保护、数字贸易和物流便利化、跨境数据流动、网络安全、电信、关税、互联网和数据获取、商业互信及市场准入等12大类议题。

表1-3　当前国际数字贸易领域议题清单

议题	分项议题
促进电子交易	电子认证和电子签名、电子合同、电子发票、电子支付便利化
数字产品非歧视待遇	数字产品的非歧视待遇、交互式计算机服务
消费者保护	在线消费者保护、未经请求的商业电子信息/垃圾邮件
隐私保护	保护个人信息/隐私
数字贸易和物流便利化	无纸化贸易、电子可转让记录、海关手续、最低征税限额
跨境数据流动	跨境数据流动、数据本地化、金融数据本地化
网络安全	网络安全
电信	电信服务、电信技术标准
关税	电子传输关税
互联网和数据获取	开放政府数据、互联网接入、数字平台访问
商业互信	源代码、使用加密技术的ICT产品
市场准入	货物贸易市场准入、服务贸易市场准入

资料来源：根据OECD贸易政策报告整理所得。

（2）自由贸易协定中的数字贸易成为重点。2012年至今，在超过90%的服务贸易协定中，包含数字贸易（电子商务）条款或专章①。截至2021年底，全球涉及数字贸易与电子商务等相关议题的自由贸易协定119个，其中含电子商务（数字贸易）专章的超过80个，覆盖了110个国家和地区②。在发达国家之间签订的6个协定

① 中国信息通信研究院：《全球数字经贸规则年度观察报告（2022年）》，2022年。

② 张茉楠：《以加入CPTPP和DEPA为契机，加速推进中国数字贸易制度型开放》，https://china.chinadaily.com.cn/a/202304107/WS642fa41ea3102ada8b23730c.html。

中，全部含有电子商务专章，对权利义务规定更为翔实，标准更高；在87个发达国家与发展中国家签订的有效协定中，含电子商务条款的有64个，含电子商务专章的有46个[①]。

例如，作为全球数字经济和数字贸易最为发达的国家，美国通过《美墨加协定》（USMCA）、《美日数字贸易协定》（UJDTA）确立了数字贸易规则的“美国模式”。“美国模式”脱胎于《全面与进步跨太平洋伙伴关系协定》（CPTPP）中的电子商务规则，但主张更大程度地保证数据跨境自由流动以促进数字贸易发展。

再例如，欧盟通过《通用数据保护条例》（GDPR）使其隐私保护、跨境数据流动等规则成为全球样板，欧盟对数字税的积极探索，逐步形成了数字贸易规则领域的“欧洲模式”。“欧洲模式”致力于在加强监管和信息保护的同时，保障本区域数字经济快速发展。中国签署的RCEP涵盖了电子商务、金融服务和电信服务等数字贸易规则内容，初步探索建立了数字贸易规则领域的“东亚模式”[②]。

（3）DEPA有望加快全球数字贸易规则形成。2019年5月，新加坡、新西兰和智利启动数字贸易协定谈判，2020年6月三方签署《数字经济伙伴关系协定》（DEPA），2021年1月协定对新加坡、新西兰生效。2021年8月，智利也完成了国内批准程序，协定已对智利正式生效。

DEPA被设计成“模块化”供未来参与者灵活选择，允许成员在明确授权时根据自身条件调整规则，参与国政府可以决定在各种环境中全部或部分地选择和使用模块，可以将它们直接纳入其他贸易协定，也可以选择使国内政策与DEPA保持一致。此种灵活性特征为数字经济创建协调框架建立了良好开端。DEPA中可供选择的模块如下（见表1-4）。

① 中国信息通信研究院：《全球数字治理白皮书（2022年）》，2022。

② 任吉蕾、孟月明：《国际数字贸易及规则新动向研究》，《东北亚经济研究》2022年第1期。

表1-4　DEPA中可供选择的模块

序号	可选择的模块内容
模块1	初始规定和一般定义
模块2	商业和贸易便利化
模块3	数字产品及相关问题的处理
模块4	数据问题
模块5	更广泛的信任环境
模块6	商业和消费者信任
模块7	数字身份
模块8	新兴趋势和技术
模块9	创新与数字经济
模块10	中小企业合作
模块11	数字包容
模块12	联合委员会和联络点
模块13	透明度
模块14	争端解决
模块15	例外
模块16	最后条款

资料来源：根据DEPA相关条款整理所得。

3.数字贸易规则竞争日趋激烈

（1）数字贸易发展面临规则重构分歧。第一，在数据流通与保护方面，数据流通涉及个人信息的隐私保护、数据安全和跨境数据传输等问题。不同国家对于这些问题的态度和立法存在分歧，如何在保护数据隐私的同时促进数据流通成为一个挑战。

第二，在数字平台竞争方面，全球范围内的数字平台竞争日趋激烈，但各国对于数字平台的监管方式和规则存在差异。提出的治理方案主要涉及反垄断、数据获取和使用的限制以及平台责任等问题。

第三，在数字税收方面，随着数字经济的发展，如何在全球范围内公平地征收数字经济企业的税收成为一个亟待解决的问题。各国对于数字服务的征税方式和标准无法达成一致，导致存在税收漏洞和竞争失衡问题。

第四，在数字货币方面，部分国家开始探索发行自己的数字货币，但相关政策和监管尚未统一。不同国家对于数字货币法律地位、监管标准以及金融稳定风险的认识存在差异。

第五，在数字平台责任方面，数字平台作为信息传播和交流的重要渠道，其内容管理和责任认定成为全球数字治理中的热点问题。如何平衡言论自由和信息安全，确保数字平台承担起相应的社会责任，是一项具有挑战性的任务。

（2）数字贸易规则各国还未形成统一认识。在数字贸易方面，不同国家对于数字贸易的监管和规范存在差异。一些国家主张开放自由的数字贸易环境，鼓励跨境数据流动，而另一些国家则倾向于加强数据保护和本土化要求，以维护国家安全和隐私权。

（3）数字贸易治理需要全球性合作共同应对。货物贸易、价值链贸易到数字贸易规则体系演进框架如图1-9所示。客观看，当前全球范围内缺乏完善的治理体系和统一的治理规则，数字贸易领域“规则赤字”日益凸显。一方面，服务贸易规则亟须演变为适应数字贸易发展的规则；另一方面，贸易对象和方式的数字化使得诸多新兴规则空白亟待健全。此外，原有贸易规则体系和谈判机制面临挑战①。特别是在数字贸易、数据流通与保护、数字平台竞争、数字税收、数字货币、数字平台责任、新型劳动关系、人工智能伦理、网络生态和数字安全等诸多重要议题上，世界主要国家和地区基于数字经济发展阶段、制度体系以及文化理念的差异，提出一系列彼此冲突的治理方案，导致全球数字治理内在困境愈发凸显。

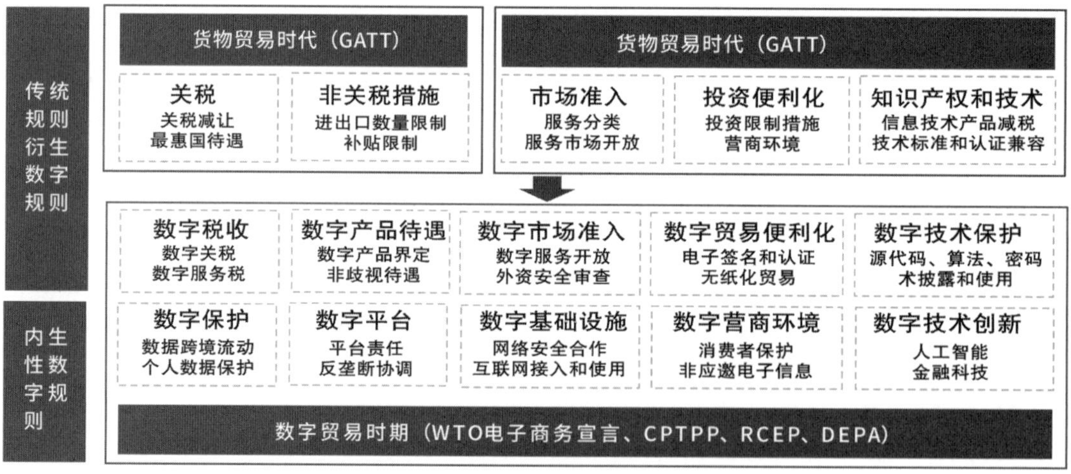

图1-9 货物贸易、价值链贸易到数字贸易规则体系演进框架

资料来源：中国信息通信研究院：《全球数字经贸规则年度观察报告（2022年）》，2022。

① 中国信息通信研究院：《全球数字经贸规则年度观察报告（2022年）》，2022。

| 第三节 |

区域经济一体化的大趋势

当前，随着经济全球化面临挑战，区域经济一体化已经成为经济全球化的重要载体。这不仅表现在贸易、投资方面，更表现在产业链供应链方面。区域经济一体化有效地抵御了经济全球化面临的逆流，并且正在探索和形成新的经济全球化路径。未来5—10年，以RCEP、CPTPP为代表的自由贸易协定，成为推动区域经济一体化的重要动力。

一、区域经济一体化成为经济全球化的重要载体

1.区域自由贸易协定数量快速增长

2008年以来，全球区域自由贸易协定数量进入快速增长期。根据WTO的RTA数据库数据，2008—2022年，全球新增区域自由贸易协定336项（见图1-10），是1948—2008年期间签订生效的区域自由贸易协定数量的1.3倍。目前，WTO所有成员均签订了至少一项RTA，且发达成员与发展中成员之间和发展中成员之间的RTA发展迅速。在地域范围上，跨区域RTA的数量越来越多。

特别是2018年以来，日本主导的CPTPP、美国主导的USMCA等超大规模、高标准自由贸易协定相继签署并生效实施；2020年，覆盖全球1/3经济总量的RCEP协定签署。至少从短期内来看，区域合作将取代全球合作，成为未来世界格局中主要的合作方式。

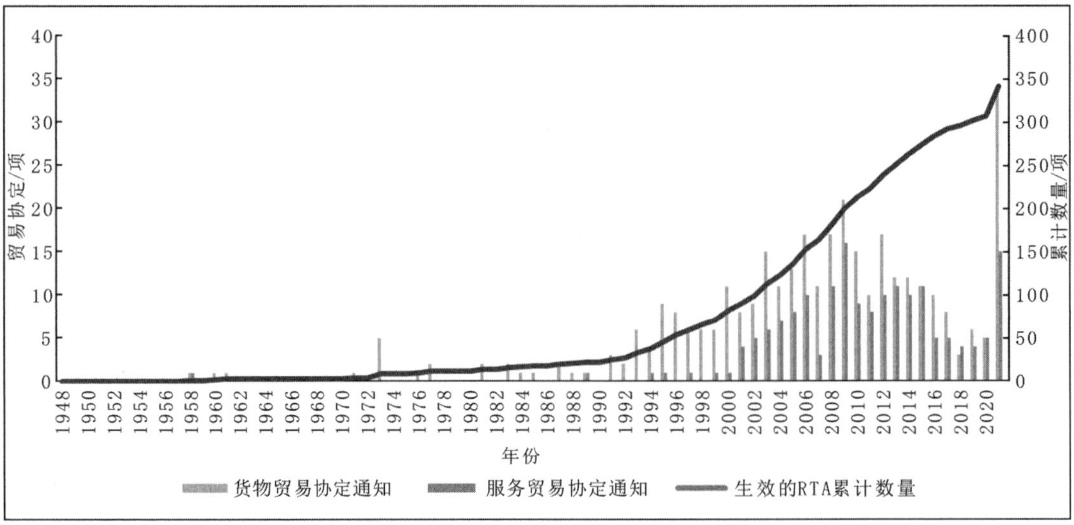

图1-10　1948—2021年RTA数量

数据来源：根据WTO RTA数据库统计得出。

2.区域内贸易比重呈上升趋势

2008年国际金融危机以来，全球各区域板块内部贸易比重上升的态势日益明显。例如，2022年，亚洲和太平洋地区内部贸易占比62%，比2018年提升2个百分点；西亚和北非地区内部贸易占比19.6%，比2008年提升7.8个百分点；东亚和东南亚地区内部贸易占比49.2%，比2008年提升0.5个百分点（见图1-11）[①]。随着RCEP、CPTPP、USMCA等协定区域开放效应的持续释放，区域内贸易比重仍将进一步上升。

① 数据来源：UNCTAD数据库。

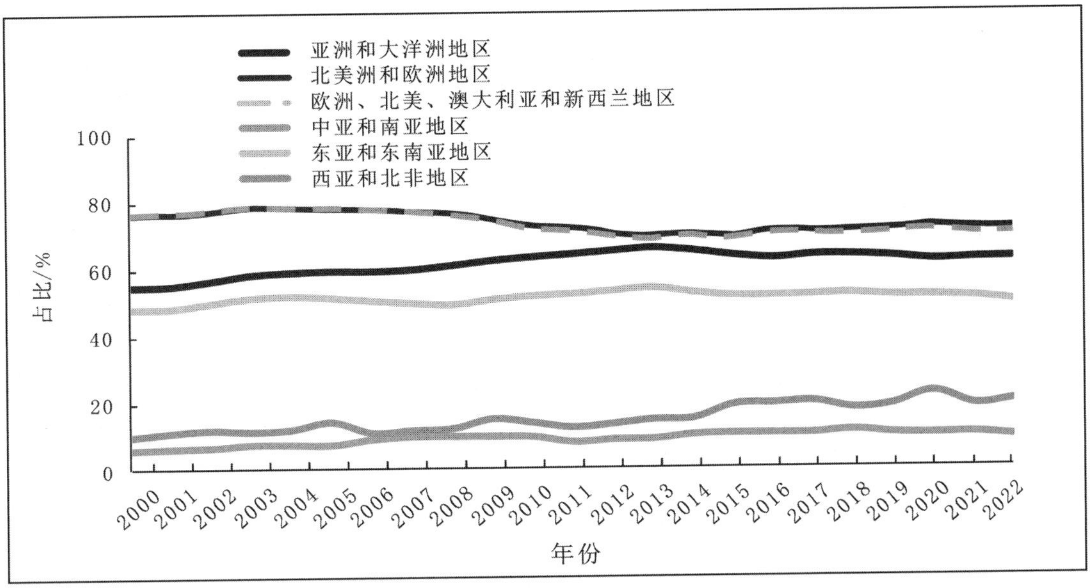

图1-11　2000—2022年全球不同区域板块内部贸易占比

数据来源：UNCTAD数据库。

3.区域合作逐步成为全球自由贸易的重要形式

（1）区域合作的自由化便利化水平不断提升。从《全面与进步跨太平洋伙伴关系协定》（CPTPP）、《欧日经济伙伴关系协定》（EPA）、《美墨加协定》（USMCA）等最新签订的自由贸易协定内容看，条款在广度和深度上都超越了WTO，是高标准的自由贸易协定，RCEP、CPTPP、EU、USMCA几个协定的基本概况如下（见表1-5）。

表1-5　2021年全球主要大型自由贸易区概况

项目	RCEP	CPTPP	EU	USMCA
成员国/个	15	11	27	3
人口/百万（占全球比重）	2264（28.7%）	511（6.5%）	447（5.7%）	497（6.3%）
GDP/10亿美元（占全球比重）	27833（28.8%）	11695（12.1%）	17088（17.7%）	26576（27.5%）
GDP增速/%	5.9	3.2	5.4	5.8
出口额/10亿美元（占全球比重）	6484（28.9%）	3405（15.2%）	6630（29.5%）	2756（12.3%）

续表

项目	RCEP	CPTPP	EU	USMCA
进口额/10亿美元（占全球比重）	5693（25.1%）	3234（14.3%）	6469（28.5%）	3962（17.5%）
区内贸易额/10亿美元（占全球比重）	12177（27.0%）	6639（14.7%）	13099（29.0%）	6718（14.9%）
外商直接投资/10亿美元（占全球比重）	579（26.8%）	323（14.9%）	377（17.5%）	546（25.3%）
对外直接投资/10亿美元（占全球比重）	504（29.5%）	318（18.6%）	599（35.1%）	474（27.7%）

数据来源：世界银行数据库。

（2）区域合作安排向边境后拓展。包括制造业关税减让、农业关税减让、贸易便利化、出口税、SPS（《实施卫生与植物卫生措施协定》）、TBT（《技术性贸易壁垒协定》）、国有企业、反倾销、反补贴、国家援助、政府采购、TRIMS、GATS和TRIPS等，特别是发达成员与发展中成员之间的RTA中有关贸易便利化自由化条款在深度和广度上均达到了空前的水平。

二、RCEP：区域经贸合作的重大利好

1.全球最具活力与发展潜力的自由贸易区

（1）覆盖世界人口最多的自由贸易区。从人口看，2021年，RCEP15个成员国的总人口数量达22.6亿，占全球的比重为28.7%，而欧盟（EU）、北美自由贸易区（NAFTA）人口占比分别为5.7%、6.5%。RCEP覆盖人口分别是欧盟、北美自由贸易区的5.1倍、4.6倍。

（2）经贸规模最大的自由贸易区。从GDP看，2021年，RCEP经济总量为27.8万亿美元，占全球GDP的比重为28.8%。CPTPP、EU和NAFTA的全球GDP占比分别为12.1%、17.7%、27.5%。RCEP区域经济总量分别是CPTPP、EU的2.4倍、1.6倍。

从贸易额看，2021年，RCEP的15个成员国区内贸易额达12.2万亿美元，占

全球贸易总额的27.0%，EU占比为29.0%，NAFTA占比为14.9%。2022年，我国与RCEP其他成员国进出口总额为12.95万亿元，同比增长7.5%，占我国外贸进出口总额的30.8%。2023年1—4月，我国与RCEP其他成员国进出口总额为4.12万亿元，同比增长7.3%，占我国外贸进出口总额的30.9%[①]。

（3）**最具市场活力的自由贸易区。**2000—2020年，RCEP15个成员国的经济总量从7.84万亿美元增长到25.96万亿美元，年均增长6.17%，超过同期全球4.95%的平均增速；2020年，RCEP成员国吸引外商直接投资占全球的37%，远远领先于其他自由贸易区；成员国15—64岁的劳动人口占全球的31.6%，远高于EU6.7%、NAFTA13.2%的水平。

（4）**最具发展潜力的自由贸易区。**从人均GDP角度看，RCEP成员国的经济发展水平大致呈现出三个梯度。第一梯度以新加坡、澳大利亚、新西兰、日本和韩国等发达国家为主，其人均GDP在3万—6万美元区间；第二梯度以中国和马来西亚等发展中国家为主，其人均GDP超过1万美元；第三梯度则以老挝、柬埔寨和缅甸等欠发达国家为主，其人均GDP尚处于较低水平，仅为1000—3000美元。总体上，RCEP成员国经济发展水平差异较大（RCEP成员国2011—2021年的人均GDP见表1-6）。以东盟为主导的RCEP，不仅有利于发挥发达国家优势，而且有利于优化包括欠发达国家在内的资源配置，由此释放各成员国的经济活力，促进经济稳定增长。

表1-6　RCEP成员国2011—2021年的人均GDP（2015年不变价美元）

国家	2011年	2012年	2013年	2014年	2015年	2016年	2017年	2018年	2019年	2020年	2021年
新加坡	50714	51680	53300	54683	55647	56886	59485	61374	61340	58982	66176
澳大利亚	54133	55271	55729	56320	56710	57356	57703	58481	58870	58117	59341
新西兰	35916	36521	37219	38002	38631	39196	39759	40365	40599	39216	40415
日本	33011	33518	34240	34387	34961	35242	35862	36117	36081	34556	35291
韩国	26187	26675	27395	28095	28732	29462	30307	31054	31640	31372	32731
文莱	33577	33457	32342	31156	30682	29601	29696	29438	30314	30402	29673

① 《2022年我国与RCEP其他成员国进出口总额12.95万亿元》，https://baijiahao.baidu.com/s?id=1767560111383842256&wfr=spider&for=pc。

续表

国家	2011年	2012年	2013年	2014年	2015年	2016年	2017年	2018年	2019年	2020年	2021年
中国	6153	6592	7056	7533	8016	8517	9053	9619	10155	10358	11188
马来西亚	8394	8711	8977	9369	9700	9984	10416	10778	11115	10374	10576
泰国	5092	5426	5538	5562	5709	5879	6099	6336	6456	6042	6124
印度尼西亚	2826	2960	3086	3203	3323	3453	3592	3741	3892	3780	3893
越南	2136	2229	2328	2451	2595	2741	2903	3091	3288	3352	3409
菲律宾	2465	2589	2718	2844	2974	3131	3289	3439	3590	3196	3328
老挝	1669	1777	1893	2010	2125	2240	2358	2468	2564	2539	2566
柬埔寨	938	992	1050	1109	1171	1235	1305	1385	1466	1404	1430
缅甸	986	1041	1114	1195	1225	1343	1409	1489	1578	1616	1317

数据来源：世界银行。

2.以发展为导向、以开放包容为特色

（1）强调开放。从货物贸易看，RCEP 90%以上的货物贸易将最终实现“零关税”，高于WTO“零关税”85%左右的水平。许多关税和非关税壁垒将会被降低和取消，各成员将普遍实现较高水平的货物贸易自由化。通过该协定，中国和日本首次形成了双边关税减让安排，日本从中国进口商品的关税撤销率为56%，日本出口中国的可获“零关税”待遇的商品比例将从目前的8%扩大至86%。RCEP成员关税相互减让的承诺如下（见表1-7）。

表1-7　RCEP成员关税相互减让的承诺（%）

成员	东盟	中国	日本	韩国	澳大利亚	新西兰
中国	90.5	—	86.0	86.0	90.0	90.0
日本	88.0	88.0	—	81.0	88.0	88.0
韩国	90.7	86.0	83.0	—	90.5	90.6
澳大利亚	98.3	98.3	98.3	98.3	—	98.3
新西兰	91.8	91.8	91.8	91.8	91.8	—
新加坡	—	100.0	100.0	100.0	100.0	100.0
文莱	—	98.2	98.2	98.2	98.2	98.2
菲律宾	—	91.3	91.1	90.0	91.1	91.1
马来西亚	—	90.2	90.2	90.2	90.2	90.2

续表

成员	东盟	中国	日本	韩国	澳大利亚	新西兰
印度尼西亚	—	89.5	89.5	89.5	90.8	91.5
泰国	—	85.2	89.8	90.3	91.3	91.3
越南	—	86.4	86.7	86.7	89.6	89.6
柬埔寨	—	87.1	87.1	87.1	87.1	87.1
缅甸	—	86.0	86.0	86.0	86.0	86.0
老挝	—	86.0	86.0	86.0	86.0	86.0

资料来源：根据RCEP相关条款整理所得。

从服务贸易看，RCEP服务业开放覆盖领域超过70%，成员国在建筑、医疗、房地产、金融和运输等服务部门都作出了高水平的开放承诺，RCEP“10+5”服务贸易开放水平显著高于5份“10+1”协定。

从投资看，15个成员国均采用负面清单的方式，对制造业、农业、林业、渔业和采矿业5个非服务业领域投资作出了较高水平开放的承诺，明确规定了有所保留的行业和措施。

（2）强调包容。RCEP秉持东盟“开放的区域主义”原则，承认差异性，兼具原则性与灵活性。

①域内包容性。具体看，RCEP充分考虑成员国的不同发展水平和经济需求，设立特殊和差别待遇条款，给予东盟最不发达国家过渡期安排。例如：RCEP对马来西亚、印度尼西亚、越南等国家给予20年以上的关税减让过渡期；给予柬埔寨、越南等国家20年的原产地自主声明过渡期；等等。

②域外非排他性。例如：RCEP明确“开放供任何国家或单独关税区加入”；明确区域价值成分40%的原产地规则要求，与CPTPP部分商品区域价值成分45%—55%、USMCA部分商品区域价值成分70%的要求相比，具有明显的非排他性特点。

（3）强调发展。以“促进共同发展”为宗旨。RCEP序言明确：“希望增强缔约方的经济伙伴关系，以创造新的就业机会，提高生活水平，改善各国人民的普遍福利。”

以“促进均衡发展”为目标。为促进区域内各成员国实现均衡发展，RCEP专门设置了“中小企业”和“经济技术合作”两章，以期促进各国利用自由贸易协定平台，加强对中小企业和经济技术合作的支持和投入，使中小企业、发展中经济体更好地共享RCEP成果。

3.传统议题与自由贸易新议题的融合

（1）与WTO规则相衔接。一方面，RCEP坚持WTO的基本原则，在序言中明确基于1994年WTO协定的权利与义务；另一方面，RCEP不仅援引WTO中“国民待遇”和“清关便利”等条款内容，也进一步深化“进出口规费和手续”“贸易救济”和“纠纷解决”等条款的约束和细化，实现了更高水平的开放。

（2）涵盖了诸多新一代自由贸易议题。①知识产权。RCEP涵盖著作权、商标、地理标志、专利、外观设计、遗传资源、传统知识和民间文艺等广泛内容，在兼顾各国不同发展水平的同时，显著提高了区域知识产权保护水平。

②电子商务。RCEP达成了亚太区域首份范围全面、水平较高的电子商务规则。缔约方就跨境信息传输、信息存储等达成重要共识。RCEP规定了电子认证和签名、在线消费者保护、在线个人信息保护、网络安全和跨境电子方式信息传输等条款，使得在线合同的签署、电子支付的授权和网络交易的达成得到协定的全面保护和认可，为区域电子商务和数字贸易的发展繁荣提供了重要保证。

③贸易救济、竞争和政府采购等。RCEP成员国在这些方面均作出了较高开放水平的承诺，有利于成员国之间开展公平贸易，反对市场垄断，保护消费者权益，深化政府采购领域的合作。

（3）传统规则与新兴议题的融合提升RCEP在全球经贸规则重构中的影响力。发达国家与发展中国家对全球经贸规则的立场分歧日益明显，以发展中国家为主体的RCEP秉持“开放的区域主义”原则，承认差异性，兼具原则性与灵活性，突出以共识为基础的区域合作模式，既避免了因高标准导致的东盟乃至亚太大市场的分割，也防止了排他性规则造成地区内产业链供应链的不稳定性，使得东盟在区域经济合作中的主导地位更为突出。

三、CPTPP：促进国际高标准经贸规则

1.高标准的贸易协定

（1）CPTPP保留了TPP的大部分条款。CPTPP被称为“面向21世纪的高标准贸易协定”，是一个高水平、高质量的贸易协定。该协定既扩大了现有WTO贸易规则的范围，加深了其自由化的力度，比如在知识产权保护、投资以及竞争政策等领域中的承诺，也将很多新的议题和领域，比如国有企业和指定垄断、中小企业以及监管一致性等纳入其中，试图为未来的国际贸易和投资制定新的国际规则。

从条款上看，CPTPP脱胎于《跨太平洋伙伴关系协定》（TPP），尽管CPTPP冻结（非废除）了TPP的22项条款，但仍沿袭了TPP的立法架构和95%的内容，包括30个章节和28个议题（具体冻结的条款见表1-8）。RCEP作为东盟发起谈判的区域贸易协定，其基本框架与承诺水平主要基于5个东盟+1项经贸协定的整合，内容包括20个章节和18个议题。

表1-8　CPTPP冻结的TPP的条款

涉及条款	变更内容
知识产权	搁置条款涉及三方面，包括：知识产权保护对象、保护期和保护措施。保护对象方面，包括国民待遇和专利适用对象；保护期方面，包括专利授权及保护期限和未公开试验及其他数据保护；保护措施方面，包括生物制剂保护、技术保护措施、权利管理信息、卫星与电缆信号加密保护和法律救济等
海关与贸易便利化	冻结条款包括：缔约国需定期审查由国内法制定的货物免税运输额度
投资	冻结条款包括：对于违反政府与其签订的“投资协议”或“投资授权”，外国投资者可以向政府提起损害赔偿
跨境服务贸易	冻结条款包括：各缔约国不得为快递服务提供补贴，不得垄断邮政或快递服务
金融服务	冻结条款包括：有关金融服务的最低处理标准及特殊适用条款。推迟执行条款包括：在金融业的运用上，最低待遇标准在文莱、秘鲁和智利推迟5年，在墨西哥推迟7年
电信	冻结条款包括：有关电信纠纷复议的规定
政府采购	冻结规定包括：该条款不得构成不正当歧视和贸易的变相限制
环境	冻结条款包括：对野生动物非法获取、非法贸易问题中有关 “管辖权法适用”的描述
透明与反腐败	冻结条款包括：药品和医疗器械的透明度，程序公平性附件中有关程序公正的规定

资料来源：根据CPTPP相关条款整理所得。

（2）CPTPP的三个突出特点。①覆盖领域广。CPTPP是面向21世纪的、高标准的、全面的自由贸易协定，不仅覆盖传统自由贸易协定货物贸易谈判的全部领域，还包括服务贸易、投资、劳工、环境等领域；不仅纳入发展条款、中小企业、国企等横向议题，还包括商业便利化、文化和科技等全新的贸易议题。

②边界内议题多。CPTPP协定中约70%的议题都是边界内议题，例如国企、劳工、环境、知识产权等条款都涉及对缔约国国内法规或政策的调整。其规制的问题已远远超出传统贸易协定涉及的关税减让、海关措施和争端解决等边界议题，旨在重塑全球贸易规则治理体系。

③开放程度高。CPTPP中专门设立接纳新成员条款，并规定详细的加入审核程序，感兴趣的国家或单独关税区均可申请加入。此外，CPTPP缔约国普遍开放度较高，如智利、新加坡处于全球缔结自由贸易协定（FTA）的“轮轴国”地位，CPTPP成员国亦可互相利用他国的FTA网络，进一步开拓国际市场，这也可有效缓解缔约国家间缔结FTA的“意大利面碗”效应。

（3）CPTPP促进高标准规则发展。通过对不同自由贸易协定进行比较可以发现，USMCA与CPTPP的绝大多数文本相一致，但在国企、原产地标准、劳工、环境和知识产权保护等方面比CPTPP要求更高。同时，进一步完善了议题的程序性规则，注重规则的落地实施。但该协定处处体现单边主义倾向和“美国优先”理念，淡化发展议题；而CPTPP协定虽然也体现以美国利益为主的理念，但却纳入“发展”议题，还成立发展委员会来帮助发展中成员最大化利用该协定所创造的经济机会，体现出兼顾和平衡的理念。

而EPA与CPTPP的提出背景类似，均是成员国为应对特朗普退出TPP后采取一系列贸易保护政策的举措。但EPA涵盖内容较广泛，规则标准较高，更适用于西方发达国家，日欧双方均认为其体现了公平、公开、公正的原则，能有效提升双方的市场经济发展和经贸水平。

RCEP在规则深度和广度方面都不及CPTPP，其最突出特点是以“发展”为核心，注重灵活性、包容性。承诺对发展中经济体给予特殊待遇，给予柬埔寨和缅甸等欠发达国家在服务贸易、投资、关税减让等领域更长的规则过渡期，以期更好地照顾到所有缔约国的实际情况和发展需求，以实现更广泛的经济增长、可持续发展和减少贫困的目标[①]。

2.CPTPP扩容趋势明显

（1）英国已正式加入。2021年初，英国提交加入CPTPP的申请。在经历了两年的谈判后，2023年3月英国加入申请获得了该协定的批准，7月，英国议会批准通过这项协定。英国成为《全面与进步跨太平洋伙伴关系协定》2018年成立以来的第一个新成员和第一个加入的欧洲国家[②]。这也是自“脱欧”以来英国签署的最大规模贸易协定。99%以上出口到CPTPP国家的英国商品很快有资格享受“零关税”政策。

（2）中国正式申请加入。中国于2021年9月正式提出加入CPTPP的申请。中国政府已向CPTPP成员递交了中国加入CPTPP的交流文件。目前，中方正按照加入CPTPP的程序，与各成员进行沟通和磋商。主动申请加入CPTPP，是中国推进高水平开放的一个务实举措。对于中国申请加入CPTPP，该协定内部早就传出欢迎的声音。

（3）其他经济体正在申请加入。目前，还有韩国、泰国、印度尼西亚、斯里兰卡、乌拉圭、厄瓜多尔、哥斯达黎加和哥伦比亚等经济体申请加入CPTPP 。

3.推进RCEP与CPTPP融合

（1）推动RCEP与CPTPP融合的可能路径。一方面，推动亚太自由贸易区建设，中国和印度尼西亚等发展中国家更愿意通过RCEP不断扩容的路径。另一方面，一些发达国家则愿意通过CPTPP相对高标准的形式推进亚太自由贸易区建设。从实际看，这两条路径并不冲突，可以推进RCEP与CPTPP的整合。推动RCEP与CPTPP相互补充、相互促进，对促进亚太区域经济一体化有重大影响。

（2）对标CPTPP，适时推进RCEP升级进程。包括但不限于，推动RCEP货物、服务及投资等领域市场准入的进一步放宽；适应数字化转型与绿色转型趋势，

① 王晓红等：《加入CPTPP：推动高水平开放》，中国金融出版社，2023。

② 陈甘露、陈奕丹：《国际观察｜英国成为CPTPP协定成立以来首个新成员国 下一个加入的是中国？》，https://thecover.cn/news/mi6985puooGH90qSdq8Jkw==。

探索形成包容性的数字经济、绿色经济发展规则；坚持开放的区域主义，促成吸引亚太其他国家加入RCEP。

（3）积极推进RCEP框架下的次区域经贸合作。在双边、次区域合作中形成以“小多边”引领“大多边”、“大多边”促进“小多边”的RCEP新格局。例如，中日韩三国GDP、贸易额均占RCEP的80%以上，若在RCEP框架下实现中日韩经贸合作的某些重要突破，将对RCEP区域合作升级产生重大影响。当然，这需要三国排除干扰、强化互信。

▶▶▶

丨第四节丨

中国高水平开放的大趋势

面对世界百年未有之大变局的加速演进，我国把推动高水平开放作为自己的主动选择，高举开放的大旗，有效统筹安全与发展，推动新型开放大国建设，推动构建双循环新发展格局。未来5—10年是我国推进高水平开放取得重大突破的关键时期，也是建设新型开放大国的关键时期，不仅对我国自身高质量发展有重要作用，而且将对全球发展产生重要影响。

一、开放的大门越开越大

1.从封闭、半封闭到打开国门

改革开放是决定当代中国命运的关键一招。1978年12月，党的十一届三中全会确立了以经济建设为中心，从此拉开了改革开放的大幕。

经过探索和试点，1984年党的十二届三中全会通过的《中共中央关于经济体制改革的决定》明确提出："我们把对外开放作为长期的基本国策，作为加快社会主义现代化建设的战略措施。"

习近平总书记在庆祝改革开放40周年大会上的讲话中指出："1978年12月18日，在中华民族历史上，在中国共产党历史上，在中华人民共和国历史上，都必将是载入史册的重要日子。这一天，我们党召开十一届三中全会，实现新中国成立以来党的历史上具有深远意义的伟大转折，开启了改革开放和社会主义现代化的伟大征程。”①

2.从设立经济特区到全方位开放

（1）以设立经济特区破冰。1979年初，国务院决定设立蛇口工业区。同年7月，中央批准广东、福建两省对外经济活动实行特殊政策和灵活措施，并决定先在深圳、珠海两市划出部分地区试办出口特区。此后，中共中央、国务院批准在广东省的深圳、珠海、汕头三市和福建省的厦门市试办出口特区。1988年4月13日，七届全国人大一次会议决定建立海南省并设立中国最大的经济特区。

（2）推动沿海沿边及内陆开放。在经济特区实现突破后，中央决定在北京、天津和上海3个城市开展扩大对外贸易自主权的试点，开始了我国开放沿海城市的初步探索。1984年5月，中央决定开放大连、秦皇岛、天津、烟台、青岛、连云港、南通、上海、宁波、温州、福州、广州、湛江和北海等14个沿海港口城市。1985年5月，中央将长江三角洲、珠江三角洲和闽南厦漳泉三角地区开辟为沿海经济开放区，包括13个市、46个县和2个大镇②。1988年、1992年，国务院又陆续将辽东半岛、胶东半岛，以及广东韶关、河源和梅州等市列入沿海经济开放区。至此，沿海经济开放区囊括41个省辖市、218个县（市）③，从南到北连接成一条线，不仅包括城镇，也包括农村，由此形成沿海沿边开放的新格局。1990年4月，国务院批复同意开发开放浦东。1992年，中央决定在全国范围内推进对外开放，开放6个长江沿线港口城市和长江三峡经济开放区；开放14个陆地边境城市，举办边境经济合作区；开放18个内陆省会和自治区首府。至此，我国基本形成从经济特区到沿海开放城市、沿海经济开放区以及内陆地区的全方位对外开放格局。

（3）设立自由贸易试验区。2013年9月，中国（上海）自由贸易试验区正式挂牌运作。作为新形势下我国推进改革开放的重大举措，自由贸易试验区在加快政

① 习近平：《在庆祝改革开放40周年大会上的讲话》，《人民日报》2018年12月19日第2版。

② 国务院办公厅秘书局编《中国经济改革开放试验区》，中国青年出版社，1992。

③ 同上。

府职能转变、管理模式创新、促进贸易和投资便利化等方面积极探索新途径、积累新经验。2023年11月1日，中国（新疆）自由贸易试验区正式揭牌成立，标志着新疆自由贸易试验区建设全面启动。至此，经过10年多的实践，我国自由贸易试验区已经增至22个，将进一步推动形成东中西协调、陆海统筹的全方位、高水平区域开放新格局。

（4）建设海南自由贸易港。党的十九大报告明确指出："赋予自由贸易试验区更大改革自主权，探索建设自由贸易港。"2018年4月13日，在庆祝海南建省办经济特区30周年的大会上，习近平总书记郑重宣布："党中央决定支持海南全岛建设自由贸易试验区，支持海南逐步探索、稳步推进中国特色自由贸易港建设，分步骤、分阶段建立自由贸易港政策和制度体系。"[①]在当前单边主义、贸易保护主义抬头，经济全球化面对严峻挑战的大背景下，加快建设海南自由贸易港进程是彰显我国扩大对外开放决心、积极推动经济全球化的重大举措。

3.从加入世界贸易组织到推动共建"一带一路"

（1）"一带一路"倡议从提出到务实实施。2001年12月11日，经过长达15年艰难而曲折的历程，中国正式成为世界贸易组织成员[②]。在这一过程中，我国对外开放加快转型，从有限开放、政策性开放，转变为全方位开放、双向开放。2013年9月7日，习近平主席在哈萨克斯坦纳扎尔巴耶夫大学发表演讲，提出共同建设丝绸之路经济带。同年10月，习近平主席出访东盟，在印度尼西亚国会发表演讲时，提出共同建设21世纪海上丝绸之路。丝绸之路经济带和21世纪海上丝绸之路共同构成了"一带一路"倡议。截至2023年8月，中国已与152个国家、32个国际组织签署200多份共建"一带一路"合作文件[③]。

（2）"一带一路"不仅促进了经济合作与贸易往来，也在推动全球经济再平

---

① 习近平：《在庆祝海南建省办经济特区30周年大会上的讲话》，《人民日报》2018年4月14日第2版。

② 1986年中国开始恢复关贸总协定（GATT）缔约方的谈判，1995年世界贸易组织取代关贸总协定，中国的"复关"谈判转为"入世"谈判。

③ 《我国已与152个国家、32个国际组织签署共建"一带一路"合作文件》，http://www.news.cn/world/2023-08/24/c_1129822163.htm。

衡方面发挥着重要的作用。首先，“一带一路”倡议为各参与国提供了更多的机遇与合作空间。通过基础设施建设、贸易便利化和投资合作等方式，参与国可以加强彼此之间的联系与合作，实现资源优势互补、市场开放与共享发展的目标。这种合作模式不仅有助于加快发展中国家的经济增长，也为发达国家拓展市场提供了新的机会。

其次，“一带一路”倡议对于反对贸易保护主义具有积极意义。当前全球经济下行压力加大，贸易保护主义的声音愈发高涨，给世界经济稳定和可持续发展带来了挑战。而“一带一路”倡议的推动正是对这一局面的有力回应。它通过促进贸易自由化、减少贸易壁垒和推动区域经济一体化等措施，以实际行动支持多边主义和自由贸易体制的建设，为世界各国共同应对贸易保护主义问题提供了新的思路和路径。

最后，“一带一路”倡议在推动世界经济再平衡方面发挥着重要的作用。当前世界经济存在着发展不平衡的问题，一些地区的经济相对滞后，资源配置不均衡，市场开放度不高。而“一带一路”倡议的实施有助于缩小地区间的发展差距，促进资源配置优化与经济结构调整。例如，在基础设施建设方面，参与国可以共同投资兴建铁路、港口、能源设施等，改善交通运输状况，提升地区互联互通水平，从而促进产业链与价值链的延伸和优化。

4.进入制度型开放新阶段

（1）新发展阶段高水平开放对制度型开放的依赖性全面增强。我国从商品和要素流动型开放进入以规则等为重点的制度型开放新阶段。一是开放的重心由货物贸易转向服务贸易，要求推动以保障商品和要素自由流动为主的流动型开放向规则导向的制度型开放转变；二是适应高标准国际经贸规则，开放措施需要从关税减免等措施向规则、规制、管理和标准等措施延伸；三是经济全球化处于规则重构期，作为大国经济，我国更需要通过制度型开放扩大对全球多边规则框架的影响力，共同维护并推进世界多边贸易体制变革。

（2）开放的重心由货物贸易转向服务贸易。这要求我国推动经济开放模式从以保障商品和要素自由流动为主的流动型开放向规则导向的制度型开放转变。随着信息技术和数字经济的快速发展，服务贸易在全球经济中的比重逐渐增加，成为经济增长的新引擎。因此，我国需要积极推动服务贸易的自由化便利化，加强规则建设和法律保护，为服务业创新发展提供良好的国际环境。

（3）开放措施需要从关税减免等传统手段向更加注重规则、规制、管理和标准等措施延伸。随着全球经济一体化的深入发展，国际经贸规则也在不断演进和升级。我国要与时俱进，加强自身的法治体系建设，提高制度化、法治化水平，以更加开放和透明的方式参与全球经济治理，并与国际社会共同构建公平、公正、非歧视性的国际经贸秩序。

（4）共同维护并推进世界多边贸易体制的变革。当前经济全球化正处于规则重构期，作为世界上最大的发展中国家，我国需要通过制度型开放扩大对全球多边规则框架的影响力，共同维护并推进世界多边贸易体制的变革。在当前单边主义和贸易保护主义抬头的背景下，我国应秉持开放合作的原则，坚定支持多边主义，积极参与多边贸易谈判和规则制定，推动完善全球经贸治理机制，维护国际自由贸易体制的稳定和可持续发展。

二、在开放中促改革、促发展

1.在开放中成为全球第二大经济体

（1）经济发展水平不断提升。1978年我国打开国门，坚持“对外开放、对内搞活”的基本方针，发挥劳动力等要素低成本优势，把握经济全球化的重要趋势，抓住并充分利用国际分工调整和国际产业转移的机遇，推动了国民经济高速增长。

根据世界银行数据，用现价美元计算，1978—2022年我国GDP总量从0.15万亿美元快速增长到17.96万亿美元。1978年，我国GDP占全球GDP的比重仅为1.74%，同期美国GDP占全球的比重为27.41%。随着我国改革开放的不断推进与经济的快速增长，到2022年，美国GDP占全球的比重下降到25.32%，我国则提升到17.86%（见图1-12）。

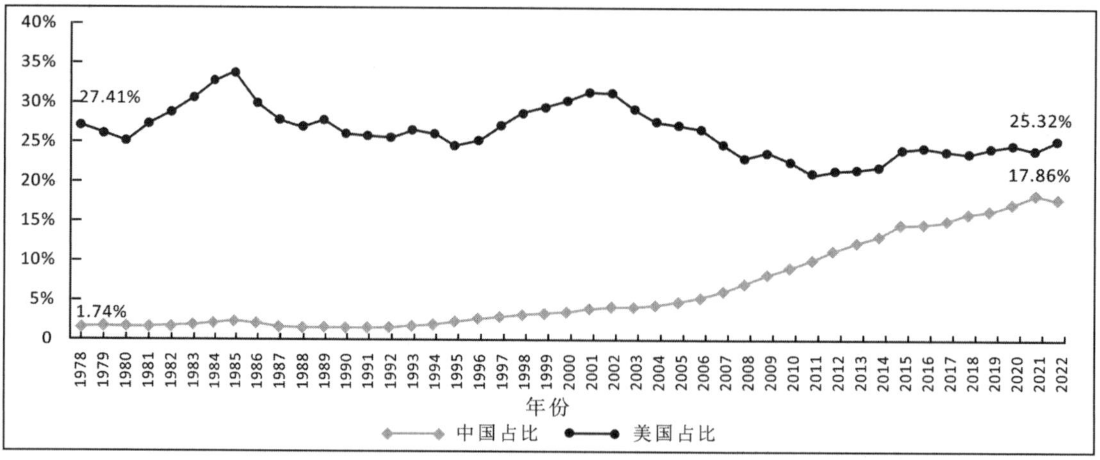

图1-12　1978—2022年中美GDP占全球的比重

数据来源：世界银行数据库。

（2）即将迈入高收入国家行列。根据世界银行数据，用现价美元衡量，1978—2022年，我国经济总量从0.15万亿美元迅速提升至17.96万亿美元；人均GDP从156.40美元提升到12720.22美元，距离进入高收入行列门槛（13205美元）不足500美元（见图1-13）。

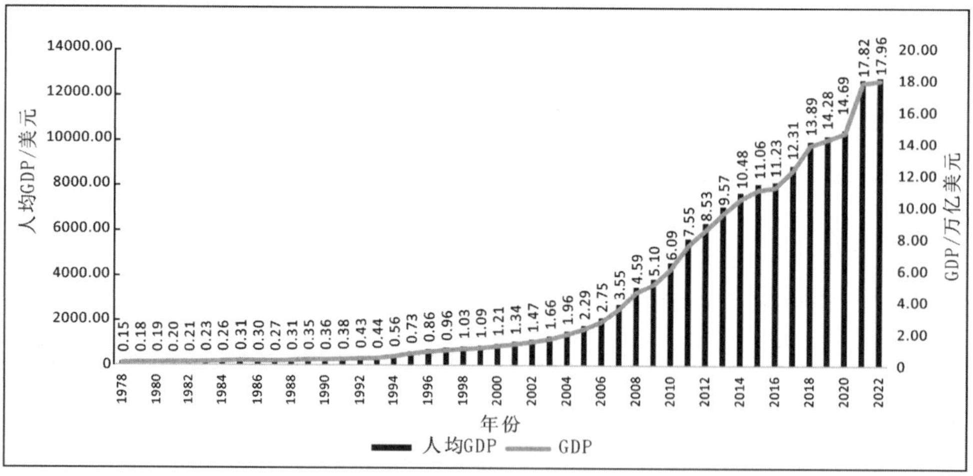

图1-13　1978—2022年我国GDP与人均GDP

数据来源：世界银行数据库。

（3）**城乡居民人均可支配收入不断增长。**1978—2022年，全国城镇居民人均可支配收入由343元增加到49283元；农村居民人均可支配收入由134元增加到20133元（见图1-14）。城乡居民恩格尔系数从57.5%和67.7%分别下降到29.5%和33%。

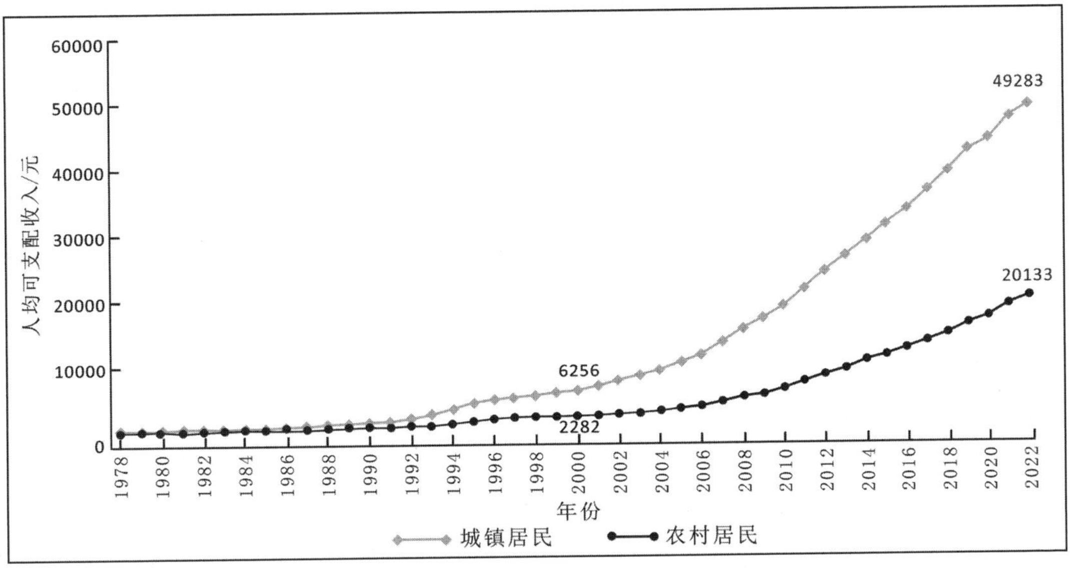

图1-14　1978—2022年我国城镇居民与农村居民人均可支配收入

数据来源：国家统计局、国家数据库。

（4）**在开放中推动结构转型。**改革开放40多年来，我国发生了巨大变化。在经济领域最核心的变化是，我国在开放中实现了跃升，总体进入工业化后期。我国不同时期在工业化不同阶段的标志值如下（见表1-9）。

表1-9　我国不同时期在工业化不同阶段的标志值

基本指标	工业化初期（1978年）	工业化中期（2007年）	工业化后期（2022年）
人均GDP（2010年不变价美元）	308美元（低于3308美元）	3489美元（符合3308—6615美元的标准）	12741美元（符合6615—13910美元的标准）

续表

基本指标	工业化初期（1978年）	工业化中期（2007年）	工业化后期（2022年）
产业结构	27.7：47.7：24.7（符合第一产业占比>20%，且第一产业占比低于工业占比的标准）	10.3：46.9：42.9（符合第一产业占比<20%，且第二产业占比超过第三产业占比的标准）	7.3：39.92：52.78（符合第一产业占比<10%，且第三产业占比超过第二产业占比的标准）
城镇化率	17.9%（符合低于30%的标准）	45.9%（符合30%—50%的标准）	65.22%（符合50%—70%的标准）
第一产业就业占比	70.5%（符合超过50%的标准）	40.8%（符合30%—50%的标准）	22.9%（符合低于30%的标准）

数据来源：人均GDP（2010年不变价美元）数据来源于世界银行数据库，其他数据来源于《中国统计年鉴2023》。

开放带来了科技创新，推动包括制造业在内的传统产业转型升级。以新产业、新业态、新商业模式为支撑的新经济加快成长壮大，成为推动经济转型升级的重要着力点。以“三新”产业为例，“三新”经济增加值从2018年的14.8万亿元提升到2021年的19.7万亿元，年均增长10.0%（见表1-10）。

表1-10　2018—2021年我国“三新”产业发展

指标	单位	2018年	2019年	2020年	2021年
“三新”经济增加值	亿元	148109	161927	169254	197270
第一产业	亿元	6227	6685	7423	7912
第二产业	亿元	62453	70443	73487	87499
第三产业	亿元	79429	84799	88345	101859
工业战略性新兴产业增加值增速	%	11.9	8.4	6.8	—
高技术制造业增加值增速	%	11.7	8.8	7.1	18.2
高技术制造业投资增速	%	16.1	17.7	11.5	22.2
经济发展新动能指数	2014年=100	269.0	332.0	442.4	598.8

数据来源：《中国统计摘要2022》。

2.在开放中成为全球投资与贸易大国

（1）成为全球第一大货物贸易国。1978—2022年，我国货物贸易总额由

206.4亿美元增长到6.3万亿美元，年均增长接近14%，占全球货物贸易的比重由0.8%提高到12.6%。2013年，我国超越美国成为货物贸易第一大国。在商品出口方面，2022年，我国占世界的比重为14.35%，超过美国8.24%的比重（见图1-15）；在商品进口方面，2022年，我国占世界的比重为10.55%，低于美国13.11%的比重（见图1-16），我国在商品进口方面还有比较大的空间。

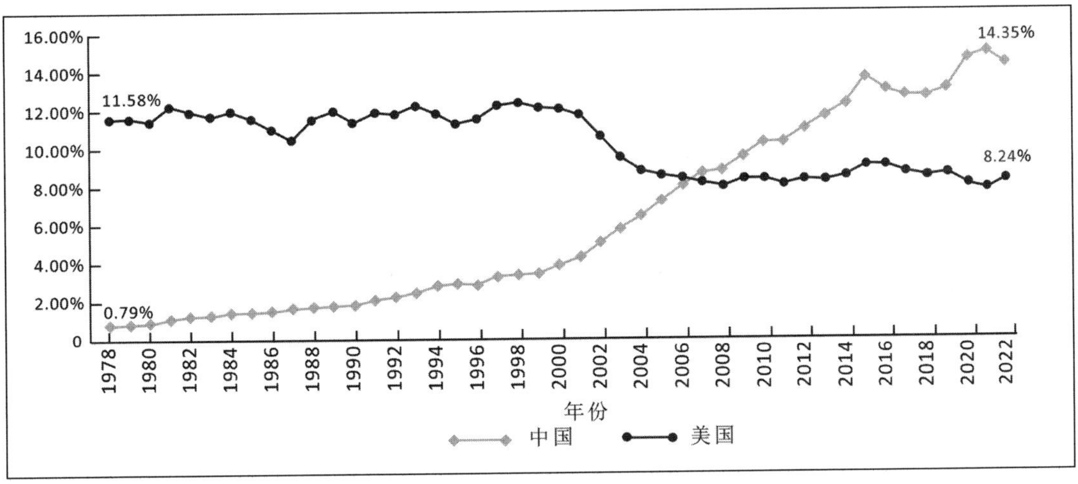

图1-15　1978—2022年中美商品出口占比

数据来源：世界银行数据库。

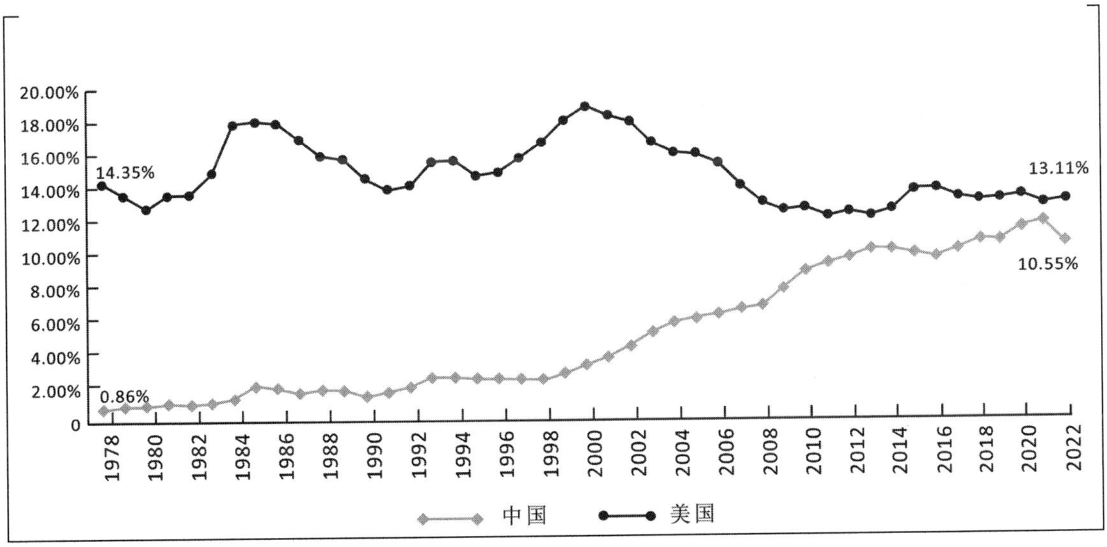

图1-16　1978—2022年中美商品进口占比

数据来源：世界银行数据库。

（2）**成为吸引外资最多的发展中国家**。1983—2022年，我国外商直接投资由9.20亿美元增长到1891.32亿美元（见图1-17），这期间累计实际利用外资超过2.8万亿美元。在世界经济面临多重挑战的背景下，中国吸引外国投资逆势增长，中国既是吸引外资最多的发展中国家，也是继美国之后全球第二大外资流入国。未来15年，预计我国将吸引2万亿美元境外直接投资，对外投资总额将达到2万亿美元[①]。

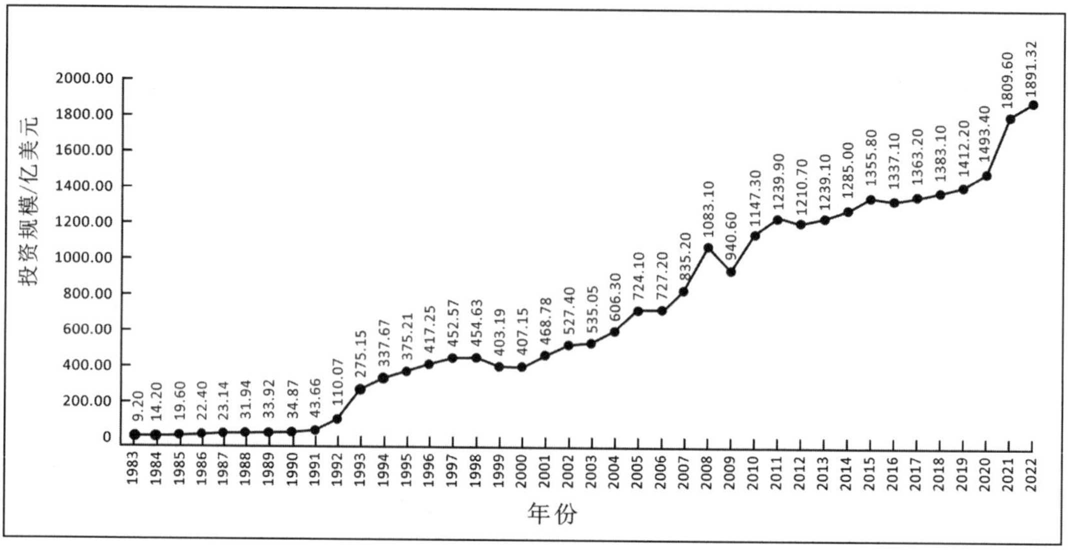

图1-17　1983—2022年我国实际利用外商直接投资规模

数据来源：国家统计局数据库。

（3）**成为全球第二大对外投资国**。2022年，我国对外直接投资流量连续11年位列全球前三，连续7年占全球份额超过一成，存量规模保持全球第三，占全球比重保持稳定。根据《2022年度中国对外直接投资统计公报》，2022年中国全口径对外直接投资1631.2亿美元，同比减少8.8%，降幅较上年收窄25.1个百分点，全球占比10.9%（见表1-11）；为美国同期的39.3%，为日本同期的90.7%。

① 张翼：《中国开放的大门越开越大——党的十八大以来对外开放成果述评》，《光明日报》2018年10月23日第1版。

表1-11　2010—2022年中国对外直接投资流量及在全球的占比与位次

年份	流量/亿美元	全球占比/%	全球位次
2010	688.10	4.9	5
2011	746.54	4.8	6
2012	878.04	6.4	3
2013	1078.44	7.8	3
2014	1231.20	9.0	3
2015	1456.67	8.5	2
2016	1961.49	12.7	2
2017	1582.88	9.9	3
2018	1430.40	14.5	2
2019	1369.10	10.4	2
2020	1537.10	20.2	1
2021	1788.19	10.5	2
2022	1631.20	10.9	2

数据来源：国家统计局、世界银行数据库。

3.在开放中成为世界工厂与世界市场

（1）我国已经建立起全球最全的产业体系。现代工业体系包括39个工业大类，191个中类，525个小类，我国已成为全世界唯一拥有全部工业门类的国家。这意味着在我国能找到全部工业门类，也意味着我国抵御外部风险的能力明显增强。我国主要工业产品产量在全球的排名如下（见表1-12）。

表1-12　我国主要工业产品产量在全球的排名

项目	1978年	1980年	1990年	2000年	2010年	2020年	2021年
粗钢	5	5	4	1	1	1	1
煤	3	3	1	1	1	1	1
原油	8	6	5	5	4	6	5
发电量	7	6	3	2	2	1	1
水泥	4	4	1	1	1	1	1
化肥	3	3	3	1	1	1	1
棉布	1	1	1	2	1	1	1

数据来源：《国际统计年鉴2023》。

（2）工业领域的市场开放极大地提升了中国制造业的生产能力。世界银行数据显示，按现价美元测算，2010年中国制造业增加值首次超过美国，成为全球制造业第一大国，自此以后中国连续多年稳居世界第一。

以工业增加值为例，2000年，我国工业增加值超过1万亿美元，仅为美国的1/3，略超过德国，略低于日本。而到了2021年，我国工业增加值达到6.27万亿美元，是美国的1.7倍、日本的4.7倍、德国的6.6倍。占全球工业增加值的比重，我国从2000年的7.86%提升到2022年的26.82%（见表1–13）。

表1–13　1997—2022年主要国家工业增加值及中国占全球比重

年份	工业增加值/万亿美元					中国占比/%
	中国	德国	日本	美国	世界	
1997	0.80	0.74	1.25	2.60	11.82	6.77
1998	0.87	0.74	1.22	2.70	12.06	7.21
1999	0.94	0.74	1.21	2.84	12.46	7.54
2000	1.03	0.78	1.24	2.98	13.10	7.86
2001	1.12	0.77	1.19	2.89	13.12	8.54
2002	1.23	0.75	1.16	2.89	13.35	9.20
2003	1.38	0.75	1.18	2.98	13.87	9.95
2004	1.54	0.77	1.22	3.14	14.62	10.53
2005	1.72	0.77	1.26	3.19	15.17	11.34
2006	1.96	0.81	1.29	3.33	16.00	12.25
2007	2.25	0.84	1.31	3.40	16.75	13.43
2008	2.47	0.83	1.30	3.27	16.92	14.60
2009	2.73	0.72	1.10	3.02	16.16	16.89
2010	3.07	0.83	1.23	3.09	17.26	17.79
2011	3.40	0.87	1.19	3.11	17.89	19.01
2012	3.69	0.87	1.19	3.16	18.36	20.10
2013	3.98	0.86	1.21	3.23	18.88	21.08
2014	4.26	0.90	1.24	3.31	19.54	21.80
2015	4.52	0.91	1.27	3.38	20.18	22.40
2016	4.79	0.95	1.28	3.40	20.76	23.07
2017	5.07	0.98	1.34	3.51	21.53	23.55
2018	5.37	0.99	1.37	3.62	22.25	24.13

续表

年份	工业增加值/万亿美元					中国占比/%
	中国	德国	日本	美国	世界	
2019	5.63	0.97	1.35	3.70	22.66	24.85
2020	5.77	0.92	1.28	3.57	22.13	26.07
2021	6.27	0.95	1.34	3.69	23.52	26.66
2022	6.50	0.94	—	—	24.24	26.82

数据来源：世界银行数据库。

（3）**我国已成为世界最重要的消费市场之一**。2022年，我国社会消费品零售总额达43.97万亿元，而美国同期为4.92万亿美元（33.84万亿元）[①]。2010年，我国居民消费占全球居民消费的比重仅为6.93%，到2021年上升到12.88%；我国居民人均消费水平与全球比值，由2010年的36.10%上升到2021年的71.92%（见表1-14）。

表1-14　全球及主要国家居民消费支出

国家或地区	居民最终消费支出（2015年不变价，亿美元）			人均居民最终消费支出（2015年不变价，美元）		
	2010年	2020年	2021年	2010年	2020年	2021年
世界	371521	459000	492386	5330	5869	6242
高收入国家	263828	294727	312190	22350	23735	25151
中等收入国家	103235	159259	174893	1966	2707	2948
中国	25737	56042	63400	1924	3972	4489
美国	110499	130964	141824	35722	39505	42714

数据来源：世界银行数据库。

从进口看，我国已是仅次于美国的第二大进口国，进口规模占全球的比重已由2001年的3.8%升至2022年的10.58%[②]（因引用数据来源不同，数据存在出入），接近美国的13.1%。我国市场已经成为全球关注的市场，我国市场的走势与波动，成为全球关注的重点和焦点议题。

① 黄斌汉：《美元可能真要垮了！》，https://baijiahao.baidu.com/s?id=1762756761099152807&wfr=spider&for=pc.

② 段丹洁：《〈2023中国进口发展报告〉发布》，《中国社会科学报》2023年11月15日第A02版。

4.在开放中成为维护经济全球化的重要力量

（1）推进全球自由贸易进程。随着经济实力的壮大，我国已不仅仅是全球自由贸易进程的适应者，更是重要的发动机。截至2022年，我国已成为140多个国家和地区的主要贸易伙伴[①]。2001—2022年，中国货物进口平均增速达15.0%（见图1–18），是世界平均增速的2.2倍；同期中国服务进口平均增速17.2%，是世界平均增速的2.5倍。世界银行统计数据显示，2022年中国货物和服务出口额、进口额分别占全球的14.4%、10.6%。

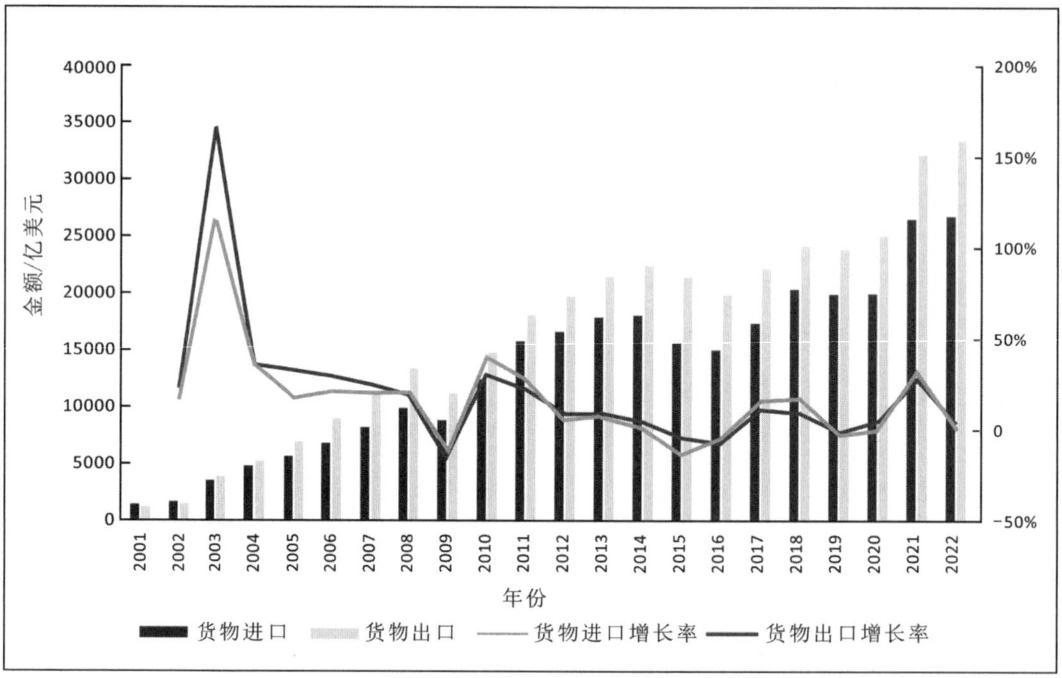

图1–18　2001—2022年中国货物进口、出口总额及增长率

数据来源：世界银行数据库。

（2）成为全球经济增长的主要动力。近几年，我国对世界经济增长的贡献率持续保持在30%左右。2013年以来，我国对全球经济增长的贡献率位居世界第一，

① 罗珊珊：《我国成为140多个国家和地区的主要贸易伙伴——国际经济合作和竞争新优势不断增强》，《人民日报》2022年11月23日第1版。

2017年为34.6%，约为美国的两倍[①]。根据世界银行数据，2022年全球经济净增量为3.7万亿美元，中国GDP净增量为0.14万亿美元[②]，国际货币基金组织预测2023年中国经济将增长5.2%，对世界经济增长的贡献率将达1/3，中国经济仍然是世界经济增长的主要动力，仍是全球经济增长的主引擎。

三、以高水平开放推动高质量发展

1.开放是最大发展、最大改革、最大安全

（1）**开放是最大发展。**从当前及未来的趋势看，高水平开放是实现经济高质量发展的重要推动力，是做好内外双循环的必要条件。例如，我国产业、科技、消费、城乡、能源和贸易等仍有较大的结构转型升级空间，并蕴藏着较大的增长潜力和发展动能，但若与此相关联的结构性改革不破题，结构性潜能是难以充分释放的。换言之，我们要“拼经济”，根本之举是“拼开放”“拼改革”。短期的宏观经济政策调整固然重要，但就其对经济增长的影响而言，以高水平开放促进结构性改革更能起到长期性、全局性的作用。

（2）**开放是最大改革。**当前，我国开放与改革直接融合、制度型开放与制度性变革直接融合、“边境内”开放与市场化改革直接融合的特点突出。可以说，开放是最大的改革，是稳定预期、提振信心的最大文章。

（3）**开放是最大安全。**在中国经济与世界深度融合的大背景下，统筹发展和安全的关键在于推动高水平开放。当前，尽管经济全球化受到阻碍，但供应链、产业链区域化发展趋势是难以改变的。今天再搞“大而全”“小而全”的产业链，不仅效率低下，也难以实现经济的安全可持续发展。要积极推动以东盟为主体的RCEP区域合作，做好RCEP这篇大文章，在扩大共同利益中形成更大范围、更高水平的安全网。

① 钟轩理：《泾渭由来两清浊——给中国对世界的贡献算算账》，《理论导报》2018年第10期。

② 数据来源：世界银行数据库。

2.高质量发展对高水平开放提出现实需求

（1）高质量发展离不开高水平开放。习近平主席在重要国际场合明确指出："过去40年中国经济发展是在开放条件下取得的，未来中国经济实现高质量发展也必须在更加开放条件下进行。"①

（2）以高水平开放推动形成双循环新发展格局。我国构建以国内大循环为主体、国内国际双循环相互促进的新发展格局，是与我国结构转型趋势相适应的中长期发展战略，是开放与发展的相互融合，是国内与国际市场的重要连接。当前，面对国际形势的严峻变化，要尽快把新发展格局做实，以释放中长期经济增长的潜力；要协同推动高水平开放与壮大国内市场建设，在加快构建内外对接的市场制度规则体系方面全面破题；要在高水平开放中补齐产业链供应链创新链短板，进一步增强产业链供应链的韧性和竞争力。

（3）以高水平开放增强高质量发展的动力。我国实现高质量发展，既取决于产业结构、消费结构、城乡结构和能源结构等方面的转型，也取决于科技结构、利益结构和城乡结构等方面的调整优化。以消费为例，2021年，我国城乡居民服务型消费人均支出首次超过1万元，占比达到44.2%，服务型消费规模首次超过15万亿元。尽管过去几年消费结构面临疫情的严峻冲击，但城乡居民以服务型消费为重点的消费结构升级趋势并未改变。如果与服务型消费相适应的产业布局、相关制度安排达到要求，到2030年服务型消费占比有望达到55%—60%，由此形成我国高质量发展的重要支撑。从现实看，提升服务型消费的比重，很大程度依赖于结构性改革，依赖于以制度型开放为特点的高水平开放。

3.推动结构转型对高水平开放的现实需求

（1）推动产业结构转型要求产业进一步开放。鼓励和吸引外资投向先进制造业。以提高外资积极性促进制造业转型升级，大力加强对节能环保、生物医药、航空航天、海洋工程装备和智能制造装备等先进制造业和战略性新兴产业外资的引入力度。整合政府、企业、金融和中介服务机构等信息资源，建立跨部门信息共享机

① 习近平：《开放共创繁荣 创新引领未来——在博鳌亚洲论坛2018年年会开幕式上的主旨演讲》，《人民日报》2018年4月11日第3版。

制，搭建外资数据平台，为企业提供全方位精准信息支持与服务。

在开放中支持制造业龙头企业服务化转型。推动制造商与服务商协同创新业务协作流程和价值创造模式，探索服务型制造新模式，形成制造与服务全方位、宽领域、深层次融合发展格局。鼓励互联网企业与制造业企业协同和全球化发展，加速服务型制造数字化转型，支持有条件的服务型数字化企业拓展国际市场，提供系统总集成总承包服务①。

（2）推动先进制造业和现代服务业深度融合。进一步放开生产性服务业领域的市场准入，取消环保、技术、知识产权等隐性壁垒；打破研发、金融、物流等领域的市场垄断与行政垄断，大幅减少前置审批和资质认定项目；鼓励社会资本与民营企业参与应用型技术研发机构市场化改革，支持与科研院所、高等院校等联合建立应用型技术研发机构；深化科技要素市场化改革，加快实施技术成果转化、转让奖励制度，提升科技成果转化率；大力发展生产性服务贸易，加速我国生产性服务业领域的人才、资本、技术等要素积累②。

（3）以开放创新推动科技结构转型升级。创新无国界。尽管有些大国推动科技脱钩，挑起科技战，但从科技创新本身的规律来说，创新由封闭转向开放，创新无国界，是当今世界科技创新发展的重要趋势。我国坚持开放创新不动摇，就能吸引更多的创新要素。这就需要我国：第一，加大与发达国家的科技合作，利用全球科技创新人才的智慧加快科技创新。第二，充分利用我国14亿多人口的大市场优势，通过加快高科技领域的商业转化，吸引集聚海外人才加入我国的高科技前沿技术研究。第三，吸引科技领域留学生回国，加大开放创新力度，利用全球杰出人才集聚创新资源③。

① 穆荣平、郭京京、康瑾等：《制造业开放创新趋势、问题和政策建议》，《中国科学院院刊》2022年第7期。

② 迟福林：《以高水平开放推动先进制造业和现代服务业深度融合》，《经济参考报》2019年9月16日第A1版。

③ 迟福林：《以科技创新赢得发展主动》，https://new.qq.com/rain/a/20220422A09EWQ00。

4.统筹发展和安全对高水平开放的现实需求

（1）统筹发展和安全的关键在高水平开放。面对发展与冲突的矛盾挑战，作为大国，要以高水平开放实现发展和安全的动态平衡。例如，我国70%左右的能源、80%的芯片、80%左右的重要原材料需要进口，在这种情况下，需要加快建设全国统一大市场，促进各类商品要素自由流动，提高国内大循环的效率；需要增强供需体系韧性，实现更加安全的发展；需要把握机遇，以主动开放、单边开放务实推进中国东盟全面战略伙伴关系建设，共建RCEP这一全球最大自由贸易区。

（2）以统筹发展和安全为核心目标推进高水平开放。从实践看，重在优化内外开放布局，在扩大共同利益中形成“你中有我、我中有你”的更大范围、更高水平的安全。一方面，推进以规则、规制、管理、标准为重点的制度型开放，主动对接国际高水平经贸规则，倒逼国内深层次的市场化改革，建设高水平市场经济体系；另一方面，以RCEP生效为契机，优化以东盟为重点的对外开放布局，深化与东盟在农业、数字经济、加工制造和人文等领域的合作交流。要努力把海南建设成为有重要世界影响力和中国特色的自由贸易港，使其成为中国市场和国际市场的重要交汇点，并在区域发展合作中发挥战略枢纽作用。要以主动实施《中欧全面投资协定》相关条款为突破，务实深化中欧合作，为我国统筹发展和安全赢得更大战略回旋空间。

（3）将高水平开放优势转化为安全优势与竞争优势。我国是全世界唯一拥有全部工业门类的国家，进一步提升“中国制造”的竞争力在一定程度上依赖于高水平开放。2021年，我国从发达国家和地区进口的高科技产品占进口总额的22.8%。因此，我国仍要在高水平开放中主动适应全球分工体系调整重组，打造更加稳定的区域产业链供应链。同时，在高水平开放中发挥我国超大规模市场优势，持续打造法治化、国际化、便利化营商环境，在公平竞争、反垄断、市场透明、知识产权保护等方面强化制度性安排，形成发展与冲突下的国际竞争新优势[①]。

① 迟福林：《在高水平开放中统筹发展和安全》，《经济日报》2022年4月21日第10版。

PART 02

第二章

高水平开放的战略选择

在实现第二个百年奋斗目标的伟大征程中，在面对全球经济复苏挑战以及经济全球化挑战的特定背景下，14亿多人口的大国，比以往任何时候都更加需要相互合作，需要相互开放市场，需要坚定维护以多边主义为核心的合作机制。作为新型开放大国和经济转型大国，主动推进高水平开放是我国的重大战略选择，也是我国赢得战略主动的关键所在，不仅对自身经济发展有重大影响，而且将对提升我国在全球经济格局中的地位和作用产生深远影响。

▶▶▶

| 第一节 |

推进全球自由贸易的战略选择

经济全球化虽然不是十全十美，但客观上推动了全球生产体系的形成和发展，带来了全球经济繁荣和民众生活的普遍改善，是不可逆转的历史大势。从改革开放40多年的历程看，中国的发展离不开世界，世界的繁荣也需要中国。面对国内外环境深刻变化带来的新机遇新挑战，要把主动维护经济全球化作为自身的务实选择，以大国开放切实推动经济全球化在面对挑战时稳步推进。

一、继续完善全球自由贸易体系

1.新科技革命推动全球自由贸易发展

全球自由贸易发展很大程度源于科技革命。科技革命使人类的活动能力不断增强，要求跨越国界形成国际分工体系，在全球范围内配置资源，由此推动全球自由贸易进程。根据美国智库布鲁金斯学会的相关研究，2009—2018年全球数据跨境流动对全球经济增长贡献度高达10.1%。据麦肯锡预测，数据流动量每增加10%，将带动GDP增长0.2%，预计到2025年，全球数据流动对经济增长的贡献将达到11万亿美元。数据跨境流动支撑了商品、服务、资本、物流等其他几乎所有类型的全球化活动，成为推动经济全球化的重要力量。

由于信息化降低了贸易的交易成本，半个世纪以来，全球自由贸易快速发展，

1960—2017年，全球商品与服务进口占GDP的比重由12.3%提升至28.5%[①]。进入5G时代，全球贸易的成本大大降低。数字革命的新突破将纵深推动人类社会的联系和互动，由此推动打破自由贸易进程中某些人为的限制和壁垒，让更多国家享受到科技革命和国际分工的好处。

同时，数字革命创新自由贸易方式。比如，全球跨境B2C电商交易规模从2018年的1.2万亿美元增长至2022年的2.4万亿美元，年均复合增速达18.9%。2022年，我国跨境电商进出口规模首次突破2万亿元，比2021年增长7.1%。截至2023年5月，我国跨境电商主体超过10万家，跨境电商货物进出口规模的外贸占比由5年前的不足1%上升到如今的5%左右，贸易伙伴几乎遍布全球[②]。

2.积极推动产业链供应链的全球布局

自由贸易是世界经济增长与经济全球化的重要动力。当今世界发达国家和发展中国家的经济发展，无一例外得益于自由贸易。当前，随着自由贸易的发展，国际分工格局开始由产业间分布加快向产业内分布转化。全球产业链的产品及服务的价值创造活动分布在不同国家和地区，从而为这些国家和地区嵌入全球产业链、推动产业调整和增强自主创新能力提供了机遇。

在自由贸易的大趋势下，任何一个经济体，如果自我封闭，“不合群”甚至“退群”，人为设置贸易壁垒，加大与国际市场的联系成本与难度，是违背经济规律的，不仅难以把握新科技革命的历史潮流，而且难以利用国际市场保持经济可持续发展。

3.以高水平开放推进全球自由贸易进程

推进合作共赢、合作共担、合作共治的共同开放，建设开放型世界经济，是各国的共同责任[③]。经济全球化的大势没有改变，各国走向开放、走向合作的大势没

① 根据UNCTAD数据计算得出，https://unctadstat.unctad.org/EN/。

② 海关总署：《中国跨境电商贸易年度报告》，2023年6月。

③ 人民日报评论员：《推进合作共赢合作共担合作共治的共同开放——论习近平主席在第三届中国国际进口博览会开幕式上主旨演讲》，《人民日报》2020年11月7日第3版。

有改变。

从全球看，尽管经济全球化面临着一些挑战和变数，但各国走向开放、走向合作的大趋势没有改变。我国坚持高水平开放，主动推进双边多边自由贸易进程，推动中欧、中日韩及亚太区域贸易投资自由化便利化安排的实质性突破，以此维护多边贸易体制与经济全球化大局，并进一步提升我国在全球经济治理方面的影响力和制度性话语权。

从我国自身看，我国开放的大门越开越大，成为全球开放合作的重要支撑。开放是当代中国的鲜明标识。当前，我国成为140多个国家和地区的主要贸易伙伴，货物贸易总额连续六年居全球第一，利用外资连续五年居全球第二，对外投资居世界前列。进博会、广交会、服贸会越办越好，“投资中国就是投资未来”成为普遍共识。出台实施外商投资法，全国版外资准入负面清单缩减至31项，设立22个自由贸易试验区，海南自由贸易港扬帆起航，陆海新通道加快推进，内外联动、东西互济的全面开放新格局正在形成。构建面向全球的高标准自由贸易区网络，同29个国家和地区签署31个自由贸易协定，与自由贸易伙伴贸易额占外贸总额达35%。我国开放指数全球排名从第47位跃升至第39位[①]。

二、在推进自由贸易进程中应对以邻为壑的挑战

1.以邻为壑的政策加大全球经济危机的风险

尽管经济全球化的逆流涌动，但经济全球化仍然是经济持续增长的内在要求和推动力，也是加快构建人类命运共同体的重要载体。

全球经济高度融合，产业链和供应链已经具备了相互连接、多国交叉、多次跨境的特点。例如，美国对中国商品加征关税，500亿美元商品清单中73%是中间品

① 任鸿斌：《坚定不移推进高水平对外开放 以中国新发展为世界提供新机遇》，《红旗文稿》2023年第5期。

和投资品，2000亿美元商品清单中78%是中间品和投资品[①]。全球价值链使分散在不同国家的中间品生产更加依赖贸易政策与贸易体系。任何一个国家采取贸易保护主义与单边主义举措，不仅直接影响双边经贸，而且对相关产业链与供应链的国家或地区产生冲击。例如，韩国国际贸易协会国际贸易研究院预测，因美国相继对中国产品提高关税，韩国出口每年约减少8.7亿美元以上[②]。

2.以更大开放推动全球贸易投资自由化和便利化

目前，我国已经成为全球第一大货物贸易国、第二大服务贸易国，也是世界多数国家的主要贸易和投资伙伴。我国不仅是经济全球化的受益者，也是全球贸易投资自由化的坚定推动者。在全球化逆潮涌动的背景下，作为一个负责任的大国，我国倡导开放、包容、普惠、平衡、共赢的自由贸易战略，着力形成双边、多边、区域性、全球性自由贸易的制度安排，推动全球贸易投资自由化便利化，将为全球自由贸易发展作出重要贡献。

3.以更大开放促进经济平衡增长

在短期内，国际竞争可能导致结构性失业，因为一些行业可能会面临挑战并逐渐减少就业机会。然而，我们不能通过贸易保护主义来阻碍产业结构调整的进行，因为这将不利于中长期的就业增长和就业结构的优化。我国正积极倡导更加开放的政策，成为全球自由贸易的促进者。更大开放将促进技术的引进和创新，从而推动各个行业的发展和升级。这将有助于提高整体劳动生产率，并为就业提供更多机会。

① 《加征关税损人害己 奉劝美方算清这笔账》，www.gov.cn/xinwen/2019-05/ 16/content_5392020.htm。

② 张文晖：《中美贸易战，韩国很受伤》，baijiahao.baidu.com/s?id=1635432544122522982&wfr=spider&for=pc。

三、推动包容共享的自由贸易进程

1.推动全球利益与命运紧密联系

经济全球化与新科技革命，使世界各国的利益和命运紧密联系在一起，没有人能只享其利而不担其责。经济全球化尽管面临诸多严峻挑战，但仍然是全球发展的重要驱动力：它推动国际分工体系的兴起，推动人类生产生活突破地域和国别等界限。今天，经济全球化的重要特征是形成了各国共同参与的供应链、产业链、价值链，为推动世界经济繁荣和提升人类共同福祉作出不可否认的巨大贡献。

根据世界银行数据库，按现价美元计算，1960—2022年，全球GDP总量从不足1.4万亿美元提升至100万亿美元，人均GDP从456.8美元提升至12647.48美元。

人类社会越来越成为一个相互依存的共同体。任何一个国家在追求本国利益时，都需要兼顾其他国家的利益，在谋求本国发展中促进各国共同发展。人类社会应当有共同的目标追求，应当由此树立共同的利益观和可持续发展观。世界经济出了问题，各国都难以独善其身。

2.在维护自由贸易体系中解决利益失衡问题

尽管经济全球化和自由贸易体制存在这样那样的问题，特别是当前世界经济增长乏力时，增长与分配、资本与劳动、效率与公平的矛盾凸显，但这些都不应当成为实施单边主义和贸易保护主义的理由与借口。在经济全球化、产业供应链国际化和价值链一体化的背景下，单边主义、贸易保护主义不仅不利于自身发展，更给全球经济复苏带来阻力。实践证明，贸易保护主义将使得世界经济“蛋糕”变小，由此使得解决利益问题的空间更小，回旋的余地更小。创造利益再平衡的重要条件，就是在推进以自由贸易为主线的经济全球化中做大世界经济“蛋糕”。共同维护全球自由贸易体制，加快形成自由、开放、公正的国际贸易环境，促进国际贸易增长和世界经济可持续性复苏，可以在互利共赢中推动实现国内利益平衡。

3.维护多边贸易体制是维护经济全球化的关键

在经济全球化的制度安排中，自由贸易最为核心。单边主义、贸易保护主义不仅无助于本国问题的解决，还给经济全球化和全球经济复苏带来巨大障碍。将现有治理体系推倒重来、另起炉灶，不仅会破坏现有的国际秩序，还会破坏世界的和平稳定。作为新型开放大国，中国捍卫以联合国为核心、以国际法为基础的国际体系，并以提升代表性、公平性和有效性为重点，推动国际经济治理机制的改革。作为新型开放大国，中国在坚持最惠国待遇、国民待遇、关税约束、透明度、特殊与差别待遇等世界贸易组织的基本原则和核心价值基础上，抓住争端解决机制这一关键，推进世界贸易组织上诉机制、贸易争端解决机制等方面的改革，维护经济全球化大局。

4.加快推进开放包容的经济全球化

“中国人始终认为，世界好，中国才能好；中国好，世界才更好。”[①]经济全球化与新科技革命使世界各国的利益和命运联系在一起，形成了一个紧密相连的网络。各国的产业链、供应链和价值链相互交织，彼此之间的经济发展相互依赖。这种紧密相连的关系意味着，世界各国的命运也是紧密相连的。在面对共同挑战时，例如全球经济下行压力等问题时，没有哪个国家能够单独解决。因此，我们必须寻求互利合作的双赢多赢之道。

现代社会面临许多全球性挑战，其中包括突发公共卫生事件、气候变化以及人口老龄化等。这些挑战超越了国界，需要全球范围内的行动和合作来应对。在全球突发公共卫生事件中，各国需要携手合作，共享信息和资源，以共同应对疫情的传播和防控。而在面对气候变化和人口老龄化等全球性挑战时，各国应该加强合作，共同制定和实施有效的政策措施。

在这个日益相互依存的世界中，只有通过全球行动和全球合作，我们才能实现共同繁荣和可持续发展。无论是在经济领域还是其他领域，各国都应该摒弃单边主义和保护主义的思维，追求多边主义和合作共赢。通过加强经济合作、促进贸易自由化和便利化，我们可以推动全球经济的增长和发展。同时，各国还应该加强科技创新合作，共同研发和应用先进技术，以应对共同面临的挑战。

① 习近平：《共同构建人类命运共同体》，《求知》2021年第1期。

▶▶▶

第二节

坚持多边主义的战略选择

习近平主席在2021年1月召开的世界经济论坛“达沃斯议程”对话会上的特别致辞中强调：“世界上的问题错综复杂，解决问题的出路是维护和践行多边主义，推动构建人类命运共同体。”[①]坚持多边主义不动摇，高举多边主义旗帜，不仅对14亿多人口的大国创造良好的外部发展环境极为重要，而且对改革和完善全球治理体系有重要影响，彰显了我国作为新型开放大国的全球责任。

一、加快推进双边多边自由贸易区网络建设

1.大国发展离不开双边多边自由贸易

（1）自由贸易是促进经济增长的重要基础。自由贸易在优化资源配置、提高生产效率、推动技术进步以及创造就业和减少贫困方面都发挥着重要的作用。根据诺贝尔经济学奖获得者迈克尔·斯宾塞（Michael Spence）和罗伯特·索洛（Robert Solow）的研究，“二战”后年均经济增长率达到7%或更高并持续了25年或更长时间的经济体，共同的特征之一就是开放经济。

① 习近平：《让多边主义的火炬照亮人类前行之路——在世界经济论坛“达沃斯议程”对话会上的特别致辞》，《人民日报》2021年1月26日第2版。

（2）中国坚持自由贸易不动摇。作为新型开放大国，中国致力于推进14亿多人口的国内市场与世界市场的深度融合。这种深度融合将创造新的市场和需求，引导资源在更广泛的范围内进行优化配置。通过加强与其他国家的双边和多边贸易合作，中国能够促进商品和服务的流动，扩大市场规模，提高生产效率，并从中获得技术外溢和技术进步的机会。

自由贸易还可以帮助中国吸引更多的外部投资，推动国内产业升级和技术创新。通过与其他国家开展合作，中国可以吸收先进技术和管理经验，促进本土产业的发展，并加快向更高附加值的产品和服务转型。

自由贸易也为中国创造了更多的就业机会。通过与其他国家进行贸易往来，中国能够拓展出口市场，增加出口产品的销售额，从而为国内企业提供更多的工作岗位。此外，自由贸易还有助于降低商品价格，提高消费者福利，减少贫困人口的数量。

2.推动双边多边自由贸易协定升级

（1）我国区域自由贸易协定自由化便利化水平不高的挑战仍然严峻。由于协定涵盖议题较窄、市场较小等，我国已签署的区域自由贸易协定对贸易的带动作用仍有待进一步提升。例如，我国仅在中韩自由贸易协定第二阶段谈判中首次使用负面清单方式开展服务贸易和投资谈判；在我国已签署的19个自由贸易协定中（含内地与港澳更紧密经贸关系安排），14个未涉及金融服务，13个未涉及电子商务。

（2）打造升级版的双边多边自由贸易协定。我国重点加强“边境内”措施与制度的对接与协调，积极推动与自由贸易伙伴的贸易投资管理体制和制度的对接与合作，推进政府监管制度的协同与合作等方面取得重要突破。争取到2025年，以负面清单为主要模式，尽快实现现有区域自由贸易协定升级，涵盖金融服务与电子商务议题的区域自由贸易协定数量占比提升至50%左右，我国与已签署区域自由贸易协定对象国（地区）间的贸易额占贸易总额的比重提升至50%以上。

3.以高水平开放加快双边多边自由贸易进程

（1）明显提升双边多边自由贸易区的贸易投资自由化便利化水平。我国进一步降低关税，在加强开放风险防范中加快与自由贸易伙伴的双向市场开放，同时显著提升贸易便利化水平。争取在3—5年内，将货物贸易通关时间和成本降低一半以上；加快与自由贸易伙伴的电子通关工程建设；实施原产地企业自主申报制，严格事后监管，加快与自由贸易伙伴建立原产地电子数据交换系统；显著提高与贸易相关尤其是服务贸易的人员往来便利化水平，简化签证程序，减少环节和等待时间。

（2）明确把"准入前国民待遇+负面清单"制度作为对外开展自由贸易区谈判的基本内容。当前，我国已全面实施"准入前国民待遇+负面清单"的管理模式，以此为基本内容开展对外自由贸易区谈判。例如，一是将"准入前国民待遇+负面清单"相关规则写入已签订的自由贸易协定，由此实现自由贸易协定的实质性升级；二是以"准入前国民待遇+负面清单"为原则开展中国-以色列、中国-新加坡等正在谈判的双边自由贸易区谈判，最大限度减少和取消贸易壁垒；三是在服务业领域，加快贸易开放和降低市场准入，有序推进金融、教育、文化、医疗等重点领域的市场开放。

（3）推进与贸易伙伴的规制合作。更深层次的自由贸易制度在于规制合作，与自由贸易伙伴间加强贸易规制合作，将进一步提升我国的开放水平。我国应加强"边境内"措施与制度的对接与协调，积极推动与自由贸易伙伴的贸易投资管理体制和制度的对接与合作，缩小负面清单的限制范围，推进政府监管制度的协同与合作，提出符合我国发展阶段的自由贸易新规则。

二、维护以世界贸易组织为核心的多边贸易体制

1.自由贸易进程中多边的重要性大于双边

（1）多边贸易体制的全局性意义凸显。从全球角度看，双边多边自由贸易安排都是推动经济全球化的重要形式，但多边的重要性大于双边，双边贸易谈判要以维护多边贸易体系为基本前提。要旗帜鲜明地捍卫和发展基于规则的多边贸易体系，坚持多边主义和自由贸易。在这个前提下，才能找到处理好各类双边经贸合作问题的有效路径。

（2）双边自由贸易谈判要着眼于维护多边自由贸易的基本原则，促进多边自由贸易进程。例如，在考虑中日和中韩自贸区的同时，要加快推进中日韩自贸区建设进程，以推动形成东北亚经济一体化的新格局。同时，立足世界格局变化与世界多极化发展现状，支持灵活多样、差别待遇、标准适度的市场开放，使得发达国家、新兴经济体、发展中国家参与经济全球化和全球竞争，共同应对市场风险和各类冲击。

以世界贸易组织为核心、以规则为基础的多边贸易体制是国际自由贸易的基石，是全球贸易健康有序发展的支柱。坚定维护以规则为基础的多边贸易体制，是我国实现经济高质量发展的现实需求，也是作为大国的全球责任。

2.维护以世界贸易组织为核心的多边贸易体制

（1）世界贸易组织是当今世界处理贸易问题最重要的国际组织。世界贸易组织的基本原则贯穿于世界贸易组织的各个协定和协议中，构成了多边贸易体制的基础。这些基本原则包括非歧视原则、透明度原则、自由贸易原则和公平竞争原则。其中，非歧视原则包括最惠国待遇原则和国民待遇原则。当前，世界贸易组织涵盖了全球逾98%的贸易额，调解着164个成员国间的争端，为协商更低的贸易壁垒提供国际平台①。世界贸易组织在建立一个完整的、更具有活力的和永久性的多边贸易体制中具有其他任何组织所难以替代的重要作用。

（2）尽快解决危及世界贸易组织的紧迫性问题。争端解决机制是世界贸易组织的核心支柱，在为多边贸易体制提供可靠性和可预测性方面发挥了关键作用。维护以规则为基础的多边贸易体制，需要把WTO争端解决机制的有效运行摆在突出位置，尽早启动上诉机构遴选程序并填补空缺。同时，还应加严对滥用国家安全例外的措施的纪律，对以国家安全为由加征进口关税等做法进行通报，并对措施开展多边审议，减少不符合世界贸易组织规则的单边措施的纪律，对单边主义做法加以有效的监督和约束等。

---

① 《中国关于世界贸易组织改革的建议文件》，images.mofcom.gov.cn/sms/201905/20190524100740211.pdf。

3.推进世界贸易组织改革

（1）尽快取得世界贸易组织改革共识。世界贸易组织改革的方向应当是开放包容发展中成员，而不是简单地用统一尺度来衡量发达成员与发展中成员；世界贸易组织改革的高标准，关键是实现高标准的互利共赢，而不是排斥发展中成员；应在维护发展中成员享受特殊与差别待遇的权利的前提下，致力于改进相关条款的准确性、有效性和可操作性。

（2）抓住争端解决机制这一关键。目前世界贸易组织的突出矛盾是争端解决机制瘫痪。由于特朗普政府强行阻挠继任大法官遴选，上诉机构自2019年12月起陷入瘫痪，目前无法正常发挥作用。当务之急是以世界贸易组织新领导人上任为契机，推进世界贸易组织上诉机制、贸易争端解决机制等方面的改革。

（3）发挥G20在完善多边贸易体制中的重要作用。由于G20（二十国集团）成员在全球贸易中的份额占绝大多数，因此，在G20范围内达成的共识，更容易成为全球共识。为此，G20在世界贸易组织改革中发挥引领作用，对维护多边贸易体制具有重要意义。未来几年，G20应作为加强各国贸易协商的重要平台，更多关注全球贸易便利化和自由化，通过贸易协商更好地推动世界贸易组织改革。

三、积极推动完善全球多边治理

1.倡导新型大国的全球观

（1）坚持可持续发展、联动和普惠发展。发展是解决一切问题的前提，发展不平衡是当今世界最大的不平衡。我国作为新型开放大国，坚持“做好自己的事”，成为世界经济增长的主要稳定器和动力源，并在增加全球就业中作出重要贡献。2013—2018年，我国对世界经济增长年均贡献率达到28.1%，居世界第一位；2019年1—10月，在我国企业承揽的对外承包工程项目中，基础设施建设类项目合同额达1304亿美元；2019年10月末，对外承包工程企业共为当地创造就业岗位83万个。未来5年，我国有条件实现6%左右的经济增长。这个增长将是吸纳更多就业、更绿色、更可持续的增长，并为世界经济增长带来更多机遇①。

（2）主张平等参与、共治共享的全球治理。作为新型开放大国，我国积极维护以联合国为核心的国际体系、以国际法为基础的国际秩序。在这个重要的前提下，改革现有的全球治理机制，形成公正合理的全球治理体系。目前，世界经济增量部分有80%来自新兴市场国家和发展中国家，但新兴市场国家和发展中国家在全球经济治理中的话语权不足。这就需要以提升代表性、公平性和有效性为目标，加快推动国际经济治理机制改革。

（3）主张重塑合作共赢的新型大国关系。未来10年是中美关系的关键时期。要以全球视野、长期视角、战略思维重塑新型大国关系，以多边主义为基础，既要避免战略误判，又要防止陷入战略误区②。

2.共建平等、开放、合作的全球伙伴关系

（1）共建团结的全球发展伙伴关系。坚决捍卫多边主义，巩固发展中国家的内部团结，充分发挥全球南方的作用，深化“南南合作”与“南北合作”，形成全球治理的合力，与各国携手推动构建人类命运共同体。

（2）共建平等的全球发展伙伴关系。坚持平等非歧视原则，相互尊重彼此的发展道路。发展中国家和最不发达国家应更深入地参与全球决策进程，南北双方应以平等对话弥合分歧，以谈判磋商化解争端。要在全球治理中践行相互尊重、合作共赢的国际关系理念，推动各国在国际合作中权利平等、机会平等、规则平等。

（3）共建均衡的全球发展伙伴关系。一方面，需要各国都参与到全球发展合作中来，提高发展中国家的发言权和代表性，扩大参与者的利益汇合点；另一方面，需要通过推动完善全球治理来促进国际社会共同发展，让全球治理体系反映广大发展中国家的意愿和利益，缩小南北发展差距、消除发展赤字。

（4）共建普惠的全球发展伙伴关系。人类是一个整体，地球是一个家园，任何人、任何国家都无法独善其身。因此，我们在全球发展合作中要秉持共商共建共享的全球治理理念，打造普惠共赢模式，鼓励工商界、社会团体、媒体智库参与

---

① 数据来源于国家统计局发布的新中国成立70周年经济社会发展成就系列报告。

② 迟福林：《新型开放大国的全球观》，《经济日报》2019年12月23日第12版。

全球发展合作，让世界各国人民共享经济全球化发展成果，让发展成果更多惠及各方。

3.推动完善全球治理结构

（1）优化和完善全球治理战略设计。善于利用各种有效国际机制平台和双边多边渠道反映和表达中国主张和方案，维护发展中国家的合法利益，推动各国权利平等、机会平等、规则平等。推动新兴领域的新机制新规则建设，特别是加强国际社会应对资源能源、网络信息、气候变化、恐怖主义、公共卫生等全球性挑战的机制建设。

（2）积极推动全球治理理念变革和制度机制建设。同国际社会一道，努力落实全球发展倡议、全球安全倡议，从理念层面推动全球治理体系改革。在制度方面，推动世界贸易组织、亚太经济合作组织等多边机制更好发挥作用，扩大金砖国家、上海合作组织等合作机制影响力，根据全球治理的实际需要创建一些新机构新机制，通过主场外交等机会改革和创新原有制度的运行机制，使其更加开放、包容、有效，更能适应当今时代需要。

（3）维护以联合国为核心的全球治理体系。推动国际货币基金组织、世界贸易组织、世界银行等国际组织反映国际力量变化，更加平衡地反映大多数国家的意愿和利益，推动全球治理更加公正合理。积极参与全球安全规则制定，参与联合国维和行动，加强全球安全治理，为维护世界和平和地区稳定发挥建设性作用[①]。

① 孙吉胜：《改革和完善全球治理体系》，《人民日报》2021年3月1日第9版。

▸▸▸

| 第三节 |

以高水平开放赢得合作与竞争主动的战略选择

面对单边主义、保护主义、霸权主义对世界和平与发展的严峻威胁，我国坚持推进高水平开放，继续打造新型开放大国，在高水平开放中统筹发展和安全，以赢得多方面主动。

一、以高水平开放继续打造新型开放大国

1.打造新型开放大国

（1）我国成长并发展成为新型开放大国。改革开放40多年来，我国顺应经济全球化的历史潮流，坚持对外开放的基本国策，从“引进来”到“走出去”，从加入世界贸易组织到提出共建“一带一路”倡议，成功实现了从封闭、半封闭到全方位开放的伟大历史转折。作为新型开放大国，我国坚持以构建人类命运共同体为价值追求，以维护经济全球化为重要使命，以推进“一带一路”为重要载体，以建设高水平开放型经济体系为重要目标，以深化自身改革开放为基础，将对推动世界经济增长及完善全球治理产生重要影响。从发展趋势看，新型开放大国的发展是一个不断成长的过程。随着我国经济社会的不断发展，新型开放大国的全球影响还将不断提升，其内涵还将不断丰富。

（2）新型开放大国坚持发展是第一要务。1979—2022年，中国GDP按不变价增长了42倍，年均增长9.0%，占全球的比重由1.8%提升至接近18%；人均GDP增长

了28倍，年均增长8.1%[①]。

（3）新型开放大国坚持在开放条件下推动经济快速增长。1979—2022年，中国货物贸易年均增长13.3%，占全球的比重由0.9%提升至12.5%；累计吸引外资2.9万亿美元，累计设立超过100万家外资企业[②]。

（4）新型开放大国坚持谋求与各国包容互动、共同发展。数据显示，2021年，我国与协定已生效的自由贸易伙伴进出口总额合计10.8万亿元，占对外贸易总额的比重达到35%左右，同比增长23.6%，较同期我国外贸总体增速和与非自由贸易伙伴进出口增速分别高出2.2个百分点和2.4个百分点[③]。截至2024年8月，中国已与29个国家和地区签署了22个自由贸易协定，与10年前相比增长了近1倍。最近一个为中国与塞尔维亚签订的中塞自由贸易协定，下一步，我国仍将坚定推进以包容发展为导向的RCEP的全面实施与不断升级，在构建高水平自由贸易区网络中实现联动发展、共同发展。

表2-1　2023年我国与自由贸易协定伙伴的贸易情况

国家（地区）	进出口总额/万美元	占比/%	同比增速/%
马尔代夫	758331	0.01	75.8
澳大利亚	229195762	3.86	4.1
瑞士	59498178	1.00	4.4
哥斯达黎加	5702425	0.10	30.8
新加坡	108393419	1.83	−2.6
智利	62551712	1.05	−6.4
东盟	911718092	15.36	−4.9
格鲁吉亚	2049119	0.03	48.4
韩国	310736887	5.23	−13.5
冰岛	509087	0.01	1.6
秘鲁	37691294	0.63	0.8
新西兰	21360224	0.36	−14.7
巴基斯坦	20759536	0.35	−20.6
毛里求斯	1000648	0.02	3.5
柬埔寨	14824198	0.25	−5.3
尼加拉瓜	853140	0.01	13.5

① 数据来源：根据《中国统计摘要2023》、世界银行全球发展数据库整理。

② 迟福林：《中国走出了一条新型开放大国之路》，3w.huanqiu.com/a/de583b/4CnpMpJP53P。

③ 罗珊珊：《去年我国与自贸伙伴进出口总额10.8万亿元》，《人民日报》2022年2月18日第2版。

续表

国家（地区）	进出口总额/万美元	占比/%	同比增速/%
塞尔维亚	4352478	0.07	23.7
厄瓜多尔	13649341	0.23	4.7
中国香港	288225564	4.85	-4.2
中国澳门	3842767	0.06	-9.6

数据来源：根据海关总署网站“2023年12月进出口商品国别（地区）总值表（美元值）”整理。

2.大变局下坚定推进高水平开放

2020年，面对单边主义、保护主义、霸权主义对世界和平与发展的严峻威胁，我国坚持扩大开放的基本国策，推出了一系列扩大开放的政策措施：全面实施《中华人民共和国外商投资法》及其实施条例、进一步缩减外商投资准入负面清单、稳步推动金融市场准入、出台《海南自由贸易港建设总体方案》、强化深圳和浦东的改革开放举措、深化服务贸易创新发展试点等，增设北京、湖南、安徽3个自由贸易试验区。同时，我国积极推进全球自由贸易进程，全程参与《区域全面经济伙伴关系协定》谈判，并推动协定最终签署，如期完成中欧投资协定谈判，实现了对标国际高水平经贸规则推动制度型开放的重大突破，并为我国与其他更多国家签订高水平经贸协定提供重要借鉴。2021年，我国积极申请加入CPTPP，推动构建更高水平的开放型经济。

3.继续推动新型开放大国建设

（1）把发展作为解决问题的基本前提。一方面，全球经济跌宕起伏，增长动能不足，全球发展仍不均衡。另一方面，单边主义、贸易保护主义持续蔓延，不确定性因素增多。例如，一些国家经济发展的潜力未得到充分释放，全球范围内的发展不平衡问题更加突出等。面对全球经济复苏乏力，新型开放大国主张各国通过加强合作的途径来释放各自的比较优势，寻找符合自身实际情况的发展道路，以经济增长奠定解决问题的重要基础，实现各国互利共赢。

（2）以维护全球自由贸易体系为核心。当前，经济全球化面临一系列挑战，我国作为新型开放大国，坚定维护自由贸易体系，旗帜鲜明地反对贸易保护主义。

从现实进展看，我国在维护自由贸易的进程中，依托自身大市场，本着共商共建共享推进全球自由贸易进程，从而实现互利共赢。以共建“一带一路”倡议为例，“一带一路”坚持共商共建共享，坚持相互尊重、互利共赢。

（3）以共建“一带一路”为重要载体。共建“一带一路”倡议不仅是基础设施互联互通，也是推动全球经济可持续发展和完善全球经济治理、推进经济全球化的重要途径，为缓解日益增长的国际公共产品供给不足贡献了中国主张。

（4）把完善全球经济治理作为重要责任。当前，全球面临的不稳定、不确定性日益突出，治理赤字、信任赤字、和平赤字、发展赤字四大挑战严峻。我国倡导以平等为基础、以开放为导向、以合作为动力、以共享为目标的全球经济治理基本理念和原则，主张有效发挥G20在全球经济治理中的更大作用。

二、以高水平开放统筹发展和安全

1.以高水平开放促发展强安全

（1）发展和安全相互融合、互为条件。习近平总书记在2023年中央经济工作会议指出，必须坚持高质量发展和高水平安全良性互动，以高质量发展促进高水平安全，以高水平安全保障高质量发展，发展和安全要动态平衡、相得益彰①。

从我国发展的经验看，发展是目标，没有发展就难以形成持久可靠的安全保障；安全是前提，没有安全保障就难以形成良好的发展环境。在发展与冲突成为全球突出矛盾的特定背景下，需要在高水平开放中促进发展，在开放发展中强化安全保障。我国在高水平开放中统筹发展和安全，不仅对自身中长期发展具有决定性影响，而且有利于营造稳定安全的内外部环境。

过去几十年，在和平与发展成为时代主题的背景下，我国在持续扩大开放中融入世界经济，既实现了自身经济的较快增长，也提升了在全球治理中的战略地位。当前，“和平与发展的时代主题面临严峻挑战，世界既不太平也不安宁”②，我国发展面临的外部矛盾风险因素将会明显增多。适应国际形势变化，必须强化底线思

① 《中央经济工作会议在北京举行》，《人民日报》2023年12月13日第1版。

② 《习近平同美国总统拜登视频通话》，《人民日报》2022年3月19日第1版。

维，在保障安全的前提下谋划经济社会发展。

（2）统筹发展和安全关键在于推动高水平开放。目前，我国相当规模的重要原材料仍然需要进口，适应世界百年未有之大变局，要以高水平开放实现发展和安全的动态平衡。在这一过程中，既要加快建设全国统一大市场，促进各类商品要素资源自由流动，提高国内大循环效率，又要增强供需体系韧性，实现更加安全的发展，还要把握机遇，以高水平开放务实推进区域性、全球性合作。总的来看，在高水平开放中统筹发展和安全，有利于充分释放市场潜力与活力，有利于赢得国内发展与国际合作竞争的主动。

（3）以统筹发展和安全为主要目标推进高水平开放。从实践看，按照统筹发展和安全的要求推进高水平开放，重在优化内外开放布局，在扩大共同利益中形成“你中有我、我中有你”的更大范围、更高水平的安全发展。比如：要推进以规则、规制、管理、标准为重点的制度型开放，主动对标国际高水平经贸规则，建设现代化经济体系；努力把海南建设成为有世界影响力和中国特色的自由贸易港，使其在区域发展合作中发挥战略枢纽作用；优化以东盟为重点的对外开放布局，深化中欧合作，为我国统筹发展和安全赢得更大战略回旋空间。

2.以高水平开放强化发展战略

（1）以高水平开放促进形成统筹发展和安全的保障机制。2023年2月，我国正式发布《全球安全倡议概念文件》，全面阐述全球安全倡议“六个坚持”的核心理念与原则，针对当前最突出、最紧迫的国际安全关切提出20项重点合作方向，围绕合作平台和机制提出建议设想①。面对日益加剧的全球风险挑战，我国坚持相互尊重、开放包容、多边主义、互利共赢、统筹兼顾的基本原则，坚持“大家安全才是真安全”的理念，积极践行全球安全倡议。

① 《全球安全倡议概念文件》，《人民日报》2023年2月22日第15版。

专栏2-1　全球安全倡议
2022年4月，在博鳌亚洲论坛2022年年会开幕式上，国家主席习近平首次提出全球安全倡议，倡导以团结精神适应深刻调整的国际格局，以共赢思维应对复杂交织的安全挑战，旨在消弭国际冲突根源、完善全球安全治理，推动国际社会携手为动荡变化的时代注入更多稳定性和确定性，实现世界持久和平与发展。 2023年2月21日，在“全球安全倡议：破解安全困境的中国方案”蓝厅论坛上，中方正式发布《全球安全倡议概念文件》，阐释了全球安全倡议“六个坚持”的核心理念和原则，即：坚持共同、综合、合作、可持续的安全观，坚持尊重各国主权、领土完整，坚持遵守联合国宪章宗旨和原则，坚持重视各国合理安全关切，坚持通过对话协商以和平方式解决国家间的分歧和争端，坚持统筹维护传统领域和非传统领域安全；明确了20个重点合作方向以及5个合作平台和机制。

资料来源：中国（海南）改革发展研究院课题组根据公开资料整理。

比如，在国际金融市场风险向我国传导压力增大的背景下，统筹金融发展和安全，在高水平开放中强化国家金融安全战略职能，守住不发生系统性金融风险的底线；适应全球数字经济发展新趋势，从国家层面统筹数据安全和数字经济发展。

（2）以高水平开放强化国家对外发展战略。未来几年，国际经贸规则与秩序将面临深度调整。为了适应这一变化，我们需要加强国家在国际贸易谈判和管理方面的职能。这将有助于我们更好地应对挑战并取得更多的利益。例如，通过加强与其他国家和地区的合作，共同推动全球贸易规则的制定。这将有助于维护我国的贸易利益，并促进全球经济的繁荣。同时，对外援助是我国积极参与国际事务的重要方式之一，随着我国对外援助规模扩大，要强化国家对外援助的战略统筹职能，在对外援助中增强中国倡议、中国理念、中国主张的国际传播能力。这将有助于提高我国在国际社会中的影响力，增进与其他国家的友好合作关系。

（3）以高水平开放深化改革。面对发展和冲突的严峻挑战，改革开放是最鲜明的旗帜，要从国家发展战略和全球战略出发，促进高水平开放与深层次市场化改革更好融合。其中，制度型开放不仅涉及经贸领域的深层次改革，也涉及社会领域的深层次改革。推进能源领域开放，不仅涉及能源结构调整，也涉及生产、生活方式变革。改革不停顿，开放不止步。过去40多年，我国取得的显著发展成就得益于和平稳定的国际环境和经济全球化进程。今天，面对世界百年未有之大变局，我们要以新的战略眼光看待开放和改革的关系，在高水平开放中统筹发展和安全，以高水平开放促进全球经济发展再平衡，这是我国发展面临的重大课题。

3.以制度型开放更好统筹发展和安全

（1）制度型开放是统筹发展和安全的关键。以高水平开放统筹发展和安全，不仅是中国对自身中长期发展的客观判断作出的重大决策，也是应对全球安全风险的重要选择[①]。例如，目前，我国高端专用芯片、智能终端处理器与绝大多数存储芯片依赖进口，72%以上的原油和40%以上的天然气依赖进口，相当多的科技创新离不开国际合作。这就需要着力优化内外开放布局，在扩大共同利益中不断强化“你中有我、我中有你”的开放新格局，以此确保更大范围、更高水平的安全发展。

针对部分国家的“脱钩断链”行为，中国在坚持自主创新的同时，积极推进开放创新；更重要的是，作为全球产业链供应链的关键环节，中国以自身现代产业体系建设服务全球产业链供应链安全稳定。以加入《区域全面经济伙伴关系协定》（RCEP）为例，2022年我国对RCEP其他14个成员国进出口占外贸进出口总值的30.8%，增长7.5%，是同期全国GDP增速的2.5倍[②]。区域合作还能通过建立伙伴关系，拉紧相互依存关系，形成紧密的产业链供应链联系。

（2）以制度型开放为战略举措实现与世界更深程度融合。党的二十大报告指出，要“推进高水平对外开放”“稳步扩大规则、规制、管理、标准等制度型开放”。这意味着对外开放的重点向国内制度层面延伸，不仅涉及市场准入制度，更涉及公平竞争制度、市场监管制度及服务贸易领域的规则、规制、管理、标准等方面的制度性、结构性安排。在这个背景下，中国致力于推进以规则、规制、管理、标准为重点的制度型开放，主动对接国际高水平经贸规则，倒逼国内深层次的市场化改革，建设高水平市场经济体系。

① 迟福林：《在高水平开放中统筹发展和安全》，《经济日报》2022年4月21日第10版。

② 《国务院新闻办就2022年全年进出口情况举行发布会》，https://www.gov.cn/xinwen/2023-01/13/content_5736993.htm。

三、以高水平开放赢得高质量发展的主动

1.以高水平开放促进高质量发展

（1）坚持发展是解决一切全球性问题的前提。当今世界面临诸多新问题新挑战，核心问题仍是发展的问题，是发展不平衡、不充分的问题。抓住可持续发展这个“牛鼻子”，才有可能有效解决全球面临的诸多问题。2021年，面对不断加剧的粮食安全、难民问题、气候变化等全球性危机，持续扩大的南北“发展鸿沟”、全球发展赤字有增无减等系列挑战，习近平主席提出全球发展倡议，聚焦发展不平衡不充分问题，以加快落实2030年议程为目标，致力于推动构建全球发展共同体。截至目前，“全球发展倡议之友小组”有近70个国家加入[①]。

专栏2-2　全球发展倡议

1.发展情况

2021年9月21日，国家主席习近平在北京以视频方式出席第七十六届联合国大会一般性辩论并发表重要讲话。习近平主席强调，发展是实现人民幸福的关键。面对疫情带来的严重冲击，我们要共同推动全球发展迈向平衡协调包容新阶段[②]。

2022年11月15日，二十国集团领导人第十七次峰会在印度尼西亚巴厘岛举行，国家主席习近平出席并发表重要讲话。习近平主席在讲话中再次提出全球发展倡议、全球安全倡议。

2023年5月18—19日，中国-中亚峰会在陕西省西安市举办。峰会期间，中国同中亚五国达成系列合作共识。其中包括积极践行全球发展倡议。

2.倡议内容

（1）坚持发展优先。将发展置于全球宏观政策框架的突出位置，加强主要经济体政策协调，保持连续性、稳定性、可持续性，构建更加平等均衡的全球发展伙伴关系，推动多边发展合作进程协同增效，加快落实联合国2030年可持续发展议程。

（2）坚持以人民为中心。在发展中保障和改善民生，保护和促进人权，做到发展为了人民、发展依靠人民、发展成果由人民共享，不断增强民众的幸福感、获得感、安全感，实现人的全面发展。

（3）坚持普惠包容。关注发展中国家特殊需求，通过缓债、发展援助等方式支持发展中国家尤其是困难特别大的脆弱国家，着力解决国家间和各国内部发展不平衡、不充分问题。

---

① 曾静宁：《中外专家学者聚焦全球发展倡议：成为促进人权重要国际平台》，https://Chinanews.com.cn/gn/2023/06-15/10025159.shtml。

② 习近平：《坚定信心　共克时艰共建更加美好的世界——在第七十六届联合国大会一般性辩论上的讲话（2021年9月21日）》，《人民日报》2021年9月22日第2版。

续

专栏2-2　全球发展倡议
（4）坚持创新驱动。抓住新一轮科技革命和产业变革的历史性机遇，加速科技成果向现实生产力转化，打造开放、公平、公正、非歧视的科技发展环境，挖掘疫后经济增长新动能，携手实现跨越发展。 （5）坚持人与自然和谐共生。完善全球环境治理，积极应对气候变化，构建人与自然生命共同体。加快绿色低碳转型，实现绿色复苏发展。 （6）坚持行动导向。加大发展资源投入，重点推进减贫、粮食安全、抗疫和疫苗、发展筹资、气候变化和绿色发展、工业化、数字经济、互联互通等领域合作，加快落实联合国2030年可持续发展议程，构建全球发展命运共同体。

资料来源：中国（海南）改革发展研究院课题组整理。

（2）以结构转型推进经济高质量发展。中国自身的可持续发展本身就是对世界经济发展的巨大贡献。2013—2021年，我国对世界经济增长的平均贡献率达38.6%，超过G7（七国集团）国家贡献率的总和，是推动世界经济增长的第一动力[①]。当前，我国整体进入工业化后期，经济结构转型呈现历史性趋势。推动高质量发展，重点是推动产业结构、科技结构、消费结构、城乡结构、能源结构、贸易结构等转型升级。例如，即便在疫情防控期间的2020—2022年，我国服务业增加值年均增长也达到4.2%，平均带动经济增长2.3个百分点。人民群众服务需求的快速增长，形成了服务业发展的重要动力，由此蕴藏着结构性增长潜能。

2.在高水平开放中实现制度型开放的突破从党的十八大提出“提高利用外资综合优势和总体效益，推动引资、引技、引智有机结合”，到党的十九大提出“实行高水平的贸易和投资自由化便利化政策，全面实行准入前国民待遇加负面清单管理制度，大幅度放宽市场准入，扩大服务业对外开放，保护外商投资合法权益”，我国开放范围不断拓展，开放深度不断提升。2017—2021年，我国连续5年缩减全国和自由贸易试验区外商投资负面清单，分别由93项、122项减至31项、27项，进一步放宽金融服务、高端制造、电子信息等领域外资准入条件[②]。2021年，服务业实际使用外资9065亿元，占当年利用外资总额的78.9%，比2012年提高30.7个百分

① 张翼：《我国成世界经济增长第一动力》，《光明日报》2022年10月2日第02版。
② 陆娅楠：《外商投资准入负面清单进一步缩减》，《人民日报》2021年12月28日第2版。

点[①]。历次全国和自由贸易试验区外商投资负面清单对比情况如下（见表2-2）。

表2-2　历次全国和自由贸易试验区外商投资负面清单对比

自由贸易试验区外商投资准入特别管理措施（负面清单）					
行业	2017年版	2018年版	2019年版	2020年版	2021年版
一级行业	未设置	14	13	12	12
二级行业	未设置	34	未设置	未设置	未设置
农、林、牧、渔业	限制外商投资产业目录35条	4	4	4	4
采矿业		4	1	1	1
制造业		6	5	4	2
电力、热力、燃气及水生产和供应业		2	2	1	1
批发和零售业		1	1	1	1
交通运输、仓储和邮政业	禁止外商投资产业目录28条	7	6	4	4
信息传输、软件和信息技术服务业		2	2	2	2
金融业		3	3	/	/
租赁和商务服务业	限制外商投资产业目录35条	3	3	3	3
科学研究和专业技术服务业		3	3	3	3
水利、环境和公共设施管理业		1	/	/	/
教育		2	2	2	2
卫生和社会工作	禁止外商投资产业目录28条	1	1	1	1
文化、体育和娱乐业		9	7	7	7
自由贸易试验区外商投资准入特别管理措施（负面清单）					
行业	2017年版	2018年版	2019年版	2020年版	2021年版
一级行业	15	14	13	12	11
二级行业	40	32	未设置	未设置	未设置
农、林、牧、渔业	5	4	3	3	3
采矿业	5	3	1	1	1
制造业	12	5	3	2	/
电力、热力、燃气及水生产和供应业	3	2	2	1	1
批发和零售业	4	1	1	1	1
交通运输、仓储和邮政业	11	6	6	4	4
信息传输、软件和信息技术服务业	4	2	2	2	2
金融业	13	3	3	/	/

①　《高水平开放成效显著　合作共赢展现大国担当——党的十八大以来经济社会发展成就系列报告之十六》，https://www.gov.cn/xinwen/2022-10/09/content_5716801.htm?eqid=93e3d09200026734000000003645899e1。

续表

自由贸易试验区外商投资准入特别管理措施（负面清单）					
行业	2017年版	2018年版	2019年版	2020年版	2021年版
租赁和商务服务业	5	3	3	3	2
科学研究和专业技术服务业	4	3	3	3	3
水利、环境和公共设施管理业	2	1	/	/	/
教育	2	2	2	2	1
卫生和社会工作	1	1	1	1	1
文化、体育和娱乐业	21	8	7	7	7
所有行业	3	/	/	/	/

资料来源：中国（海南）改革发展研究院课题组根据公开资料整理。

3.以高水平开放扩大与各国的利益交汇

（1）以高水平开放同世界分享自身发展红利。2013—2021年，我国居民服务型消费支出占比由39.7%提升至44.2%，年均提升约0.56个百分点[①]。预计到2025年，我国居民服务型消费占比将达到50%—52%；到2035年，我国居民服务型消费占比将达到60%左右，由此将带来数万亿美元的消费增量。未来5年，我国对世界经济增长的贡献率有望保持在25%—30%，我国仍是全球经济增长的重要稳定器与动力源[②]。中国巨大内需潜力的释放，离不开高水平开放，需要以高水平开放实现内外市场联动、要素资源共享，形成更高水平开放合作的新发展格局。

（2）以高质量共建"一带一路"合作发展新平台。世界银行有关报告认为，到2030年，共建"一带一路"有望帮助全球760万人摆脱极端贫困、3200万人摆脱中度贫困[③]。为务实推进共建"一带一路"，我国不仅积极促成具体项目落地，而且主动发起设立了亚投行、丝路基金等。与此同时，推动沿线国家和地区在基础设施、制造业、服务业、能源资源等多个领域开展广泛合作，为提振区域经济和推动世界经济增长注入了新的动力。未来，高质量共建"一带一路"，要以基础设施互联互通为依托，实现各国联动发展；由产能合作为主向产能合作与服务贸易并重转

① 迟福林：《以高端制造为重点推动产业结构转型升级》，《浙江日报》2023年4月10日第6版。

② 迟福林：《未来5年，中国仍是全球经济增长的重要稳定器与动力源》，bjnews.com.cn/detail/163559920614682.html。

③ 《共建一带一路 共谋全球发展》，《人民日报》2021年4月24日第3版。

变，进一步拓展合作内容；以建立多层次、多种形式的自由贸易网络为目标，加快构建全球互联互通的伙伴关系，推进全球共同开放；通过第三方市场合作等多种方式使更多国家从中受益。

03

PART

第三章

高水平开放的突出特点

2018年12月，中央经济工作会议首次提出，要适应新形势、把握新特点，推动由商品和要素流动型开放向规则等制度型开放转变。适应趋势，需要深化商品、服务、资金、人才等要素流动型开放，扩大规则、规制、管理、标准等制度型开放，与国际接轨。

▶▶▶

| 第一节 |

从要素流动型开放转向制度型开放

改革开放之初，我国打开国门，积极融入世界经济，实现了经济起飞。40多年来，我国坚持打开国门搞建设，释放了巨大的发展潜能，改变了我国在全球经济格局中的地位。当前，为适应经济全球化新形势与经济转型发展的新需求，我国主动加快推动商品和要素流动型开放向规则等制度型开放转变，更加注重规则、规制、管理、标准对接，以制度型开放赢得国内发展和国际竞争的主动。

一、以制度型开放为特点的高水平开放

1.商品和要素流动型开放红利逐步衰减

根据国家统计局数据，从我国净出口对经济增长的拉动作用来看，2012—2022年的10年间，有7年净出口对经济增长的拉动作用为负；从拉动效果来看，2013—2020年，净出口对经济增长的拉动作用均低于10%，与国际金融危机前有明显的差距。也就是说，未来依托国际市场促进出口固然重要，但更重要的是依托我国巨大内需潜力的突出优势，积极主动扩大进口，打破“边境”内市场壁垒，吸引国际高质量产品、服务、技术、资金等要素，进一步激发我国市场活力，实现我国由投资外贸拉动向消费拉动转变，由要素投入向创新驱动转变，这很大程度上依赖于制度型开放的重要突破。

2.开放比较优势转换的务实选择

改革开放以来，我国通过商品和要素流动型开放，旨在打开国门、降低流动壁垒，并依靠低成本优势要素乃至优惠政策形成的“成本洼地”形成对外资、技术、企业等要素的吸引效应。当前，一方面，随着我国进入高质量发展阶段，我国不能再以牺牲公平竞争的超国民待遇开放政策吸引国际要素；另一方面，我国要素成本快速上升与发达国家吸引制造业回流等政策叠加，进一步降低了商品和要素流动型开放效果。例如，2000—2022年，我国城镇单位就业人员平均工资由9333元增长至114029元，工资实际增速在大部分年份高于GDP增速（见图3-1）。与其他发展中国家相比，2023年，我国平均时薪达到20.1元，远超越南的5.73元和印度的1.6元（见图3-2）。劳动力成本优势的逐步减弱使得我国仅仅依靠商品和要素流动型开放难以有效吸引国际优质要素。

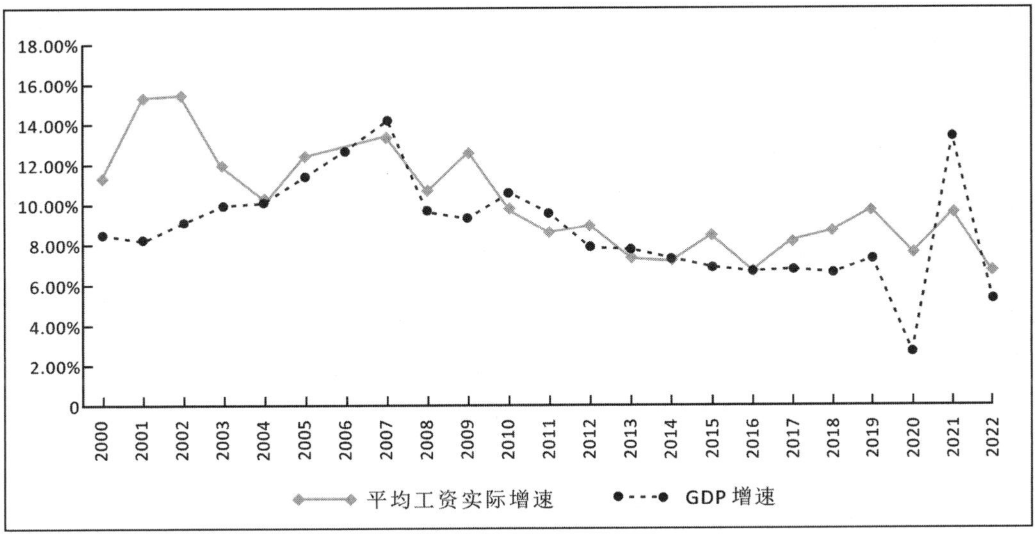

图3-1　2000—2022年我国城镇单位就业人员平均工资实际增速及GDP增速

数据来源：国家统计局、国家数据库。

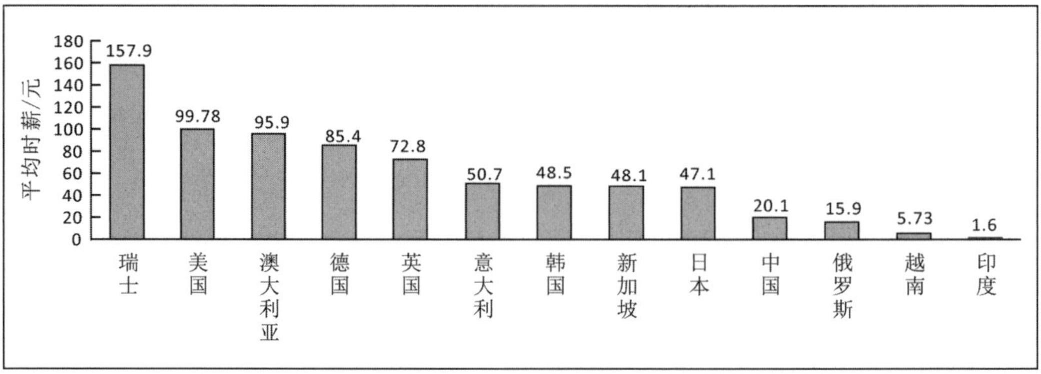

图3-2　2023年世界各国平均时薪

数据来源：OECD2023年就业展望报告。

3.以服务贸易为重点高水平开放的重大要求

与制造业为主的开放不同，服务贸易开放既涉及市场准入制度，更涉及公平竞争制度、市场监管制度及规则、规制、管理、标准等方面的制度性、结构性安排，其复杂程度与敏感程度远超制造业。从实际情况看，以服务贸易为重点的开放转型涉及大量制度性、结构性安排需求。例如，准入制度不完善，不少服务业初创企业遇到“准入不准营”问题；监管体制和方式不适应“互联网 +”“智能 +”背景下服务业新业态、新模式的发展；对新出现的不规范价格行为、垄断行为缺少法律规制；融资支持、知识产权保护还不适应新动能发展的要求；对国际创新资源的利用和布局缺少机制性安排；等等。为此，需要以制度型开放释放服务业发展的新动力，并在内外规则对接融合中推进深层次的体制机制变革。

4.构建高水平社会主义市场经济体制的重要行动

（1）建设高标准市场经济体制，需要在规则对标中形成强大的改革动力。例如，为保证《中华人民共和国外商投资法》的全面落实，相关方面已开始对有关法规、规章和规范性文件进行全面清理。未来，随着竞争中性的原则确立、营商环境的逐步优化，将对改革形成更大的倒逼压力，有可能使得服务业领域行政垄断等多年来未得到有效解决的体制机制问题得到集中解决，实现各类所有制企业公平竞争的基本格局。

（2）加快推进制度型开放，形成开放与改革相互促进的新格局。

一方面，面对经济社会发展中存在的体制性、结构性弊端，需要继续深化供给侧结构性改革，对计划经济遗留的、转型进程中产生的、发展趋势新要求的体制机制进行主动改革和完善；另一方面，面对经济全球化趋势及挑战，需要加快高水平开放，倒逼深化改革，并以改革更好地推进高水平开放。比如，服务业市场开放直接依赖于行政管理体制改革的突破。

二、把握制度型开放的突出特点

1.开放领域更加强调“边境后”领域

制度型开放体现了改革与开放的高度统一。以制度型开放为突出特点的高水平开放，其重点领域聚焦于“边境后”，开放举措更加强调以制度集成创新形成高水平开放的制度性安排。

改革开放以来，我国对外开放的制度安排主要集中在“边境上”领域，而在公平竞争、贸易和投资便利化、标准对接等“边境内”方面的制度安排明显滞后。流动型开放向制度型开放转变，主要体现为开放措施从“边境”措施向“边境内”措施延伸。如当前受关注度较高的产业政策、知识产权保护、环境政策、投资政策、竞争政策等都属于“边境后”措施。

2.开放深度更加强调制度集成创新

（1）自由贸易试验区制度创新取得重要进展。自2013年我国首个自由贸易试验区在上海诞生以来，我国不仅构建了“1+3+7+1+6+3”自由贸易试验区对外开放的新格局，推出了3400多项改革举措，还向全国或特定区域复制推广了200多项制度创新成果。截至2023年7月底，我国自由贸易试验区在全国层面已形成了302项复制推广的制度创新成果，在地方层面形成的制度创新成果更多，据不完全统计，在省级层面复制推广的制度创新成果至少4000项。2022年，21个自由贸易试验区以不到全国千分之四的国土面积，实现了占全国17.8%的进出口贸易和18.1%的外商直接投资。

（2）传统的制度创新流程仍在一定程度上不利于自由贸易试验区释放制度创新的潜力。自由贸易试验区制度创新需要国家层面权力的重新配置方可落实，但现有改革创新大多聚焦于运用地方层面，自由贸易试验区在管理体制机制方面还存在多头管理、虚权管理以及交叉管理的问题，导致上有权力即使能放得下，但下级部门也难以做到接得住、用得上、管得好。

（3）加快推进制度型开放进程依赖于整体性的制度创新，具有集成创新的鲜明特点。例如，推进服务贸易自由化便利化，包括投资贸易、跨境资金流动、人员进出、海关监管，以及以提升政府效率为重点优化营商环境等方面，这不仅依赖于投资贸易体制改革，也依赖于行政体制与社会体制改革。

3.开放举措更加强调国内国际规则标准联动

2014年3月，中共中央总书记、国家主席、中央军委主席习近平在参加十二届全国人大二次会议上海代表团审议时强调："要牢牢把握国际通行规则，加快形成与国际投资、贸易通行规则相衔接的基本制度体系和监管模式，既充分发挥市场在资源配置中的决定性作用，又更好发挥政府作用。"①"加快在促进投资贸易便利、监管高效便捷、法制环境规范等方面先试出首批管用、有效的成果。"②

在以制度型开放为主要特征的高水平开放新阶段，一方面，需要跟踪研究能够代表未来发展方向的国际经贸规则演变趋势和主要内容，明晰其可能的运行环境和需要的基础条件，在保证风险可控的条件下，更加注重对照国际高标准经贸规则，以此为目标导向倒逼国内改革；另一方面，充分利用全球经贸规则重构的时间窗口期，把握和利用好各种开放平台在规则变革和制度优化中的先行先试作用，逐步形成一些"可复制"与"可推广"的规则体系，在推进与国际经贸规则相衔接的同时，推动国际经贸规则高标准化发展。

① 《习近平在参加上海代表团审议时强调推进中国上海自由贸易试验区建设　加强和创新特大城市社会治理》，《人民日报》2014年3月6日第1版。

② 同上。

三、突出制度型开放的重点

1.以更深程度融入世界经济体系为导向

（1）经济全球化继续向前推进的总体趋势不会变。跨国公司期望各国在规则和制度方面实现相容和一致，以满足其统筹全球价值链、整合和利用全球要素“无缝对接”的需求升级。

（2）国际经贸规则演进的高标准化趋势不会变。从CPTPP等新一轮经贸协定内容看，规则从以往降低关税和非关税壁垒的“边境开放”，向贸易和投资便利化、知识产权保护、政府采购、竞争中性等为特征的“境内开放”拓展和延伸。

（3）融入世界经济体系是避免“脱钩断链”的根本出路。如果不积极参与制定和接受新规则，我国很可能被美国、日本以及欧盟形成的规则同盟体系排斥在新一轮全球化之外，且面临的各种形式的规则壁垒将显著增多。

2.以服务贸易为关键

与制造业为主的开放不同，服务贸易开放既涉及市场准入制度，更涉及公平竞争制度、市场监管制度及规则、规制、管理、标准等方面的制度性、结构性安排，其复杂程度与敏感程度远超制造业。从实际情况看，以服务贸易为重点的开放转型涉及大量制度性、结构性安排需求。例如：准入制度不完善，不少服务业初创企业遇到“准入不准营”问题；监管体制和方式不适应“互联网 +”“智能 +”背景下服务业新业态、新模式的发展；对新出现的不规范价格行为、垄断行为缺少法律规制；融资支持、知识产权保护还不适应新动能发展的要求；对国际创新资源的利用和布局缺少机制性安排；等等。为此，需要以制度型开放释放服务业发展的新动力，并在内外规则对接融合中推进深层次的体制机制变革。

3.以深化“边境内”体制机制改革创新为保障

（1）制度型开放对建设高质量市场经济发展具有重大影响。建设高标准市场经济体制需要在规则对标中形成强大的改革动力。例如，为保证《中华人民共和国外商投资法》的全面落实，相关方面已开始对有关法规、规章和规范性文件进行全面清理。

（2）**开放形成改革更大的倒逼压力。**随着竞争中性的原则确立、营商环境的逐步优化，将对改革形成更大的倒逼压力，有可能使得服务业领域行政垄断等多年来未得到有效解决的体制机制问题得到集中解决，实现各类所有制企业公平竞争的基本格局。

（3）**加快推进制度型开放，形成开放与改革相互促进的新格局。**一方面，面对经济社会发展中存在的体制性、结构性弊端，需要继续深化供给侧结构性改革，对计划经济遗留的、转型进程中产生的、发展趋势新要求的体制机制进行主动改革和完善；另一方面，面对经济全球化趋势及挑战，需要加快高水平开放，倒逼深化改革，并在深化改革中更好地推进高水平开放。比如，服务业市场开放直接依赖于行政管理体制改革的突破。

▶▶▶

| 第二节 |

推进规则、规制、管理、标准与国际对接

加快推进与国际通行规则的对接，主动对标高标准国际经贸规则，不仅将推动实现关键性、基础性深层次体制机制改革取得重要突破，也是制度型开放的关键所在。为此，需要抓住全球经贸规则重构的时间窗口期，在全面对接国际高标准经贸协定中传统议题的基础上，加大对新兴议题的探索试验，以此实现制度型开放的重要突破，并在全球经贸规则重构中赢得主动。

一、完善“准入前国民待遇+负面清单”管理制度

1.大幅缩减市场准入负面清单

（1）建立与负面清单相适应的制度与政策体系。“准入前国民待遇+负面清单”管理制度是我国制度型开放的重大举措，不仅涉及边境开放、准入开放，更涉及各类企业平等待遇。全面实施“准入前国民待遇+负面清单”管理制度，需要加快建立与之相适应的制度与政策体系，在取消外资准入负面清单之外的限制的基础上，实质性降低准入后壁垒。

（2）缩减市场准入负面清单限制措施数量。市场准入负面清单制度的全面实施，意味着清单以外的行业、领域、业务等各类市场主体皆可依法平等进入。目前，市场准入负面清单包括“禁止准入类”和“许可准入类”两大类、117条事项，与2016年试行的《市场准入负面清单草案（试点版）》相比，事项减少了211

项，有了很大进展。但与国内自由贸易试验区外商投资负面清单27条、外商投资负面清单31条特别管理措施相比，差距还比较大，有很大的优化空间（全国3份负面清单限制措施数量对比见表3-1）。

表3-1　全国3份负面清单限制措施数量对比

单位：条

行业	自由贸易试验区外商投资准入负面清单（2021年版）	外商投资准入负面清单（2021年版）	市场准入负面清单（2022年版）
农、林、牧、渔业	3	4	10
采矿业	1	1	1
制造业	无	2	20
电力、热力、燃气及水生产和供应业	1	1	1
建筑业	无	无	1
批发和零售业	1	1	7
交通运输、仓储和邮政业	4	4	7
住宿餐饮业	无	无	1
信息传输、软件和信息技术服务业	2	2	4
金融业	无	无	9
房地产业	无	无	1
租赁和商务服务业	2	3	5
科学研究和技术服务业	3	3	8
水利、环境和公共设施管理业	无	无	5
居民服务、修理和其他服务业	无	无	2
教育	2	2	1
卫生和社会工作	1	1	3
文化、体育和娱乐业	7	7	7
禁止准入类	无	无	6
其他行业	无	无	18
总计	27	31	117

数据来源：中国（海南）改革发展研究院课题组整理。

（3）放宽服务业市场准入限制。目前，市场准入负面清单117条事项中针对农业和工业领域的限制措施较少，但针对服务业领域的限制措施仍多达70余条。这既不适应服务业市场开放大趋势，也难以满足人民日益增长的服务型消费需求。为此，需要在教育、医疗、电信等服务业领域进一步放宽市场准入门槛，大幅缩减负面清单条目，使各类市场主体平等进入负面清单之外的行业与领域。

（4）建立负面清单动态调整机制。

在全球新一轮科技革命与产业变革交汇期，我国产业变革全面加快。要适应我国产业变革的大趋势，应制定负面清单动态调整机制。根据我国产业结构变化情况，建立市场准入负面清单的效果评估机制，鼓励第三方机构参与评估，及时对负面清单进行动态调整，不断完善市场准入制度体系。

2.完善外商投资负面清单配套管理措施

（1）进一步提升负面清单透明度。参照国际经贸谈判负面清单模板，详细列明负面清单管理措施与相关描述，建立健全外资投诉机制；管理措施描述尽可能细化到具体业务，以提高负面清单的可操作性；更多采取比例限制、岗位限制、差别待遇等方式，降低负面清单的行业限制强度；完善负面清单的附件体系；为关键领域及未来新业态预留空间。

（2）重点实现金融改革的突破。

第一，关注清单的透明度。CPTPP中每一条金融服务不符措施的表述都是非常具体的，要有法律依据、具体描述和很高的透明度标准，包括现在不符措施和未来不符措施，我国目前自主制定的外商投资准入负面清单仅是对现有限制措施的简要描述。

第二，拓展负面清单的范围。CPTPP中关于金融服务的负面清单集中在业务范围、外资股比方面，没有涉及高管层和董事会成员的国际、本国特殊金融机构的优惠等方面。

第三，支持金融跨境贸易发展。随着金融服务日益线上化，跨境交付越来越重要。CPTPP在这方面采取“正面清单+负面清单”的方式，各缔约方既以正面清单对金融跨境贸易条款适用的范围进行了说明，也以不符措施的方式列出了限制的内容。

第四，打破隐性壁垒。CPTPP金融服务不符措施中，美国、澳大利亚和加拿大都有一条“所有区域性级别政府的现有不符措施”，由于这些国家（尤其是美国）各地（各州）的法律存在很大的差异性，因此外资进入时就会遇到阻碍。

第五，对特定金融机构或项目的特殊支持。在CPTPP中，无论是美国、加拿大、新加坡等发达国家，还是马来西亚、墨西哥、越南等发展中国家，都有一条不符措施：基于本国法律给予承担普惠性、基础性功能的金融机构以特殊的补贴或优惠。

CPTPP金融服务章节条款分类情况如下（见表3-2）。

表3-2　CPTPP金融服务章节条款分类情况

具体条款	市场准入类	“边境后”条款	其他条款
11.1 定义			√
11.2 范围			√
11.3 国民待遇			√
11.4 最惠国待遇			√
11.5 金融机构的市场准入	√		
11.6 跨境贸易	√		
11.7 新金融服务	√		
11.8 特定信息的处理		√	
11.9 高级管理人员和董事会		√	
11.10 不符措施		√	
11.11 例外	√	√	
11.12 承认		√	
11.13 特定措施的透明度和管理		√	
11.14 自律组织		√	
11.15 支付和清算系统		√	
11.16 快速提供保险服务	√		
11.17 后台办公功能的行使		√	
11.18 具体承诺	√	√	
11.19 金融服务委员会			√
11.20 磋商			√
11.21 争端解决			√
11.22 金融服务投资争端			√

资料来源：根据CPTPP文本整理。

（3）**提升外商投资负面清单的法律效力。**为进一步推进制度型开放，可以通过立法来明确规定，在与负面清单的开放承诺相冲突的情况下，所有部门规章必须按照负面清单执行。这样做的目的是提升负面清单的稳定性和可预期性，确保外商投资者和国内企业在市场准入方面有清晰的指导和规范。此外，还可以建立“棘轮机制[①]”，明确负面清单限制措施“只减不增”。这意味着一旦某个领域或行业的限制项目被取消，它将不能再重新纳入负面清单，从而为该领域或行业的发展创造更加稳定和可持续的环境。这种机制可以鼓励各级政府和相关部门不断优化市场准入条件，深化改革开放，为经济发展提供更多的机会和空间。

3.全面清理各类隐性壁垒

（1）**全面清理不合理审批事项。**近年来，我国开办企业耗时明显下降，2013年为34.3天，到2019年下降到8.6天（见表3-3）。截至2022年，我国开办企业只需4天，已超过经合组织一些高收入经济体。从现实情况看，一方面，负面清单之外的市场准入环节或多或少还存在某些审批事项；另一方面，准入后审批事项仍然较多。这就需要全面清理清单之外的审批事项，彻底消除各种隐性壁垒。尤其是不得对民营企业与外资企业设置不合理的市场准入条件，真正实现各类市场主体依法平等进入清单之外的行业或领域。

表3-3　企业开办所需时间

单位：天

国家	2013年	2014年	2015年	2016年	2017年	2018年	2019年
中国	34.3	31.4	31.4	28.9	24.9	8.6	8.6
英国	11.5	6.0	4.5	4.5	4.5	4.5	4.5
印度	32.6	35.0	30.0	28.5	29.8	16.5	17.5
日本	11.7	11.2	11.2	11.2	11.2	11.2	11.2
韩国	8.0	8.0	8.0	8.0	8.0	8.0	8.0
美国	6.2	5.6	5.6	5.6	5.6	5.6	4.2
世界	26.8	24.3	23.4	23.0	21.5	20.5	19.6

数据来源：世界银行数据库。

① 又称棘轮效应，是一种经济贸易政策手段，用于约束和规范成员国之间的贸易行为，通过设定一定的贸易规则和惩罚措施，保证成员国之间的贸易公平、公正，防止贸易保护主义抬头。

（2）**尽快制定与准入负面清单相配套的审批清单**。在全面清理审批事项的同时，在中央层面制定准入后审批事项负面清单，将涉及国家安全、公共安全的资格事项纳入负面清单，给各方投资者明确市场预期。制定与准入负面清单相配套的审批清单是优化我国市场准入管理和提高投资环境的重要举措。准入后审批事项负面清单的发布将帮助投资者更好地规划和决策，减少不必要的投资风险。

（3）**开展负面清单外无审批的改革**。例如，在自由贸易试验区、海南自由贸易港等便于管理、相对集中的区域实行负面清单外无审批试点，率先在商贸物流、批发零售、交通运输等开放风险较低的领域实行企业自由生、自主营、自由死等政策，最大限度提高企业自主权。同时，完善推广法人承诺制，形成以企业信用为基础的事后监管：对必须保留审批的事项，由监管部门向申请企业提供责任承诺书和审批要件清单，企业法人签署对材料真实性负责和对虚假材料承担责任的法人承诺书后，审批部门可当场或当天发放批件和许可证。事后，监管部门在规定时间内组织现场核查，如发现企业造假，再对其进行严厉惩处。

4.全面落实准入前国民待遇

（1）**大幅减少准入前认证**。将准入前认证限定在满足最低标准要求的范围以内，除涉及人身生命健康、国家安全、系统性风险和生态环境保护等特定事项保留前置审批外，放宽对市场准入前置条件的限制。市场准入后，最大限度在管理过程中保持中性，保障任何市场主体都能够不受歧视地获得认证许可。

（2）**明确并细化国民待遇标准**。为了加强我国市场准入管理的透明度和可预见性，需要进一步明确并细化国民待遇标准。这意味着在准入阶段，要对管理权力、要素供给、融资方式、进出口权、税收政策、法律保护、司法救济等一系列待遇标准进行更详细的规定，以给国内外企业明确预期。

二、积极对标国际高标准经贸规则

1.推进传统开放领域的规则对接

（1）持续降低关税。争取到2025年，我国关税总水平由目前的7.4%下降至4%左右；其中，“零关税”商品占比由目前的50%左右提升至60%以上。持续降低关税是我国扩大对外开放的重要举措之一。通过降低关税总水平和提高“零关税”商品比例，能够进一步拓宽市场开放度，吸引更多外资和高品质商品进入中国市场。

（2）推进负面清单规则的对接。一是尽快与国际接轨，对负面清单内的每一项限制性措施标明国内法律依据，并写明限制性措施的具体内容和详细要求；二是负面清单的体例应更加明了，如将限制性措施和禁止性措施分开规定；三是尽快完善一些无具体限制条件的特别管理措施，最大限度消除市场开放的隐性壁垒，减少寻租空间；四是参照国际标准，在负面清单内设定“未来不符措施”，为未来投资管理动态调整预留空间。

2.推进“边境后”规则的对接

（1）推动货物贸易进口便利化规则对接。在进一步简化通关、检验检疫、入境、港口及边境机构等边境相关手续基础上，将重点放在大幅降低政府行政效能、市场规则、要素成本、基础配套等“边境后”壁垒方面。例如：在全国范围内推广“单一窗口”，并进一步拓展“单一窗口”包含的贸易服务功能；充分利用现代信息技术，整合海关、商检、外管等各部门信息集成单一的系统，建设全国统一的综合性公共电子信息服务平台；建立全国统一的“单一窗口”检测平台，通过利用电子锁等新兴方式实现一地检验、全国通用等。加快实现通关制度与主要贸易伙伴的对接，探索实施经认可的经营商制度。

（2）以标准对接为重点提升服务贸易自由化便利化水平。总的来看，服务业国内外标准难以对接成为服务贸易最大的“边境内”壁垒。为此，应做到以下方面：率先实现健康养老、医疗旅游等非敏感服务业标准与发达国家对接；尽快在自由贸易试验区等区域探索教育、文化、电信、金融等敏感服务业的国际标准对接工作；借鉴发达国家实行的认可经营商制度，建立服务贸易认可经营商清单，允许清单内的服务业企业直接向国内提供跨境服务；加快上海自由贸易试验区对跨境服务贸易负面清单的试验工作，并尽快推广至全国。

（3）**强化知识产权保护的内外规则对接与合作。**例如：加强与世界知识产权组织、世界贸易组织、亚太经济合作组织等国际和地区性组织的交流与合作，提升我国知识产权保护水平；深化与发达国家知识产权、经贸、海关等部门的合作，推动国内服务机构加强与国外相关组织的合作交流；推动相关国际组织在我国设立知识产权仲裁和调解分中心；探索建立“一带一路”沿线国家和地区知识产权合作机制。

3.加强“新兴议题”的试验对接

（1）**加强数据跨境流动的先行试验。**在吸收自身和CPTPP等高标准数字服务贸易规则经验和教训的基础上，充分利用RCEP、上海合作组织、金砖国家、“一带一路”等以中国为核心的主要经贸平台，探索构建一套能够反映发展中国家利益和诉求的数字贸易规则体系，使我国能够在国际数字贸易治理中发挥更大的影响力。

（2）**以2060年前实现碳中和为目标加快环境保护标准的对接，并探索将环境保护标准引入新签订的自由贸易协定中。**通过在自由贸易协定中引入环保标准，可以强制要求参与协定的各方遵守一定的环境保护要求。这可以包括减少排放、限制使用有害物质、保护生态环境等方面的规定。同时，可以建立相应的监管机制，确保各方履行承诺并按照标准进行评估监测。

（3）**以强化竞争政策的基础性地位为重点实现国内政策与国际的对接。**改变以往以倾斜性的行政力量对市场资源的直接配置，大幅减少现有中央各部门、地方产业补贴与扶持项目；实质性打破市场垄断与行政垄断。

三、加快服务业领域规则对接

1.规则、规制、管理、标准不完善掣肘我国服务业市场开放

（1）服务业领域的规则、规制、管理、标准对接相对滞后。一方面，我国部分服务行业的强制性标准、技术法规和合格评定程序不完全符合国际通行的原则和要求。一些标准要求内容重复，相互间缺乏协调，全国范围和国内外间的标准互认仍有待加强。另一方面，法律、会计等专业服务领域缺少国际职业资质互认制度，很大程度上限制了我国利用国际化人才提供专业服务的有效性。

（2）部分服务业领域规则缺失降低监管有效性。近几年，我国服务业对内对外开放进程明显加快，并取得一定成效。但客观讲，服务领域的制度性、结构性安排仍处于探索起步阶段，无论是规则、规制、标准还是管理能力建设，都在一定程度上滞后于市场化改革与经济转型进程。例如，我国取消了养老护理员、家政服务员、保健按摩师等国家职业资格证书鉴定。但某些监管标准的缺失使市场监管难以到位，由此出现某些全社会关注的突出问题。

（3）消费结构升级倒逼服务业领域规则、规制、管理、标准等对接进程。例如，目前9大重点领域53个具体行业领域的主要消费品标准与国际标准一致性程度保持在95%以上，但在医疗、健康、旅游、金融、会计等领域内，相当一部分行业仍低于国际标准，由此造成大量服务型消费外流。适应全社会日益增长的服务型消费需求，需要尽快形成国家服务业监管标准体系，并率先在海南等地引入欧美服务业管理标准，以在倒逼企业转型的同时，提升监管的国际化水平。

2.在规则、规制、管理、标准等对接中形成服务业市场化改革的倒逼压力

推动服务业制度型开放，从全球视野谋划和促进服务业创新，建立广泛利用国内外创新资源的体制机制，深化和拓展贸易、投资、人才、科技等方面合作，有利于站在更高起点加快服务业准入、监管等方面的深层次改革，培育服务业新增长点和优势行业，促进“走出去”服务业企业构建区域产业链和分工体系，不断增强国际竞争力，以开放的最大优势谋求服务业更大发展空间，加快新旧动能转换和高质

量发展。例如，“非禁即入+过程监管”是国际高水平市场经济体的基本做法，也是国际高标准经贸规则的基本要求。应尽快对标，在大幅放宽市场准入的同时，最大限度取消准入后限制，建立既准入又准营的服务业企业管理规则，并带动监管模式、监管体制的系统性变革。

3.分类推进服务业领域规则、规制、管理、标准等对接

（1）率先在医疗健康领域引入发达国家管理、标准。抓住疫情冲击下国内医疗健康消费回流及全社会日益增长的医疗健康需求等有利契机，率先引进美国、日本以及欧盟医疗药品管理标准，使国内居民不出国门就可以享受到国际化的医疗健康服务。例如：实行单向认可清单制度，对符合清单内国家或地区标准的药品与医疗器械，可自动获得认证，无须开展临床试验直接使用，逐步实现已经上市但未达到新标的药品退市；允许符合当地标准的服务业企业、具备相关职业资格的人员，经备案审核后直接开展相关经营活动与业务活动。

（2）加快推进生产性服务业领域的规则、规制、管理、标准等对接。例如：对制造服务、建筑服务等具备优势的服务业领域，积极同发达国家签订认可经营商计划，实现管理标准的互认，并积极参与国际经贸规则重构；对金融、法律、会计等商务服务业，在强化国家安全审查基础上，推动与主要贸易国家间的规则、规制、管理、标准对接；对研发服务业，加快建立职业资格认可清单，最大限度吸引全球优质创新人才。

（3）稳步推进数字领域的规则、规制、管理、标准等对接。例如：在保证国家安全的前提下，积极推进我国同与我国数字经济治理规则态度相近的国家就电子商务、电子交易、电子支付等领域的规则标准进行互认，并以此为基础，参与全球数字经济治理与数字贸易规则构建。

第三节

打造市场化、法治化、国际化营商环境

加快完善市场化、法治化、国际化营商环境，是推进制度型开放的迫切需求，也是激发市场活力、稳定各方预期的重大举措。按照制度型开放的现实需求，对标国际先进水平，为市场主体营造稳定、公平、透明、可预期的良好环境。

一、尽快明确竞争中性的基本原则

1.符合经济全球化的基本要求

（1）**逐步确立竞争中性原则是优化营商环境的重大举措。**这符合全球经贸规则重构新趋势，符合我国深化市场化改革的特定要求，当前，有关竞争中性原则的相关内容逐步成为全球新一轮经贸规则的基本要求。据统计，目前全球已有40多个国家适用竞争中性原则。同时，美国、澳大利亚与韩国、以色列、智利等18个国家通过签署双边FTA强调或蕴含了竞争中性原则，适用竞争中性原则国家的GDP比重达到全球经济总量的60%以上[①]。OECD国家与UNCTAD先后通过制定竞争中性的指引文件、发表文章及调研报告等方式致力于推进竞争中性原则在全球的应用。未来，竞争中性原则有可能成为高标准区域自由贸易协定的标配与WTO改革的重要议题。

① 张茉楠：《中国应加快适应新一轮国际经贸规则演变》，《中国经济时报》2020年7月27日第A04版。

（2）确保所有市场主体商业行为的公平竞争。以CPTPP为例，CPTPP竞争规则的核心是强调确保所有市场主体商业行为的公平竞争，要求所有缔约方都要围绕公平竞争议题进行国内立法，并确保竞争执法的程序公正，特别要求保证国有企业遵循竞争中性原则[①]，确保其从事商业活动时遵循非歧视待遇与商业考虑原则，对其受到各种非商业援助情况作出明确约束规定，防止其商业行为扭曲市场，禁止其利用获得优势地位对其他市场主体造成实质性损害。CPTPP竞争政策基本条款如表3-4所示。

表3-4　CPTPP竞争政策基本条款

序号	条款规则	核心内容
1	竞争立法和设置主管机构（第16.1条）	● 国家竞争法适用于领土内的所有商业活动，例外需说明充分理由 ● 设立一个或多个负责执行国家竞争法的主管机关，依法行事不得有国籍歧视
2	确保竞争执法中的程序公正（第16.2条）	● 依法实施处罚或救济时，允许当事人提交证据抗辩 ● 采取或设立书面程序开展调查 ● 采取或设立程序和证据规则，包括证据引入程序，并平等适用程序中所有当事方 ● 允许当事人依靠法院或其他独立法庭对处罚或救济进行审查 ● 经国家竞争主管机关同意或法院或独立法庭批准，自愿解决涉嫌违法行为 ● 国家竞争主管机关公告未决调查不暗示涉嫌违法当事人，在执法程序中所指控违法行为要明确法律和事实基础，保护调查过程中获得的商业机密等信息，并允许被调查人及时获得抗辩必要信息并为其提供咨询
3	私人诉权（第16.3条）	● 当事人可向法院或其他独立法庭寻求不公平竞争造成损害赔偿的权利 ● 作为国家竞争法公共执法的重要补充，需采用或维持规定独立的私人诉权的法律或其他措施，否则应立法规赋予其发起调查、寻求赔偿的权利
4	国际协调与技术合作（第16.4条、第16.5条、第16.8条）	● 交流制定竞争政策信息，酌情互通交流政策执行问题，国家竞争主管机关可订立合作协议，在协商一致范围开展合作 ● 在可获得资源范围内开展技术合作，包括建议或培训、交流宣传信息和经验以及提供援助 ● 应一方请求就具体事项开展磋商，就双方关切作出充分和积极考虑

① 按照经济合作与发展组织（OECD）定义，竞争中性是指市场上所有商业经营者公平竞争，竞争中性原则就是公平竞争原则，即对所有商业企业一视同仁，采取的政策不会对特定企业形成竞争优势。

续表

序号	条款规则	核心内容
5	消费者保护政策和执法（第16.6条）	● 采取或维持消费者保护法或其他法律法规，禁止欺诈或欺骗性商业行为 ● 协作应对跨境欺诈和欺骗性商业行为，酌情就涉嫌欺诈或欺骗性商业行为的共同利益问题进行协作，支持负责消费者保护的法律政策或执行机构或官员开展协作
6	透明度（第16.7条）	● 共同维护和更新APEC竞争法律与政策数据库信息 ● 应请求提供竞争法的执法政策和实践、法律豁免例外情况 ● 依法判决结果以书面形式呈现，列出事实认定和论证过程；保证向公众提供的判决或命令不包括受法律保护的机密信息
7	例外情况（附件16-A）	● 文莱实施国家竞争法且未设立国家竞争主管机关前，第16.2条、第16.3条和第16.4条不适用 ● 10年期限内，文莱采取必要步骤，保证在10年过渡期满时遵循第16.2条、第16.3条和第16.4条规定。应一方请求，文莱应告知制定和实施国家竞争法和设立一个或多个国家竞争主管机关方面的进展

资料来源：CPTPP文本第16章。

我国积极申请加入CPTPP，表明我国将以更加开放的建设性心态，加快规则、规制、标准、管理等制度型开放，因此自然在竞争政策和国有企业领域也需推进与国际高标准规则对接。可以说，维护公平竞争已成为我国全面深化改革开放和推动经济高质量发展的战略必需。在“十四五”规划及后续政策制定和执行过程中，要更加突出竞争政策的基础地位。这些举措意味着要打破行政垄断，防止市场垄断，鼓励扩大竞争，强化公平竞争审查，加强竞争执法，维护公平的市场秩序。

2.降低“边境后”市场壁垒的关键

（1）高水平开放要求加快“边境后”开放。转向规则等制度型开放需要从“边境”开放向“边境后”开放拓展、延伸和深化。从现实情况看，我国以往市场开放的制度性安排大部分集中在“边境”开放领域，而在公平竞争、贸易和投资便利化、标准对接等“边境后”领域的制度安排方面仍然不足。推动“边境后”开放，是我国市场开放的深水区，也是加强制度性、结构性安排的重点领域。

（2）提升“边境后”开放的实际效果需要确立竞争中性原则。例如，如果不能有效降低“边境内”市场壁垒，社会资本与外资仍然难以进入，单纯放开市场准入的开放举措就会大打折扣；如果不能有效打破市场垄断与行政垄断，各类市场主体就很难实现公平竞争，服务业市场对内对外开放就难以真正实现；如果国有企业、民营企业与外资企业难以公平使用土地、人才、资金等生产要素，即便开放政策实现重大突破，仍难以形成开放的吸引力；如果不改变目前国有企业和民营企业在产权保护、行业准入、银行贷款、上市融资、产业政策支持、创新政策支持、政府监管等方面差别化待遇的格局，就很难有效激发市场活力。

（3）在确立竞争中性原则中提升对外开放水平。改革开放以来，我国打开国门、降低流动壁垒，并依靠低成本要素优势及优惠政策形成的“成本洼地”，形成了对外资、技术、企业等要素的吸引效应。一方面，随着我国进入高质量发展阶段，超国民待遇吸引国际要素难以为继；另一方面，我国要素成本快速上升，对外资的吸引力逐步减弱。在此背景下，需要按照竞争中性原则，实现对各类企业一视同仁、平等对待，进一步增强我国巨大内需市场的对内、对外吸引力。

3.强化参与全球规则重构的主动条件

从全球经贸规则重构的趋势来看，其涵盖议题由市场准入向边境后议题拓展。例如，欧日自由贸易协定不仅包含关税等传统议题，还包括国有企业、知识产权、监管合作等高标准内容。这需要按照竞争中性原则，并在加快实现规则对接的基础上，积极参与并推动全球经贸规则制定。

专栏3-1　中欧投资协定核心条款
1.市场准入和投资自由化条款 该原则包含关于市场准入、国民待遇和最惠国待遇的义务，以及一系列禁止的绩效要求（即缔约方不能强加的投资条件，如本地内容要求、技术转让要求或研发目标）。它还包含了关于高级管理层和董事会的承诺（不设置国籍要求）。 2.公平竞争环境相关承诺 （1）国有企业。该协定将要求国有企业按照商业考虑行事，在购买和销售商品或服务时不得有歧视。这些纪律涵盖了一个定义广泛的“国有企业”范畴，其中包括由国家通过少数股权或法定所有权控制的实体，以及国家指定的垄断企业或拥有特殊权利或特权的实体。这些规定旨在改善上市公司和私营公司之间的公平竞争环境。这应有助于市场上更公平的竞争，并对投资者的信心产生有利影响。 （2）强制技术转让。该协定将为禁止强制技术转让制定非常明确的规则，例如禁止强制转让技术的几种投资要求，以及禁止直接或间接干涉技术许可方面的合同自由。这些规则还将包括保护行政机构收集的机密商业信息不被未经授权披露的纪律。

续

专栏3-1　中欧投资协定核心条款
（3）补贴的透明度。协定将在现有与商品相关的多边补贴规则所规定的透明度要求基础上，通过对与服务相关的补贴施加透明度义务进行补充。将适用一项具体的磋商程序，要求任何一方进行磋商，以便就可能对另一方的投资利益产生负面影响的任何补贴提供补充信息，并寻求解决此类负面影响。 3.国内法规 这些规定将确保许可和资格要求及程序是公开的、易懂的和合理的，以便它们不成为投资的障碍。相关的条款受到GATS和正在进行的多边进程（服务国内法规联合倡议）中类似条款的启发。 4.透明度和标准制定 该协定将包括一套全面的透明度规则，以增强法律的确定性和可预测性，以及程序公正性。此外，该协定将规定公司平等参与另一方的标准制定机构（包括与半导体、ICT和电信相关部门的技术委员会）。 5.金融服务 与金融服务相关的条款包含关于新金融服务、自律组织、支付和清算系统以及透明度的具体定义、例外和规定。这些规定是为了应对金融服务领域的特殊情况，以补充市场准入和国民待遇的规定。

资料来源：中国（海南）改革发展研究院课题组翻译并整理。

二、加快实施公平的产业政策

1.从以产业政策为导向转向以竞争政策为基础

（1）全面清理妨碍公平竞争的产业政策。减少行政力量对市场资源的直接配置，大幅减少现有中央各部门、地方的产业补贴与扶持项目；按照“非禁即准”的原则，清理与法律法规相抵触、制约各类市场主体进入各行业的规定和程序，严禁和惩处各类违法实行优惠政策的行为。

（2）全面实施普惠化的产业政策。提高民营企业、外资企业等使用资金、土地等要素以及政策资源的可得性，在各类企业充分竞争中提高经济运行效率。从这个角度来看，推进产业政策转型不是要取消补贴，而是要实现补贴政策的普惠化与非专项。

（3）全面实施功能性的产业政策。从实践经验看，在工业化初期和中期，为了快速实现工业化，一些国家普遍实行选择性的产业政策；到了工业化后期，则逐步过渡到以功能性为主的产业政策。目前，我国总体上已经进入工业化后期。全面实施功能性的产业政策，关键在于加大基础研发、人力资本、信息等投入，加快构建实体经济、技术创新、人力资源协同发展的产业体系，形成创新驱动的基本格局。

（4）**制定适用产业扶持政策的负面清单**。减少选择性补贴、投资补助等举措，将产业政策严格限定在具有重大外溢效应或关键核心技术的领域。更多采用普惠性减税、政府采购、消费者补贴等手段，维护市场公平竞争。

2.加快实现体制内外政策的平等

（1）**实现体制内外人才评价与保障政策平等**。全面放开体制外人才职称评定门槛，打破户籍、地域、身份、档案、人事关系等制约。对教育、医疗、科研、文化等领域民办机构专业技术人员与公立机构专业技术人员在职称评审等方面实行平等政策；促进职称制度与用人制度的有效衔接，重点提高体制内外各类人才的社会保障水平等。逐步提升非公有制机构和公益性社会组织各类人才的社会保障水平，最大限度缩小体制内外各类人才基本社会保障水平差异；建立健全民办机构人才人事代理服务制度，保障各类人才在体制内外合理流动，鼓励高校毕业生、各类人才到民办机构从事工作；实现民办机构人才在户籍迁移、住房、子女就学等方面享受与当地同级同类公办机构同等的人才引进政策。

（2）**实现体制内外资金获取机会平等**。例如，在加快推进事业单位去行政化改革基础上，将国家对事业单位的财政投入转变为引导基金，平等支持各类公益性服务主体。建立公正的评估机制，确保资金分配的公平性和透明度。通过公开招标、竞争性评选等方式，确保各类公益性服务主体在获取资金的过程中不受地域、背景或身份的歧视，从而真正实现平等。

（3）**实现事业单位、民营企业、公益性社会组织政府采购政策平等**。尽快取消政府购买对市场主体和社会组织的某些歧视性规定，鼓励市场主体和公益性社会组织参与。凡政府购买公共服务，除明令禁止社会资本参与的项目外都应向公益性社会组织放开；对义务教育、基本医疗卫生、基本住房保障、基本社会保险、就业服务、公共文化等基本公共服务，尽可能采取政府购买公共服务的办法，对事业单位、民营企业、公益性社会组织实行同等待遇。

3.经济政策实施以市场手段为主

习近平总书记在民营企业座谈会上的讲话中指出："要推进产业政策由差异化、选择性向普惠化、功能性转变，清理违反公平、开放、透明市场规则的政策文件，推进反垄断、反不正当竞争执法。"[①]以竞争政策为基础，并用竞争政策协调相关经济政策，是我国经济政策调整与转型的基本趋势。例如，打破城乡二元户籍制度，不仅将释放近百万亿元的资本需求，也将为房地产去库存找到现实出路；尽快完善科技成果市场化激励机制、打破体制内外科技人才流动障碍，将为我国补齐关键核心技术短板提供重要条件；按照公平竞争的要求以"管资本"为核心优化国企内部治理结构，有助于形成国企市场化的决策、运营、激励约束等机制。

三、健全公平竞争审查机制

1.提升公平竞争政策审查的专业性、权威性

（1）赋予市场监管机构对经济政策的审查权。将公平竞争审查制度纳入《中华人民共和国反垄断法》，依法规范市场监管机构与政策制定部门在竞争倡导和竞争政策审查中的职能分工，为公平竞争审查提供法律基础。

（2）建立政策制定机构和市场监管机构双重审查机制。考虑到我国市场监管机构级别较低等现实情况，完全由市场监管机构审查各类政策并不现实。可以建立双重审查机制，由政策制定机构和市场监管机构共同审查。

（3）形成经济政策的审查标准和审查程序。突出权威性和专业性，由市场监管机构制定公平竞争政策的审查标准和审查程序，处理好市场监管机构与政策制定机构之间的关系，调动两个积极性形成竞争倡导的合力。

（4）强化对公平竞争审查的制度激励。在逐步调整地方政府以GDP为导向的政绩考核体系的同时，将公平竞争审查绩效纳入地方政府业绩考核体系和地方官员政绩考核体系。参照澳大利亚等发达国家的经验，对地方政府设置竞争补偿，让地方政府享受公平竞争政策审查制度改革的红利。

① 习近平：《在民营企业座谈会上的讲话》，《人民日报》2018年11月2日第2版。

2.完善公平竞争政策审查第三方评估机制

（1）鼓励支持政策制定机关在公平竞争审查工作中引入第三方评估。近几年，我国各级政府对政策的制定与执行开展了第三方评估。第三方评估的总体效果比较好，评估的专业性和客观性有所提高。

（2）注重社会性机构与社会化智库参与评估。社会性机构与社会化智库评估的客观性较强，容易得到社会认可。与此同时，在政策评估中要委托专家学者、法律顾问、专业机构参与，征询经营者、上下游相关企业、消费者等的意见。

（3）公平竞争审查向社会公开，避免出现因串谋导致公平竞争审查失灵。政府部门应加强与社会各界的沟通交流，听取公众的意见和建议，接受舆论监督。建立健全投诉举报机制，及时回应社会关切，强化社会监督约束。通过加强社会监督约束，能够更好地发现和纠正审查中可能存在的问题，确保审查工作的公正性和权威性。

3.强化重点领域的公平竞争审查

（1）强化内外资企业公平竞争审查。强化竞争政策基础性地位不仅要取消“超国民待遇”，也要取消“次国民待遇”，按照内外资一致的要求实行普惠性政策体制安排。建议加强对内外资企业在准入条件、政策待遇、资源要素获取、产权保护等重点环节的公平竞争审查。

（2）强化国有企业与民营企业公平竞争审查。把消除竞争性国有企业与民营企业的政策待遇不平等作为建立公平竞争审查机制的重要目标，重点强化产权保护、行业准入、银行贷款、上市融资、产业政策支持等领域的公平竞争审查，倒逼以管资本为主的国有资产管理体制改革。

（3）强化政府采购中的公平竞争审查。相关政策法规明确了政府采购当事人、采购方式、采购合同、采购程序等方面的规定，但是目前在政府采购过程中，不同所有制区别对待、限定供应商交易对象、实行区域性保护、设置竞争障碍等行为依旧存在。建议加快推进采管分离改革，将政府采购行为纳入市场监管领域，由市场监管机构进行审查。同时，强化对政府采购成本收益的评估与审核，破解目前政府采购“重招标、轻验收”的问题。

PART 04

第四章

高水平开放的重大任务

服务贸易成为衡量高水平开放的重要标志，也成为推动产业链、价值链向中高端迈进并提升全球经贸规则话语权的关键所在。加快推进以服务贸易为重点的高水平开放，强化服务贸易领域的制度性、结构性安排，形成与国际相衔接的高标准经贸规则、规制、管理、标准等服务贸易发展的制度体系，是我国加快建立高水平开放型经济新体制的重要目标，也是充分发挥我国超大规模市场优势和释放经济转型升级内需潜力的重大举措，更是构建国内国际双循环相互促进的新发展格局的重大任务。

▶▶▶

第一节

推动服务贸易创新发展

随着我国产业结构升级和消费结构的升级，服务贸易发展的需求明显加大。以服务贸易为重点加快推进高水平开放，不仅是我国经济转型升级的重要动力，也是我国经济在中长期持续释放巨大内需潜力、保持高质量可持续增长的重要动力，更是在全球化新变局下推动高水平开放的务实举措。

一、中国服务贸易快速发展大趋势

1.服务贸易规模不断扩大

（1）服务贸易总额不断扩大。近年来，在产业结构变革加速与服务业市场开放的双重推动下，我国服务贸易规模持续扩大，服务贸易快速发展已成为我国对外贸易的突出亮点。2018—2022年，我国服务贸易额由7918.8亿美元增长至8891.1亿美元，占对外贸易总额的比重始终在10%以上（见图4-1），2022年我国服务进出口规模如下（见表4-1）。

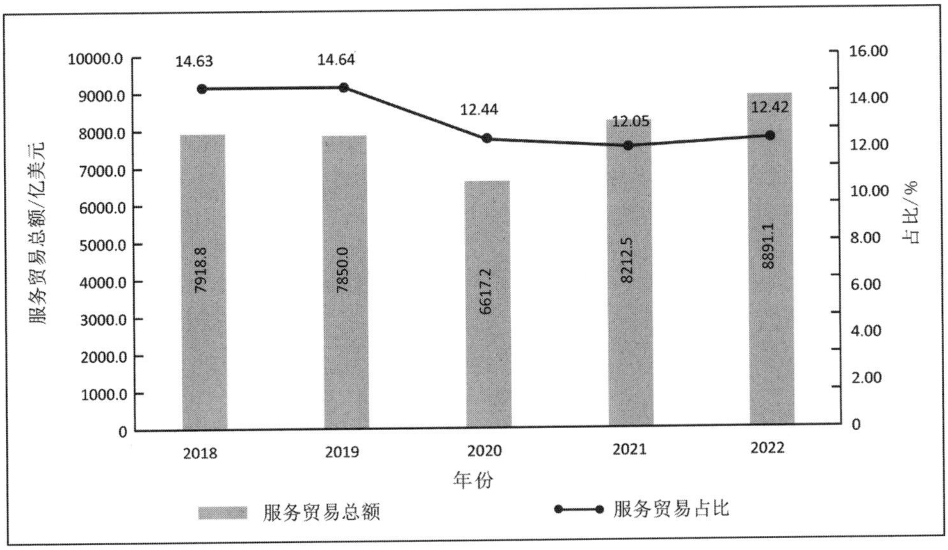

图4-1　2018—2022年我国服务贸易额及占比

数据来源：《中国统计年鉴2023》。

表4-1　2022年中国服务进出口规模

单位：亿美元

类别	进出口	出口	进口
总额	8891.1	4240.6	4650.5
运输	3137.2	1448.9	1688.3
旅行	1272.6	95.8	1176.8
建筑	358.3	282.3	76.0
保险服务	253.4	44.6	208.8
金融服务	88.3	50.8	37.5
电信、计算机和信息服务	1241.8	861.5	380.3
知识产权使用费	577.0	132.7	444.3
个人、文化和娱乐服务	43.9	17.8	26.1
维护和维修服务	125.9	82.6	43.3
加工服务	217.0	208.7	8.3
其他商业服务	1522.5	997.9	524.6
政府服务	52.9	16.8	36.1

数据来源：《中国统计年鉴2023》。

（2）**服务贸易占全球的比重不断上升。**①服务贸易出口：2012—2022年，我国服务贸易额出口规模从0.2万亿美元提升到0.37万亿美元，占全球服务贸易出口总额的比重由4.31%提升至5.21%（见表4-2）。中国与美国服务贸易出口比值从29.41%提升到39.78%。

表4-2　2012—2022年中国与美国服务贸易出口情况

单位：万亿美元

年份	中国	美国	世界	中国/世界（%）
2012	0.20	0.68	4.67	4.31
2013	0.21	0.72	4.96	4.17
2014	0.22	0.76	5.28	4.15
2015	0.22	0.77	5.05	4.30
2016	0.21	0.78	5.13	4.06
2017	0.21	0.84	5.57	3.82
2018	0.23	0.87	6.11	3.82
2019	0.24	0.89	6.28	3.89
2020	0.23	0.73	5.22	4.38
2021	0.34	0.80	6.23	5.45
2022	0.37	0.93	7.09	5.21

数据来源：世界银行数据库。

②服务贸易进口：2012—2022年，我国服务贸易额进口规模从0.28万亿美元提升到0.46万亿美元，占全球服务贸易进口总额的比重由6.31%提升至7.11%（见表4-3）。中国与美国服务贸易进口比值从59.57%提升到65.71%。

表4-3　2012—2022年中国与美国服务贸易进口情况

单位：万亿美元

年份	中国	美国	世界	中国/世界（%）
2012	0.28	0.47	4.46	6.31
2013	0.33	0.47	4.73	7.00
2014	0.43	0.49	5.11	8.47
2015	0.44	0.50	4.87	8.95
2016	0.44	0.51	4.90	9.01
2017	0.47	0.56	5.32	8.87
2018	0.53	0.57	5.78	9.10
2019	0.51	0.59	5.94	8.51

续表

年份	中国	美国	世界	中国/世界（%）
2020	0.38	0.47	4.95	7.70
2021	0.44	0.56	5.70	7.73
2022	0.46	0.70	6.49	7.11

数据来源：世界银行数据库。

（3）商业存在模式发展迅猛。按世界贸易组织的FATS（国外附属机构服务贸易）统计口径，以商业存在模式提供的服务贸易约占全球服务贸易总额的55%，与全球跨境投资60%以上投向服务业的趋势相一致。2019年我国服务业利用外资超过1000亿美元，占外资总额的比重超过72%。即使2020年受疫情影响，在全球跨国直接投资大幅下降的情况下，我国服务业利用外资同比增长13.9%，服务业的扩大开放已经取得初步成效[①]。

（4）服务贸易成为拉动我国外贸增长的重要动力。以人民币计算，2017—2022年，我国服务贸易额年均增长5.03%，同期货物贸易年均增长8.6%，外贸整体年均增速6.80%[②]。服务贸易在拉动我国外贸平稳增长中作出了重要贡献。

（5）对全球服务贸易的贡献不断提升。“十三五”时期，我国服务贸易进出口额累计3.6万亿美元，规模连续7年居世界第二位。党的十八大以来，中国服务贸易进出口额对全球的贡献率达31%。

2.新兴服务贸易带动服务贸易快速发展

（1）新兴服务贸易加快发展。2006—2021年，我国金融服务、电信、计算机和信息服务、知识产权使用费等新兴服务贸易额由235亿美元增长至1885.7亿美元，年均增长14.9%，高于服务贸易整体增速9.87个百分点，高于运输、旅行、建筑等传统服务贸易增速5.67个百分点；占我国服务贸易总额的比重由12.0%提升至23.0%，提高了11个百分点。其中，信息服务贸易额由62亿美元增长至1195.8亿美元，增长了18.2倍，年均增速高达21.8%；知识产权使用费贸易额由68亿美元增长

① 王俊：《服务贸易的新特征、新趋势及中国应对策略》，《人民论坛》2022年第21期。

② 2017—2021年数据来源于《中国统计年鉴2022》；2022年数据来源于《中华人民共和国2022年国民经济和社会发展统计公报》。

到586.7亿美元，增长了7.6倍，年均增长15.5%。

（2）**数字服务贸易等新业态亮点突出**。近年来，依托巨大的国内市场，我国抓住了全球新一轮科技革命的历史性机遇，实现了数字服务贸易快速发展。从出口方面看，我国数字交付的服务组织国际竞争力进一步提升，2022年可数字化交付的服务出口40707.2亿美元，同比增长12.2%，高于进口增速9.6个百分点（如图4-2所示）。软件出口规模持续扩张，2018年中国软件出口执行金额同比增长9.8%，出口额为412.3亿美元；2022年我国软件业务出口规模达到524.1亿美元，同比增长3.0%，其中，软件外包服务出口额同比增长9.2%[①]。2009—2022年，中国自主研发的网络游戏海外市场实际销售收入从1.1亿美元增长至173.4亿美元，年均增长47.59%。

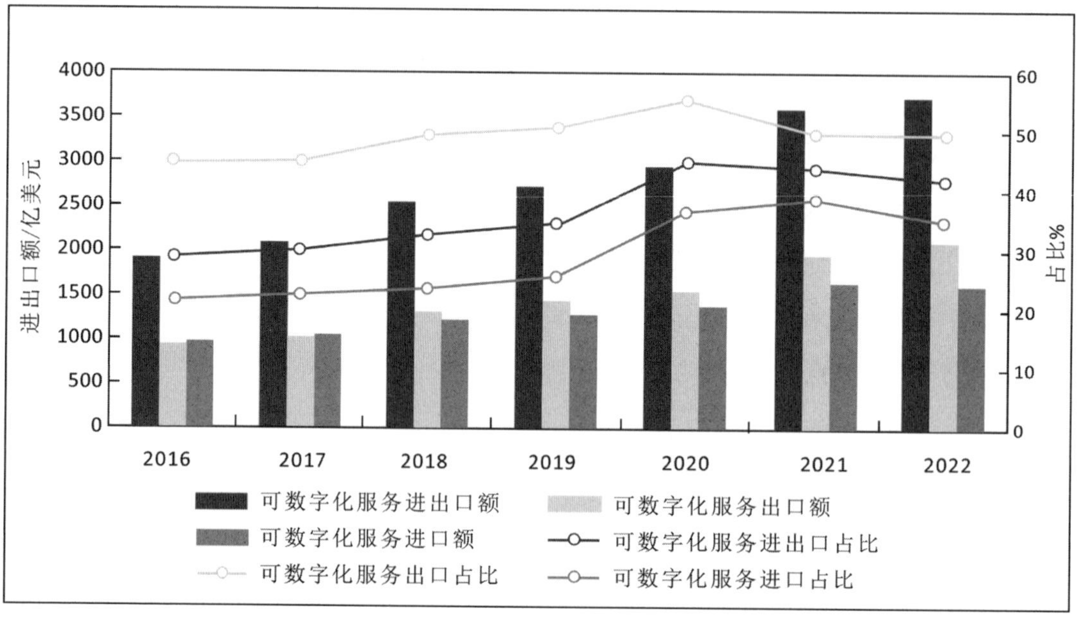

图4-2　2016—2022年中国可数字化服务进出口额、出口额和进出口规模及占比

数据来源：中华人民共和国商务部：《中国服务贸易发展报告2022》。

① 《工信部：2022年我国软件业务收入跃上10万亿元台阶》，https://news.cctv.com/2023/02/01/ARTIYp6XMxlok9IkEdT6AWIX230201.shtml.

3.服务外包发展成效显著

2014—2022年，我国服务外包执行额由4996.6亿元增长至16514亿元，年均增长16.1%；其中离岸外包执行额由3435.1亿元增长至8953亿元，年均增长12.72%。从结构来看，我国服务外包向价值链中高端攀升趋势明显。2022年，信息技术解决方案服务、新能源技术研发服务、互联网营销推广服务等离岸服务外包业务增速较快，同比分别增长129.1%、61.3%和49.2%[①]，成为拉动服务外包的重要引擎。

二、服务贸易仍是高水平开放的突出短板

1.服务贸易总额相对较小、占比偏低

从现实情况看，我国服务贸易比重偏低、竞争力不强、结构不优等不平衡不充分的矛盾仍然较为突出。扩大服务贸易比重，加快优化服务贸易结构，提升服务贸易国际竞争力，成为我国建设服务贸易强国的重大任务。

目前，我国已成为全球第二大服务贸易国，但从总量来看，与排名第一的美国仍有较大差距。根据WTO数据，2022年我国服务贸易额仅为美国的51.68%（按美元计）。从占比来看，2022年我国服务贸易额占外贸总额的比重仅为12.35%（见图4−3），不仅低于18.0%的发展中国家平均水平，也低于世界23.9%的平均水平，也远低于30%的发达国家平均水平。

---

① 罗珊珊：《2022年我国企业承接服务外包合同额同比增长14.2%》，《人民日报》2023年2月3日第7版。

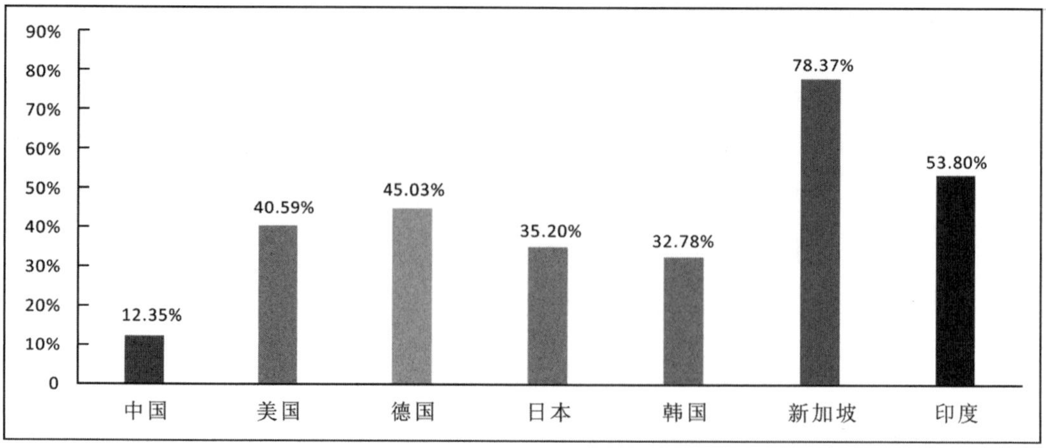

图4-3 2022年主要国家服务贸易额占贸易总额的比重

数据来源：根据国家统计局数据整理。

2.服务贸易国际竞争力有待提升

自2009年我国服务贸易由顺差转为逆差以来，服务贸易逆差规模不断扩大。2009—2019年，我国服务贸易逆差由153亿美元增长至2594.6亿美元，增长近16倍，服务贸易逆差占服务贸易额的比重由5.1%快速上升至33.05%。2022年，我国服务贸易逆差为409.9亿美元，同比增长25.2%（见图4-4）。

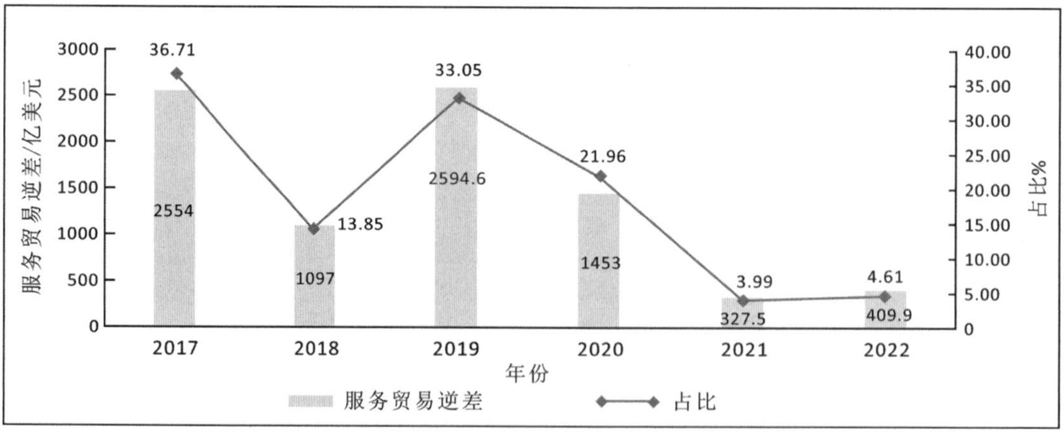

图4-4 2017—2022年我国服务贸易逆差及占比

数据来源：《中国统计年鉴2023》。

在服务贸易竞争力上，一个重要的方面是服务贸易限制性指数。经济合作与发展组织（OECD）发布的2019年服务贸易限制性指数报告指出，对46个国家的量化研究显示，在指数评估的22个服务子部门中，中国有19个行业的市场准入限制高于各国平均水平，只有铁路货物运输、建筑服务、工程服务3个指标限制措施低于各国平均水平。

3.服务贸易结构有待进一步优化

2019年，我国商品服务、运输服务、旅行服务等三大传统服务贸易额占服务贸易总额的比重为59.9%，高于世界平均水平13.8个百分点，高于美国、欧盟等近20个百分点，高于日本、英国等30个百分点左右（见图4-5）。另外，我国支付知识产权使用费2369亿元，反映出我国在高技术与关键领域对国外依赖程度较高。

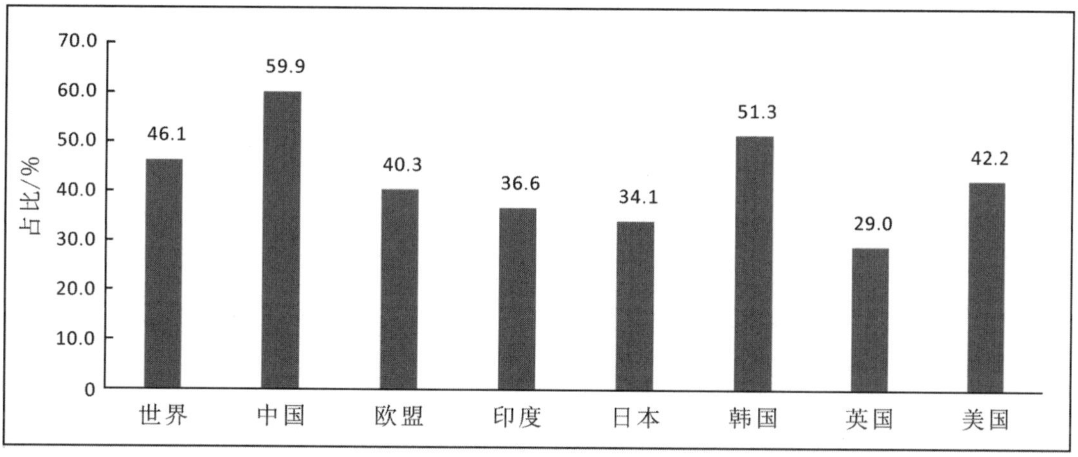

图4-5　2019年部分国家和地区三大传统服务贸易额占服务贸易总额的比重

数据来源：根据国家统计局数据整理。

4.服务贸易区域发展不平衡

（1）服务贸易“东强西弱”的格局更加明显。2022年，我国东部地区服务贸易进出口额为7808.2亿美元，占服务贸易总额的比重为88.3%；中西部地区占比为9.2%，与2016年相比下降3.2个百分点（见图4-6）。其中，长三角地区服务进出口占比为43.3%，京津冀占比为19.7%，珠三角占比为17.8%[①]。

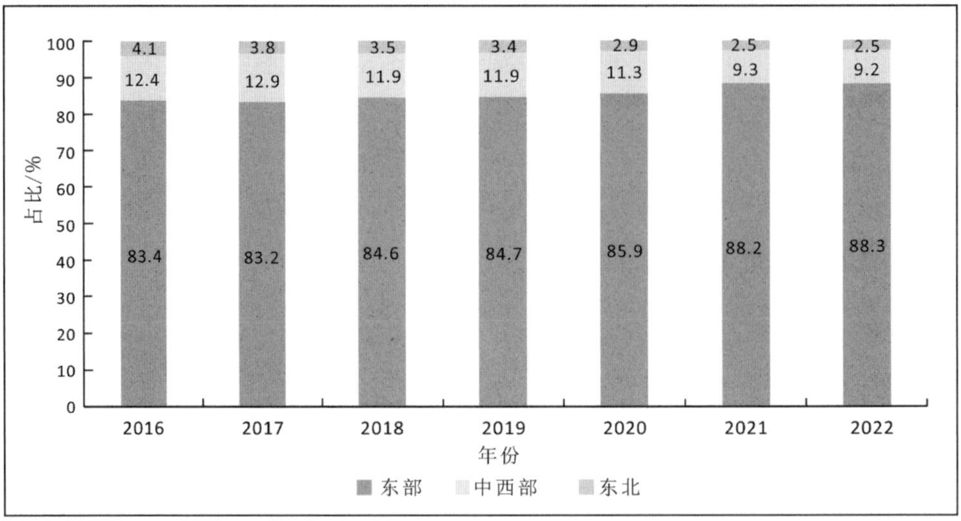

图4-6　2016—2022年中国分区域服务进出口占比

数据来源：中华人民共和国商务部：《中国服务贸易发展报告2022》。

（2）**部分地区服务贸易受疫情冲击严重。**过去几年，沿边省份在服务贸易上取得一定进展，但也面临严峻挑战。

以云南为例，2015—2019年，云南服务贸易增长较快，年均增速16.3%，高于全国14个百分点。特别是2019年，服务贸易进出口总额为96.97亿美元，比上年增长18.17%，占对外贸易额的22.35%。2020年受新冠疫情影响，服务进出口总额下降到16.51亿美元，下降了82.98%，占对外贸易额的比重下降到4.1%。2021年回升到21.68亿美元，但仍远低于2019年近100亿美元的规模（见表4-4）。

表4-4　2020—2021年云南服务贸易规模及结构

单位：亿美元

服务类别	2020年			2021年		
	进出口	出口	进口	进出口	出口	进口
运输	2.09	0.66	1.43	4.62	1.41	3.21
旅行	6.15	0.18	5.97	6.12	0.98	5.14

① 中华人民共和国商务部：《中国服务贸易发展报告2022》。

续表

服务类别	2020年			2021年		
	进出口	出口	进口	进出口	出口	进口
建筑	4.48	1.68	2.80	5.92	4.66	1.26
保险服务	0.08	0.06	0.02	0.11	0.07	0.04
金融服务	0.15	0.05	0.10	0.13	0.04	0.09
电信、计算机和信息服务	0.25	0.15	0.10	0.61	0.48	0.14
知识产权使用费	0.23	0.01	0.22	0.51	0.01	0.51
个人、文化和娱乐服务	0.06	0.01	0.05	0.04	0.01	0.03
维护和维修服务	0.11	0.00	0.10	0.27	0.02	0.25
其他商业服务	1.07	0.40	0.66	3.32	1.23	2.09

数据来源：《中国商务年鉴2021》《中国商务年鉴2022》。

以广西为例，2017年广西服务贸易规模为40.7亿美元，2021年下降到25.66亿美元，2022年上半年达到14.86亿美元，呈逐步恢复态势，但仍远低于疫情冲击前的水平。

5.全球服务贸易话语权不足

从服务贸易自由化便利化程度来看，目前我国仅在中韩自由贸易协定第二阶段谈判中首次使用负面清单方式开展服务贸易和投资谈判。这种参与度不足和自由化便利化水平不高的情况直接制约了我国在全球服务贸易规则制定中的话语权。在全球经济日益全球化的背景下，服务贸易已成为推动经济增长和就业的重要领域。然而，我国在某些自由贸易协定中对金融服务和电子商务的覆盖范围较窄，导致我国在这些领域的竞争力相对较弱。

三、我国服务贸易的巨大发展潜力

1.产业结构变革带动服务贸易快速增长

当前，服务贸易快速发展与我国经济转型升级相互融合。伴随着经济服务化进程的加快及城乡居民服务型消费潜力的不断释放，我国服务贸易仍具有巨大发展潜力。

2022年，我国服务业增加值比上年增长2.3%，占国内生产总值的比重达到52.8%，对经济增长的贡献率达到41.8%[①]。估计到2025年，我国服务业占比将提高至60%左右，形成服务业主导的产业结构。产业结构变革与服务业市场开放，将带来巨大的服务贸易发展需求。

2.消费结构变革带动服务贸易快速增长

2013—2022年，我国居民人均服务型消费支出由5246元增长到10590元，增长101.9%，占居民人均消费支出的比重由39.7%提升到43.2%，提升3.5个百分点。2023年上半年，全国居民人均消费支出12739元，比2022年同期名义增长8.4%；全国居民人均服务型消费支出同比增长12.7%，明显快于全部消费支出增速[②]。估计到2025年，我国居民人均服务型消费占比将达到55%左右。随着我国城乡居民服务型消费的快速增长以及扩大进口政策效应的逐步显现，我国服务贸易仍具有巨大潜力。

3.制造业服务化带动服务贸易快速增长

在世界银行2017年发布的《遭遇麻烦？制造业导向型发展的未来》报告中提到，商品中的服务要素对提升产品竞争力越来越重要，并成为价值增值的主要环节。从发展趋势看，价值增值环节逐渐向生产前的研发、设计阶段与生产后的市场嵌入服务阶段转移。例如，美国出口商品中55%的增加值来自服务业，欧洲这一比重更高。作为农产品和制成品出口国的荷兰，服务价值占其总出口价值的70%[③]。当前，我国制造业服务化水平仍有较大提升空间。2022年，我国生产性服务业占服务业的比重为59.33%，与发达国家相比仍有10个百分点的差距。随着我国制造业的转型升级以及由此带来的生产性服务业的快速发展，将直接拉动金融、研发、知识产权等服务贸易的快速增长。

---

① 郑栅洁：《加快建设以实体经济为支撑的现代化产业体系》，《中国经贸导刊》2023年第8期。

② 毛中根：《服务消费发展：现状、比较及建议》，《人民论坛》2023年第18期。

③ 世界银行集团、IDE-JETRO、OECD、对外经济贸易大学、WTO：《全球价值链发展报告（2017）——全球价值链对经济发展的影响：测度与分析》，2017。

4.数字化转型带动数字服务贸易快速发展

近年来，依托巨大的规模优势及数字经济发展优势，我国跨境电商实现了高速发展。我国跨境电商交易额由2015年的5.4万亿元增长至2022年的15.7万亿元，年均增速16.5%，远高于我国货物及服务贸易平均增速（见图4-7）。预计未来几年，我国跨境电商交易额仍将保持两位数的增速。

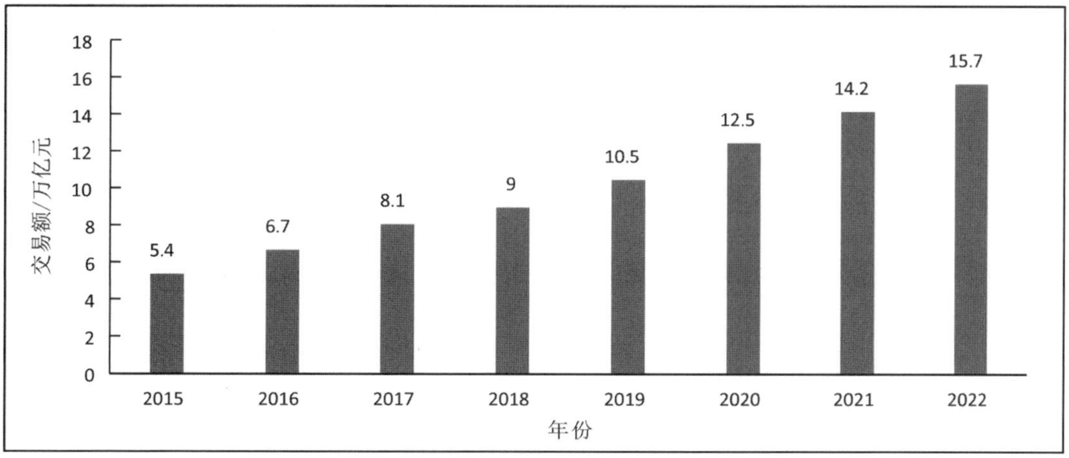

图4-7　2015—2022年中国跨境电商交易额

数据来源：《2022年度中国跨境电商市场数据报告》。

▶▶▶

| 第二节 |

实现服务贸易创新发展的重大突破

把握我国经济转型升级与新一轮全球自由贸易历史交汇带来的机遇，加快服务贸易发展，在服务贸易规模、结构等方面实现重大突破，显著改善我国在全球自由贸易进程中的地位和作用。

一、形成以服务贸易为重点的开放新格局

1.尽快补齐服务贸易发展滞后的突出短板

（1）明显提升服务贸易比重。争取到2025年，我国服务贸易额占外贸总额的比重由目前的14.6%提高至20%以上。

（2）进一步优化服务贸易结构。争取到2025年，我国知识密集型服务贸易占服务贸易的比重由目前的32.4%提升至40%以上；保险、计算机和信息、知识产权等高端生产性服务贸易占比由目前的29.8%提高至40%以上。

（3）明显提升服务贸易国际竞争力。争取到2025年，我国服务贸易逆差占服务贸易额的比重由目前的27.7%下降到15%左右；在保持制造服务、建筑服务、计算机与信息等优势的基础上，大幅提升我国知识产权、金融等生产性服务贸易以及旅游等生活性服务贸易的国际竞争力。

2.形成数字服务贸易国际竞争新优势

（1）形成数字服务出口新优势。争取到2025年，在进一步扩大电信、计算机、信息等服务贸易优势的基础上，我国实现知识产权与数字技术等服务贸易顺差；进一步提升数字相关服务贸易出口比重，由目前的23.5%提升至30%左右。

（2）采取多种形式形成数字贸易大网络。例如，对“一带一路”沿线国家和地区，实施数字旅游、数字医疗、数字健康、数字教育、数字基础设施等项目下的自由贸易政策；对俄罗斯、巴西、印度等数字服务贸易规则态度与我国较为接近的国家，加快数字服务贸易协定谈判，形成关于跨境数据流动、数据本地化、消费者保护等“一揽子”协定。

3.明显提升全球服务贸易规则制定话语权

（1）积极参与全球服务贸易规则制定。未来，适应全球自由贸易的新趋势，我国应以服务贸易为重点，通过积极参与双边、多边和区域服务贸易协定，积极参与全球服务贸易规则制定，主动提出符合我国经济转型需要和全球自由贸易发展趋势的新议题，实现我国由服务贸易规则的跟随者向引领者的转变。

（2）积极参与全球数字贸易规则制定。我国应积极参与WTO、G20等多边数字贸易规则制定，主动提出有利于维护多边贸易体制、维护发展中国家利益的数字贸易规则；更加重视双边、区域自由贸易协定中的数字规则内容，并通过双边、多边谈判将其上升为全球规则，实现我国由全球经贸规则制定的参与者向主导者的转变。

二、以服务贸易提升我国产业国际竞争力

1.制造业转型升级重在发展生产性服务业

（1）制造业服务化是个大趋势。在“工业3.0”“工业4.0”时代，制造业已经不是单纯的制造过程，而是逐步转变为“生产+服务”的整体流程。大的跨国公

司不再仅仅关注生产过程，而是将重心逐步转移到产品的创新、开发、售后服务等领域，整个流程中生产的作用越来越小，服务的作用越来越大。全球500强企业所涉及的51个行业中有28个属于服务业，56%的企业在从事服务业。

（2）以生产性服务业引领制造业服务化升级。我国高端制造业缺“芯”、核心技术受制于人受到各方面关注，集中反映了我国以研发设计为龙头的生产性服务业发展的严重滞后。德国之所以成为制造业强国，有“两个70%”：一是服务业占GDP的70%，二是生产性服务业占服务业的比重为70%。相比之下，我国生产性服务业占服务业的比重只有40%左右。以生产性服务业引领制造业转型升级，使工业发展从主要依靠低成本竞争优势向创新驱动转变，是我国工业由大变强的根本路径。

2.以生产性服务贸易加速生产性服务业快速发展

（1）以生产性服务贸易改造提升传统产业。从国际经验看，发达国家先进的信息基础设施是其提升生产性服务业国际竞争力的一个先决条件。生产性服务业具有高附加值的特点，已成为国际直接投资的重点领域。由于独特的制造业优势，我国的生产性服务业越来越成为发达国家的投资首选。

2023年1—8月，我国高技术制造业实际使用外资增长19.7%，其中电子及通信设备制造业、医疗仪器设备及仪器仪表制造业分别增长39.7%、25.6%。高技术服务业中，研发与设计服务领域实际使用外资增长57.1%。同期，全国新设立外商投资企业33154家，同比增长33%，实际使用外资金额8471.7亿元[①]。以生产性服务贸易为重点积极引导国外直接投资投向高端生产性服务业领域，鼓励国外先进企业对国内服务业投资，并融入本地传统产业链条，积极发挥FDI（外商直接投资）对我国生产性服务业的提升作用，实现传统服务业的改造升级。

（2）以生产性服务贸易提升技术创新能力。生产性服务业发展滞后是我国制造业转型升级的突出短板。在人才、技术等要素相对缺乏的情况下，积极开展生产性服务贸易，加速我国知识积累。同时，通过国外先进技术和管理带来的外溢效

---

① 王俊岭：《前8月中国高技术制造业实际使用外资增长近两成》，《人民日报海外版》2023年9月19日第02版。

应，结合本地技术和知识积累，突破关键部件的技术创新，推动本地产业由单纯加工制造向价值链上游升级，使之发展成为一个相对先进和高端的服务型制造产业，从而促使整体产业升级。

（3）以生产性服务贸易加大人力资本积累。通过承接服务外包增加高技术含量的工作岗位及相关企业，带动我国高端服务业发展。2007年，我国服务外包企业仅有1731家，从业人员为42.5万人。到2016年，我国累计从事服务外包业务的企业有39277家，从业人员达856.1万人，其中大学生从业人数累计达到551.28万人，占比为65.7%[①]。服务外包的快速发展不仅壮大了我国服务贸易发展主体，为我国在知识密集型服务业领域培养了大批人才，也为我国以服务业结构升级与服务贸易为重点的开放转型奠定了重要基础。

3.全面推进技术贸易快速发展

（1）技术贸易迅猛发展。技术贸易是提升经济发展质量的重要保障。随着经济全球化与科技全球化交叉融合，全球技术贸易发展日益活跃。有数据显示，在20世纪70年代，国际技术贸易额在国际贸易总额和国际服务贸易总额中的比重分别为1：30和1：10；到21世纪初，这一比例分别提高至1：20和1：6。

2002—2022年，我国知识产权贸易总额从32亿美元增至578亿美元，年均增速约为15.5%，同期货物贸易和服务贸易年均增速分别为12.9%和11.6%。同期知识产权贸易进口规模从31亿美元扩大至445亿美元，同期知识产权贸易出口规模年均增速达22.7%。

（2）我国技术贸易发展面临严重壁垒。严重的技术性贸易壁垒给我国企业造成严重的经济损失。根据商务部《2022上半年我国遭遇技术性贸易壁垒的特点及下半年形势分析》报告，2022年1—5月，国外共发布技术性贸易措施通报（WTO/TBT通报）1501项。在欧盟国家范围内，对我国电子电器产品实施召回的主要国家

① 李西林：《新时期中国服务外包如何转型升级》，《上海证券报》2017年10月20日第8版。

为匈牙利、波兰和瑞典，分别发布召回通报36次、15次和12次[①]。

（3）**加快技术贸易市场双向开放。**一方面，以新兴经济体为重点，加快双边、多边自由贸易谈判，并将技术贸易、知识产权使用等作为自由贸易谈判的重点，尽快实现市场相互开放；另一方面，以欧美发达国家和地区为重点，加快中美、中欧投资贸易谈判，督促美国和欧盟尽快承认我国市场经济地位，给予我国企业和投资与其他国家同等的地位和待遇，不单独设置针对我国企业的技术壁垒、国家安全审查制度等。

三、以服务外包为重点培育服务贸易新优势

1.我国服务外包快速发展

（1）**服务外包成为新兴服务贸易发展的主要方式。**服务外包是以互联网信息技术为支撑的新兴服务业态，涵盖信息技术外包（ITO）、业务流程外包（BPO）、知识流程外包（KPO）三大领域，具有科技含量高、国际化程度高、增长空间大、产业带动力强、吸纳大学生就业空间广阔、资源消耗低、环境友好性强等特点，成为近年来世界各国鼓励发展的产业。随着全球数字经济和服务经济的快速发展，国际服务外包已经成为推动服务全球化与价值链攀升的重要动力，也是新兴服务贸易发展的主要方式。

（2）**我国服务外包起步虽晚但发展迅速。**我国目前已经设立了18个自由贸易试验区和海南自由贸易港及31个服务外包示范城市、105个跨境电商示范区、28个服务贸易创新发展试点。这对促进服务贸易和数字贸易集聚与创新发展具有重要作用。2021年，中国企业承接服务外包合同额为3224.0亿美元，同比增长30.9%；执行额为2264.8亿美元，同比增长29.2%，是自2014年以来的最高增速（见图4-8）。

① 浙江省技术性贸易壁垒对外贸易预警点：《2022上半年我国遭遇技术性贸易壁垒的特点及下半年形势分析》，2022年

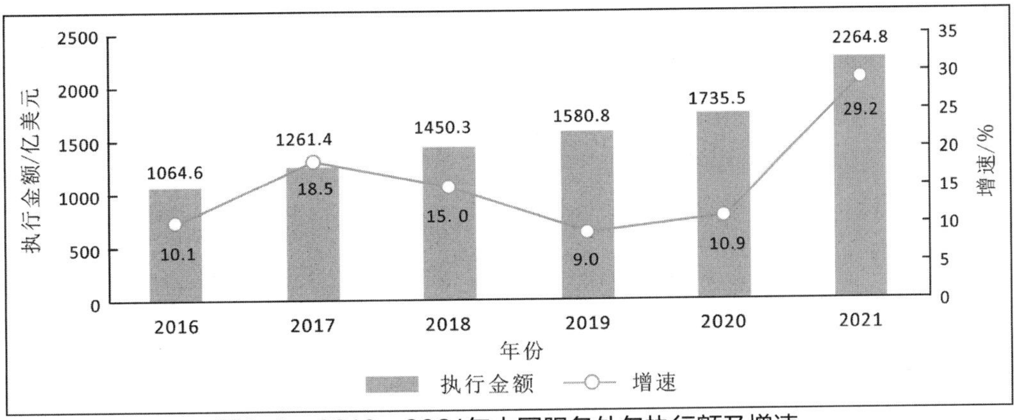

图4-8　2016—2021年中国服务外包执行额及增速

数据来源：《中国服务外包发展报告2021》。

截至2021年底，全国纳入商务部服务外包统计系统的服务外包企业数量累计达到67236家（见图4-9）。

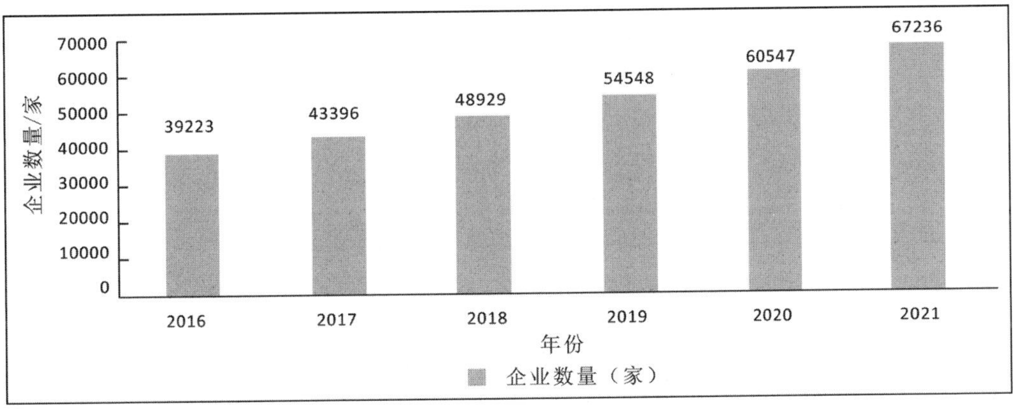

图4-9　2016—2021年中国服务外包企业数量

数据来源：《中国服务外包发展报告2021》。

（3）离岸服务贸易发展迅速。2021年，中国企业承接离岸服务外包合同额为1716.8亿美元，同比增长22.3%，占全部服务外包合同额的53.3%；执行额为1303.1亿美元，同比增长23.2%，较上年提高14.0个百分点，占全部服务外包执行额的57.5%（见图4-10）。

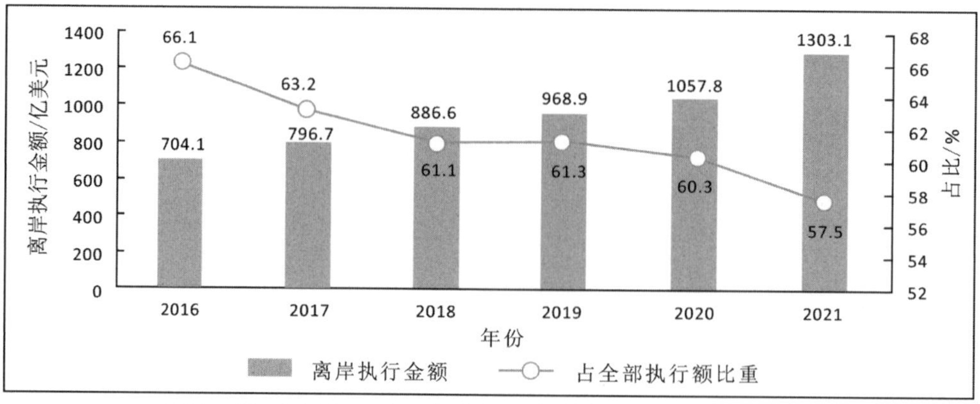

图4-10　2016—2021年中国服务外包离岸执行额及占比

数据来源：《中国服务外包发展报告2021》。

（4）**服务外包结构不断优化。**我国紧抓新一轮科技革命和产业变革机遇，大力发展集成电路、新能源、生物医药、基础软件等新兴产业，激励企业加大研发设计投入，推进服务外包向数字化高端化转型升级，产业结构由信息技术外包（ITO）为主导逐步向ITO、KPO并重转变。2016—2021年，ITO、BPO、KPO结构比例从49.9：18.3：31.8调整到44.5：20.0：35.5，KPO占比累计提高3.7个百分点（见图4-11）；离岸ITO、BPO、KPO结构比例从46.9：16.6：36.5调整到42.2：15.2：42.6，KPO占比累计提高6.1个百分点。

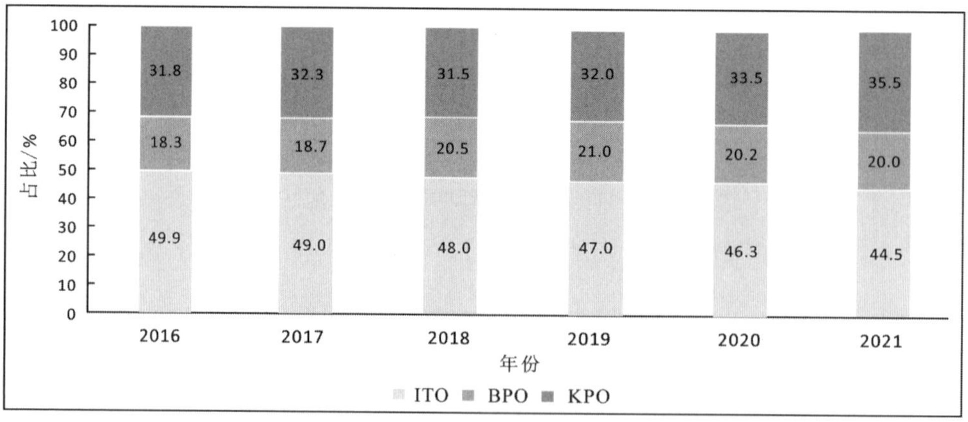

图4-11　2016—2021年中国服务外包产业结构变化

数据来源：《中国服务外包发展报告2021》。

2.以服务外包提升服务业国际竞争力

（1）以创新驱动为引领，推动服务外包价值链向高端跃升。在ITO领域，我国应着力提高软件研发、集成电路设计、云计算等信息技术外包的整体解决方案和系统集成能力；在BPO领域，我国应着力拓展金融、供应链管理、电子商务平台等业务流程外包的价值增值空间；在KPO领域，我国应着力扩大数据分析、工业设计、工程技术、管理咨询、医药和生物技术研发、文化创意等知识流程外包的规模效益。

（2）以提高企业国际竞争力为导向，构建协同发展、互利共赢、竞争有序的服务外包企业生态。我国应注重发挥领军企业在接包、品牌、创新、标准、网络渠道等方面的优势，带动中小服务外包企业参与国际竞争，打造中国服务外包整体品牌，逐步建立大型服务外包企业向中小服务外包企业分包协作机制。

（3）以专业化、国际化、高端化为目标，加快服务外包人才体系建设。我国可建立创新创业与技能人才培养相结合的培训机制，发挥服务外包企业、培训基地、培训学院的作用，共同推动岗前培训、岗位培训、委托培训、定制培训、线上线下培训等多样化培训模式，不断完善国际化高端人才的引进政策和激励机制。

（4）以在岸促离岸为抓手，推动国际国内服务外包市场融合发展。引导、鼓励服务外包企业服务国内市场，培育一批专业化、品牌化的优质服务供应商，为承接离岸服务外包奠定有利基础[①]。加快建立健全的政策和法律法规体系，为国际和国内服务外包市场的融合提供良好的环境和保障。这包括制定促进服务外包发展的税收优惠政策、提供金融支持和风险保障措施等。此外，还要加强知识产权保护和争端解决机制的建设，维护企业的合法权益和创新成果。

① 王晓红：《我国服务外包产业的转型升级与创新发展》，《中国社会科学院研究生院学报》2019年第1期。

四、以服务贸易形成国际竞争新优势

1.以服务贸易加快服务业发展

（1）以服务贸易加速我国资本积累。基础设施是生产性服务贸易的重要载体。发达国家先进的信息基础设施是生产性服务业国际竞争力的一个先决条件。生产性服务业具有高附加值的特点，已成为国际直接投资的重点领域。由于独特的制造业优势，我国的生产性服务业越来越成为发达国家的投资首选。2022年，高技术产业实际使用外资4449亿元，同比增长28.3%，占比达36.1%；高技术制造业实际使用外资3237亿元，同比增长46.1%[①]。以生产性服务贸易为重点积极引导国外直接投资投向高端生产性服务业领域，鼓励国外先进企业对国内服务业进行投资，并融入本地传统产业链条，发挥外商直接投资（FDI）对我国生产性服务业的提升作用。

（2）以服务贸易加速我国技术积累。生产性服务业发展滞后是我国制造业转型升级的突出短板，在资金、人才、技术等要素相对缺乏的情况下，积极开展生产性服务贸易，充分利用发达国家高新技术出口机遇，加速我国知识积累。同时，通过国外先进技术和管理带来的外溢效应，结合本地技术和知识积累，突破关键部件的技术创新，推动本地产业由单纯加工制造向价值链上游升级，使之发展成为一个相对先进和高端的服务型制造产业，从而促使整体产业升级。例如，根据普华永道思略特对全球1000家企业进行的“全球创新1000强（2007—2015）”的调研，1000强企业中的跨国公司在中国的科研投入增长率是79%，在美国只有34%[②]，为我国培养了大批具有国际水准的研发人才，加速了我国生产性服务业发展。

（3）以服务贸易加速我国服务业企业转型升级。服务贸易对我国服务业企业具有巨大的竞争效应，通过服务贸易开放，将我国服务业主体置于全球大市场中，深度参与国际竞争，倒逼我国服务业企业不断加大科研投入，提高我国服务业企业

---

① 《2022年实际使用外资首超1.2万亿元再创历史新高》，《人民日报》2023年2月3日第1版。

② 普华永道思略特：《2015年全球创新1000强》，2015。

的国际竞争力，由此促进我国服务业企业转型升级。例如，计算机服务市场的开放使得计算机服务成为我国最大的服务贸易顺差部门。

2.以服务贸易优化服务业发展环境

服务贸易逆差不仅仅是消费的数额和价差的问题，背后还有对我国服务型消费产品供给质量不高、国内市场信任度不高、质量监管等深层次原因。以绿色食品消费为例。近几年，我国纯天然无污染无添加的食品行业年均增长率保持在15%以上。根据相关预测，未来10年内，中国有机食品的市场规模将达到10亿～20亿美元，我国有望成为世界最大的纯天然养生食品消费国。然而，由于国内消费者对国内生态标签及市场信任度不高等，国内绿色食品消费潜力未能充分释放。未来，通过服务贸易的快速发展，加快国内消费产品和服务的质量和标准与国际发达国家对接，逐步建立起适合我国消费结构升级的行业标准，提振消费者对国内消费市场的信任度，让更多的消费留在国内。

3.以服务贸易形成未来产业发展新优势

新一轮科技革命不断催生新的产业涌现，相当一部分新兴产业是高端服务业或是与高端服务业直接相关的制造业。例如，《全球计算力指数评估报告》指出，2022—2023年，全球主要国家数字经济占GDP的比重持续提升，预计到2026年将达到54%。面对巨大的市场空间，德国发布《数字战略2025》，明确了德国制造转型和构建未来数字社会的思路；英国出台《数字经济战略（2015—2018）》，旨在建设数字化强国；日本提出建设“超智能社会”，最大限度将网络空间与现实空间融合。我国应适应全球服务业发展大趋势，充分利用全球科技革命带动新兴服务业重新洗牌的契机，加快推进数字经济、“互联网+”等产业，实现弯道超车。

▶▶▶

| 第三节 |

打造数字服务贸易发展新优势

当前，在数字技术与国际贸易融合渗透不断深化的背景下，数字贸易快速兴起，并推动传统贸易向数字贸易转型。数字贸易不仅将深刻改变全球贸易发展格局，还将成为新一轮全球经贸规则制定的制高点。抓住我国数字经济发展的多方面优势，扩大服务贸易发展的新优势，将形成制度型开放的重大突破。

一、我国数字经济规模位居世界第二

1.我国数字经济快速发展

（1）我国数字经济规模不断扩大。近年来，依托巨大的国内市场，我国抓住了全球新一轮科技革命的历史性机遇，实现了数字经济快速发展，在某些领域已经处于全球领先水平。“十四五”期间，要加快实现数字贸易与服务贸易的融合，形成数字服务贸易领域的国际竞争新优势。

2005—2022年，我国数字经济增加值规模由2.6万亿元增长到50.2万亿元；数字经济占GDP的比重由14.20%提升至41.50%，提高了27.30个百分点，其中2019年占比同比提升1.4个百分点（见图4-12）。

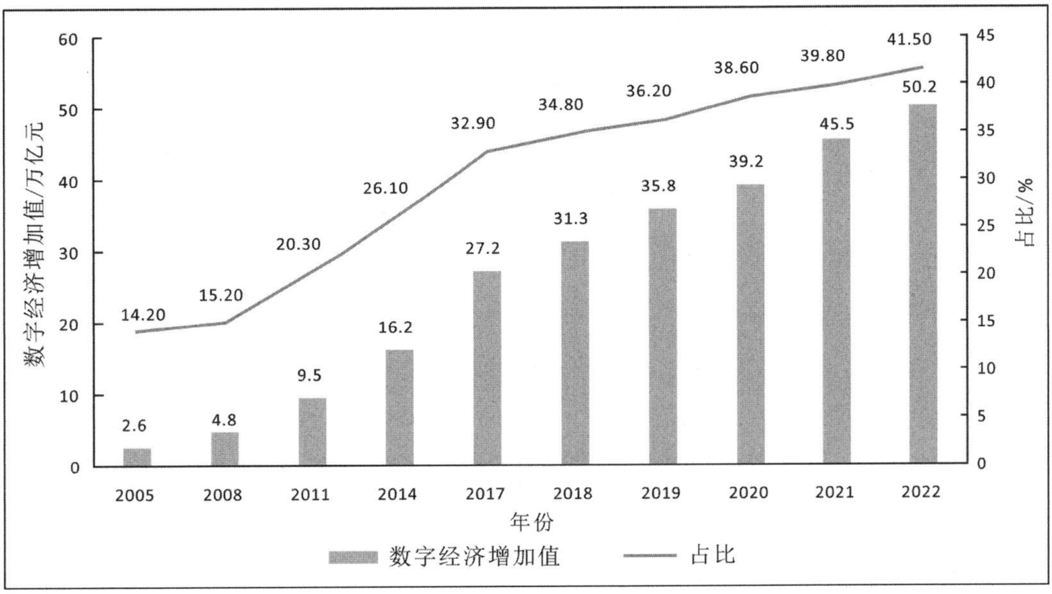

图4-12　2005—2022年部分年份我国数字经济增加值及占比

数据来源：《数字中国发展报告（2022年）》。

（2）数字经济成为拉动经济增长的重要动力。与2005年相比，我国数字经济规模增长了19.3倍，年复合增长率高达19.02%，而同期GDP仅增长了6.5倍，年复合增长率为11.6%。2014—2022年，我国数字经济对GDP增长始终保持在50%以上的贡献率，2019年数字经济对经济增长的贡献率为67.7%，成为驱动我国经济增长的核心关键力量。

（3）数字经济引领产业结构变革。2022年我国数字产业化向高质量发展进一步迈进，行业实力不断增强，数字产业化增加值规模达到9.2万亿元，同比名义增长占数字经济的比重由2005年的50.9%下降至2022年的7.8%。2022年产业数字化向更深层次、更广领域探索，数字技术带动传统产业产出增长、效率提升的作用进一步强化，产业数字化增加值规模达到41万亿元，同比名义增长10.3%，占数字经济的比重由2005年的49.1%提升至2022年的81.6%[①]，产业数字化深入推进，为数字经济发展注入源源不断的动力。

① 《数字经济已成为我国经济高质量发展新动能》，https://www.reportway.org/guandian/30146.html。

2.我国数字服务贸易快速发展

2022年，我国知识密集型服务进出口额为25068.5亿元，增长7.8%，占服务进出口总额的比重达41.92%，同比降低2个百分点。其中，知识密集型服务出口额为14160.8亿元，增长12.2%，占服务出口总额的比重达49.65%，同比提升0.02个百分点；知识密集型服务进口额为10907.7亿元，增长2.6%，占服务进口总额的比重达34.87%，同比降低4个百分点①。2023年1—9月，我国知识密集型服务贸易总额为20259.5亿元，同比增长8.6%，占服务进出口总额的比重提升0.4个百分点至42%。其中，出口11512.9亿元，增长10.4%；进口8746.6亿元，增长6.4%②。同时，数字内容领域出口规模迅速扩大。2008—2022年，中国自主研发的网络游戏海外市场实际销售收入从0.7亿美元增长至173.46亿美元，年均增长48.25%（见图4-13）。

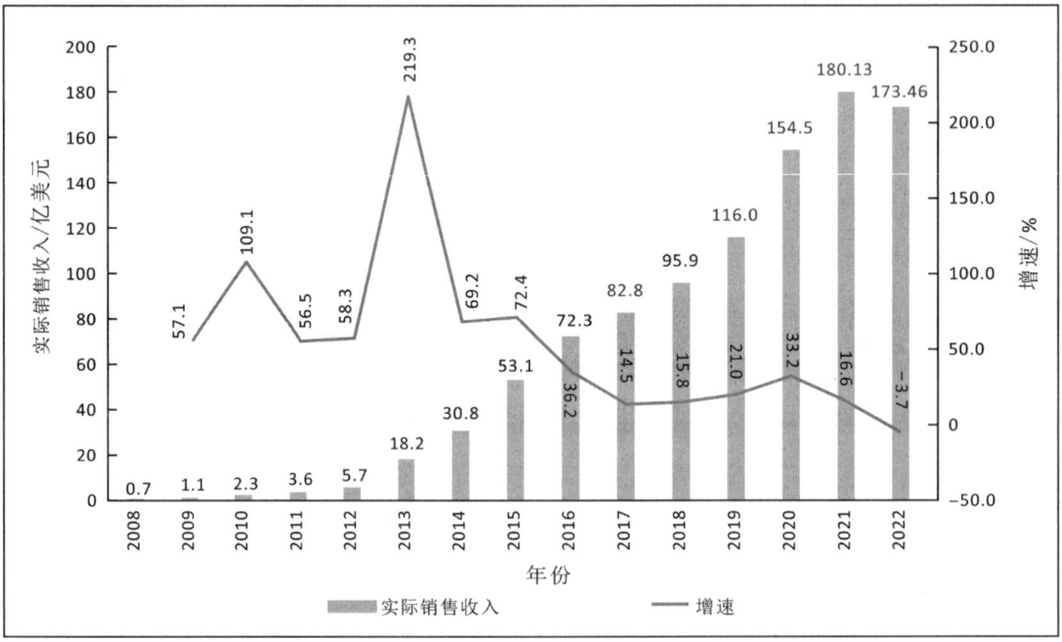

图4-13　2008—2022年中国自主研发的网络游戏海外市场实际销售收入及增速

数据来源：中国音像与数字出版协会游戏出版工作委员会：《2018年中国游戏产业报告》《2022年中国游戏产业报告》。

① 《我国2022年知识密集型服务出口增长12.2%》，https://news.cctv.cn/2023/01/30/ARTI4u14BBRyaMEYqHCoc7Kd230130.shtml。

② 《前9个月我国服务进出口总额增长7.7%》，《青海日报》2023年11月2日第3版。

3.在数字服务贸易国际竞争中赢得主动

（1）我国的数字服务贸易具有比较优势。根据麦肯锡的分析，尽管目前中国的服务贸易仍存在较大逆差，但在数字领域的服务贸易连续5年保持100亿～150亿美元的顺差。从全球数字竞争力排名来看，2018年我国数字竞争力指数81.42分，排名全球第二，较上一年提升了7个名次①。

（2）我国发展电子商务服务业的基础较好。近年来，我国电子商务服务业快速发展，成为数字服务贸易的重要组成部分。2011—2022年，我国电子商务服务业营业规模由0.04万亿元增长至6.79万亿元（见图4-14）。

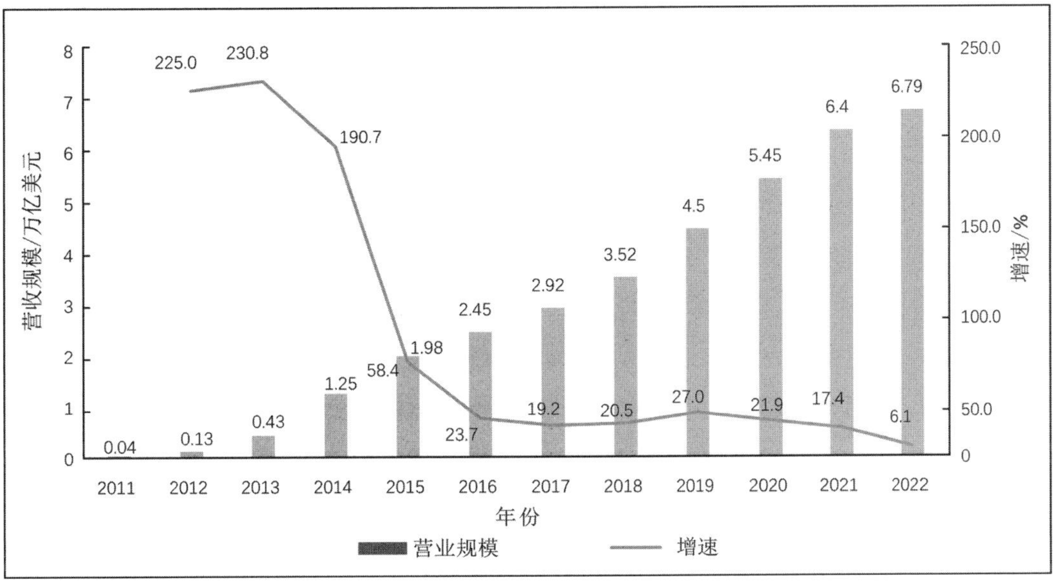

图4-14　2011—2022年我国电子商务服务业营收规模及增速

数据来源：《中国电子商务报告2022》。

（3）我国拥有巨大的数字服务贸易发展潜力。以互联网用户规模为例。我国网民规模由2008年的2.98亿人增长到2023年上半年的10.79亿人，互联网渗透率由22.6%提高至76.4%，年均提高3.6个百分点，成为全球增长速度最快的互联网用户市场②。

① 《国家数字竞争力指数研究报告（2019）发布》，《新闻知识》2019年第5期。

② 喻思南、金歆：《我国互联网普及率达76.4%》，《人民日报》2023年8月29日第1版。

二、加快形成数字服务贸易国际竞争新优势

1.形成数字服务出口新优势

争取“十四五”期间，我国在进一步扩大电信、计算机、信息等服务贸易优势基础上，实现知识产权与个人文化娱乐服务顺差；进一步提升数字相关服务贸易出口比重，由目前的23.5%提升至30%左右。这将为经济增长注入新动力，提升我国在全球服务贸易中的地位和影响力。同时，也将为企业提供更广阔的发展空间，为消费者提供更多具有创新性和优质性的数字化服务。

2.形成数字技术贸易国际竞争新优势

巨大的应用市场是我国数字技术发展的突出优势。例如，2016—2022年，我国大数据产业市场规模由2840.8亿元增长到1.57万亿元，同比增长18%[①]。预计到2025年，我国大数据产业市场规模将达到2万亿元。此外，我国数字技术在物联网、人工智能、区块链等领域均有着巨大的应用前景。

3.积极参与数字服务贸易规则制定

数字服务贸易规则制定，是全球经贸规则制定的重点和焦点。我国出台了《中华人民共和国电子商务法》等一系列法律，积极参与国际和区域标准化组织活动，在部分双边、区域贸易协定中加入了电子商务相关条款，并签署了世界贸易组织、金砖国家、“一带一路”沿线部分国家等关于电子商务的相关联合声明。总的来看，我国在参与数字服务贸易规则制定中的话语权与发达国家仍有一定差距。这就需要在积极参与全球多边数字服务贸易规则制定的同时，更加重视双边、区域自由贸易协定中的数字规则内容，提升我国在全球数字服务贸易规则制定中的话语权。

---

① 韩鑫：《2022年我国大数据产业规模达1.57万亿元 同比增长18%》，《人民日报》2023年2月22日第1版。

三、强化数字服务贸易领域制度性结构性安排

1.加快新型基础设施建设

我国应抓住国际数字服务贸易规则标准尚未定型的时间窗口期，强化国内数字服务贸易领域制度性安排，在优化数字服务贸易主体发展环境的同时，积极参与构建全球数字服务贸易规则。

加速推动5G网络部署，推动基础电信企业加大投资、加快建网，组织开展异网漫游，最大程度推进5G网络共建共享，力争建成全球规模最大的5G独立组网网络。加快出台5G跨行业应用指导政策和融合标准，促进5G和制造、交通、医疗、教育、农业等垂直行业的融合发展。持续推进工业互联网创新发展，加快工业互联网网络、平台、安全三大体系建设，持续完善工业互联网发展生态；继续实施工业互联网创新发展工程，打造公共服务平台，培育系统解决方案供应商，促进产业供给能力不断提升；聚焦工业互联网内外网络建设改造，加快实施“5G+工业互联网”工程，推动5G与工业互联网融合发展。

2.提升数字服务贸易自由化便利化水平

（1）稳步推动数字服务贸易市场开放。一方面，我国要以新兴经济体为重点，在双边、多边自由贸易谈判中将技术贸易、知识产权等作为自由贸易谈判的重点，尽快实现市场双向开放。另一方面，我国要以欧盟为重点，加快中欧投资协定谈判，并将数字技术贸易作为谈判的重点之一。

（2）形成数字服务出口的政策支持体系。例如，改变以往对特定企业现金补贴或出口贴息等方式，根据数字服务贸易分类，设定全行业、全领域享受的出口退税、企业所得税、财政补贴、出口融资、出口保险等不违反公平竞争的财税金融政策；加快参与数字服务贸易标准制定，在加快服务业国内外标准对接的基础上，依托我国巨大的数字服务市场，推动在跨境物流、跨境支付、电子认证、在线交易、信用体系、在线支付、保护标准等领域的国际标准制定进程，降低我国数字服务出口企业的制度性成本与不确定性；积极发展专业的数字服务出口中介机构，为广大

数字服务出口企业提供退税、政策咨询、出口融资保险、对外推介等服务。

（3）**积极探索跨境数据流动相关规则**。例如，在上海、海南等自由贸易试验区进行试点，有序开放增值电信业务（包括数据中心、云服务的业务），支持外国企业来华投资兴业，进一步推动外资项目和企业复工复产，各项服务政策都同等适用于内外资企业。在确保数据流动安全可控的前提下，积极推动试验区内少量试点企业与国外特定范围内实现数据流动合规，扩大数据领域开放，创新安全制度设计。加快推动公共数据开放到社会机构依法开放自有数据，支持在特定领域开展央地数据合作，推动政务数据与社会化数据平台对接。

3.打造高质量“数字丝绸之路”

（1）**采取多种方式推进数字服务贸易发展**。例如，对“一带一路”沿线国家和地区实施数字旅游、数字医疗、数字健康、数字教育、数字基础设施等项下的自由贸易政策；对相关的数据流动、数据处理以及相关的设备、基础设施等实施更加便利的贸易政策。

（2）**推动共建“一带一路”数字服务自由贸易区**。借鉴阿里巴巴与马来西亚共建“数字自由贸易区”的经验，加快同“一带一路”沿线国家和地区建立数字服务自由贸易区、数字经济合作园区等，在区内实行自由贸易政策和相关投资制度安排；对俄罗斯、巴西、印度等数字服务贸易规则与我国较为相近的国家加快数字服务贸易协定谈判，形成关于跨境数据流动、数据本地化、消费者保护等“一揽子”协定，并采取过渡期等多种方式推动数字服务贸易的开放。

4.加快构建数字服务贸易监管体系

（1）**构建数字服务贸易监管标准体系**。数字服务贸易的无形性等特点给市场监管及国家安全监管带来重大挑战。从现实情况看，我国数字服务贸易监管标准体系建设相对滞后，难以适应数字服务贸易快速发展的大趋势。建议以推动服务业标准化建设为契机，尽快构建数字服务贸易领域的监管标准，尤其是要强化质量监管、税收征管等重点内容。同时，制定数字服务贸易信用黑名单、标准格式合同管理、安全协议限制和跨境数据流动风险评估机制等配套监管机制。

（2）细化《中华人民共和国电子商务法》等相关法律。2018年我国正式出台了《中华人民共和国电子商务法》。作为上位法，其内容主要偏向于原则性规定，缺乏具体实操性内容；《中华人民共和国网络安全法》对“重要数据”作出相应制度安排，但并未明确衡量“重要数据”的标准及具体清单。需要加快制定和完善相关法律法规，为完善数字服务贸易监管提供法律保障。

（3）加强对数字知识产权的监管。从国际经验来看，数字服务贸易的快速发展对知识产权保护的要求更高，也更为迫切。为此，需要加快研究数字服务领域的新形态、创新成果的知识产权保护办法，提高知识产权审查质量和审查效率。

5.积极参与全球数字经济治理体系构建

（1）积极参与国际数字贸易规则谈判。加快构建我国的数字贸易规则方案，制定数字贸易规则设计的工作计划、实现路径和完成时限，建立统筹协调机制，推动各规则模块有序构建。更深程度参与电子商务/数字贸易规则谈判，积极参与传统电子商务议题以外的新兴议题的磋商和对话，同时在区域贸易协定谈判中也应加入数字贸易议题的讨论，扩大我国规则主张的国际影响力。

（2）强化对数字服务贸易监管的国际协调。在各国加强对数字领域监管的趋势下，政府监管成为数字服务贸易壁垒产生的主要原因。需要通过与其他国家签订数字服务贸易信任协定、免检协定、认可服务经营商、争端解决机制等多种方式，加强同我国主要数字服务贸易伙伴的宏观监管政策协调。

▶▶▶

第四节

推进服务业市场高水平开放

从经济生活实践看，服务业市场开放与服务贸易发展直接融合。服务贸易的发展规模、发展质量直接取决于服务业市场的开放广度和开放深度；服务业市场开放的进程与深度，又直接影响服务贸易的发展规模与开放深度。要推进服务业市场对内、对外开放，大幅放宽服务业市场准入，打破服务业市场垄断与行政垄断，推动服务领域竞争政策的全面落实，提升数字服务贸易自由化便利化水平。由此，抓住服务贸易发展趋势，形成以服务贸易为重点的高水平对外开放新格局，关键在于加快推进服务业市场开放。

一、服务业市场开放与服务贸易直接融合

1.服务贸易发展直接依赖于服务业市场开放

（1）服务业市场双向开放大趋势正在形成。服务业成为吸引外资的“新高地”。随着服务业逐步对外资放开市场准入，外资开始大量投资我国服务业。目前，我国服务业使用外资额占比持续超过工业，成为使用外资的主要领域。2011年，服务业实际使用外资额占比达到47.6%，首次超过制造业；2012年，服务业实际使用外资额占比达到51%，首次过半，超过第二产业4.2个百分点；2019年，服务业实际使用外资额占比达到约70%，是制造业的2.3倍；2021年，服务业实际使用外资额占比达到78.9%（见图4-15）。

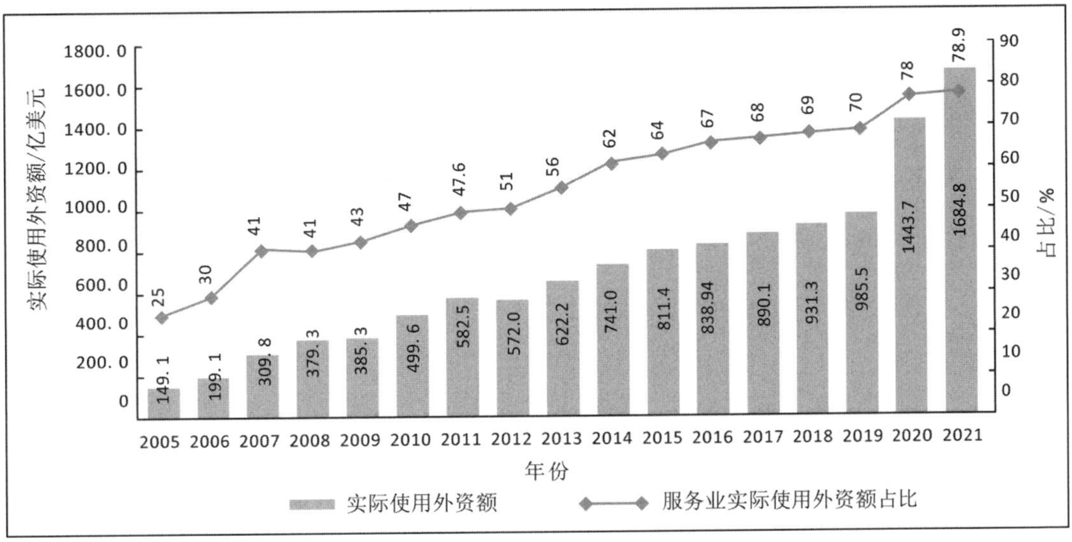

图4-15　2005—2021年服务业实际使用外资额占比

数据来源：根据历年中国外商投资情况整理。

服务业成为对外投资合作的主要领域。从对外投资净额来看，服务业已成为我国对外投资合作的第一大领域。2007—2017年，我国服务业对外投资净额由195.6亿美元增至1211亿美元，年均增长20%，高于制造业对外投资金额增速2个百分点；从占比来看，我国过去10年服务业对外投资净额占比始终保持在70%—80%的高位。2019年末，我国对外直接投资存量的八成集中在服务业①。根据《2022年度中国对外直接投资统计公报》，2022年我国对外直接投资流向租赁和商务服务、金融、批发零售等领域的投资均超过百亿美元。

（2）服务业市场开放程度决定服务贸易发展的广度与深度。在以货物贸易为主向以服务贸易为重点的开放转型中，服务贸易发展越来越依赖服务业市场开放。当前，对服务业市场开放的主要顾虑在于其可能会冲击国内服务业企业。但中国加入世界贸易组织后制造业发展的历程表明，服务业市场开放后国内服务业企业短期内可能会受到冲击，但长期将有助于国内服务业企业参与全球竞争，提升质量水平和竞争力。例如，中国-新西兰自由贸易协定谈判中，对服务业领域的开放程度已与《国际服务贸易协定》（TiSA）谈判要求基本相同；中韩自由贸易协定中，电

① 数据来源：《2019年度中国对外直接投资统计公报》。

信与金融领域的开放均有实质性突破。未来几年，扩大服务业市场开放，不仅要在名义上进一步放宽服务业市场准入条件，更重要的是提升“边境后”措施的自由化便利化程度，促进国内规则与国际规则的对接。

（3）服务业市场双向开放与服务贸易快速发展相互促进。2008年国际金融危机爆发后，在整体外贸形势挑战加大的情况下，我国服务贸易快速发展，很大程度上得益于服务业市场开放，这使得我国服务业企业在深度参与全球价值链的同时，最大限度提升了商业存在、自然人移动等服务贸易提供方式的便利化水平。总的来看，进一步扩大服务业市场双向开放将推动我国服务贸易发展再上一个新台阶。

2.以服务业市场开放推动服务贸易创新发展

尽管我国一再强调社会资本可以进入法律未禁止的服务业领域，但由于行政垄断和市场垄断的存在，社会资本进入教育、医疗、通信、金融等服务行业仍面临某些障碍，这使得服务业市场难以通过公平竞争来提高供给能力、供给质量和供给效率。2019年，我国服务业民营固定资产投资占比约为36.56%，远低于农业（55.96%）、工业（68.59%）的水平。其中，教育、卫生、文化、商务服务等现代服务业领域的投资占比仅约为4.30%①。近年来，我国陆续推出一系列服务业对外开放的重大举措，总的来看，服务业市场开放仍是我国推动形成以服务贸易为重点的开放新格局的重大任务之一。

3.加快形成服务业市场全面开放新格局

（1）推动服务业市场向社会资本全面开放。当前，无论是破解服务业市场领域“有需求、缺供给”的突出矛盾，还是进一步拓展社会资本投资空间、扭转社会资本投资增速下滑的局面，都需要尽快实现我国服务业市场对社会资本的全面开放。这需要按照“非禁即准”的要求，凡是法律、行政法规未明令禁止进入的服务业领域，应全部向社会资本开放，不再对社会资本设置歧视性障碍，大幅减少前置审批和资质认定项目，鼓励引导社会资本参与发展服务业，并在打破服务业市场垄

① 根据2018—2020年中国统计年鉴相关数据测算。

断方面实现实质性破题。

（2）加快推进服务业对外开放进程。在加快服务业市场化改革的基础上，大幅缩减外资准入负面清单限制性条目，争取近两年率先实现教育、医疗、养老、旅游等服务业全面开放，取消对外资股比限制及经营范围限制；同时，按照《中华人民共和国外商投资法》的相关规定，基本完善外商投资的服务体系。争取到2025年，在运输、保险、法律、研发设计等重点领域全面对接国际高标准开放水平。

（3）清理并大幅削减服务业领域“边境内”壁垒。全面推广跨境服务贸易负面清单，允许负面清单外的境外企业在我国提供相关服务，逐步在人员流动、资格互认、市场监管等领域实现与国际接轨。

二、加快教育、医疗、金融等服务业开放进程

1.加快推动教育市场开放

（1）扩大教育市场开放具有全局性意义。人才是第一资源，也是赢得新一轮科技竞争的基础。例如，当前5G技术的竞争成为全球竞争的焦点。预计到2030年，我国5G技术直接产生的GDP为3万亿元，间接拉动GDP3.6万亿元。从现实情况看，未来5G领域我国人才缺口将达2000万[①]，人才短缺成为5G经济快速发展的突出短板。近年来，我国劳动力成本逐步上升的趋势明显，迫切需要加速由人口红利向人力资本红利转变，这很大程度上依赖于教育的“第二次改革”。

（2）推进教育市场开放进程。以教育市场开放形成多元化教育服务供给主体。由于我国教育市场化改革滞后，民办学校尚未成为教育供给的重要主体。根据《2019年全国教育事业发展统计公报》，2022年，我国共有各级各类民办学校17.83万所，占全国的比重为34.37%；在校生达到5282.70万人，占全国在校生人数的比重约为18.05%。从民办学校在校生分布来看，接近一半分布在学前教育。

以教育市场开放形成与经济转型升级和科技变革趋势相适应的教育结构。在新

① 中国信通院：《中国数字经济发展与就业白皮书》，2019。

一轮科技革命的背景下，我国人才供需结构性矛盾突出，人才供给要么严重过剩，要么相对不足，与市场需求脱节的问题比较突出。

以教育市场开放提升我国教育的国际竞争力。以疫情前的情况为例。2011—2019年，我国出国留学人数由33.97万人增长至70.35万人，8年间实现倍增，其中自费留学生人数占比在90%以上（见图4-16）。为适应这一大趋势，需要通过教育市场双向开放，整合境内外优质资源，鼓励教育“引进来”和“走出去”，吸引境外教育消费回流，提高我国教育的国际化水平。

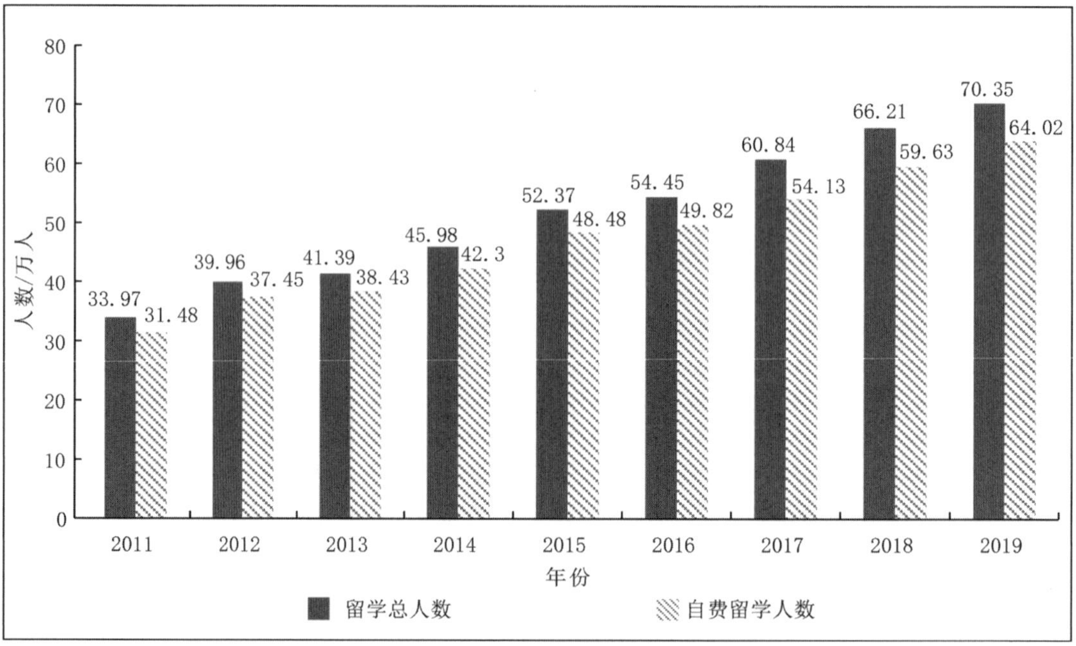

图4-16　2011—2019年我国留学及自费留学人数

数据来源：全球化智库（CCG）：《中国留学发展报告（2022）》。

（3）**推进以职业教育为重点的教育市场开放。**支持社会资本与外资投资非义务教育领域。取消学前、普通高中、本科及以上院校的股比限制，支持各类投资者以独资、合资、合作等多种形式办学。

全面放开职业教育。允许境内外具备条件的研发机构、教育组织、高水平企业独立举办健康、旅游、维修、文化创意等职业院校。

赋予职业教育机构更大的办学自主权。赋予社会资本及外资投资的职业教育机构在招生数量、费用收取、外籍教师聘用等方面的自主权；明确中央和地方政府的职责分工，鼓励地方在教育改革上积极探索、先行先试。

加快推进教育“去行政化”。逐步取消学校行政级别，建立专业导向的学校治理结构，推进专家治校；进一步推进简政放权，扩大学校在招生规模、专业设置、教师评聘等方面的办学自主权。

（4）推进教育市场双向开放进程。比如，引进境外优质教育资源。开展高校自主确定举办中外合作办学项目试点，支持高校加大引进国外优质教育资源力度；鼓励支持高水平、有特色的民办学校通过品牌连锁经营、中外合作办学等方式，引进优质学科、课程、师资、管理方式，整体提升教育教学质量；鼓励民办学校引进国外先进资源，聘请具有职业资格的外籍教师；支持高校和外国高校之间开展教师互派、学生互换、学分互认和学位互授联授；对国外进入的优质教育资源，在税收、用地、利润留成方面实行优惠政策。

同时，以“一带一路”为重点鼓励我国优质教学资源拓展到海外。在“一带一路”沿线国家和地区开展中外合作办学项目、建立中外合作办学机构。支持高校参与和设立国际学术合作组织、国际科学计划，与境外高水平教育、科研机构建立联合研发基地。支持具有相应实力的高校到海外办学，开展国际合作和跨境教育服务。

2.加快医疗健康服务业市场开放进程

（1）医疗领域“有需求、缺供给”的矛盾突出。一方面，我国城乡居民消费结构升级与老龄化进程相交汇，由此带来巨大的医疗健康服务需求。预计到2030年，医疗健康产业与养老产业规模将分别达到16万亿元和22万亿元[①]。另一方面，医疗健康服务领域缺供给的矛盾较为突出。例如，2022年，我国每千名老年人养老服务床位数为39张[②]，远低于发达国家50～70张的平均水平。

加快医疗健康市场的全面开放，使社会资本成为医疗健康产业发展的主体。当

---

① 《2030年我国养老产业规模将达22万亿元 发展智慧健康养老产业培育新动能》，http://www.ce.cn/xwzx/gnsz/gdxw/201801/04/t20180104_27553441.shtml。

② 数据来源：《银发经济蓝皮书》。

前，社会资本仍未成为医疗健康产业发展的主体。例如，2022年虽然我国民营医院数量占医院总数的68.23%，但其床位数占比仅为30.0%，诊疗人次占比16.6%[①]。这就需要在全面开放的背景下，按照“公开市场、公平竞争、公正监管”的原则，进一步打破医疗健康服务的市场壁垒，使得社会资本成为医疗健康产业发展的主体。

（2）在打破市场壁垒中实现医疗健康产业的全面开放。进一步放宽医疗健康领域外资准入门槛。逐步取消医疗机构仅限于合资或合作的限制；进一步明确医疗机构市场准入审核标准，允许符合条件的境外资本在国内设立独资、合资医疗机构。

全面落实各类医疗机构及人员的国民待遇。尽快实现各类医疗机构在医保及获取土地等要素方面与公立医院同等待遇。

打破体制内外人才流动壁垒。改变公立医院医生“单位人”身份，加快推进人事管理、工资福利、社会保险、职称评价等方面的制度改革，调动医生的积极性，实现医疗技术人员在体制内外自由流动。

清理制约医疗健康产业公平竞争的政策法规。按照“非禁即入”原则，对符合条件、规划和准入资质的社会办医疗机构，在设置审批、执业登记等方面，不得以任何理由加以限制；其提供的签约服务，在转诊、收付费、考核激励等方面与政府办医疗机构提供的签约服务享有同等待遇。

以基层为重点试点公办民营模式。从国际经验看，基层养老与医疗机构社会化、民营化是一个大趋势。建议将一部分利用率不高、资源闲置的公办社区（乡镇）养老机构与医疗机构交由社会资本运营；通过公建民营、“一院二制”等方式吸引社会资本参与公办医疗、养老机构运营。

鼓励“互联网+医疗”等新型医疗服务模式创新。鼓励社会资本投资建设互联网医院或互联网医疗服务平台，大力发展网上预约、网络支付、检查检验结果网上查询、远程医疗、远程监护等在线医疗服务。破解医疗卫生公共资源配置向大城市高度集中、中小城镇和农村医疗卫生公共资源不足的矛盾。

---

① 数据来源：《2022年我国卫生健康事业发展统计公报》。

（3）在医疗健康领域尽快引入国际先进标准。率先在部分地区引进美国、日本，以及欧盟养老服务与医疗药品管理标准，快速提升养老服务与医疗药品质量水平，对全国形成示范效应。待条件成熟时，尽快向全国推广。

借鉴欧盟等国际通行做法，在“十四五”期间的头两年把药品进口增值税税率降至6%左右；在对进口抗癌药，对国内生产治疗癌症、罕见病、糖尿病、乙肝、急性白血病等药品的重要原料实施“零关税”的基础上，对癌症诊断和治疗的进口设备实行“零关税”，以进一步降低癌症治疗的成本。

开展境内外医疗健康执业资格互认试点。例如，通过建立免审核目录等，允许特定国家的医疗健康技术人员在备案的前提下直接开展医疗服务。

3.扩大金融业市场双向开放

（1）扩大银行业、证券业、保险业双向开放。降低金融业市场准入后壁垒。在“十四五”期间全面取消证券、期货、寿险外资股比限制的基础上，着力打破外资银行的政策壁垒，简化行政审批手续。以外资参与高风险证券公司重组为重点，推进证券业市场对外开放；鼓励外资保险公司将先进经验和技术引入国内市场；寿险、医疗保险和养老保险等领域进一步向外资保险公司放开。

鼓励具备条件的金融机构到境外开展业务。扩大国内金融机构在境外发行人民币债券的主体类型和地域范围；支持金融机构在风险可控的条件下到海外并购；加快银行卡清算机构“走出去”开展业务，提升银行卡清算机构的国际竞争力；鼓励金融机构“走出去”为实体经济提供服务。

（2）有序推进资本市场双向开放。以深港通为基础加快推进与亚洲其他国家和地区资本市场互联互通；加强内地与香港资本市场互联互通，探索新股通、债券通，适时推出商品通。利用沪伦通正式开通的契机，着力推进中国与欧洲资本市场的共同发展；鼓励支持优质的金融机构在境内发行人民币债券；扩大期货市场对外开放，支持境外投资者以设立特定品种的方式参与国内商品期货交易。

三、打破服务业领域的市场垄断与行政垄断

1.推进垄断行业向社会资本开放

在以电力、电信、石油、民航、邮政等为重点的垄断行业，我国应尽快破除各种形式的行政垄断。除基础设施部分外，相当多的生产环节都可以放开市场引入社会资本与外资；全面实现自然垄断环节和竞争性环节分开，在自然垄断部分强调国有资本主导，在竞争性环节对社会资本放开；完善基础领域的准入制度，对垄断行业要逐步放松或解除管制，广泛引入市场竞争机制，鼓励社会资本参与基础领域的公平竞争。推进银行、保险、航空等行业全面向各类资本放开。对可以完全市场化的自然垄断行业和企业，能退出的全部退出；暂时不能退出，或不具备退出条件的企业，可以实施混合所有制；对国有资本继续控股经营的自然垄断行业，根据不同行业特点实行网运分离、放开竞争性业务。在自然垄断环节，通过“移交-经营-移交（TOT）、建设-经营-转让（BOT）”等多种形式鼓励社会资本参与投资。

2.推动服务业领域国有资本战略性调整

服务业市场开放对国有资本战略性调整提出新的要求，既需要破除行政垄断，又需要国有资本在公共服务领域作出更大贡献。

第一，在一般竞争性的服务业领域，国有资本应原则性退出，为社会资本留下更大的市场空间。通过退出这些领域，国有资本可以转向更需要的公共服务领域，从而更好地满足社会的需求。

第二，将更多的国有资本配置在公共服务领域。公共服务是社会发展的基础，涵盖了教育、医疗、交通等方方面面的服务。国有资本应该承担起更多的责任，投入更多的资源和资金，以提供高质量的公共服务，满足人民群众的基本需求。

第三，在公共服务领域，可以通过发展混合所有制来吸引社会资本的参与，形成做大公共服务业的社会合力。混合所有制可以将国有资本和社会资本结合起来，充分利用双方的优势，推动公共服务领域的发展。通过与社会资本的合作，国有资本可以更好地引进先进技术和管理经验，提升公共服务的水平和效率。

3.完善垄断服务业行业价格形成机制

区分竞争性环节和自然垄断行业，建立不同的价格形成机制。自然垄断行业需要一定的价格管制，但竞争性环节的价格可以放开。

对于自然垄断行业，需要一定的价格管制来保护消费者的利益并防止垄断企业滥用市场支配地位。因此，政府应当继续实行定价机制，确保价格公平合理。特别是在基本公共服务领域，政府定价的作用更加重要，可以确保全民都能够获得优质的基本公共服务，例如教育、医疗、交通等。

在竞争性环节的服务业中，政府应该全面放开价格控制，并引入竞争机制，让市场决定价格。这将促使企业间充分竞争，推动创新、提高效率，并使消费者能够享受到更多的选择和优质服务。政府的角色应该转变为监管市场秩序，保障消费者权益，而不是直接干预定价。

为了实现竞争性环节的自主定价，政府还需要建立健全监管机制，确保市场竞争的公平性和透明度。同时，加强市场监测与反垄断执法，防止企业滥用市场支配地位，维护市场秩序。

PART 05

第五章

打造高水平开放高地

党的二十大报告指出，优化区域开放布局，巩固东部沿海地区开放先导地位，提高中西部和东北地区开放水平。加快建设西部陆海新通道。加快建设海南自由贸易港，实施自由贸易试验区提升战略，扩大面向全球的高标准自由贸易区网络。

当前，我国推进高水平开放，重在打造高水平开放高地，赋予海南自由贸易港、粤港澳大湾区、自由贸易试验区等更大的改革开放自主权，率先对标国际高水平经贸规则，加大在市场准入、管理标准、透明度、知识产权保护、监管规则等重要领域的先行先试和压力测试。也就是说，努力打造高水平开放新高地，引领我国高水平开放进程，是新阶段对外开放的重大任务。

▶▶▶

第一节

加快建设海南自由贸易港

以打造当今世界最高水平开放形态为基本目标的海南自由贸易港，封关运作意味着海南全岛由“境内关内”向“境内关外”的海关监管特殊区域转变，意味着海南自由贸易港建设由起步阶段向实质性运作转变。面对加速演进的百年未有之大变局，需要立足打造当今世界最高水平开放形态的目标要求，充分借鉴国际知名自由贸易港经验，以封关运作为重点加快推动海南自由贸易港建设。

一、大变局下海南自由贸易港的区位优势更加凸显

1.发挥海南进一步凸显的地缘优势

（1）以东盟为主导的RCEP成为我国对外开放战略布局的重要抓手。自RCEP正式生效以来，已经释放出相应的红利。2022年，我国对RCEP其他14个成员国进出口额为12.95万亿元，增长7.5%，占我国外贸进出口总额的30.8%（见图5-1），对RCEP其他成员国进出口增速超过两位数的达到了8个，对印度尼西亚、新加坡、缅甸、柬埔寨、老挝进出口增速均超过了20%[①]。2022年，韩国、日本对华投资同比分别增长122.1%和26.6%，投资促进效应初步显现。为此，亚洲开发银行将东南亚地区2022年经济增长预期由5.1%上调至5.5%。未来几年，以RCEP

① 《海关总署：2022年中国对RCEP其他14个成员国进出口12.95万亿元》，https://baijiahao.baidu.com/s?id=1754875375516027810&wfr=spider&for=pc。

为抓手，与其他成员国合力建设全球最大自由贸易区，是我国推动高水平开放的重中之重。

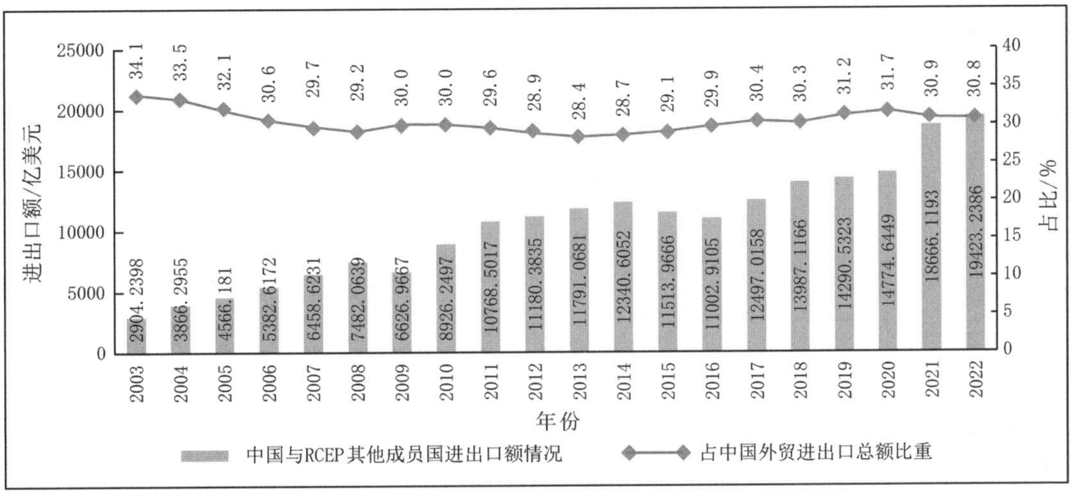

图5-1　2003—2022年中国与RCEP其他成员国进出口额情况及占总额比重

数据来源：国家统计局。

（2）海南地处RCEP区域中心位置，地缘优势凸显。一方面，独特的地缘优势决定了自由贸易港在国际经济贸易格局中的枢纽地位。新加坡、迪拜以及中国香港、鹿特丹港是当今世界比较成功的自由贸易港，它们都具备独特的地缘优势。例如，中国香港是南亚与东北亚航线的枢纽，新加坡扼守太平洋及印度洋之间的航运要道，迪拜地处亚欧非三大洲交汇点，鹿特丹港则是欧亚大陆桥的西桥头堡。另一方面，海南地处RCEP区域中心位置。海南岛背靠我国华南，面向东南亚，是连接东北亚和东南亚的区域中心。海南岛位于我国最南端，北以琼州海峡与广东省划界，西临北部湾与越南、老挝、柬埔寨、泰国、缅甸相对，东濒南海与台湾相望，东南两侧与菲律宾、文莱、新加坡、印度尼西亚、东帝汶、澳大利亚、马来西亚为邻。

（3）海南与RCEP经贸往来不断密切。2020年海南与RCEP其他14个成员国（不含中国）的贸易规模为57.28亿美元，到2022年快速提升到106.54亿美元，接近倍增。2021年、2022年增速分别为55.63%和19.51%（见表5-1）。

表5-1 海南与RCEP其他成员国贸易规模

单位：亿美元

伙伴国/地	2020年	2021年	2022年	2021年同比增长	2022年同比增长
合计	57.28	89.14	106.54	55.63%	19.51%
澳大利亚	9.00	32.79	27.20	264.11%	-17.03%
印度尼西亚	4.91	8.61	15.80	75.21%	83.51%
越南	10.13	8.68	13.53	-14.35%	55.96%
日本	9.16	12.01	12.06	31.15%	0.42%
马来西亚	5.69	5.65	9.71	-0.69%	71.91%
韩国	4.39	6.20	5.97	41.13%	-3.64%
泰国	2.97	2.71	5.21	-8.64%	91.86%
文莱	2.17	1.63	4.49	-24.98%	176.14%
新加坡	5.31	5.62	4.47	5.71%	-20.47%
菲律宾	2.21	3.88	3.98	75.35%	2.54%
新西兰	0.37	0.37	2.40	-0.78%	548.38%
老挝	0.07	0.03	0.88	-53.90%	2782.61%
缅甸	0.72	0.52	0.46	-27.21%	-12.14%
柬埔寨	0.17	0.45	0.38	164.05%	-16.60%

数据来源：全球贸易数据观察。

2.发挥海南在我国经略南海战略中的更大作用

（1）海南地处南海要冲。南海地处两大洋和两大陆的交汇地带。海南地处南海要冲，地理位置十分重要。尤其是在我国经略南海面临的复杂性、风险性和艰巨性进一步增大的背景下，落实中央关于打造“重要开放门户”的战略目标，服务于我国高水平开放与区域合作大局，重中之重是推进海南自由贸易港与南海周边国家和地区间的广泛性、开放性、互补性区域互利合作，排除干扰、增强互信，在大国博弈与区域合作竞争中赢得主动。

（2）海南受权管辖200万平方公里的南海海域。1988年4月13日，在第七届全国人民代表大会第一次会议通过关于海南建省办特区的同时，宣布由海南管辖周围200万平方公里的海域。2012年7月三沙市成立，表明我国维护南海主权和海洋权益的决心，也进一步凸显了海南在国家发展全局和经略南海中不可替代的战略地位。

（3）南海形势复杂严峻。2021年7月，美国发起新一轮仲裁案舆论战，声称将全面继承前任国务卿蓬佩奥的“南海声明”，并强调《美菲共同防御条约》适用于中菲南海争议海域。2020年至今，美军在南海地区频繁参与或举行联合军事演习，旨在拉近同盟和伙伴关系，日本、澳大利亚、英国、法国等国也不同程度地加大对南海争端的介入。再例如，虽然与东盟的关系是我国现在最重要的周边关系之一，也是目前我国最大的贸易伙伴，但是因为南海问题还有一些其他的问题，中国–东盟关系也出现了一些摩擦。

3.提升海南自由贸易港的区域影响力

（1）岛屿的开放水平越高，对周边区域的辐射带动能力就越强。从夏威夷岛、济州岛、巴厘岛等世界知名岛屿的发展经验看，岛屿的开放水平越高，对周边区域的辐射带动能力就越强，在地区政治、经济、文化及国际事务中的作用就越大，在地区交流合作中扮演着不可或缺的特殊角色。因此，要发挥海南岛扼守太平洋和印度洋海上要冲的区位和地理优势，以海南自由贸易港为平台，以开放增进交往，以交往带动合作，以合作促进发展，不断扩大人员往来与交流，强化各方利益联结纽带，提升以东盟为重点的南海周边国家的影响力、辐射力。

（2）提升海南在区域产业链和价值链中的地位。未来几年，海南经济合作既要充分发挥区域内在产业、资金、技术、市场等各方面的互补性，实现差异化、错位化发展；同时也要把握经济发展新趋势，积极开展数字经济、生物医药等新兴领域的合作，强化在产业链研发端与市场端的布局，推动建立具有开放性、包容性和公平性的生产分工体系和经济发展秩序。

（3）提升海南在区域性治理规则策源方面的地位和作用。例如，争取中央支持，赋予海南更大的海洋经济交往权，在《联合国海洋法公约》等框架下，探索与具备条件的地区在海洋资源开发、海洋生态环境保护、海洋经济合作等领域开展地方政府间磋商，逐步形成包含制度、行动计划、实施项目等在内的海洋治理规则体系，为我国提升海洋治理话语权积累经验。

（4）发挥海南在经略南海中的先导作用。着眼于当前和今后的南海问题，我国的突出优势在经济领域，可施展的更大空间也在经济领域。尤其是在区域内国家促进自身经济快速复苏需求全面增大的背景下，“经济牌”的重要性进一步提升。中央在海南建设自由贸易港，就要充分发挥其独特优势，加强与东南亚国家的经贸合作与人文交流，在强化利益联结的同时增进共识。

4.打造中国-东盟全面战略合作的重要枢纽

（1）打造中国与东盟经贸合作的自由经济区。建设东盟商品进口的中转交易基地。依托海南自由贸易港特殊政策，在海南自由贸易港设立RCEP下面向东盟的农产品、消费品、中间产品、关键原材料的采购中心与保税仓储交易中心；与东盟联手，将中国国际消费品博览会打造成亚洲最大的消费品信息发布、交易、展示、仓储、集散基地；支持东盟国家在海南自由贸易港建设永久性、大规模、可持续的展示、推介、交易、销售平台，并为其无偿提供场地，以销售原产自东盟的消费品，相关商品销售适用离岛免税政策；支持海南自由贸易港探索与东盟相关国家海关监管互认，并对自东盟进口的相关商品给予信用通关等便利。

建立面向东盟的国际大宗商品交易市场。支持在海南自由贸易港建立天然橡胶、农产品、石油天然气等国际大宗商品交易所，为东盟国家提供交易、交割、定价、结算、风控等一站式服务。同时，海南国际大宗商品交易所全面对接新加坡、伦敦等国际交易所相关规则，并实行以人民币计价、以国际交易者为主体的交易模式。

打造面向东盟的金融服务体系。在海南建立区域性的跨境财富管理中心，吸引东盟国家人员，特别是华人华侨在海南自由贸易港享受个人财富管理服务。在海南建立面向东盟的国际资本市场与人民币债券市场，吸引东盟企业在海南自由贸易港开展人民币融资。支持以海南自由贸易港为基地，进一步完善和增强人民币跨境结算系统建设；在海南建立区域人民币债券清算中心。

（2）打造中国-东盟公共卫生与健康合作示范区。推进与东盟的公共卫生合作。将海南自由贸易港作为东盟公共卫生援助基地，强化对东盟欠发达国家公共卫生基础设施援助；在海南举办“中国-东盟公共卫生安全高官会”“中国-东盟公共卫生治理论坛”等，就区域内公共卫生治理体制、机制、标准、规则等开展磋商；在海南建设面向东南亚的区域公共卫生风险防控信息中心、区域公共卫生应急联络中心、区域疾病预防控制高等级实验室，设立RCEP公共卫生监测预警系统，加大区域性公共产品供给；在海南自由贸易港建设区域性公共卫生物资与设备储备、援助基地。

共建中国-东盟医疗健康一体化大市场。中国正在跨越高收入国家门槛，东盟国家中等收入群体规模进入快速增长期，区域内医疗健康消费市场潜力巨大。在此背景下，我国需要不断提升国际化医疗健康服务供给水平和能力，推动共建中国-东盟医疗健康一体化大市场。例如，在海南自由贸易港全面对接新加坡医疗健康服务业管理规则与标准；全面放开医疗健康产业，支持东盟优质医疗健康企业通过投资、跨境服务等方式在海南开展面向东盟和国内居民的医疗健康服务；在海南自由贸易港与东盟相关国家合作设立“中国-东盟医疗健康产业园”，探索联合管理、共同运营模式，合力打造药品与医疗器械研发、制造、维修及医疗健康保险等跨境产业链。

（3）打造中国-东盟蓝色经济伙伴关系核心区。蓝色经济不仅已成为中国与东盟全面战略合作的重大选项，也蕴藏着巨大的合作交流空间。自《南海各方行为宣言》签署以来，中国与东盟国家已建立起覆盖海洋经济、海上联通、海洋环境、防灾减灾、海上安全、海洋人文等领域的务实合作网络。但总的来看，合作成果相对较少、合作成效有限。特别是在短期内难以形成统一的地区安全机制和行为规范的背景下，以可持续发展为目标的蓝色经济合作有望成为地区内全面合作的试金石和推进剂。

发挥海南海洋资源优势，打造中国-东盟蓝色经济伙伴关系核心区。依托海南管辖200万平方公里海域的资源优势，以海南自由贸易港为平台，积极推动以海洋资源可持续开发利用为目标的蓝色经济合作，在各方支持下开展海洋生态环境保护、渔业资源可持续开发利用等，使海南自由贸易港在中国与东盟的海洋产业对接、海洋绿色发展、海洋人文交流中成为服务保障基地与重要平台，使蓝色经济成为我国与南海沿岸国家间的缓冲地带，服务共建和平之海、友谊之海、合作之海。

以邮轮旅游为重点促进岛屿旅游合作。探索发起面向东盟的岛屿旅游卡计划，实现岛屿经济体之间旅游互通免签；率先建立海南岛-巴厘岛、海南岛-新加坡邮轮旅游合作体，实现南海区域邮轮旅游客源的共享和互送、邮轮航线的联合营销、邮轮旅游的危机管理等。

扩大东盟海产品进口。利用RCEP海产品“零关税”生效的时间窗口期，依托海南自由贸易港原辅料“零关税”政策，扩大海产品进口；设立面向东盟的海产品采购中心、分销中心、储藏中心及加工中心等，逐步打造面向东盟的海产品加工、保鲜、中转、交易基地。

推进与东盟国家海洋环境保护合作。在海南合作建立蓝碳交易市场，开展固碳机制、增汇途径和评估方法等研究及海洋碳汇跨国交易、抵押质押、融资租赁等业务；推进海水淡化、海洋可再生能源、海洋生物医药等新兴产业技术联合创新与合作推广应用；支持海南同东盟沿海地区开展地区间海洋资源开发、生态环境保护修复等规则的磋商。

专栏5-1　以高水平开放推进蓝色经济发展进程（5点建议）

“海洋合作与治理”是全球海洋发展的两大课题。一方面，全球海洋合作的机遇在逐步增大；另一方面，受多种因素影响，全球海洋治理面临诸多严峻挑战。面对这一突出矛盾，海洋经济发展重在以高水平开放推动海洋经济合作，促进海洋治理。

建议一：把构建“泛南海经济合作圈”作为“21世纪海上丝绸之路”建设的战略目标。以海上基础设施互联互通为依托、以自由贸易和区域开放合作为主题、以海洋经济和产业合作为重点，构建开放型区域经济合作网络，促进区域内生产要素和商品服务的自由流动，共同打造泛南海地区命运共同体。

建议二：把推进蓝色经济合作作为“21世纪海上丝绸之路”建设的重大任务。蓝色经济是共建“21世纪海上丝绸之路”的重中之重，有着巨大潜力和空间。以海洋生态环境治理合作应对全球海洋生态危机，以共建蓝色产业链供应链为主线促进海洋资源合作开发。深化海洋基础设施、海洋渔业、海洋能源等领域合作。

建议三：以单边开放作为共建“21世纪海上丝绸之路”、促进蓝色经济合作的战略举措。以海洋经济的单边开放促进蓝色经济合作，并为区域内海洋治理合作提供重要条件。例如，向东盟单边开放我国海洋旅游市场，支持国内及东盟企业开发以面向国内消费者为主的环南海邮轮旅游航线和产品；向东盟单边开放海洋渔业市场，合作打造海洋牧场，共建海洋的产业链供应链；以单边开放带动涉海资源的共同开发进程，打造油气开采圈、旅游合作圈、海洋环保圈等。

建议四：以构建具有竞争力的开放型海洋服务体系为主线推进国际海洋中心城市建设。以实施海洋经济项下的高水平开放政策吸引集聚一批优质海洋企业；需要注重政府引导作用，构建各具特色的海洋产业集群；需要在高水平开放中促进海洋管理体制机制创新；需要在开放合作中增强海事影响力等。

建议五：充分发挥以思想沟通与文化交流为重点的智库作用。推动蓝色经济的国际合作进程，离不开思想沟通与文化交流。在这方面，智库扮演重要角色。

资料来源：迟福林：《以高水平开放推进蓝色经济发展进程》，在“2023全球海洋中心城市论坛”上的演讲，2023年11月23日。

（4）打造中国与东盟全面人文交流特区。以人文交流增加地区合作共识。2011—2021年，中国在东盟的劳务合作人数由8.4万人增至10.24万人，在促进人文交流的同时，也助力当地经济发展。在域外势力干扰等多种因素影响下，中国与东盟人文交流受到较大冲击。在此背景下，需要发挥海南自由贸易港与东盟国家人文相近的优势，在促进青年、学者、商务人士往来的同时，努力打造更大范围、更深层次的人文交流项目，打造增强地区合作共识、塑造地区合作氛围、引导地区合作舆论的战略要地。

在海南放开面向东盟的劳务市场。在配额管理的前提下，支持海南有序放开菲佣、印尼佣、柬佣等面向东盟国家的家政服务市场，为国际化人才和海南中高收入家庭提供优质的家政服务；支持海南同菲律宾、印度尼西亚、柬埔寨地方政府建立跨境劳务合作管理协调机制与信息服务平台。

加强与东盟间的商务、青年等人员往来。借鉴亚太经济合作组织（APEC）商务旅行卡的成熟模式，发起面向东盟的商务旅行卡计划，实现东盟国家高端商务人士入境免签；支持海南开设面向东南亚国家来华留学生学习、实习、就业绿色通道；更加重视青年间的交流，更大力度吸引东盟国家青年企业家来华考察等。

在海南建立面向东盟的能力提升与教育培训基地。探索在海南建立东盟大学，以国际援助的方式吸引东盟国家学生到海南留学；在海南建立面向东盟国家政府官员、企业家的RCEP能力建设中心，开展关于RCEP规则运用的专题培训，并开发专门教材。

二、封关运作是海南自由贸易港高水平开放的关键节点

1.封关运作意味着海南从“境内关内”转向“境内关外”

如图5-2所示，不同类型的特殊经济功能区在管理上也有所不同。全岛封关运作，意味着海南全岛由“境内关内”向“境内关外”的海关监管特殊区域转变。自由贸易港自启动建设起就肩负着承担高水平开放压力测试、发挥示范带动作用、服务全国全面深化改革开放的重要使命。尽管我国自由贸易试验区同样肩负着高水平

开放压力测试的使命，但是自由贸易试验区与自由贸易港存在实质性区别。第一，自由贸易试验区是“境内关内”的海关特殊监管区域，而自由贸易港是“境内关外”的海关特殊监管区域。第二，对自由贸易试验区来说，不存在“封关”的设计和举措；对自由贸易港来说，“封关”是其具有实质性意义和影响的一个重大举措。第三，在自由贸易试验区，财税、金融、行政等体制与国内其他地区相同；在自由贸易港，财政、金融、行政等体制有可能与国内其他地区不同。

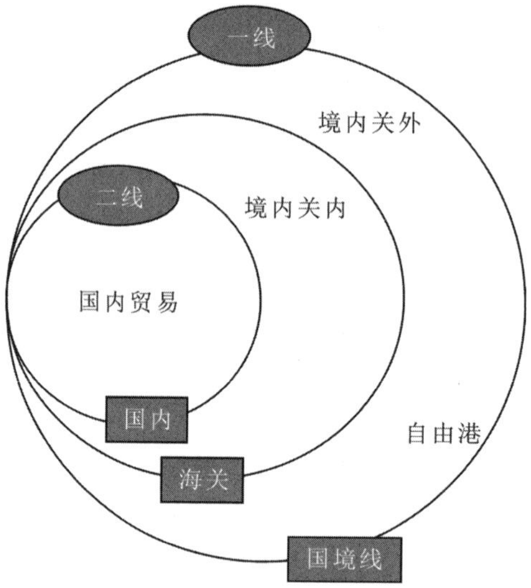

图5-2　不同类型特殊经济功能区

2.封关运作意味着海南自由贸易港从起步阶段转向实质性运作阶段

按照中央要求，《海南自由贸易港建设总体方案》指出海南自由贸易港建设要“坚持稳扎稳打、步步为营，统筹安排好开放节奏和进度，成熟一项推出一项”，并提出2025年、2035年、21世纪中叶三个阶段性目标要求。与之相适应，对海南自由贸易港政策制度体系设计形成了2025年前（封关运作前）、2035年前的分步骤和分阶段安排。因此，全岛封关运作意味着海南自由贸易港建设由起步阶段向实质性运作转变。在封关运作之前的阶段，海南将进一步完善自由贸易港的政策法规和制度体系，并积极吸引国内外投资者参与。此外，还将加强基础设施建设，提高海关、物流和金融等服务能力，为实质性运作做好准备。通过制定分步骤和分阶段的政策制度安排，海南将逐步完善自由贸易港的发展环境和经营体系，为未来的开放和发展打下坚实基础。

3.封关运作后海南自由贸易港政策优势将进一步凸显

（1）以“零关税”为特征的货物贸易自由便利的政策安排。例如，制定海南自由贸易港进口征税商品目录，对目录外的货物免征进口关税；确定海南自由贸易港原产地规则，对鼓励类产业企业生产的不含进口料件或者含进口料件在海南自由贸易港加工增值超过一定比重的货物，进入内地免征进口关税。

（2）以大幅放宽市场准入为重点的投资自由化便利化的政策安排。例如，实行更加精简的准入前国民待遇加负面清单管理制度，在确保除少数领域外市场准入阶段内外资标准一致的基础上，大幅缩减外商投资准入负面清单限制措施数量；实施市场准入承诺即入制，按照“非禁即入”的原则，在明确相关标准的前提下，市场主体承诺符合相关要求并提交相关材料进行备案，即可开展投资经营活动；创新完善投资自由制度，实行以过程监管为重点的投资便利制度；推动形成“有事必应”“无事不扰”的营商环境。

（3）以分阶段开放资本项目为重点的跨境资金流动自由便利的政策安排。例如，进一步完善自由贸易账户体系，构建海南金融对外开放基础平台；适应贸易与投资自由化便利化的需求，逐步放宽跨境融资、贸易结算等政策，提高货币兑换便利性，最终实现海南自由贸易港内非金融企业外债项下完全可兑换。

（4）以开放的人才政策为重点的人员进出自由便利的政策安排。例如，对外籍人员赴海南自由贸易港的工作许可实行负面清单管理，放宽外籍专业技术技能人员停居留政策；允许符合条件的境外人员担任海南自由贸易港内法定机构、事业单位、国有企业的法定代表人；实施更加便利的出入境管理政策。

（5）以实施高度自由、便利开放的运输政策为主要标志的运输来往自由制度安排。例如，以“中国洋浦港”为船籍港，积极开展船舶进口、登记、交易、经纪与管理、信息咨询、技术鉴定、海事仲裁等业务；进一步拓展国际航线，加快建设具有较强服务功能和辐射能力的国际航运枢纽；进一步放宽空域管制与航路权限制；试点第七航权，取消船舶登记主体外资股比限制，取消船舶和飞机境外融资限制。

（6）数据安全有序流动的政策安排。例如，开放增值电信业务，逐步取消外资股比等限制；安全有序开放基础电信业务；开展国际互联网数据交互试点，建设国际海底光缆及登陆点，设立国际通信出入口局。

（7）以低税率、简税制为特征的特殊税收政策安排。实行低税率。对在海南自由贸易港实质经营的企业，实行企业所得税优惠税率。对符合条件的个人，实行个人所得税优惠税率。

实行简税制。一方面，海南自由贸易港税种将明显减少。例如，全岛封关运作时，将增值税、消费税、车辆购置税、城市维护建设税及教育费附加等税费进行简并，在货物和服务零售环节征收销售税。另一方面，降低间接税的比重，提高直接税的比重，税负水平会明显降低。

三、加快建设“两个总部基地”

1.以建设“两个总部基地”强化自由贸易港功能

（1）发挥战略枢纽作用的关键是打造“两个总部基地”。“两个总部基地”分别为国内企业进入东盟投资合作的总部基地和以东盟国家企业为主的面向中国大市场的总部基地。新形势、新背景下，引导、鼓励国内企业尽快以海南自由贸易港为总部基地，到东盟国家投资布局，尤其是制造业企业、数字经济企业以及相关旅游文化企业等，以尽快增强中国与东盟经贸人文交流合作的凝合度，推进中国与东盟产业链供应链的一体化。

（2）以打造“两个总部基地”尽快形成海南自由贸易港区域影响力、辐射力。将海南自由贸易港打造成为区域合作交流的战略枢纽，要以全球与区域生产、销售、合作网络为依托，也需要以国际化的服务、人才、平台为支撑。从新加坡、中国香港等的经验看，集聚一批全球或区域性总部企业是提高自身在区域合作中的地位作用的重要条件。例如，目前约有2.6万家国际公司立足新加坡，有超过7000家跨国公司在新加坡设立营运机构，其中有4200家在新加坡设立区域总部，区域总部数量为亚洲首位[①]；2021年在香港设立的地区总部企业有1457家（见图5-3），比2002年增长55%[②]。依托总部企业集聚形成的覆盖全球的国际网络、人才等，不仅使新加坡、中国香港成为亚洲企业走向全球的重要平台，也使其在开展区域合作、构建区域经贸规则及产业链供应链管理中处于中心地位、发挥主导作用。

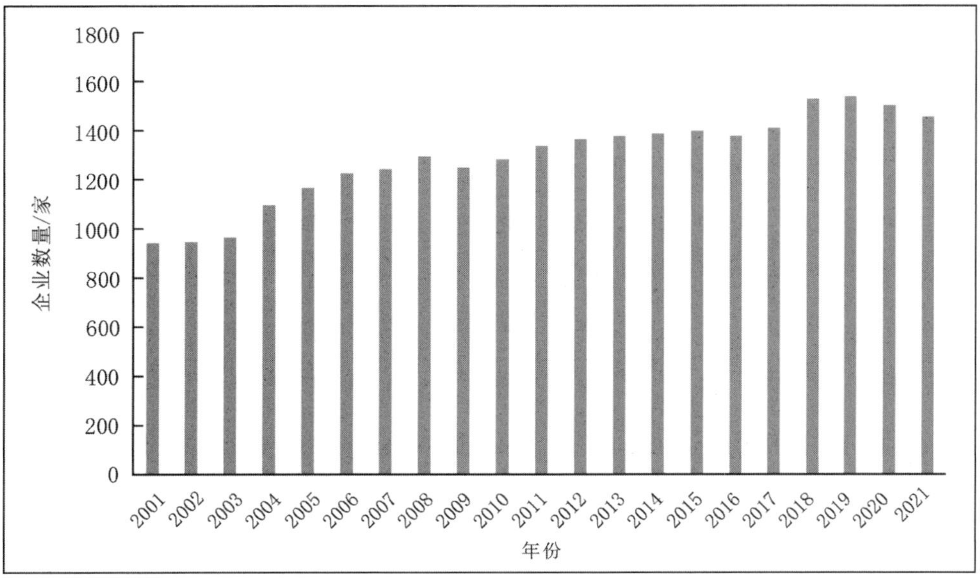

图5-3　2001—2021年香港总部企业数量

数据来源：香港特别行政区政府投资推广署及政府统计处。

（3）强化国内国际双循环的重要交汇点功能。使海南成为国内国际双循环的重要交汇点，是当前海南发挥自由贸易港功能的主要内容。依托独特的地理区位优势，发挥海南自由贸易港制度与政策优势，以区域性离岸国际贸易中心建设，吸引国内及东盟国家跨国公司总部及商务服务企业进入，推动东盟国家与我国在产业体系、服务体系的深度融合与市场规则体系的有效衔接转换，促进内地与东盟国家现代服务业人才、资本、技术等双向便利流动，并在产业链供应链管理中促进更多东

① 中国国际贸易促进委员会：《投资概况》，https://www.ccpit.org/singapore/a/20211221/20211221nbrp.html。

② 数据来源：香港特别行政区政府统计处。

盟国家产业以海南自由贸易港为平台，融入我国双循环发展体系。

2.尽快实现特色产业总部基地建设的重要突破

（1）建立农业总部基地。支持国内农业企业以海南自由贸易港为总部基地开展对东盟热带农业资源的投资。数据显示，东盟土地、劳动力等热带农业资源丰富。东南亚国家联盟六国（印度尼西亚、泰国、马来西亚、菲律宾、文莱、新加坡）共有耕地5435.5万公顷，占土地总面积的17.8%，农业劳动人口共计5686万[①]。为此，支持国内农业企业以技术、资金投入东盟农业产业发展，通过长期租赁等方式开展农业种植或简单加工。

实现海南自由贸易港与东盟农业领域的差异化发展。例如，抓住中央赋予海南自由贸易港原产地规则等政策优势，依托14亿多人口消费大市场，积极吸引国内外知名农产品加工企业，打造涵盖蔬菜、热带果品、热带作物、木材、水产品等在内的包括采购、深加工、营销和分销等环节的来料加工基地。争取中央支持，在海南设立农产品储藏保鲜国家实验室，开展储藏保鲜技术研发；通过财政补贴、贴息与担保等方式，尽快改善本地相关企业储藏、保鲜、烘干、清选分级、包装等设施装备条件。力争5年内将海南打造成为东南亚储备保鲜能力最高、技术最先进的区域性农产品储藏保鲜中心。

（2）建立数字经济总部基地。东南亚已成为全球数字经济增长最快的区域之一。2015—2019年，东南亚数字经济规模增速年均复合增长33%，其中印度尼西亚、越南增速分别为49%、38%。2019年，东南亚数字经济规模突破了千亿美元。《2022年东南亚数字经济报告》显示，2022年，新加坡、印度尼西亚、马来西亚、泰国、越南和菲律宾等六国的数字经济规模将达到2000亿美元；预计到2025年，该地区数字经济规模将达到3300亿美元；到2030年甚至可能达到1万亿美元[②]。

我国数字经济发展优势突出。一方面，我国已成为全球第二大数字经济体，且依托于巨大的市场用户，数字经济仍在快速增长。2019年我国数字经济总量达

① 根据各国统计局公布数据整理。

② 数据来源：《2022年东南亚数字经济报告》。

到35.8万亿元[①]，相当于东南亚数字经济规模的51.9倍。另一方面，我国在电子商务、金融科技等领域都位于世界前列，阿里巴巴、腾讯等互联网龙头企业位列全球上市公司中市值前十，我国在全球数字经济产业价值链中的地位迅速提升。根据《全球数字经济竞争力发展报告（2019）》，我国居全球数字经济国家竞争力第三位[②]。

用好海南自由贸易港高水平开放政策建设国内数字企业走向东盟的总部基地。依托海南“一线”放开、“二线”管住的特殊政策，取得同东南亚国家在跨境电商、数字支付等领域的“早期收获”；引导国内互联网企业在海南同东南亚国家共同建立跨境“数字自由贸易园区”“数字经济合作园区”“智能制造合作园区”等，积极开展数字技术、数字基础设施、数字服务等项下的自由贸易。

（3）建立海洋旅游总部基地。共同开拓泛南海区域旅游大市场。以邮轮旅游为例，泛南海区域邮轮旅游市场潜力巨大。《2018年亚洲邮轮产业市场报告》指出，2018年亚洲邮轮客运量达424万人次[③]，创历史新高，亚洲成为仅次于北美和欧洲的第三大邮轮市场（2018年部分亚洲国家/地区邮轮游客数量见表5-2）。新冠疫情暴发以来，邮轮旅游成为受影响最大的行业之一。但由于邮轮旅行爱好者有较高的忠诚度，邮轮旅游的需求只是被抑制了，疫情后将井喷式爆发，进而实现邮轮旅游市场的迅速恢复。根据预订网站CRUISECOMPETE的数据，2021年邮轮预订量有望较2019年增长40%，其中11%的预订量来自2020年取消出游计划的游客。邮轮评论网站对4600多名邮轮游客进行的在线调查结果显示，75%的被调查者计划在疫情结束后恢复与以往相同的航次，甚至有部分人表示在疫情结束后将更加频繁地参与邮轮旅游[④]。

---

① 陈爱平：《新华财经｜2019年我国数字经济增加值规模达到35.8万亿元》，https://baijiahao.baidu.com/s?id=1671208384104656195&wfr=spider&for=pc。

② 王振、惠志斌、徐丽梅、王滢波：《全球数字经济竞争力发展报告（2019）》，社会科学文献出版社，2019。

③ 国际邮轮行业协会：《2018年亚洲邮轮产业市场报告》，2019。

④ 《疫情双刃剑下的邮轮产业：国内回暖破局之势待发》，https://www.sohu.com/a/441504506_170520。

表5-2　2018年部分亚洲国家/地区邮轮游客数量

国家/地区	邮轮游客数量/万人次	同比增速/%	国家/地区	邮轮游客数量/万人次	同比增速/%
中国台湾	39.1	4.7	菲律宾	6.1	49.1
中国香港	25.0	8.6	印度	22.1	28.1
新加坡	37.3	39.9	马来西亚	15.0	−19.9
日本	26.6	4.5	泰国	3.0	14.5
印度尼西亚	7.2	54.9	越南	1.0	53.7

数据来源：国际邮轮行业协会：《2018年亚洲邮轮产业市场报告》，2019年。

发挥我国旅游消费市场规模巨大的突出优势。从欧洲和北美地区邮轮经济发展的经验看，当人均GDP达到5000美元时，邮轮市场进入起步培育期；当人均GDP达到10000—40000美元时，邮轮市场将步入膨胀发展期①。目前，中国的东部沿海地区已经具备支撑邮轮经济快速发展的基础和条件，北京、上海、天津、广东、江苏等9省市人均GDP均超过10000美元。特别是在中国作为全球最大出境游客源地和人均出境消费额巨大的市场背景下，中国邮轮旅游发展可谓是恰逢其时。

加快建设以邮轮旅游为重点的总部基地。鼓励中资旅游企业加大对泛南海海滨地区旅游资源的投资力度，挖掘东盟沿海国家和地区独特的自然风光、人文景观和丰富的旅游资源，并与当地企业或政府共同规划、开发旅游线路，开发建设新旅游景区。支持海南本土涉海旅游企业试点中资方便旗邮轮无目的地航线，开辟面向泛南海的邮轮旅游业务；加快建设口岸服务体系、生产作业设备和后勤补给配套设施等系统，发展国内外邮轮旅游、游艇业、港航始发境外旅游、境外海陆联动落地旅游等业务。依托中国海上丝绸之路旅游推广联盟平台，联合联盟各成员单位，构建面向"一带一路"国家和全球的邮轮旅游营销平台。

（4）建立海洋渔业总部基地。中国与东盟互为第一大水产品进出口来源地。2022年，我国自东盟进口水产品45.2亿美元，增长48.8%，占我国水产品进口总额近1/5。东盟是我国第一大水产品进口来源地。同时，2022年，我国对东盟出口水产品54.9亿美元，同比增长14.6%，占我国水产品出口总额的23.9%（见表

① 《中国已成亚洲最大、全球第二大邮轮客源国市场》，https://baijiahao.baidu.com/s?id=1608210599025943535&wfr=spider&for=pc。

5-3）[①]。东盟是我国第一大水产品出口市场。RCEP生效后，仍有一部分水产品需要在未来几年内逐步实现“零关税”。自2022年起5年内，我国将从东盟进口1500亿美元农产品，其中很大一部分是水产品。

表5-3 2022年我国与东盟主要水产品贸易情况

我国对东盟出口水产品				我国自东盟进口水产品			
	出口额/亿美元	增长率/%	占比/%		进口额/亿美元	增长率/%	占比/%
墨鱼及鱿鱼	21.6	14.7	39.3	对虾	7.6	44.1	16.8
鲭鱼	4.1	55.5	7.5	鲶鱼	6.1	110.0	13.5
鳗鱼	2.4	-7.2	4.4	饲料用鱼粉	4.9	36.5	10.9
鲍鱼	1.8	44.7	3.3	墨鱼及鱿鱼	4.5	28.3	10.1
章鱼	1.4	150.0	2.6	麒麟菜	3.0	82.2	6.6
出口总额	54.9	14.6	—	进口总额	45.2	48.8	—

支持国内渔业企业开展对东盟的渔业养殖等领域投资。支持海南江海集团有限公司、临高海丰养殖发展有限公司等有实力的企业到印度尼西亚、马来西亚等国设立渔业基地或海外渔业加工基地。积极申请利用中国与东盟之间合作项目的资金支持，与菲律宾、印度尼西亚等国合作建设热带海水水产育种繁育中心、深海网箱养殖示范基地等项目。企业境外直接投资取得的所得，免征企业所得税。加快建设国家南繁科研育种基地，并积极向东盟推广海南育种产品。落实RCEP“向发展中国家缔约方和最不发达国家缔约方提供能力建设和技术援助”的要求，鼓励泛南海区域内海洋养殖业发达的国家和地区向域内其他国家和地区推广成功的标准化健康养殖模式，合作发展水产养殖业，完善现有南海渔业合作机制（见表5-4）。

① 陈宁陆、米加、董程：《农业贸易百问：中国-东盟水产品贸易知多少？》，《世界农业》2023年第11期。

表5-4 现有南海渔业合作机制

组织/项目	成立年份	性质/形式	参与方	备注
亚太渔业协会	1948年	政府间，多边	除文莱外的南海周边国家及亚太地区其他国家	促进发展和管理渔业生产、渔业文化
东南亚渔业发展中心	1967年	政府间，多边	东盟十国、日本	搜集渔业数据和信息，相关科学研究
联合国环境规划署与世界粮农组织南海渔业发展和协调方案	1974年	政府间，多边	菲律宾、马来西亚、泰国、新加坡、文莱	鼓励区域鱼类种群管理政策，促进建立区域协调机制
东盟渔业协调组	2001年	政府间，多边	除老挝外的其他东盟成员国	可持续发展和负责任捕鱼
中国-印尼渔业合作混合委员会	2001年	政府间、双边	中国、印度尼西亚	功能性合作
中西太平洋渔业委员会	2004年	政府间，多边	中国、印度尼西亚、菲律宾和其他中西部太平洋沿岸国家以及欧盟	公海捕鱼管理
中马渔业合作论坛	2004年	非政府间，双边	中国、马来西亚	
中菲渔业合作联合委员会	2005年	政府间，双边	中国、菲律宾	功能性合作
中越北部湾渔业联合委员会	2006年	政府间，双边	中国、越南	
南海渔业资源与管理研讨会	2017年	非政府间、科学研讨会	中国、越南、菲律宾、泰国、马来西亚、印度尼西亚	交换和汇编各国渔业数据和管理信息

资料来源：张晏瑲、张旭东：《论南海区域渔业活动所面临的困境与解决方案》，《海南大学学报（人文社会科学版）》2020年第6期。

推动共建渔业加工产业链供应链。支持企业将高附加值水产品精深加工布局在海南，推动构建水产品全值化、高附加值精深加工产业链。例如，发挥文莱渔业资源丰富及我国养殖技术先进、国内消费市场广阔的优势，加强渔业养殖、储存、运输、精深加工等渔业产业链合作。支持域内外龙头企业同相关国家谋划设立跨境渔业加工园区、海外产业基地、境外产业合作园，在“零关税”进口原材料的基础上，发展高附加值水产品精深加工，再销售至域内市场，深化水产品国际产业链供应链的分工合作，推动水产品全值化、高附加值精深加工产业链构建。

（5）率先实现境外央企在海南设立总部基地的突破。抓住时机积极吸引境外央企落户。目前，中央企业海外资产规模约8万亿元，在全球180多个国家和地区拥有机构与项目超过8000个，其中参与建设“一带一路”沿线项目超过3400个①。“十三五”期间，中央企业实现海外营业收入超24万亿元，利润总额近6000亿元。当前，在区域政治、经济、安全格局发生深刻复杂变化的背景下，境外央企资产安全性受到严峻挑战。

打造境外央企业务总部。利用海南自由贸易港的政策，把海南作为央企“走出去”的重要基地，建设央企国际业务区域总部，集中统一管理央企境外的业务，形成合力，降低境外业务的风险。

打造境外央企资金归集总部。当前，央企在国内的资金已经形成了比较完善的归集机制，实现了资金的集中管理和高效使用。但在境外的资金仍然处于分散管理状态之中，这使得央企境外资金既不安全也难以高效使用。有的央企自主探索，在香港或者新加坡设立了境外资金归集中心，集中管理境外资金。可以考虑利用海南自由贸易港的政策，在打造“两个总部”中，对接央企需求，打造央企境外资金归集中心，实现资金安全和高效使用。

打造境外央企产业回流总部。央企已经在境外收购大量资产，不仅形成大量的境外资产，而且其中一部分具有比较先进的技术属性。一些央企希望把这些技术向国内转移，推动国内经济转型升级。可以考虑利用海南自由贸易港的政策，在海南设立一个产业回流总部，形成央企境外产业回流的一个重要平台。由此，也可以推动海南产业的发展壮大。

3.打造境外企业面向中国大市场的总部基地

（1）大幅精简跨境服务贸易负面清单。尽快将跨境服务贸易负面清单缩减至30项左右。CPTPP中，新加坡跨境服务贸易负面清单共25项限制措施（不含金融），金融领域跨境服务贸易限制措施4项。香港－澳大利亚自由贸易协定中，香

① 《中央企业海外资产近8万亿元 项目超8000个》，https://baijiahao.baidu.com/s?id=1735873256820614638&wfr=spider&for=pc。

港跨境服务贸易负面清单共16项限制措施（不含金融），金融领域跨境服务贸易限制措施5项。按《海南自由贸易港建设总体方案》与《中华人民共和国海南自由贸易港法》的要求，制定更加精简的跨境服务贸易负面清单，力争在2025年前将非金融领域跨境服务贸易限制措施数量缩减至30项左右。

出台海南自由贸易港跨境服务贸易条例。对标CPTPP形成海南自由贸易港跨境服务贸易相关国民待遇、国内规制、透明度和转移制度等配套制度体系。例如，明确在海南自由贸易港范围内，对境外服务提供者的待遇不低于在相似情况下给予国内服务提供者的待遇；以清单形式列明国民待遇的具体权利；明确在海南自由贸易港境内不得对服务提供者的数量、交易额、人员数量等进行限制；等等。

强化市场管理标准规则对接。制定面向东盟的企业差异化责任豁免目录；允许具备国际执业资格的会计师、审计师等经海南主管部门备案后，直接为海南自由贸易港外资总部企业提供商业服务；实现重点领域人才资格单向认可，最大限度降低RCEP相关企业在海南自由贸易港设立区域总部的准入后壁垒。

（2）形成跨境资金自由便利流动制度安排。争取国家支持，逐步放开外汇管制，促进跨境贸易结算便利化。争取国家外汇管理局的支持，打破当前“同一笔离岸转手买卖业务应在同一家银行网点采用同一币种（外币或人民币）办理收支结算”的限制，允许企业自行选择币种进行离岸贸易结算，银行对其进行合法性、合理性、真实性审核后予以直接办理，便利企业开展灵活多币种的离岸贸易，并加快海南自由贸易港内资本项目自由化进程。

简化外资总部企业经常项下的资金进出审核程序。例如，在离岸账户内，凡是发生的转口贸易、境外的服务贸易，以及发生在境外的出资、分红、利息用汇等，资金自由进出，不需任何用汇申请和核销，但仍执行事后备案和第三方审计制度。

对外资总部企业实行宽松的离岸金融外汇政策。对离岸存款实行免交准备金，实行以贸易投融资资金自由收付，支持企业通过离岸账户开展涉外贸易投融资活动。实施离岸金融业务税收优惠政策。

（3）放宽数据安全有序流动限制。支持外资总部企业商业领域的数据安全有序流动。将商务数据区分为不同类型，并采取不同的规制措施。明确商务数据划分登记标准，采取绝对禁止流动、一定限制流动和无限制流动等不同的规制措施，促进离岸贸易相关数据信息高速流通。

争取国家支持，积极推动数据跨境流动规则国际互认。一方面，探索加入APEC主导的跨境隐私规则体系（CBPR）等区域性国际数据跨境流动制度，提升数据传输便利性。另一方面，以物联网、人工智能、区块链、数字贸易等重点领域数据出境为突破口，探索与重要贸易伙伴通过双边、多边协议建立数据跨境流动认证等信任机制，打通数据跨境流动壁垒。同时，积极参与跨境数据流动国际规则制定，建立数据确权、数据交易、数据安全和区块链金融的标准和规则，推动建立区域统一的数据流动规则。

率先落实RCEP中电子商务的相关规则。探索同东南亚国家或地区签署数字领域的信任协定、认可服务经营商、争端解决机制协定等；在《中华人民共和国电子商务法》《中华人民共和国网络安全法》等上位法的框架下，充分利用特区立法权，制定与RCEP电子商务兼容的数字贸易条例。

（4）大幅放宽专业服务业领域的市场准入。进一步放宽会计审计市场准入限制。例如，降低外商设立特殊普通合伙会计师事务所、有限责任会计师事务所的准入条件，实现和内资同等准入标准。允许具备国际执业资格的会计师，经海南主管部门备案后，直接为海南居民和企业提供记账报税、审计验资、资产评估等会计服务。支持境外服务提供者通过商业存在、跨境交付等方式为海南自由贸易港内的离岸国际贸易主体提供法定审计服务、代理记账服务。

进一步放宽法律服务市场准入与经营范围限制。允许国外律师事务所通过设立分支机构、合伙联营等多种方式进入海南，为非居民企业提供国际法律服务；取消各联营方合计出资额及各联营方出资比例的限制；扩大国外律师事务所分支机构及合伙联营律师事务所的经营范围，允许开展除中国法律业务外的国际法律服务。

赋予外资总部企业适用法律自主选择权。参照《香港国际仲裁中心机构仲裁规则》，出台《海南自由贸易港国际商事仲裁中心建设促进条例》；允许港资、外资企业在商事领域自主选择法律适用。为在港法律服务机构在琼营业提供更大便利。进一步扩大香港律师事务所驻海南代表机构业务经营范围，逐步实现由非诉讼领域向民商事诉讼领域拓展。

四、推进以金融为重点的双港经贸合作

1.在优势互补中推进双港服务一体化进程

（1）实现双港发展优势与资源优势的叠加。产业优势互补。总体来看，与粤港澳大湾区相比，海南与香港的双港互补性更加明显。2021年，香港服务业占比为90%[①]；截至2021年底，在全球100家规模最大的银行中，有78家在香港设行，且具有全类别金融服务[②]；有约120家航空公司连接全球超过150个航点；香港法庭裁决水平位列全球第三，且是全球5大首选仲裁地。也就是说，海南所需正是香港所长。2021年，海南新设立外商投资企业1936家，其中来源于香港的占43.8%，全年实际使用外资35.2亿美元，其中港资占比为77.2%[③]。以免税购物为例，若双港能够联手共建免税供应链，将促进海南年免税消费额由目前的600亿元上升至1600亿元，成为全球最大的免税消费市场。

资源要素互补。2020年，香港与东盟的贸易额为1607亿美元，东盟是香港第二大贸易伙伴，香港是东盟第三大直接投资来源地；2021年，在香港设立总部的境外企业达1457家[④]。与此同时，随着香港综合成本高、发展空间受限等因素制约，香港企业、人才等要素有着外流倾向。海南拥有3.5万平方公里土地面积，但单位土地生产总值仅为香港的0.72%。若海南土地资源利用效率达到香港的5%，将释放数千亿元的资本需求。

放大海南自由贸易港地缘优势。海南位于RCEP成员国中心，向北通过海陆空与中国内地紧密相连，向东、向南与东亚两国、东盟10国、澳大利亚和新西兰通过航空与海运便捷地连接，东亚、东南亚各国都在海南4小时飞行圈内，澳大利亚也在海南8小时飞行圈内。香港是国际金融、航运、贸易中心，是内地与东盟贸易的重要转口港，内地与东盟每年约有4500亿港币的货物经香港转口；已有逾80家总

---

① 数据来源：香港特别行政区政府统计处。

② 《香港中国金融协会理事朱晓军：香港打造国际场外衍生品结算中心》，https://i.ifeng.com/c/8F9FviXktg9。

③ 数据来源：海南省商务厅、统计局。

④ 数据来源：香港特别行政区政府统计处。

部设于东盟地区的企业在香港交易所上市，在非东盟股票市场中居于首位。双港经贸合作，就是要促进海南地缘优势与香港以金融为重点的发展优势相结合，突破海南尚不具备条件的发展与体制掣肘，形成叠加放大效应。

（2）率先实现合作共建总部基地的重要突破。建设中国企业投资东盟的总部基地有相当强的迫切性。面对国际政治、经济格局的复杂严峻变化，出台相关举措支持国内有条件的企业到东盟投资合作具有紧迫性。特别是在亚太地区产业链供应链加速重构、区域经贸安全格局加速重塑的情况下，海南自由贸易港要适应全球与我国投资合作大势，首要在于打造国内企业到东盟投资的总部基地。未来2～3年，合作共建总部基地要有重要突破。

形成双港总部基地的差异化布局。双港联手共建海南自由贸易港总部基地，不仅不会降低香港总部经济吸引力，还将形成服务衔接、功能互补的整体优势。例如，利用香港开放优势，重点吸引企业设立资金管理、研发设计、对外营销等总部基地；依托海南充裕的地理空间和与东南亚距离较近的优势，重点吸引企业设立中高端加工、销售、交易、运输等总部基地。

打造“海南承接+香港服务”的合作模式。着眼于香港发展空间有限、综合成本较高等短板和海南自由贸易港资源丰富、与内地更为紧密等特点，积极吸引国内企业在海南自由贸易港建立投资东盟的总部基地，并通过规则对接、市场联通、要素畅通等多种方式促进香港国际化服务体系向海南及内地延伸。

（3）关键是破解双港经贸合作的制度性壁垒。破解市场联通的壁垒。市场联通是双港经贸合作的基础性条件。从现实情况看，相较于香港，海南自由贸易港以服务业为重点的市场开放水平相对滞后。例如，在香港-澳大利亚自由贸易协定中，香港跨境服务贸易负面清单共16项限制措施（不含金融），金融领域跨境服务贸易限制措施5项；海南自由贸易港跨境服务贸易负面清单共70项限制措施。促进双港经贸合作，需要在市场开放中使得各类市场主体在更加充分的合作竞争中实现联动发展。

破解规则差异的壁垒。双港合作涉及两套法律、两种规则。特别是在推进以现代服务业为重点的经贸合作中，迫切需要加快推进双港服务业规则、规制、管理、标准的对接。香港具备高度自由开放、同国际规则顺畅衔接的优势。推进海南自由贸易港制度型开放，打造世界最高水平开放形态，最有条件的就是率先推进面向香港的制度型开放，在规则、规制、管理、标准对接中实现双港服务业深度合作、服务体系的全面对接和市场体系的直接融合。

破解体制机制的壁垒。由于受到两种制度、两个关税区等的影响，双港在经济领域的各种要素仍然难以实现自由流动。香港自由开放雄冠全球，营商环境世界一流。推进以经济管理体制为核心，以社会与行政管理为保障的体制机制对接，既是海南自由贸易港建设的重大任务，也是双港经贸融合的重要保障。

2.务实开展以金融为重点的现代服务业合作

（1）以建立人民币与港币的双币资金池为重点促进双港金融服务合作。在海南自由贸易港设立服务总部基地的人民币与港币的双币资金池。适应国内企业“走出去”的趋势与海南自由贸易港总部基地建设的需求，在海南自由贸易港设立人民币与港币的双币资金池，共同向中央申请设置较高额度，在额度范围内实现人民币与港币的自由兑换。例如，内地企业可以在海南自由贸易港设立地区总部，在香港设立“走出去”总部，允许这些双总部企业通过双币资金池实现资金自由进出，并在资金池内自由调配并开展融资，降低企业财务成本。

合作搭建面向国内企业的金融服务平台。例如，支持在港央企、在港金融服务机构与海南合作建立服务国内和东盟企业的能源、航运、大宗商品、产权、股权、碳排放权等国际交易场所，并通过委托符合条件的香港金融机构管理运营等方式，全面引入香港交易标准。共推自由贸易港国际财资中心建设，聚焦跨境财富管理和跨境资金运营，以自由贸易港账户体系资金池试点为切入口，推动跨国公司和“走出去”央企在海南设立跨境资金运营机构。

合作开拓面向东盟的特色金融市场。未来，东南亚基础设施投资的加大，以及商业生态系统的改善，让私人投资涌进当地市场。特别是在数字经济、绿色发展等新的增长点领域，蕴藏着巨大的金融服务需求。区域内的主要金融中心新加坡也无法全部满足这些需求，这为双港金融服务范围的拓展提供了重要机遇。例如，合作开拓面向东盟的绿色金融与ESG（环境、社会和公司治理）金融市场，聚焦“碳达标、碳中和”的目标和绿色金融的细分领域，对标国际先行探索，共建覆盖内地与东盟的碳汇交易中心。

（2）合作共建服务总部企业的法律服务体系。促进双港法律服务市场的对接。争取将海南自由贸易港作为不同法律制度对接的试点，以务实举措实现法律服务市场对接的突破。例如，支持两地律所订立合作协议，在海南组建一家合伙联营律师事务所，并以该所的名义对外提供法律服务，允许合伙联营律师事务所及其香港律师在内地全面提供涉港、涉外法律服务；允许合伙联营律师事务所及其内地律师在香港全面提供涉及国内的法律服务。

香港立法团队以多种形式参与海南自由贸易港法规体系建设。例如，组建由香港立法会议员组成的海南自由贸易港立法顾问团，为海南自由贸易港提供立法智力支持服务；招录香港知名法律专家与司法界人士，参与海南自由贸易港消费、金融、会计等领域的立法，提升海南自由贸易港立法质量。

合作打造以仲裁为重点的多元化纠纷解决机制。吸引香港国际仲裁中心在海南设立分支机构，支持其按照香港惯例和做法对国际商事纠纷案件开展仲裁服务；探索聘请港籍法官、律师在海南自由贸易港担任公证员、司法鉴定员、法官助理等开展涉外民商事纠纷解决辅助工作；合作建立双港司法服务联盟，开展对“走出去”企业的涉外法律、合规等服务。

（3）合作共建服务总部企业的专业服务体系。引进香港国际中介服务机构。充分利用海南自由贸易港政策优势，加快引进更多国际知名会计、审计、信用评级、资产评估、投资咨询等专业中介服务机构，形成完整的服务体系，为离岸贸易相关企业、金融机构营造稳定、高效的发展环境和公平竞争环境。

合作共建国内企业投资东盟的专业服务联盟。由专业的担保机构、会计与律师事务所、投资咨询公司、资产评估公司等，合作对走向东盟的企业提供法律援助、投资保险、直接融资、信用评级等“一揽子”专业服务。发挥香港信息中心的优势，为“走出去”企业提供东盟当地政策与法律查询解读、国别投资环境评价、境外合作项目推荐、各类风险预警等相关服务。

合作共建国内企业投资东盟的指引中心。参照RCEP及东盟规则，制定对外投资与海外经营合规管理指引，并定期更新机制，重点就当地的安全审查、行业监管、外汇管理、反垄断、劳工管理、环境保护等问题形成基础性规范。

（4）**联手共建免税购物产业链供应链。**推进双港免税产业链的梯度分工。例如，发挥香港国际网络广泛、免税供应商合作紧密等优势，积极开展免税商品采购、免税购物市场推介策划、供应链金融与品牌建设等相关业务；发挥海南土地资源丰富的优势，积极开展免税商品的分拨分拣、加工配送、保税仓储等增值服务。

合作共建双港免税购物合作园区。探索“海南以土地形式入股，香港出资建设和招商运营”的建设模式和合理的利益分享机制，在海南设立双港免税购物合作园区，重点合作开展免税消费品保税物流、保税展示、包装制造与加工维修等业务，全面引进优质资本以及先进的经营管理经验和人才，提升海南免税购物产业的国际化水平。

联手建立国际消费品交易中心。依托香港交易、金融、商务等服务与人才优势和海南政策资源优势，以中高端免税商品与日用消费品为重点，与香港合作在海南建立国际消费品交易中心，引入国际商品交易规则，积极开展消费品信息发布、交易、展示、集散、金融、保险、会计、法律等业务，在促进政策、金融、渠道、仓储物流、信息技术等各类资源高效整合的同时，提高海南对消费品的国际定价权和免税购物领域的规则制定话语权。

（5）**共同开拓中国与东盟医疗健康消费大市场。**支持香港参与海南博鳌乐城国际医疗旅游先行区建设。例如，依托香港生物医药研发优势，在博鳌建设医药技术成果转化园，实现香港医疗健康创新技术在海南博鳌率先落地。

合作共建药品国内转化产业链供应链。香港在药品转化的基础研发方面具有明显优势，但中下游方面竞争力不足，且缺乏与中国食品药品监督管理局的沟通机制。依托海南真实世界数据应用试点通道，推动欧美已经上市且国内尚未注册的药品在海南率先转化合作，支持香港医药研发机构在海南开发新药，使得香港医药研发企业可以利用国内居民生物数据开展药品转化基础研究与试验，合作共建药品产业链。

共同开发内地与东盟健康旅游消费大市场。例如，发挥海南自由贸易港资源优势，合作建设一批面向国内、辐射东盟的健康诊疗中心、体检中心、康复中心、医美中心。

3.实现“双港合作”制度型开放的重要突破

（1）逐步建立双港金融“单一通行证”制度。建立双港总部企业金融服务直通机制。发挥香港金融人才充足与信息服务业发达的优势，允许在港金融机构通过跨境服务、自然人移动等方式为在海南自由贸易港设立总部基地的企业提供金融及信息服务，并在一定范围内允许其在海南自由贸易港内使用港币。

借鉴欧盟经验，实施双港金融机构牌照和资格“单一通行证”制度。共同商定“单一通行证”认证标准，对经认证的金融机构，经备案后无需单独申请准入即可为两地企业提供相关金融服务。在起步阶段，可率先在银行、保险等领域开展探索，并逐步向外汇交易、期权期货、证券发行、货币经纪、资产管理等领域拓展。

专栏5-2 欧盟“单一通行证”制度简介
1.基本情况 “单一通行证”制度是指欧盟成员国内金融机构可在他国境内设立分公司或不设立分公司直接提供金融服务，而无需经过东道国许可的制度安排。该制度安排主要涉及九类金融机构，包括银行、贷款公司、保险与再保险公司、保险经纪、投资公司、支付机构、电子钱包、另类投资基金和可转让证券投资基金。 欧盟“单一通行证”制度发展至今，其具体表现形式是，只要金融机构所在成员国批准，该金融机构便可在欧盟其他成员国自由开展业务，其他成员国原则上不能施加额外监管要求。作为欧盟单一金融市场的核心制度，其主要通过减少成员国之间提供跨境金融服务的壁垒，大幅推动欧盟国家间金融服务的一体化。 2.实施效果 从实践看，欧盟“单一通行证”制度消除了金融机构在欧盟境内的跨境展业障碍，促进了资金自由流动，推动了欧盟金融市场一体化进程。比如，卢森堡作为欧洲的金融中心之一，是很多国际机构包括中资机构设立地区总部的优先选项。其最大的吸引力是，在卢森堡申请金融业务牌照后，即可在整个欧元区内通行。 从市场发展看，根据英国金融行为监管局（FCA）统计，实施“单一通行证”制度后，英国约有5500家机构在欧盟其他国家开展金融业务，同时约有8000家注册在欧盟其他国家的机构在英国开展金融业务。与此同时，欧盟内部并购活动迅猛增长，金融市场集中度显著提升，金融业竞争加剧。

资料来源：中国（海南）改革发展研究院课题组整理。

建立双港金融风险共同防范机制。成立双港金融协调监管委员会，协调处理两地之间有关互设金融机构、货币互换和汇兑机制、互相信用支持、金融信息交换、金融风险防范和合作监管机制等金融事务；建立双港金融调解与仲裁、诉讼的对接机制，依法维护金融消费者的合法权益；建立双港反洗钱和反恐怖融资监管合作机制，防范非法资金跨境、跨区流动。

（2）赋予港资、外资企业适用法律自主选择权。尽快推进双港仲裁规则的衔接。参照《香港国际仲裁中心机构仲裁规则》，出台《海南自由贸易港国际商事仲裁中心建设促进条例》。尝试推进海南自由贸易港的临时仲裁制度。进一步强调商事仲裁裁决的法律效力，杜绝司法机关对仲裁程序的不当干预，谨慎撤销仲裁裁决，确保仲裁结果的权威性。

允许港资、外资企业在商事领域自主选择法律适用。出台《海南自由贸易港总部企业商事法律适用指引》，赋予在海南自由贸易港注册或设立总部的港资、澳资、台资及外商投资企业对法律适用的选择权。例如，支持诉讼方要求海南法院采纳内地或香港法律作为审理争议的适用法律，或支持合作方与海南法院协议约定以香港法律审理日后争议等。

为在港法律服务机构在琼营业提供更大便利。进一步扩大香港律师事务所驻海南代表机构业务经营范围，逐步实现由非诉讼领域向民商事诉讼领域拓展；待条件成熟时，允许在港律师事务所在海南自由贸易港设立分支机构，专司涉港、涉外法律服务；支持在琼律师事务所聘请香港律师，开展面向国内企业的国际法律业务。

（3）推进双港会计等专业服务标准对接。合作制定专业服务业管理标准。学习借鉴香港高水平专业服务业管理标准，加快建立海南自由贸易港会计、审计等专业服务业管理标准体系，积极推进海南相关行业企业开展国际标准认证，提升专业服务国际化及专业化水平。

制定实施认可会计服务商计划。允许符合香港标准的会计、审计等服务机构，在海南自由贸易港经备案审核后直接开展相关经营与业务活动。允许具备国际执业资格的在港会计师、审计师等，经海南主管部门备案后，直接为海南非居民企业提供记账报税、审计验资、资产评估等会计服务。

（4）推进医疗健康服务业管理标准对接。将香港纳入博鳌乐城特许药械使用范围。对已在香港上市，但尚未在内地上市的药品，允许在博鳌乐城使用；逐步提升政策便利度，借鉴香港经验，制定药械认可国家或地区清单，在清单内两个或两个以上的国家或地区注册后的药械即可在博鳌上市使用。

在海南自由贸易港建立医疗健康“飞地”。在海南自由贸易港特定区域内率先适用香港医疗健康管理标准，由香港方面负责运营管理。

建立双港医药转化研发对接机制。支持在港医药研发机构以开展面向国内的药品转化研发为目的，使用国内生物医药数据；并实现与海南研发试验数据的共享，支持博鳌利用在港医药研发机构实验数据开展国内医药注册。

促进医疗健康配套服务体系的对接。例如，发挥香港医疗保险服务优势，合作开发面向内地与东盟的特许经营药械长期保险产品。

（5）促进双港免税购物服务标准对接。尽快实现双港免税购物监管标准互认。推进双港免税商品海关监管标准互认、执法互助、快速通关、信息互换、数据共享、实时监控，建立快速反应联络机制，并通过应用同一把电子锁及全球定位系统设备降低同一批免税商品在两地出入境时被海关重复检查的概率，简化清关手续和加快货物转关流程。

推进双港免税商品质量安全管理体系对接。例如，率先在海南免税店适用香港《消费品安全条例》《服务提供条例》《商品说明条例》等法律裁决民事纠纷案件；加强双港在免税购物领域的职业资格、服务标准、认证认可、检验检测、行业管理等领域规则对接，促进免税商品贸易自由化；鼓励香港商品质量安全认证机构在海南开展免税商品质量国际认证服务，鼓励香港服务标准中介机构为海南免税购物经营企业开展国际化标准信息咨询、推介等服务。

（6）全面扩大对香港人才的单向认可。推进对香港人才的单向认可制度创新。取消认定人员“已被海南自由贸易港用人单位聘用”的限制，允许取得香港职业资格的相关技术人员免试在海南自由贸易港范围内提供跨境服务。

明显拓宽对香港人才的单向认可。适应双港金融、法律、会计、免税、医疗健康等服务需求，实行海南自由贸易港对香港人才单向认可动态调整机制，逐步实现认可范围全覆盖。对经认可的香港人才在海南自由贸易港备案后，即可开展已具备资质的相关业务。

支持双港合作共建专业协会。例如，支持双港合作共建律师协会、医师协会、会计师协会等，作为社会团体法人，制定相互认可的管理标准，共同对两地律师事务所及律师进行管理。

（7）推进以税收为重点的双港政策协同。促进双港税收优惠政策的对接协同。例如，对在海南自由贸易港服务的香港人才，允许其与海南共享“居住满183天”的时限，只要其在海南与香港居住时间之和超过183天，即可享受海南自由贸易港特殊税收政策。

对在琼香港人才实施“港人港税”。鉴于海南自由贸易港15%所得税政策仅限于工资薪金、劳务报酬、稿酬、特许权使用费四项所得，香港则包含全部所得，建议允许在琼香港人才对其综合所得自主选择海南自由贸易港税收政策或香港税收政策。

▶▶▶

第二节

以粤港澳服务贸易一体化为关键打造世界级大湾区

加快粤港澳大湾区建设，关键点与突破口都在于实现粤港澳服务贸易一体化。由此，不仅能为港澳融入国家发展大局提供重要抓手，也能为建设富有活力和国际竞争力的世界级大湾区和世界级城市群提供重要动力，并使粤港澳大湾区在我国打造全面开放新格局、构建开放型经济新体制中继续扮演“领头羊”的重要角色。

一、粤港澳大湾区建设的关键在于服务贸易一体化

1.服务贸易一体化是推进粤港澳大湾区建设的关键之举

（1）服务业加快发展是粤港澳大湾区的必然趋势。从工业化进程看，工业化进入后期，服务业加快发展是个客观规律。2017年，粤港澳大湾区服务业占比达到66.1%，高于全国平均水平13.4个百分点。这意味着粤港澳大湾区已经进入工业化后期，但广东与港澳地区仍处于不同发展阶段。从发展规律看，全球湾区经济的发展一般呈现出由港口经济、工业经济向服务经济、创新经济演化的过程。近年来，粤港澳服务贸易一体化取得重要进展。2021年，粤港澳大湾区服务贸易总额占据全国总额的53.85%；服务贸易占外贸的比重达到25.14%，较内地同期高出13.19个百分点①。但总的来看，粤港澳服务业市场互联互通水平仍有待进一步提

① 宋雪梅：《共建新时代服贸创新发展平台》，《珠海特区报》2022年9月2日第3版。

升，服务业领域的生产要素仍难以高效便捷流动，产业互补优势与资源潜力难以充分释放。2021年，粤港澳大湾区整体人均GDP为22858美元（见图5-5）；其中，香港人均GDP为49464美元，澳门人均GDP为33784美元，深圳人均GDP为27250美元，粤九市人均GDP约为17447美元，最低的肇庆人均GDP仅为9750美元①。2021年，粤港澳大湾区GDP已在世界四大湾区中排名第二（见图5-4）。可以预见，如果粤港澳服务贸易一体化取得突破性进展，粤港澳大湾区地区生产总值将超过东京湾区成为世界第一大湾区。

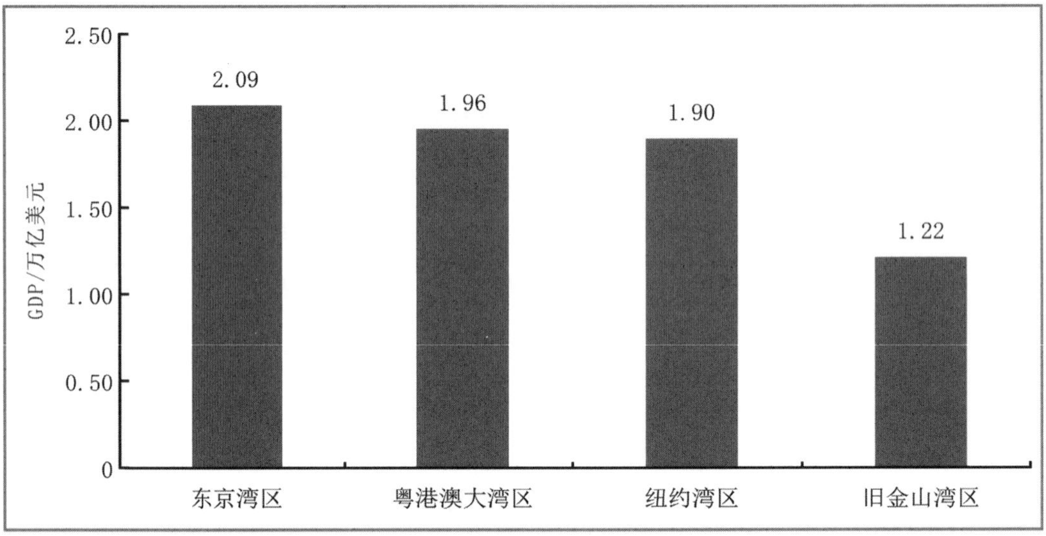

图5-4　2021年世界四大湾区地区生产总值情况

注：东京湾区为2020年数据。

① 数据来源：香港贸易发展局网站，https://research.hktdc.com/sc/article/MzYzMDE5NzQ5?eqid=bf75d3c50004874400000000664a91cb7。

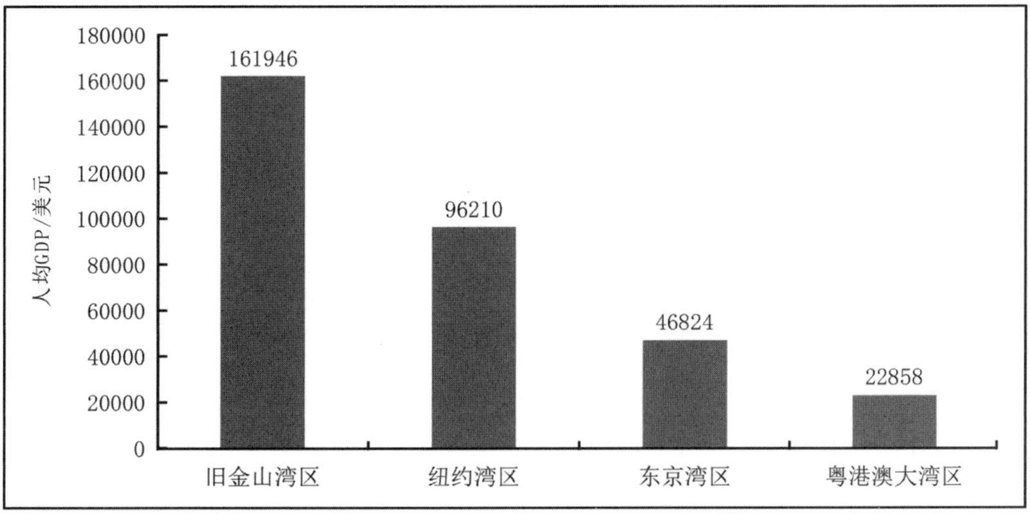

图5-5　2021年世界四大湾区人均GDP情况

注：东京湾区为2020年数据。
数据来源：香港贸易发展局网站，https://research.hktdc.com/sc/article/MzYzMDE5NzQ5?eqid=bf75d3c5000487440000000664a91cb7。

（2）服务贸易是推进粤港澳大湾区高质量发展的重点与难点。从现实情况看，推进粤港澳大湾区高质量发展，基础设施一体化相对容易，产业融合比较难。在港珠澳大桥等一批重大基础设施项目相继完工后，推进粤港澳大湾区一体化的重点与难点在于以服务贸易实现服务业市场一体化。

广东与港澳地区服务业互补性强。2022年，广东9市服务业占比为39.0%～71.5%，而香港为93.4%，澳门为92.3%（2021年），广东9市服务业占比明显偏低（见图5-6）。如果加快推进广东与港澳地区服务贸易发展，不断提升广东服务业发展质量和水平，就能补齐广东服务业占比偏低的突出短板。初步估算，若广东9市服务业占比达到70%左右，粤港澳大湾区服务业占比有可能提升至80%左右，从而为粤港澳大湾区迈进国际一流湾区提供重要支撑。

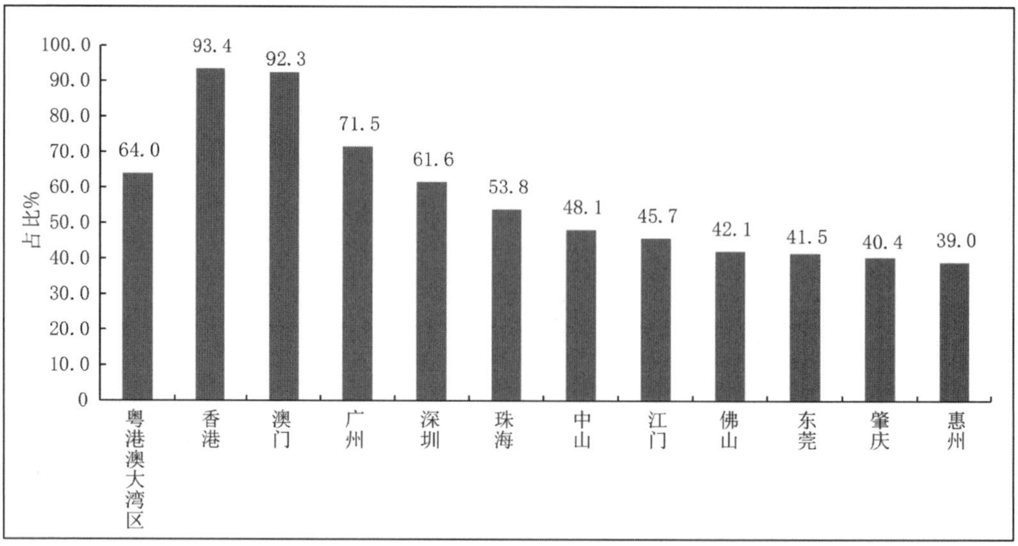

图5-6　2022年粤港澳大湾区各城市服务业占比

注：澳门为2021年数据。

数据来源：香港贸易发展局网站，https://research.hktdc.com/sc/article/MzYzMDE5NzQ5?eqid=bf75d3c500048744000000664a91cb7。

粤港澳大湾区产业一体化面临“一个国家、两种制度、三个关税区”的多元制度格局。近年来，中央在广东设立了自由贸易试验区，在推动广东与港澳地区服务贸易发展方面取得了重要进展。但受多种因素制约，粤港澳服务贸易领域深层次的体制性矛盾尚未破解。例如，在《内地在广东省向香港开放服务贸易的具体承诺》中，仅“商业存在”实行负面清单管理，共有134项限制措施，集中在教育、金融、会计等专业服务领域，而在跨境服务及文化、电信领域仍实行正面清单管理。可以说，推进粤港澳大湾区一体化，重点在服务贸易，难点也在服务贸易。

（3）以服务贸易为重点推进粤港澳大湾区一体化将释放巨大的经济增长潜力。从经济增速来看，2022年粤港澳大湾区经济总量已经超13万亿元人民币[①]，约占全国的10.78%[②]。尽管未来2—3年，粤港澳大湾区地区生产总值总量有望超过东

①　《粤港澳大湾区经济总量突破13万亿元人民币》，www.news.cn/gangao/2023-03/22/c_1129453221.htm。

②　根据《中国统计摘要2023》数据计算得出。

京湾区，但从资源产出效率来看，粤港澳大湾区与其他湾区仍有较大差距。例如，2021年粤港澳大湾区地均GDP为0.35亿美元/千米^2，分别是纽约湾区、旧金山湾区、东京湾区（2020年）的31.82%、51.47%、61.40%（见图5-7）。可以判断，未来几年，加快实现粤港澳大湾区服务贸易项下的人员、资金、技术、信息等要素的自由流动将释放巨大的经济增长潜力。

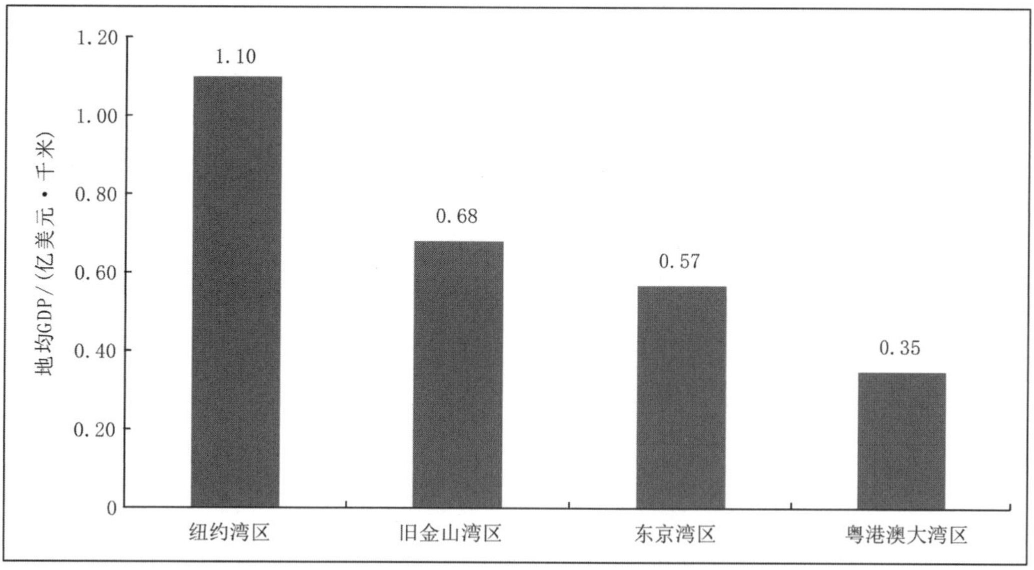

图5-7　2021年世界四大湾区地均GDP情况

注：东京湾区为2020年数据。

数据来源：香港贸易发展局网站，https://research.hktdc.com/sc/article/MzYzMDE5NzQ5?eqid=bf75d3c500048744000000664a91cb7。

2.在服务贸易一体化中发挥粤港澳三地产业互补优势

（1）以服务贸易推动广东制造业转型升级。生产性服务业是制造业转型升级的主要支撑，但广东生产性服务业发展滞后成为其制造业转型升级的突出短板。2020年，广东生产性服务业增加值占GDP的比重仅为27.30%，占服务业的比重为48.35%①，与德国等制造业强国相差20个百分点左右。同时，2017年广东制造业全

① 根据《2020年广东省国民经济和社会发展统计公报》数据计算得出。

员劳动生产率为24.2万元/人，仅为2013年美国的24%。广东出口产品中自主品牌占比不到20%[①]。在这种情况下，推进广东与港澳地区在研发、设计、金融等领域的服务贸易一体化显得尤为迫切。

（2）以服务贸易拓展港澳发展空间。香港要稳固提升其国际金融、贸易、航运中心地位，澳门要解决博彩业一业独大的问题，最直接、最有效的途径就是依托广东作为港澳地区重要经济腹地和进入内地的重要桥梁，通过与广东合作发展服务贸易，拓宽其服务业发展空间，并由此为更好融入国家发展大局提供重要支撑。例如，澳门的多所高校在中医药研发方面实力较强，但澳门并无制药厂，而医药制造业是广东的支柱产业之一。如果能尽快实施医疗健康产业项下的自由贸易，将大大拓宽粤澳医疗健康产业合作空间，并促进广东医疗健康产业的转型升级。

（3）以服务贸易释放粤港澳大湾区巨大的内需潜力。从人均GDP来看，粤港澳大湾区已进入高收入阶段，这意味着这个地区的教育、健康、医疗等服务型需求全面快速增长。问题在于，广东服务型消费产品供给难以满足广大居民消费快速升级的需求，由此导致居民购买力外流。《广东省旅行社行业发展报告（2018）》显示，2014—2018年，广东省组团出境游客数量从860.54万人次增长到1035.42万人次，游客多以香港、澳门为目的地，广东省游客数量分别占当地旅游市场总量的1/3和1/2。随后，受疫情影响，广东省出境游客数量有所减少。但是随着疫情得到控制，广东省出境游客数量不断回升。据统计，2023年上半年，出境游目的地共计接待内地（大陆）游客4037万人次，广东省游客占比达到67%以上[②]。在此背景下，加快粤港澳服务贸易发展，不仅能提升广东服务型消费产品的供给水平与质量，而且能为港澳地区经济发展注入新动力。

3.推进粤港澳服务贸易一体化的时机条件总体成熟

（1）粤港澳服务贸易发展呈现加快的趋势。数据显示，2016—2019年，广东

① 《广东自主品牌产品出口占比不到两成 将打造品牌强省》，https://www.chinanews.com.cn/df/2016/05-03/7857061.shtml。

② 《出境团队游国家扩至138个！上半年出境游客源近七成在广东》，《南方都市报》2023年8月11日第A16版。

省服务进出口总额由9786.9亿元增长到12951.98亿元，年均增长9.79%[①]。尽管受到疫情影响，但2021年广东省服务进出口总额超9800亿元，同比增长18.5%，增速高于货物贸易1.8个百分点，规模居全国第二，比重约占全国的18%[②]；2022年，广东省服务贸易总额达到1585亿美元，增长8.3%，占全国总额的17.8%[③]。依托粤港澳大湾区的优势，广东与港澳地区在服务贸易领域的合作不断深化。例如，粤港澳三地在金融保险、工程建筑、专业服务等领域的合作不断扩大。其中，深圳积极探索港澳地区执业资格认可特殊机制，制定香港会计师、注册税务师等在前海深港现代服务业合作区执业的办法措施，积极推进粤港澳联营律师事务所试点，目前全国16家粤港澳联营律师事务所有8家落户深圳前海[④]。

（2）**粤港澳基础设施互联互通进程较快。**目前，粤港澳大湾区一批重大基础设施项目相继完成，如港珠澳大桥已迎来正式通车5周年，广深港高铁香港段也已迎来正式开通5周年。这些基础设施项目的建成将港澳地区纳入了广东“一小时生活圈”，为加快推进粤港澳大湾区一体化奠定了重要基础。

（3）**粤港澳大湾区科技创新能力明显增强。**数据显示，2017—2021年，粤港澳大湾区发明专利公开总数量达176.90万件，年复合增长率达14.46%，居世界四大湾区之首。其中，2021年粤港澳大湾区的发明专利公开数量达44.96万件，分别是东京湾区的3.11倍、旧金山湾区的7.07倍、纽约湾区的9.66倍[⑤]。

---

① 《“广东服务”从服贸会走向世界》，《南方日报》2020年9月9日第A08版。

② 《广东首次作为主宾省亮相服贸会 2021年全省服务进出口总额位居全国前列》，《南方日报》2020年9月1日第A05版。

③ 《紧抓机遇推动服务贸易高质量发展》，《南方日报》2023年9月5日第A04版。

④ 《再添一新！全国粤港澳联营律所已半数落户前海》，https://qh.sz.gov.cn/tzqh/tzhj/sggjfwq/content/post_10436354.html。

⑤ 徐静：《〈粤港澳大湾区协同创新发展报告（2022）〉发布 战略性新兴产业创新优势渐显 广州汽车制造业创新能力持续增强》，《广州日报》2023年3月17日第A8版。

二、实现粤港澳服务贸易一体化的重大突破

1.全面推动广东服务业对港澳地区的全面开放

（1）推动将广东自由贸易试验区开放政策扩大到整个大湾区。近年来，南沙、前海、横琴3个片区在推动服务业对外开放方面取得了重要成果。但从粤港澳大湾区整体来看，仅靠3个片区不仅难以实现粤港澳服务贸易一体化的要求，也制约了广东其他地区服务业市场的开放进程。为此，可以将粤港澳大湾区内的广东9市作为一个整体来考虑，将原来赋予3个片区的服务业市场开放政策扩展到整个大湾区，从而实现广东对港澳地区服务业开放的全面突破。

（2）率先将港澳资本视为内资。目前，港澳资本仍被视为外资，港澳资本在进入广东时仍面临前置审批时间长、准入门槛高等诸多政策障碍。按照党的二十大报告提出的“完善产权保护、市场准入、公平竞争、社会信用等市场经济基础制度，优化营商环境”的要求，可以率先在广东将港澳资本纳入内资范畴，实现粤港澳资本在市场准入与经营范围内的“一视同仁、平等对待”。

（3）为港澳地区制定“极简版”负面清单。尽快改变现有在跨境服务、电信、文化等领域的正面清单管理模式，整合广东自由贸易试验区与《内地与香港关于建立更紧密经贸关系的安排》（CEPA）负面清单，赋予粤港澳大湾区在负面清单制定中更大的试点权，实行更加开放的服务贸易市场准入机制，取消或放宽对港澳投资者的资质要求、股比限制、经营范围等准入限制，为港澳地区制定“极简版”负面清单，争取将服务贸易负面清单限制数量限定在40项以内。

2.全面放开粤港澳人文交流

（1）率先在粤港澳大湾区内的广东9市实行对港澳居民的自由落户政策。广东率先对港澳居民全面实行居住证制度，保证港澳人才在广东获得与当地居民同等的待遇。例如，享受当地教育医疗、社会保障、公积金缴纳、税制税率、购买住房资格等方面的同等待遇。

（2）推进粤港澳职业资格互认试点工作。尽快落实和完善粤港澳三地专业资

格互认机制，逐步取消对港澳专业人员的各种限制，允许港澳地区取得专业资格的人员到广东提供专业服务。通过推进粤港澳职业资格互认试点工作，有效促进跨境人才流动和合作，充分发挥港澳地区的专业人才优势，加强粤港澳之间的经济合作和交流，提高整个区域的竞争力。

（3）**鼓励港澳人才到广东自由贸易试验区就业创业。**推行高科技人才的绿卡发放措施，让高端人才的流动和跨地域的发展能更加便捷。尽快形成粤港澳三地人才流动综合管理平台，消除人才跨境服务重复征税等问题。降低港澳企业在湾区的设立门槛，促使适用人口范围从只针对精英、优秀人才，到覆盖符合基本条件的普通港澳居民，同时对港澳人员在湾区的执业范围逐步进行放宽。

3.务实推进粤港澳金融服务一体化

（1）**扩大广东金融业对港澳地区开放。**进一步取消或放宽港澳资本进入粤港澳大湾区金融服务市场的资质要求、股比限制、经营范围等准入限制，简化金融机构和企业办理业务的流程和方式，放宽金融业务范围。

（2）**创新粤港澳地区跨境货币业务。**一是推动粤港澳人民币信贷市场对接，开展广东与港澳地区双向人民币融资业务和跨境人民币信贷资产转让业务。二是建立粤港澳货币结算系统，形成人民币与港币、澳门币联系汇率制度，逐步实现人民币在港澳地区的自由流动、自由兑换。

（3）**建立粤港澳金融风险共同防范机制。**成立粤港澳金融协调监管委员会，协调处理三地之间有关互设金融机构、货币互换和汇兑机制、互相信用支持、金融信息交换、金融风险防范和合作监管机制等金融事务；建立粤港澳金融调解与仲裁、诉讼的对接机制，依法维护金融消费者合法权益；建立粤港澳反洗钱和反恐怖融资监管合作机制，防范非法资金跨境、跨区流动。

4.推进粤港澳服务业行业标准与管理规则的对接

（1）**推进粤港澳服务业行业标准和规范全面对接。**适应粤港澳服务业市场开放的趋势，将体制对接融合的范围从经济体制扩大到社会体制乃至行政体制。

（2）**推进粤港澳市场监管执法标准对接。**针对广东与港澳市场监管执法标准差异问题，制定与港澳市场经营行为差异化责任豁免目录。该目录将明确列出在粤港澳三地市场经营中存在差异化的行为规范，并确定哪些规范可以被豁免，以达到消除障碍、促进合作和便利跨境经营的目的。制定与港澳市场经营行为差异化责任豁免目录需要基于充分的沟通和合作，各方应共同研究并就关键性问题达成共识，如产品质量标准、安全要求、环保措施等，以确保市场监管的公平性和一致性。

（3）充分发挥行业协会在对接行业标准和规范中的作用。借鉴港澳服务行业协会管理机制，探索把服务业相关行业的管理职能交由社会组织承担，强化行业自律，探索与港澳的行业标准和规范衔接。进一步发挥香港中介组织的桥梁作用，加强两地合作，拓展服务范围，为广东企业提供产品开发、研究咨询、人才培训、检验检测、金融等服务，有效推动广东服务业标准与国际接轨。

5.建立粤港澳大湾区服务贸易一体化通关监管体制

（1）实行更加便利开放的人员出入境政策。数据显示，疫情前香港和内地之间每天约有60万人次跨境往来，相当于一个移动的中等城市。自2023年2月6日全面恢复通关至7月末，已有超2245万人次香港居民进入深圳，近半年平均每周有约90万人次香港居民入境深圳，若加上高铁口岸和海路口岸，数量或达百万级别①。预计到2030年，粤港日均出入境客流将达到120万人次左右。粤港澳三地居民对通关便利化有着巨大的需求。建议将“一签多行”政策扩大到广东全省，使港澳车辆在粤港澳三地便利进出；探索“一地两检”和“单边验放”等通关创新政策；充分利用智能识别技术实现电子化通关等。

（2）实现与服务贸易相关的货物通关便利化。目前，广东海关将港澳科研机构认定为“境外法人事业单位”，对港澳科研设备入境仍然征收高关税。未来几年，可以考虑对进入粤港澳大湾区内的教育、研发、健康、医疗等重点服务业领域的基础设备，在严格用途管制、使用范围管制的前提下，实行免关税或保税政策。

① 《周均流量超90万，港人扎堆来深，跨境消费进入“双向奔赴”期》，https://finance.ifeng.com/c/8S5jcMVFVJA。

三、推动广东制度型开放的重大突破

1.广东有条件成为制度型开放先行区

总的来看，广东有条件在加快制度型开放方面率先取得突破：广东的外资外贸发展在全国位居前列，是我国对外开放优势最为突出的省份；广东拥有全国最大的消费市场，拥有1500多万市场主体、7000万劳动者，具备高水平对外开放的市场规模优势；广东具备联通港澳、对接世界的地缘优势，同时拥有粤港澳大湾区、深圳先行示范区，以及横琴、前海的政策优势，更有条件在制度型开放上大胆尝试。

2.以粤港澳大湾区为重点打造制度型开放新高地

党的二十大报告提出，“推进粤港澳大湾区建设，支持香港、澳门更好融入国家发展大局”。粤港澳大湾区是我国与世界经贸联系的重要枢纽，是我国推进高质量发展的重要引擎。将粤港澳大湾区打造为制度型开放新高地，既有利于广东畅通国际国内循环，又有利于坚持和完善“一国两制”，促进香港、澳门融入国家发展大局。

3.务实推进广东制度型开放进程

（1）扎实服务“双区”和三个合作平台建设。扎实推进横琴粤澳深度合作区通关便利化改革，支持前海建设跨境贸易大数据平台，支持南沙建设中国企业“走出去”综合服务基地。

（2）深化广东自由贸易试验区改革创新。落实自由贸易试验区升级战略，积极向商务部争取，开展广东自由贸易试验区扩区，推动广东自贸试验区联动发展区建设取得实质性进展。

（3）对标国际高标准规则体系探索试点。对接《全面与进步跨太平洋伙伴关系协定》（CPTPP）、《数字经济伙伴关系协定》（DEPA）等国际高标准经贸规则开展压力测试，争取拓展金融、文化、教育、互联网等领域开放空间，争取在跨境数据流动、知识产权、竞争中性等方面先行先试。

（4）抓好重大改革试点落地。对已获批的服务业扩大开放综合试点、进口贸易促进创新示范区、经济技术开发区、跨境电商综试区、外贸转型升级示范基地等，细化目标和措施，在聚集市场主体、形成实物工作量、创新政策、优化基础设施条件等方面取得突破。

（5）**加快粤港澳服务业规则衔接机制建设**。进一步扩大对港澳服务业开放，争取国家出台粤港澳跨境服务贸易特别措施（负面清单），争取国家支持港澳及境外法律、会计、保险、航运等专业服务人士和机构在粤港澳大湾区内直接执业，携手港澳探索建立数字贸易规则体系。

（6）**深化贸易便利化自由化改革**。探索更加开放的贸易监管制度，创新中转贸易、离岸贸易、数字贸易等贸易新业态监管方式，推动实施全球贸易商发展计划。健全跨境金融服务体系，完善跨境双向资金池、自由贸易账户功能，支持跨国企业在粤港澳大湾区内设立全球结算中心。

四、在广东率先全面实施RCEP条款

1.RCEP生效为广东带来了重要红利

数据显示，2020年，广东与RCEP其他14个成员国的贸易总额为2971.53亿美元，到2022年扩大至3633.36亿美元（见表5-5）。从产品结构上看，广东与RCEP其他成员国中间品贸易规模持续扩大，表明广东与RCEP其他成员国产业链供应链网络在持续发展（见表5-6）。

表5-5　2020—2022年广东与RCEP其他成员国贸易规模

单位：亿美元

年份	2020年	2021年	2022年
合计	2971.53	3611.15	3633.36
日本	629.63	712.59	696.77
韩国	560.47	706.48	613.52
越南	408.18	475.44	473.49
马来西亚	373.54	453.22	463.37
泰国	248.35	301.65	331.02
澳大利亚	182.39	235.32	254.92
印度尼西亚	161.28	238.77	233.60

续表

年份	2020年	2021年	2022年
新加坡	183.47	197.54	231.02
菲律宾	151.37	199.81	197.78
缅甸	19.47	22.79	58.51
新西兰	28.52	35.26	38.33
柬埔寨	21.00	26.43	34.19
文莱	2.06	4.23	4.35
老挝	1.80	1.62	2.49

数据来源：根据全球贸易观察数据测算。

表5-6　2020—2022年广东与RCEP其他成员国贸易额主要行业

单位：亿美元

名称/描述	2020年	2021年	2022年
电机、电气设备及其零件，录音机及放声机、电视图像、声音的录制和重放设备及其零件、附件	1326.67	1609.69	1516.04
核反应堆、锅炉、机器、机械器具及零件	359.85	412.15	413.44
塑料及其制品	147.18	180.59	191.33
矿物燃料、矿物油及其蒸馏产品，沥青物质，矿物蜡	83.62	109.57	97.13
家具，寝具、褥垫、弹簧床垫、软坐垫及类似的填充制品，未列名灯具及照明装置，发光标志、发光铭牌及类似品，活动房屋	77.02	88.48	96.73
光学、照相、电影、计量、检验、医疗或外科用仪器及设备、精密仪器及设备，上述物品的零件、附件	122	135.8	87.41
天然或养殖珍珠、宝石或半宝石、贵金属、包贵金属及其制品，仿首饰，硬币	8.29	45.43	65.08
玩具、游戏品、运动用品及其零件、附件	45.62	50.81	64.92
车辆及其零件、附件，但铁道及电车道车辆除外	52.94	62.44	62.77
特殊交易品及未分类商品	32.89	38.66	56.15
钢铁制品	37.71	48.24	54.84

数据来源：根据全球贸易观察数据测算。

在RCEP原产地规则利用率方面，数据显示，广东省贸促会商事认证中心已为企业办理各类外贸商事单证23.5万份，同比增长28.7%。其中，优惠原产地证7.2万份，同比增长152.7%，涉及金额18亿美元；商事证明3.7万份，同比增长7%；领事认证2743份，同比增长5.1%；ATA单证册351份，同比增长77.3%；RCEP原产地证3228份，涉及金额1亿美元。共为企业减免关税约9000万美元，节约办证费用681万元人民币①。根据公开数据进一步分析，2022年广东企业出口与进口原产地规则利用率分别为1.32%和1.03%，到2023年第一季度分别提升到1.72%和1.17%（见表5-7）。

表5-7 广东企业RCEP原产地规则利用率

时段，签发（出口）/进口	RCEP原产地证书份数	涉及出（进）口金额	减免关税金额	贸易额	利用率
2023年第一季度，签发	1.8万份	45.3亿元		2627.1亿元	1.72%
2023年第一季度，进口		26.6亿元	6600万元	2280.8亿元	1.17%
2022年全年，签发	6.4万份	139.4亿元	近3亿元	10535.1亿元	1.32%
2022年全年，进口		121.1亿元		11729.7亿元	1.03%

数据来源：中国（海南）改革发展研究院课题组梳理并测算。

2.以广东自由贸易试验区为重点，加快推进RCEP条款的全面实施

（1）在广东自由贸易试验区内积极缩短承诺过渡期。尽快缩短关税减让过渡期，提高RCEP的关税优惠水平和市场开放程度。同时，缩短通关便利化承诺过渡期。重点缩短经认证的经营者贸易便利化措施、易腐货物快速放行、海关监管一致性等关键环节的过渡期。发挥广东与东盟经贸合作优势，着力拓展RCEP“零关税”商品覆盖度。逐步扩大工业品“零关税”范围，推动形成更加开放的RCEP区域一体化商品大市场。同时，提升投资开放度。借鉴CPTPP做法，积极探索，拓展RCEP中投资涵盖范围；推动实现服务贸易与投资负面清单一体化管理，以进一步扩大投资领域的开放。

（2）把广东自由贸易试验区打造成为CPTPP压力测试区。打造我国加入CPTPP全面压力测试区。服务我国正式申请加入CPTPP后标准规则对标的实际需求，用足用好中央赋予广东自由贸易试验区的改革开放自主权，在服务贸易、政府采购、竞争政策、监管一致性、金融服务、竞争力与商务便利化、透明度等现代议题领域进行全面对标，并在知识产权、劳工标准、国有企业和指定垄断等难点领域开展相关探索，形成CPTPP全面压力测试，为我国积极开展加入 CPTPP 谈判及路

① 《广东省贸促会商事认证服务助力企业抢抓海外市场》，https://static.nfapp.southcn.com/content/202212/15/c7176919.html。

径创新等提供经验。

在开展全面压力测试中推进高水平开放政策与制度的细化和创新。参照CPTPP相关条款，在投资、服务贸易、海关监管、金融服务、人员进出、监管透明度与一致性及多元化纠纷解决机制等方面加大创新力度，推动广东自由贸易试验区形成具有国际竞争力的开放政策和制度。

与区域内国家和地区形成CPTPP框架下更高水平的经贸合作成果。一方面，在广东尽快形成早期安排，取得CPTPP框架下的早期收获，以最大限度服务凝聚CPTPP成员国关于我国加入CPTPP的共识；另一方面，服务CPTPP成员国开拓中国大市场与国内企业走向CPTPP成员国市场，使广东自由贸易试验区在CPTPP区域内的产业链供应链调整中占据重要位置。

3.以广东为重点建立中国–东盟东部增长区单边开放大通道

（1）实施面向东盟东部增长区的制造业单边开放政策。在广东全面实施RCEP中零部件的关税减让承诺，在广东与东盟东部增长区率先合作共建一批产业转移合作示范园，推动广东优质制造业在东盟东部增长区布局“海外仓”或加工中转基地。

（2）实施面向东盟东部增长区的数字经济单边开放政策。探索在广东建立面向东盟的数字贸易试验区；强化广东与东盟数字经济合作，推进东盟东部增长区的传统产业数字化转型；利用广东数字经济发展优势，向东盟推广信息基础设施标准。

（3）实施可再生能源与节能环保的单边开放举措。在能源贸易基础上，在中国–东盟能源通道节点城市建设具有自由贸易试验区性质的能源加工园区、能源保税港区、新能源产业园区、能源跨境经济合作区、以能源为重点的工业港区等；对能源贸易和投资自由化便利化的制度安排进行先行先试；打造能源共同储备基地、能源合作创新中心等，深入推进能源技术合作进程。建设跨境绿色农业合作园区、绿色加工业合作园区等，建立农产品和农业加工品出入境海关和检验检疫合作机制，建立完善质量安全追溯双边合作机制，促进绿色农产品和农业加工品的贸易投资。

▶▶▶

| 第三节 |

以服务贸易为重点实施自由贸易试验区提升战略

从实践看，自由贸易试验区以制度创新为核心，不仅在积极探索改革开放新路径，形成可复制、可推广的制度体系方面实现了重要突破，而且在营造国际化、市场化和法治化的营商环境，激发市场主体的活力等方面也取得了重要进展。下一步，适应服务贸易作为新一轮经济全球化经贸规则重构重点的趋势，以服务贸易为重点推进自由贸易试验区转型升级，有利于打造制度型开放“试验田”。

一、自由贸易试验区在我国高水平开放中扮演重要角色

1.我国自由贸易试验区建设的实践探索

（1）第一阶段：上海自由贸易试验区先行先试。2013年9月，中国（上海）自由贸易试验区正式挂牌运作，中国产生了第一个与此前的经济特区、开发区、产业园区在指导思想、总体目标、功能定位、任务措施等方面均有所不同的改革开放新载体。上海自由贸易试验区重点围绕政府职能转变、金融制度、贸易服务、外商投资和税收政策等进行改革，并大力推动上海市转口、离岸业务的发展，为自由贸易试验区模式在其他地区的推广积累可复制的经验。10年多来，上海自由贸易试验区在投资、贸易、金融和政府职能转变等方面探索了一系列创新举措，提供了许多可复制、可推广的改革开放经验。在国家层面复制推广的302项自由贸易试验区制

度创新成果中，近一半源自上海首创或同步先行先试[①]。

（2）第二阶段：功能上突出引领区域发展。2015年，中国（广东）自由贸易试验区、中国（天津）自由贸易试验区、中国（福建）自由贸易试验区相继成立。中国（广东）自由贸易试验区要依托毗邻港澳的区位优势和对外开放优势，实现粤港澳深度合作，形成国际经济合作和竞争新优势；中国（天津）自由贸易试验区要在京津冀协同发展和我国经济转型发展中发挥示范引领作用；中国（福建）自由贸易试验区要创新两岸合作机制，增强闽台经济关联度，拓展与21世纪海上丝绸之路沿线国家和地区交流合作的深度和广度。

（3）第三阶段：形成全方位对外开放新格局。随着“一带一路”建设进程加快，我国自由贸易试验区战略逐步与“一带一路”建设相结合，实现东中西联动发展。2016年9月，中共中央、国务院决定，在辽宁省、浙江省、河南省、湖北省、重庆市、四川省、陕西省新设立7个自由贸易试验区；2018年10月，《国务院关于同意设立中国（海南）自由贸易试验区的批复》发布，实施范围为海南岛全岛；2019年8月，国务院印发《关于同意新设6个自由贸易试验区的批复》，同意设立中国（山东）自由贸易试验区、中国（江苏）自由贸易试验区、中国（广西）自由贸易试验区、中国（河北）自由贸易试验区、中国（云南）自由贸易试验区、中国（黑龙江）自由贸易试验区；2020年9月，《国务院关于印发北京、湖南、安徽自由贸易试验区总体方案及浙江自由贸易试验区扩展区域方案的通知》发布；2023年11月1日，中国（新疆）自由贸易试验区正式揭牌成立。至此，我国自由贸易试验区增至22个，形成东西南北中协调、陆海统筹的全方位开放新格局，向全国复制推广302项制度创新成果，发挥了高水平开放“试验田”的作用。

2.以负面清单为核心的投资管理体制取得重要进展

（1）率先实行负面清单管理。总的来看，由正面清单向负面清单的转型是全球投资准入制度变革的大趋势。例如，目前WTO框架下的服务贸易协定，实行的就是类似正面清单的准入模式；而为了提高投资效率、提高外资准入规则的透明

---

① 刘士安、谢卫群、方敏：《用心耕好这块“大试验田”——写在中国（上海）自由贸易试验区建设十周年之际》，《人民日报》2023年10月6日第1版。

度，这种对照目录式的正面清单准入模式逐渐被要求改进、被取代。从双边和区域自贸协定的发展现状来看，高标准投资规则成为谈判重点，而该高标准投资规则的表现之一就是负面清单外资准入模式。在此背景下，2013年中国（上海）自由贸易试验区成立，并制定实施了我国第一份外商投资负面清单，改变了“逐案审批+产业指导目录”的传统管理方式。

（2）负面清单数量不断缩减。在全国22个自由贸易试验区统一执行的2021年版负面清单中，特别管理措施从2013年的190项缩减至27项，缩减了85.79%（见表5-8）。负面清单的缩减意味着我国更多领域、更大程度的开放。例如，制造业领域删除了“农副食品加工业”“酒、饮料和精制茶制造业”“造纸和纸制品业”等相关大类共63项限制措施。

表5-8　分行业自由贸易试验区负面清单项数

单位：项

行业	2013年	2014年	2015年	2017年	2018年	2019年	2020年	2021年
农、林、牧、渔业	7	6	6	5	4	3	3	3
采矿业	16	14	8	6	3	1	1	1
制造业	63	46	17	11	5	3	2	0
电力、热力、燃气及水生产和供应业	5	2	5	3	2	2	1	1
建筑业	4	4	0	0	0	0	0	0
批发和零售业	13	9	4	4	1	1	1	1
交通运输、仓储和邮政业	21	15	19	11	7	6	4	4
信息传输、软件和信息技术服务业	8	8	4	4	2	2	2	2
金融业	5	4	14	13	3	3	0	0
房地产业	4	3	0	0	0	0	0	0
租赁和商务服务业	13	9	9	5	3	3	3	2
科学研究和技术服务业	12	4	4	4	3	3	3	3
水利、环境和公共设施管理业	3	3	2	2	1	0	0	0
教育	3	3	2	2	2	2	2	2
卫生和社会工作	1	1	1	1	1	1	1	1
文化、体育和娱乐业	12	8	24	21	8	7	7	7
所有行业	0	0	3	3	0	0	0	0
总计	190	139	122	95	45	37	30	27

数据来源：根据2013年、2014年、2015年、2017年、2018年、2019年、2020年、2021年自由贸易试验区外商投资准入负面清单整理。

（3）与负面清单相适应的投资管理体制改革取得进展。与负面清单管理制度相适应，目前自由贸易试验区对负面清单以外领域的外商投资项目核准和企业合同章程审批改为备案制。以广东自由贸易试验区为例，目前在广东自由贸易试验区内，对外商投资实行备案管理的项目数量占企业投资项目总数的比例已超90%。其中，区内约99%的新设外商投资企业通过备案设立，办理注册时间由10多个工作日减少到最快2个工作日；同时在自由贸易试验区内企业对境外投资一般项目率先实行备案制，提高了境外投资便利化程度。

3.以“放管服”改革为重点的营商环境建设取得重要进展

（1）商事制度改革全面加速。深化商事制度改革、推动政府职能转变是自由贸易试验区制度创新的重要内容之一。按照自由贸易试验区总体方案的要求，各个自由贸易试验区构建和优化高效运行的服务体系，完善企业准入“单一窗口”制度，推进“先照后证”“多证合一”“一照一码”“证照分离”等商事制度改革，并探索许可证清单管理模式，为全国完善商事制度提供了重要经验。例如，推行“极简审批”“不见面审批（服务）”，深化“一次办好”改革，全面开展工程建设项目审批制度改革等。

（2）事中事后监管体系初步形成。从各地实践看，各自由贸易试验区加快建立健全了以信用监管为核心、与负面清单管理方式相适应的事中事后监管体系。

建立健全社会信用体系。例如，广东自由贸易试验区南沙片区建立以信用风险分类为依托的市场监管制度，对全区企业分为A、B、C、D四个类别进行监管，并定时向社会发布失信名单，形成“一处失信，处处受限”的信用约束机制；前海蛇口片区通过招标方式引入第三方力量，建立社会信用中心平台和评估机构并进行独立运营。与此同时，各自由贸易试验区均建立起企业年度报告公示和经营异常名录制度。

逐步健全信息共享和综合执法制度。广东自由贸易试验区珠海横琴新区综合执法局作为广东省综合执法改革试点，是全国综合执法改革最彻底的代表。该综合执法局整合了31项职能，设有3个科室、4个执法大队，对接30个市级部门，行政编制43人，同时兼管横琴新区城市管理指挥中心，依靠大数据平台，根据老百姓的需求实现管理和执法力量向基层倾斜。

探索建立社会力量参与市场监督制度。《中国（广东）自由贸易试验区条例》明确提出，广东自由贸易试验区各片区可以探索设立法定机构或者委托社会组织承接专业性、技术性或者社会参与性较强的公共管理和服务职能，支持建立第三方检测结果采信制度。

（3）政府服务水平与能力明显提升。例如，上海自由贸易试验区推行了窗口人员对企业需求只能说“行”、不能说“不行”的相关要求。窗口人员在受理环节，对于标件只说“行”，而对于非标件，特别是新情况、新问题，没有权说“不”；能不能、行不行，要经过请示、审慎研究后，在规定时限内尽快答复申请人；多从保护创新、有利尝试、把事办成的角度，多设路标、不设路障，真正让改革创新源泉涌流。

4.贸易自由化便利化水平不断提升

目前，国内自由贸易试验区均实行了国际贸易“单一窗口”、无纸化通关等，通关效率大幅提高。例如，广东自由贸易试验区南沙片区以“智慧口岸”为重点的贸易便利化促进体系已在全国形成示范，诞生了包括“单一窗口”“互联网+易通关”“智检口岸”和“智慧海事”等在内的多项改革创新成果，其中有14项属于全国首创，通关效率提高50%以上。此外，推行“先放行后改单”改革，使改单作业时间从平均2个工作日缩短至1个小时，整体时间压缩超过1万个小时；取消区内报关企业跨关区从事报关服务的限制，允许区内报关企业“一地注册、多地报关”；允许区域外报关企业在区域内设立分支机构；等等。为助力上海自由贸易试验区“前所未有的便利化和有效管控”目标的实现，上海海关推出了“先进区后报关”“三自一重”（自主报税、自助通关、自动审放、重点稽核）等31项创新制度。这些制度的实施，全面提升了通关时效。2020年12月，上海海关进口、出口整体通关时间分别为51.24小时和1.86小时，进口通关时间与2019年基本持平，出口通关时间达到了历史最好水平①。

① 《上海海关持续压缩进出口通关时间助力营商环境再优化》，https://guangzhou.customs.gov.cn/shanghai_customs/423446/423447/3538431/index.html。

5. 金融业对外开放取得积极进展

在严格防范金融风险的同时，自由贸易试验区进行了较为广泛的金融开放改革，涉及自由贸易账户、人民币国际化、利率市场化、沪港通、上海黄金交易所、两岸金融合作、公募房地产信托投资基金等诸多事项。目前，中央层面的重大金融开放措施区外推广已达到16项，对金融服务实体经济产生了积极作用。以自由贸易账户为例，此前，外贸企业需要分别设立人民币账户和外汇账户两个独立账户，企业进出口涉及的资金往来必须通过一系列结售汇操作才能实现，程序较为烦琐、换汇成本较高。现在外贸企业设立的自由贸易账户可以跟境外账户便利流通、跟境内账户有限流通，资金往来只需要通过一个账户就可以实现，便利程度大幅提高。截至2020年8月底，上海自由贸易试验区自由贸易账户继续拓围，并新增跨境再保险结算功能，共有58家金融机构通过分账核算系统验收①。据统计，截至2023年10月，上海自由贸易试验区累计开立自由贸易账户14万个，累计发生本外币跨境收支折合人民币142万亿元②。广东自由贸易试验区推进金融改革促进商业保险第三方支付等金融业务发展；天津自由贸易试验区结合自身特色推进融资、租赁制度创新，飞机、船舶等融资租赁规模领先全国；福建自由贸易试验区则实施非银行金融业对台开放举措，拉紧两岸金融纽带。

二、破解自由贸易试验区“高地不高”的突出矛盾

1.开放水平与全国落差缩小的挑战

当前，在全球经贸规则加速重构、我国进入全方位开放新阶段的背景下，加快推进自由贸易试验区转型升级，其迫切性、全局性、战略性全面凸显。

例如，2021年自由贸易试验区负面清单数量仅比全国版负面清单少4项，且在

① 《而立浦东再出发|增加值占GDP比重3成多，来看浦东这个行业的“含金量”》，https://www.thepaper.cn/newsDetail_forward_9831359。

② 《上海自贸试验区：揭牌运行十周年 示范引领作用不断凸显》，《光明日报》2023年10月11日第08版。

服务业领域与全国版负面清单基本一致（见表5-9）。这表明，随着全国开放进程的不断提速，自由贸易试验区以缩减负面清单限制措施数量为重点的实验探索使命已基本完成；自由贸易试验区与全国开放落差逐步缩小，使得“高地不高”的挑战凸显了出来。

表5-9　2021年全国版与自由贸易试验区版负面清单差异

行业	全国版条款	自由贸易试验区版条款
农、林、牧、渔业	禁止投资中国管辖海域及内陆水域水产品捕捞	无此限制
制造业	出版物印刷须由中方控股	无此限制
	禁止投资中药饮片的蒸、炒、炙、煅等炮制技术的应用及中成药保密处方产品的生产	无此限制
租赁和商务服务业	禁止投资社会调查	无此限制

资料来源：《自由贸易试验区外商投资准入特别管理措施（负面清单）（2021年版）》《外商投资准入特别管理措施（负面清单）（2021年版）》。

2.部分已出台政策难以有效落地

从实践调研看，由于多种因素，自由贸易试验区一些开放政策还没有有效落地，部分政策由发布到落地周期偏长。

例如，2015年10月，中国人民银行等出台了支持上海自由贸易试验区金融改革的40条政策，其中明确提出“率先实现人民币资本项目可兑换”。从8年多的实践看，上海自由贸易试验区在扩大金融机构市场准入、以自由贸易账户为重点提升经常项目人民币自由可兑换水平等方面取得了重要进展，但有关资本项目的改革措施，如合格境内个人投资者境外投资试点、限额可兑换试点等尚未有效推进落实，离资本项目可兑换的目标还有不小距离。再比如，中央明确要求海南加快打造国际旅游消费中心，但与此相关联的免税政策长期未能突破，免税额度、免税店设置等仍然由部委审批控制。这严重制约了海南在自由贸易试验区建设阶段先行先试的作用发挥。2022年，海南离岛免税销售金额349亿元，免税购物实际人次422.4万人次，人均次消费金额为8262.3元[①]，与2019年香港1.2万元/（人·次）、韩国5600

① 《中国中免去年净利润50亿元，今年继续夯实海南离岛免税布局》，https://new.qq.com/rain/a/20230331A09NQF00。

元/（人·次）的水平还有比较大的差距。

此外，在教育、会计等领域，虽然经营性教育机构、执业教育培训、合作会计师事务所未列入负面清单，但主管部门仍要求在实际操作中实行审批制度，由此降低了外资预期。据统计，2021年，全国21个自由贸易试验区累计新设企业约46.7万家，其中外资企业1.1万家，仅占2.36%[①]。

3.自由贸易试验区缺乏应有的自主权

自由贸易试验区更多地以服务贸易为重点，相对于制造业领域开放，服务业市场开放复杂程度更高、风险管控要求更高。由于自由贸易试验区的改革自主权有限，因此自主创新、自主改革的空间也有限。

比如，自由贸易试验区投资体制改革涉及企业注册后开展经营的行政许可事项仍有上百项，虽然部分事项下放至自由贸易试验区，但仍需要审批，造成企业“准入不准营”等问题突出，制约了开放政策的实施效果。

再比如，在减少准入限制实现重大突破后，服务贸易开放水平主要取决于人员、技术的自由流动程度。但目前自由贸易试验区的人员流动政策都遵循全国统一的签证制度与就业许可制度，居留时间较短、审批复杂、相关管理制度还不完善；在技术流动方面，仍存在标准难以与国际对接及标准建设滞后等问题。

此外，在自由贸易试验区总体方案中未能明确下放相关权限及改革容错机制尚未完善的条件下，自由贸易试验区推进更大力度的开放、改革举措只能通过一一对接的方式进行，这既掣肘其自主改革，也容易导致实验内容碎片化，缺乏改革系统集成。

① 杜丽娟：《自贸区十周年：千分之四国土面积贡献全国近五分之一外商投资》，《中国经营报》2023年11月13日第04版。

三、发挥自由贸易试验区更大“试验田”作用

1.成为对标高标准经贸规则的“新标杆”

适应高水平开放的大趋势，自由贸易试验区的作用不仅不能弱化，反而要明显加强；“试验田”的空间不仅不能缩小，反而要明显扩大。自由贸易试验区需要率先对标CPTPP等高水平经贸规则，在加快探索“零关税”、低税率、简税制的基础上，尽快在竞争中性、跨境数据流动、电子商务监管、政府采购、国企改革、打破行政垄断等方面先行探索，为我国推动更高水平开放积累经验及推动全球自由贸易进程、参与全球贸易经贸规则制定、提升全球经济治理话语权提供实践依据。

2.成为我国制度型开放的新高地

未来几年，推进以货物贸易为主向以服务贸易为重点的开放转型，成为制度型开放的重大任务。为此，一方面，需要加强同国际通行市场规则对接。例如，全面实施企业自主登记制度与简易注销制度，取消企业一般投资项目备案制，尽快开展负面清单外无审批试点等，真正实现内外资企业“自由生、自主营、自由死”。另一方面，尽快将上海自由贸易试验区跨境服务贸易负面清单推广至全国其他自由贸易试验区；大幅缩减跨境服务贸易负面清单数量，并进一步细化跨境服务贸易负面清单限制性措施，增强透明度与可操作性；加强同我国香港及欧盟、日本、韩国等发达经济体专业技术人员的资格互认及服务业监管标准对接，加快开展服务贸易“经认证的经营者”试点，尽快实现人员、资金等要素自由流动。

3.在推动国内区域开放中发挥更大作用

当前，我国区域开放不平衡的矛盾依然突出。根据《中国统计年鉴2023》数据，2022年，东部地区外贸依存度达到53.37%，而中部地区（14.20%）、西部地区（15.07%）、东北地区（20.91%）普遍低于全国水平（34.76%）。

目前，我国22个自由贸易试验区已覆盖东中西区域，具备带动优化区域布局的基本条件。这需要在中央层面明确自由贸易试验区开放底线的前提下，允许自由

贸易试验区根据承载的国家战略、自身区域特点实行差异化开放策略。这就需要赋予其在改革上更大的自主权，使不同的自由贸易试验区根据不同的定位，在不同的领域加快探索，实行差异化的负面清单，并允许自由贸易试验区先行实施各自优势产业项下的自由贸易政策。

4.在探索高水平开放政府治理中发挥更大作用

鼓励自由贸易试验区采取不同的管理模式。例如，部分自由贸易试验区可考虑采取双重行政管理体制，甚至是企业化管理模式，推进政府职能转变，最大限度激发自由贸易试验区的发展活力。有的自由贸易试验区甚至可以采取外资主导的模式进行管理。再例如，可以考虑将横琴自由贸易试验区交由澳门全权管理，这既能扩大澳门的地理空间，又能全面做活横琴自由贸易试验区。

四、以服务贸易为重点推进自由贸易试验区升级

1.部分自由贸易试验区率先对标全球高标准自由贸易园区

上海、广东、福建、天津等制度创新任务完成度较高的自由贸易试验区，要率先对标全球高标准的自贸协定，做好我国开放型经济新体制的压力测试工作。落实“零关税”、低税率、区内流转免征增值税等某些国际自由贸易园区通行的相关政策，并加快在数字贸易、服务贸易等新兴贸易领域的规则探索，争取到2025年形成中国版的全球数字贸易与服务贸易新规则。

2.分类推进自由贸易试验区转型发展

按照“持续深化差别化探索”的基本思路，形成多层次的探索经验。例如，抓住上海自由贸易试验区扩容的契机，率先对标国际金融中心，在加快落实“金改40条”的基础上，大力推进人民币资本项目可兑换、利率汇率市场化改革、人民币国际化等金融领域的关键环节改革；在广东自由贸易试验区全面推进与港澳地区在金融、保险、会计、法律、研发、教育等领域的规则与标准对接，尤其是在香港目前

的局势下，在管住货物的前提下全面放开人文交流。广东自由贸易试验区可以把成熟的经验尽快在珠三角地区推开。

对不具备全面开放条件的自由贸易试验区，根据其自身特点实行产业项下的自由贸易政策。例如，辽宁自由贸易试验区重点推进装备制造业和先进制造业产业项下的自由贸易政策，陕西自由贸易试验区重点推进文化产业项下的自由贸易政策。根据各自由贸易试验区承载的“一带一路”的重大任务和自身特点，实行基础设施项下、产能项下、服务贸易项下、海洋项下的自由贸易政策。

3.重点探索制度型开放

按照全国一张负面清单的管理模式，各自由贸易试验区的总体方案要求以既定的步骤推进，同时把重点放在自由贸易试验区内相关政策与制度的创新与完善上。例如，进一步完善“准入前国民待遇+负面清单”管理制度，在服务贸易自由化便利化方面继续探索，在服务业及数字经济领域的监管变革上进行探索，探索与开放相适应的行政体制改革，等等。

总的来看，需要结合各自由贸易试验区的实际情况，推动自由贸易试验区的转型发展，以适应我国推进全方位开放的新要求，发挥自由贸易试验区更大的作用。

▶▶▶

| 第四节 |

抓住RCEP机遇实现沿边开放新突破

沿边开放不仅是我国重要的开放战略，也是我国重要的区域发展战略。党的十八大以来，党中央、国务院出台了关于沿边开发开放的一系列政策举措，设立沿边重点开发开放试验区，促进边境经济合作区、跨境经济合作区、跨境旅游合作区等平台高质量发展，推动沿边地区加快发展。与此同时，也要客观看到，沿边开发开放整体水平仍有待提高，“开放末梢”格局尚未完全破除，实现高水平开放突破还需要下大的功夫。抓住RCEP实施的机遇，用好沿边的优势，成为高水平开放布局的重要一环。

一、抓住RCEP机遇加快沿边开发开放

1.RCEP的全面实施为沿边开放带来重要机遇

（1）贸易规模不断扩大。广西、云南直接面对东南亚、南亚，区位特点突出。从实施情况看，沿边开放已经从RCEP中得到早期收获。比如，广西、云南与RCEP其他成员国的贸易总额分别由2020年的390.26亿美元、192.69亿美元上升至2022年的474.47亿美元、214.88亿美元。黑龙江贸易规模较小，但增速较高（见表5-10）。2022年黑龙江对RCEP其他成员国的进口和出口增速分别达到16.45%、44.12%。

表5-10　2020—2022年广西、云南、黑龙江与RCEP其他成员国贸易规模

单位：亿美元

	广西			云南			黑龙江		
年份	2020	2021	2022	2020	2021	2022	2020	2021	2022
合计	390.26	495.35	474.47	192.69	217.96	214.88	20.25	28.09	35.98
同比增长		29.49%	-4.22%		13.11%	-1.41%		38.72%	28.09%
越南	254.72	309.29	293.05	80.69	72.13	73.58	4.40	5.68	7.94
泰国	55.02	77.40	45.27	49.82	52.25	32.51	3.79	6.28	6.49
澳大利亚	24.61	32.70	25.48	16.18	19.92	23.52	3.46	3.63	5.10
印度尼西亚	8.01	14.06	23.43	4.94	13.23	22.07	3.85	4.73	4.80
马来西亚	12.36	18.95	23.00	11.25	13.04	17.43	0.86	1.56	3.00
韩国	10.41	12.12	21.11	7.47	9.18	10.11	1.10	1.80	2.41
菲律宾	4.17	6.37	13.89	5.65	9.30	7.79	0.79	1.18	1.73
日本	11.24	13.19	12.28	3.45	6.26	7.14	0.55	0.95	1.58
新加坡	6.23	5.33	10.10	4.45	9.20	6.85	0.57	1.23	1.32
柬埔寨	0.93	1.62	2.90	5.12	7.91	6.35	0.55	0.42	0.66
缅甸	0.97	1.14	1.83	2.53	3.80	5.25	0.16	0.22	0.60
新西兰	0.69	1.53	1.23	0.73	1.05	1.58	0.05	0.06	0.19
老挝	0.87	1.64	0.81	0.38	0.62	0.61	0.12	0.34	0.14
文莱	0.03	0.01	0.09	0.03	0.07	0.09	0.00	0.01	0.02

数据来源：全球贸易观察数据库。

（2）**贸易结构逐步优化。**沿边三省与RCEP的贸易结构呈现高级化趋势。以机电产业为代表的中高端制造业贸易占贸易总额的比重总体不断上升，而以农产品为代表的初级产品占贸易总额的比重总体不断下降。2020—2022年，与RCEP其他成员国机电产业贸易占贸易总额的比重，广西从16.48%提升到28.45%，云南从11.21%提升到19.93%，黑龙江从21.58%提升到22.15%；传统农产品贸易比重，广西、云南、黑龙江则分别下降了0.87个百分点、6.79个百分点和6.23个百分点（见表5-11）。

表5-11　2020—2022年广西、云南、黑龙江与RCEP其他成员国贸易结构

单位：亿美元

		与RCEP其他成员国贸易规模	机电类	农产品类	机电类占比	农产品类占比
广西	2020年	390.26	64.33	31.95	16.48%	8.19%
	2021年	495.35	87.91	37.62	17.75%	7.59%
	2022年	474.47	134.98	34.73	28.45%	7.32%
云南	2020年	192.69	21.61	47.93	11.21%	24.87%
	2021年	217.96	29.66	42.85	13.61%	19.66%
	2022年	214.88	42.83	38.86	19.93%	18.08%
黑龙江	2020年	20.25	4.37	6.81	21.58%	33.61%
	2021年	28.09	5.93	7.99	21.11%	28.44%
	2022年	35.98	7.97	9.85	22.15%	27.38%

数据来源：Global Trade Flow，全球贸易观察数据库。

2.俄罗斯经济东向合作态势为黑龙江沿边开放带来重要机遇

俄乌冲突不仅深刻改变了地缘政治格局，而且深刻改变了区域经济格局。当前，俄乌冲突呈现长期化态势，俄罗斯与欧美的经贸关系难以在短期内恢复。这使得俄罗斯更加注重与中国的经贸合作，尤其是注重与中国东北地区的合作。俄罗斯向中国开放海参崴港，就是一个重要的信号；上海合作组织进一步深化了经贸合作，发起成立上海合作组织自贸区并非遥不可及。在这种特定形势下，黑龙江对俄贸易增长迅速。2020—2022年，黑龙江进出口总额从222.22亿美元增长到396.92亿美元，其中对俄贸易额从140.76亿美元增长到277.61亿美元，对俄贸易额占黑龙江进出口总额的比重从63.34%提升到69.94%（见表5-12）。2023年上半年，黑龙江对俄贸易额进一步提高到144.55亿美元。黑龙江自由贸易试验区在这个进程中得到明显发展，尤其是对俄跨境农产品加工等特色产业发展较快。2022年，黑龙江自由贸易试验区黑河片区进口加工俄罗斯大豆12万吨，就地加工转化率100%[①]。抓住俄罗斯经济东向合作的态势，黑龙江自由贸易试验区发展的空间将进一步扩大。

① 中国商务部国际贸易经济合作研究院：《中国自由贸易试验区发展报告（2023）》，2023。

表5-12　2020—2022年黑龙江对外贸易规模及结构

单位：亿美元

年份	2020年	2021年	2022年
与全球贸易规模	222.22	308.54	396.92
与俄罗斯贸易规模	140.76	203.27	277.61
对俄贸易占比	63.34%	65.88%	69.94%

数据来源：全球贸易观察数据库。

3.以全面实施RCEP为重点，抓住俄罗斯东向机遇

（1）全面实施RCEP，着力提升沿边三省RCEP规则利用程度。中国（海南）改革发展研究院课题组对中国各地区RCEP规则利用情况进行了梳理，估计2022年中国企业出口的RCEP规则利用率为3.56%，广西、云南、黑龙江等沿边三省出口的RCEP规则利用率明显低于全国平均水平，RCEP红利没有充分释放。为此，需要以沿边自由贸易试验区为重点，加快落实RCEP相关规则，着力提升广西、云南、黑龙江的RCEP规则利用程度，尤其是沿边自由贸易试验区内企业的利用率，以加快释放RCEP红利。

（2）加大对俄贸易升级，进一步密切对俄经贸关系。推动俄罗斯的远东发展战略与东北振兴战略的对接，深化产业结构调整，建设面向俄罗斯及东北亚的交通物流枢纽。例如，第一，积极拓展以绿色经济、数字经济为主题的中俄新发展战略的合作。在黑龙江自由贸易试验区内，发挥中国数字化优势，与俄罗斯共同合作，全链条地数字化改造装备制造、能源化工、食品医药、农业、文旅等传统产业。第二，进一步开展节能降耗、碳捕捉、碳回收等技术的交流与合作。第三，加大劳务合作，降低和消除针对中国农企对俄投资风险高、劳工赴俄难和农产品进出口标准不一等障碍和政策壁垒。再例如，以境内综合保税区为加工贸易集散中心的跨境产业联动格局，与俄罗斯共同打造“头外尾内、粮头食尾、农头工尾”的农业跨境合作产业链条。

（3）推动沿边自由贸易试验区优势领域加快发展。例如，第一，云南要加快制定RCEP项下货物贸易潜力商品清单和服务贸易优势领域清单，打造RCEP云南贸易中心，实现合作共建中国、老挝命运共同体示范区的突破。第二，云南、广西要

用好RCEP经贸规则，发挥沿边优势，加快推进与RCEP其他成员国的战略、规划、机制对接，加强政策、规则、标准联通。第三，加强沿边自由贸易试验区和各类开放平台与政策的联动发展，推动RCEP与相关政策的叠加。

二、沿边自由贸易试验区重在加快实现服务贸易新突破

1.沿边地区需要着力克服服务贸易发展滞后的短板

过去几年，沿边省份在服务贸易上取得了一定进展，但客观上也面临比较严峻的挑战。以云南为例，2015—2019年，云南服务贸易年均增长16.3%，高于全国14个百分点。2019年服务贸易达到96.97亿美元，占对外贸易的比重为22.35%。2020年受疫情影响，服务进出口总额下降到16.5亿美元，下降了82.98%，占对外贸易额的比重明显下降到4.1%。2021年回升到21.68亿美元，但仍远低于2019年。再以广西为例，2017年广西服务贸易规模为40.7亿美元，2021年下降到25.66亿美元。2022年上半年达到14.86亿美元，尚未达到2017年的同期水平。此外，沿边服务贸易发展较慢，生产性服务贸易发展较为滞后，沿边优势尚未充分发挥。“十三五”期间，云南8个沿边州（市）服务贸易占全省的比重仅为6%左右。

2.沿边自由贸易试验区要适应服务贸易发展趋势，尽快实现服务贸易发展的突破

（1）以面向区域的教育、医疗等作为实现沿边服务贸易发展新突破的重点。教育、医疗服务贸易发展不仅适应服务贸易发展大趋势，而且也适应区域一体化的实际需求。广西、云南、黑龙江要把教育、医疗服务作为面向东盟、面向南亚和东南亚、面向东北亚发展服务贸易新突破的重点。以云南教育服务开放进展为例，云南积极发挥区位优势，建立了国家级的南亚东南亚大学联盟、澜湄职业教育联盟、中国-上合组织青年交流中心等教育对外开放平台，发挥了教育在对外开放中的先行作用。中国（海南）改革发展研究院将参与支持云南教育国际交流协会等机构组建RCEP教育智库联盟，促进区域教育服务合作，进一步扩大教育服务对外开放。

（2）推动沿边数字贸易发展。广西、云南、黑龙江三省数字贸易发展各具

优势，例如，黑龙江省现有跨境电商企业497家，114家外贸企业入驻阿里巴巴国际站，设立了10个跨境电商独立站、34个海外仓；广西面向东盟打造“数字丝绸之路”，2022年广西跨境电商交易额达163.2亿元，同比增长60.8%；云南面向南亚、东南亚辐射中心数字枢纽建设稳步推进，2020年全省跨境电子商务进出口规模达13.53亿元，2019—2021年，跨境电商进出口额年均增长545.82%。充分利用RCEP电子商务等条款，沿边自由贸易试验区在数字贸易上有相当大的发展前景。

（3）推动沿边跨境金融发展。广西、云南具有与东盟国家深化金融服务合作、扩大金融服务贸易的基础和深厚潜力。在进一步推进人民币国际化的特定背景下，金融服务成为广西、云南面向东盟发展服务贸易的重要抓手。例如，2023年上半年，云南跨境人民币收付合计368.9亿元，同比增长6.1%，与东盟国家、“一带一路”国家、RCEP成员国人民币结算量占比分别为68.2%、69.1%和69.8%。为此，需要有序推动将沿边自由贸易试验区纳入资本项目外汇便利化政策支持范围；支持沿边自由贸易试验区实施贸易外汇收支便利化政策，与有关邻国开展双方货币跨境结算、现钞跨境调运、金融政策协调等领域的磋商与合作；在管住风险的前提下，积极探索资本项目的完全开放。

3.以跨境服务贸易负面清单为重点推动沿边自由贸易试验区服务贸易制度创新

跨境服务贸易负面清单是国际高水平经贸规则的主要做法和发展趋势。CPTPP等国际高水平经贸规则均采用负面清单模式，CPTPP附件1详细列明了各国对跨境服务贸易采取的相关限制措施。以东盟为主体的RCEP，已有7个成员国采取负面清单模式，另外8个采取正面清单模式的成员国也承诺在一定时限内转换为负面清单模式。为适应这一趋势，沿边自由贸易试验区要借鉴海南自由贸易港的经验，争取支持，先行先试跨境服务贸易负面清单模式，有序减少跨境交付、境外消费、自然人移动等模式下服务贸易限制措施，推动沿边自由贸易试验区服务贸易发展。同时，以实行跨境服务贸易负面清单为导向，推动沿边自由贸易贸试验区制度性变革，落实好外商投资准入前国民待遇加负面清单管理制度。

沿边自由贸易试验区要积极吸引国内外服务型企业总部、区域型总部、各类业务中心落户，积极构建区域性总部集群。例如：面向东盟，广西要积极打造数字贸易、服务外包、旅游、会展等项下的集聚区；面向南亚、东南亚，云南要积极打造现代服务业项下的集聚区；面向俄罗斯和日韩，黑龙江要积极打造中医药、服务外包等项下的集聚区。

三、沿边自由贸易试验区加快实现制度型开放的新突破

1.沿边自由贸易试验区有条件在制度型开放上率先突破

过去几年，沿边自由贸易试验区以沿边开发开放和跨境经济合作为重点领域进行制度创新探索。例如，广西和云南自由贸易试验区探索沿边金融开放和跨境劳务合作、黑龙江自由贸易试验区探索对俄特色医疗旅游模式等。抓住RCEP全面实施的机遇和俄罗斯经济东向合作的机遇，沿边自由贸易试验区有条件在现有开放基础上加快“边境内”开放的探索，推动规则、规制、管理、标准等与国际对标，在低敏感领域深入开展经贸合作。

比如，沿边自由贸易试验区边贸特点突出，可以在边贸基础上，进一步拓展人民币跨境金融服务的深度和广度，围绕沿边自由贸易试验区企业需求探索更大范围、更大规模的人民币跨境使用。再比如，随着服务贸易的快速发展，在服务业与服务贸易的标准上，沿边自由贸易试验区需要率先对标国际先进水平，推动服务标准的国际化，显著提升服务水平与标准。

2.沿边自由贸易试验区积极推进规则规制管理标准对接

（1）加快推进服务业领域内外标准对接。例如：率先实现医疗健康、养老、旅游等非敏感行业服务业标准对接；借鉴国际经验，尽快制定符合我国实际的职业资格互认制度，率先实现与发达国家在旅游、教育、医疗、商务、科技、文化等领域的职业资格互认。

（2）提升服务业领域市场监管标准的国际化水平。例如：在旅游、健康、教育、金融、电商等领域推进服务认证；建立健全社会第三方服务认可认证制度，鼓励服务企业积极参与服务认证；制定市场经营行为差异化责任豁免目录，在确保国

家安全的前提下，允许境外企业提供相关服务。

3.以打造良好的发展环境为导向实现制度型开放的突破

沿边自由贸易试验区要着力扩大投资贸易规模，关键在于打造良好的发展环境。RCEP、CPTPP引入相关新议题，根本目的是优化发展环境。沿边自由贸易试验区需要全面落实RCEP条款，主动对接CPTPP，并在新议题上开展压力测试，以营造良好的发展环境。例如：一是强化竞争政策基础性地位，在要素获取、准入许可、经营运行、政府采购和招投标等方面，对国企、民企、外企等各类所有制企业平等对待，推动产业政策转型，实现经济政策由产业政策为主向竞争政策为基础转变；二是深化投资审批制度改革，优化政府事中事后监管，加强市场监管体系建设，构建科学、高效的政府监管体系；三是全面降低制度性交易成本，既吸引国内要素，也吸引国际高端要素。

4.在沿边自由贸易试验区着力提升法治化水平

制度型开放需要不断推进市场经济法治化进程，把高水平开放的探索确定下来。这就需要充分利用沿边自由贸易试验区的权限，显著提升法治化水平。例如，第一，强化知识产权保护，严格规范行政机关和执法机关的执法行为。第二，严格保护企业家和法人财产的取得、使用、处置、继承等权利以及被依法征收时得到补偿的权利。第三，及时修订完善各沿边自由贸易试验区的实施条例或管理办法，把相关新议题的探索纳入在内。

四、以云南、广西为重点建立澜湄单边开放大通道

1.积极开展澜湄合作框架下的农业单边开放

（1）争取放开澜湄国家替代种植项下的返销配额。以正面清单模式，取消老挝、缅甸、柬埔寨、泰国等替代种植返销的进口配额，满足境外替代种植返销需求，并把好进口产品安全和质量关。在粮食、甘蔗、橡胶、茶叶等基础上，增加热

带水果、药材、咖啡、坚果等替代种植和返销进口，对返销免征进口环节流转税。允许清单之外的替代种植农产品通过互市贸易渠道进口。

（2）聚焦农业产业链前、后端布局相关产业。聚焦农产品精细加工及冷藏、冷链、包装、品牌打造、营销推介、交易等附加值较高的后端环节布局，推动农产品加工由粗放型向精深加工转变；针对丘陵、山地等地理特点，吸引农业企业开展农业市场信息、农资供应、种植技术服务、农机作业及维修服务、农业种植技术推广服务、农产品标准认证、农业生产金融保险等相关业务，逐步打造面向澜湄区域的农业生产服务体系。

（3）围绕贸易链布局跨境产业链。充分利用并依托中老铁路和昆曼公路带来的交通物流优势，转变传统的边民互市方式，以产贸融合为导向，采用“边境贸易+跨境加工”“边境贸易+互助组”等新型模式，推动边民互助组、当地企业以及泰国、缅甸、越南等农业加工企业参与经合区农业产业化进程。鼓励边贸企业在跨境经济合作区设立加工企业，布局跨国产业链，增加当地就业和税收。

2.以云南、广西为基地开展向澜湄国家水资源可持续开发利用的技术援助

（1）支持云南、广西与澜湄国家建立地方间“水联盟”。主动向老挝、缅甸、柬埔寨等不发达国家分享水资源管理技术及流域水资源开发利用知识，减少偏见，达成流域可持续发展的共同认知。可在澜湄水资源合作联合工作组会议层面，主动设置水库综合调度的议题，与湄公河流域国家政府就水库综合调度及其效益发挥方面的技术与管理问题进行沟通，并深入开展技术人员交流与培训，分享中国经验。

（2）充分发挥澜湄水资源合作信息共享平台的作用。向流域内广大公众正面宣传水库的综合效益，逐步在公众心目中树立正确的水利工程及水资源开发利用理念。

（3）加大对澜湄地区水利基础设施的投入。谋划实施一批水利基础设施和水安全的相关项目，通过无偿援助、合作建设等多种方式，快速提升中国在澜湄地区的影响力，增强湄公河国家对中国的信心。

（4）强化水资源可持续开发利用的人文交流。借鉴美国经验，打造涵盖1.5轨对话、政策对话、高级官员会议、部长级会议、领导人会议等的多层级沟通平台。加强中国与湄公河国家水利管理人员和技术人员的技术交流、来华培训，推进澜湄水资源合作机制下中国与湄公河国家的人力资源合作。

3.在云南、广西全面放开面向东盟的职业教育市场

在充分沟通的基础上支持两地高校、职业教育或培训机构与澜湄地区相关教育机构联合举办以农业、旅游业、医疗健康、文化娱乐、商贸物流为主要学科的国际职业教育培训机构。支持在云南、广西共建农业人才培养实训和实习见习基地，合作开展专业技能人才定向委托培养，提升边民综合素质。同时，通过教师互访、学生互换、学分互认和学位互授等形式，加强教育国际合作与交流，鼓励特定工种教育培训等相关优势学科“走出去”。

PART 06

第六章

以高水平开放推动深层次市场化改革

党的二十大报告强调，“构建高水平社会主义市场经济体制”“推进高水平对外开放”。在国际环境日趋复杂，不稳定性、不确定性明显增加的特定背景下，作为拥有14亿多人口的大国要保持战略定力，办好自己的事，关键在于把握高水平开放与深层次市场化改革互促共进的时代特征，以构建新发展格局为基本要求，走出一条以高水平开放促进深层次市场化改革的新路子。

▶▶▶

第一节

以开放促改革、促发展

改革开放40多年来，我国通过建立和完善社会主义市场经济体制，极大地激发了市场活力与社会活力，实现了经济现代化的历史跨越。当前，面对国内外发展环境的深刻复杂变化，全面深化改革开放站在了新的历史节点，回答好、解决好实现经济高质量发展、推进现代化经济强国建设、促进全球经济再平衡等全局性的重大课题，是新一轮全面深化改革开放应当承担也必须承担的历史使命。

一、以深化改革的重要突破形成良好发展预期

1.以改革自信提振市场信心，增强增长动力

一方面，短期经济增长的困难加大、矛盾增多；另一方面，经济结构转型升级蕴藏着巨大的增长潜力。到2035年，生产性服务业占GDP的比重有望由目前的30%左右提升到50%～60%；服务型消费支出占消费总支出的比重有望由43.16%提升到60%左右；户籍人口城镇化率有望由47.7%提升到65%左右。这是我国经济发展的基本面，也是未来10—15年实现5%左右经济增长的最大底气。提振市场信心、稳定发展预期重在深化改革的务实行动。

2.以深化市场化改革的务实举措重振市场主体活力

稳市场重在稳市场主体。我国拥有14亿多人口、4亿多中等收入群体和1.7亿户

市场主体这一全球最大最有潜力的大市场。问题在于，当前发展预期弱化是市场主体活力不足的重要原因。提振市场信心、激发市场主体活力尤其是民营企业活力，要从理论与实践两个方面将中央一再强调的“两个毫不动摇”破题落地。

3.以严格规范政府监管行为为重点优化营商环境

落实党的二十大关于深化要素市场化改革、建设高标准市场体系和全国统一大市场的要求，核心是规范政府行为，强化公开、公平、公正竞争的市场环境。实践证明，只有“大幅度减少政府对资源的直接配置”，才能打破监管的“黑匣子”，才能打破各种人为设置的制度障碍和市场壁垒。过去，一些以监管为名的措施常常限制了市场竞争，形成不公平竞争环境。通过强化公开、公平、公正竞争的市场环境，可以推动各类市场主体在公平竞争中脱颖而出，提高市场活力和创新能力。由此，改善营商环境，提振市场信心。

二、以坚定的改革自觉与务实行动形成良好的改革氛围

1.坚定改革信念，增强改革自觉

面对改革的新形势与新挑战，深化改革要主动回答时代之问。社会群体对改革的基本诉求已不再是“吃饱饭”的问题，而是自身的全面发展的问题。深化改革要主动回答利益关系之问。以往的改革，是多数人普遍获益。今天，深化改革深刻触及各种利益关系的调整，改革的“硬骨头”硬在利益调整上。深化改革要主动回答行动之问。改革是闯出来、拼出来、干出来的。深化改革的重要突破，需要更多的改革实干家，需要更多的改革务实行动。

2.以更大魄力、更务实的行动促进重大改革的突破

按照党的十八届三中全会对全面深化改革的战略部署，10多年来某些改革有重大进展与重大突破，如扩大开放超出预期。同时也要看到，有些改革缺乏实质性进展。以金融改革为例，“加快实现人民币资本项目可兑换”是中央对深化金融体

制改革的重要要求。受多种因素影响，这项改革尚未取得重大突破。由此，人民币国际化虽有进展，但与我国作为世界第二大经济体的地位是不相适应的。根据中国人民银行《2022年人民币国际化报告》，2022年一季度，人民币在全球外汇储备中的占比为2.88%。再以户籍制度改革为例，10年来户籍人口城镇化率与常住人口城镇化率的缺口仅缩小了1个百分点，这与中央关于“加快户籍制度改革”的要求有很大差距。由此，城市化建设进程、扩大中等收入群体等事关中长期发展的重大结构调整都受到较大制约。

3.全面深化改革开放要调动各方面的积极性

人民是改革主体，要把自上而下的顶层设计与自下而上的基层创新相融合，鼓励支持社会各方面参与改革。调动人民参与改革的积极性，就是要增强人民对深化改革的获得感。这就需要深化收入分配制度改革，并把赋予农民更多财产权、加快户籍制度改革等作为落实党的二十大提出的“多渠道增加城乡居民财产性收入”的重大举措。同时，以提高公共消费比重为重点实施积极的财政政策，提高基本公共服务均等化水平。

三、以高水平开放形成深化改革的重要推动力

1.实现更大程度的市场开放

扩大市场开放仍是经济结构转型升级的重要推动力。例如：2012—2022年，中国消费品进口额增长超过1倍，促进了消费结构的转型升级；知识密集型服务进口增长超过70%，促进了贸易结构的转型升级。未来几年，在全球市场需求空间扩张乏力的背景下，我国进一步放开市场，将对世界经济增长带来重大利好。

2.以制度型开放倒逼深层次制度性变革

开放与改革直接融合、制度型开放与制度性变革直接融合、“边境内”开放与市场化改革直接融合，是新阶段我国高水平开放的突出特点。我国积极主动申请

加入CPTPP，将高标准的国际规则体系延展到国内，在规则对标对接中形成深化改革的倒逼压力与动力；全面确立竞争政策的基础性地位，确保内资与外资、民企与国企在要素获取、准入许可、经营运行、政府采购和招投标等方面一视同仁、平等对待。

3.以主动开放推动自由贸易的重要突破

习近平主席在第三届“一带一路”国际合作高峰论坛开幕式上的主旨演讲中向国际社会宣布了高质量共建“一带一路”的八项行动，这是中国主动开放的重大举措，得到国际社会的广泛赞许。建议分国别、分产业制定实施向东盟单边开放的政策，实现中国-东盟自由贸易的重大突破。

在世界经济有可能面临“失去的十年”的背景下，中国实现全面深化改革开放的重要突破不仅会赢得中长期经济的可持续增长，也将对全球经济增长与经济再平衡产生重大影响；不仅会加快中国现代化经济强国建设进程，也将对新一轮经济全球化发挥重要推动作用。

▶▶▶

第二节

以市场化改革激发民营经济活力

民营经济是我国经济发展的主体力量，具有“56789”的特征（即贡献了50%以上的税收，60%以上的国内生产总值，70%以上的技术创新成果，80%以上的城镇劳动就业，90%以上的企业数量）。毫不动摇地支持民营经济做大做强，有效提振民营经济信心与预期，是提升经济治理效能的重大任务。为此，需要在理论与实践方面实现重大突破，为民营资本提供最高水平的法治保障，加快完善市场化、法治化、国际化的营商环境，充分发挥市场在资源配置中的决定性作用，激发民营经济活力。

一、推动形成公开市场、公平竞争的新格局

1.稳定民营经济预期

（1）民营经济指标渐次下降应当引起高度重视。当前，受多重因素的影响与冲击，民营经济预期明显转弱、信心严重下降已成为我国经济发展需要着力解决的突出矛盾。稳定和增强内外对我国发展的预期，要按照党的十八届三中全会决定的系列部署，充分发挥市场在资源配置中的决定性作用，充分释放市场的活力，更好地发挥政府作用。

根据国家统计局数据，2010—2022年，我国民间投资增速由32.5%下降至0.9%（见图6-1），民间投资占比由65.4%下降至54.2%。这既有短期政策的影响，

也有限制竞争、妨碍竞争等深层次体制机制原因。民营企业贡献了国民经济的“56789”，却只获得了40%左右的信贷资源①，这与其对国民经济的贡献完全不匹配。在此背景下，要激发企业活力，按照竞争中性原则，为各类企业创造公开市场、公平竞争的市场环境，使各类企业在市场中自主经营、自由竞争。

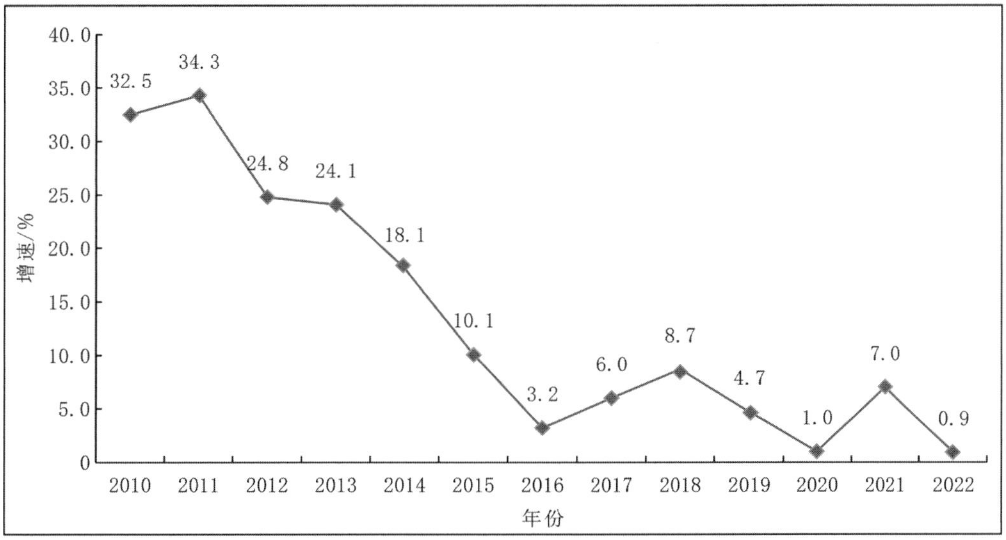

图6-1　2010—2022年我国民间投资增速

数据来源：根据国家发展和改革委员会、国家统计局相关数据整理。

（2）政策举措不断出台，关键在于落实。2023年7月，《中共中央 国务院关于促进民营经济发展壮大的意见》发布，明确提出：“引导全社会客观正确全面认识民营经济和民营经济人士。加强理论研究和宣传，坚持实事求是、客观公正，把握好正确舆论导向，引导社会正确认识民营经济的重大贡献和重要作用，正确看待民营经济人士通过合法合规经营获得的财富。坚决抵制、及时批驳澄清质疑社会主义基本经济制度、否定和弱化民营经济的错误言论与做法，及时回应关切、打消顾虑。”

应当说，党和国家鼓励支持民营经济发展的方针政策、法律法规，从开始到延续再到扩大，已经推进了40多年。特别是在2004—2023年的近20年间，国家先后出台了四部专门针对民营经济发展的综合性重要文件，都是针对民营经济发展中的

① 任泽平、马家进、罗志恒：《中国民营经济报告：2019》，恒大研究院，2019年10月14日。

外部环境问题和自身发展问题而制定的综合性政策措施，具有重要现实意义和历史意义。回顾过去的文件，它们都在相当程度上促进了民营经济的发展，但同时，其实际执行不尽如人意，往往被打了许多折扣。这主要是由于传统理念、习惯做法、既得利益、自错难纠等的逆向影响，同时也有观念相冲、政策相冲、执行相冲的问题。目前，需要加快相关政策的落地实施，释放其效果。

2.完善公平竞争制度

（1）公开市场、公平竞争是高水平开放的重要前提。从全球经贸规则演进的趋势看，高标准的双边、多边自由贸易协定都要求市场的透明度，都要求建立在公平竞争的基础之上。以《全面与进步跨太平洋伙伴关系协定》（CPTPP）为例，要求成员国经济社会政策、产业政策、投资政策、环境政策、监管框架等“边境内措施”都能够体现公平竞争，要求透明度和反腐败等。

（2）公开市场、公平竞争是高标准市场经济体系的重要特征。高标准市场经济体系要求公开市场、公平竞争贯穿市场经济运行的全过程。例如：从企业层面看，要求不同所有制企业的公平竞争；从产品和服务层面看，要求反垄断和反不正当竞争；从要素领域看，要求不同市场主体公平竞争使用各类要素。

（3）建设高水平社会主义市场经济体制，首要任务是完善公平竞争制度。一是要强化竞争政策的基础性地位，对各类所有制企业一视同仁，实现各类所有制企业平等竞争。二是要实现经济政策由产业政策为主向竞争政策为基础的转变，明确产业政策以不妨碍公平竞争为基本原则，制定适用产业扶持政策的负面清单，将产业政策严格限定在具有重大外溢效应或关键核心的技术领域。三是要实现市场监管的重点由一般市场行为监管向公平竞争审查的转变，推动市场监管的主要对象由商品为主向服务为主过渡，并强化对经济政策的公平竞争审查。

3.实现各类企业的公平竞争

（1）实现国有企业与民营企业公平竞争。取消对社会资本单独设置的附加条件和歧视性条款；全面清理政府对国有企业在竞争性领域与环节的补贴、税收支持政策与信贷隐性担保；以公益性为导向优化国有资本配置，实现竞争性领域的全面放开；限制国有企业兼营垄断业务和竞争性业务，避免其借助垄断环节阻止其他市场主体进入竞争性业务领域。

（2）实现不同地区市场主体的公平竞争。近年来，地方保护情况有很大改善。但在政府职能转变未破题的情况下，政府采购、新经济发展、重大项目建设、投融资等领域的地方保护现象仍然时有发生。为此，需要尽快优化考核机制，将公平竞争的市场环境纳入政府考核内容；建立企业地方保护申诉机制，强化市场监管机构对地方保护政策的审查。

（3）实现内外资企业的公平竞争。以全面落实《中华人民共和国外商投资法》为重点，清理内外资准入资格不一致的规定。在现有市场准入负面清单外的领域，取消对外资的股比限制，清理与内资准入资格不一致的歧视性规定，实现内外资企业的同等待遇；系统梳理各行业法规与政策中的外商投资限制，进一步完善外商投资的服务体系与信息披露，为外商投资提供公开、透明的投资环境。

4.提高民营企业融资可获得性和便利化水平

（1）拓宽民营企业融资渠道。加大信贷基金对民营企业的支持力度，鼓励和引导民营企业利用资本市场筹措资金；通过设立政府基金等方式，引导金融机构为符合条件的民营经济主体提供融资支持；在获取土地、贷款等生产要素以及投资补助、贷款贴息等方面设立政府投资资金，缓解民营企业生产要素制约和融资难、融资贵等现实难题。

（2）创新民营企业融资方式。鼓励国有企业通过投资入股、联合投资、并购重组等方式，与民营企业进行股权融合、战略合作、资源整合。支持民间资本发展创业投资，加大对创新型中小企业的支持力度。支持符合条件的高新技术和“专精特新”企业开展外债便利化额度试点。

（3）大力发展数字普惠金融。加快金融与数字技术融合的脚步，降低金融服务的门槛，扩大服务范围，使其更好地发挥普惠性，为资金短缺的中小企业提供精准、多元的金融服务。深化金融供给侧结构性改革，建立健全数字基础设施，提升网络普及率；建立健全科学、合理的征信系统，促进信息系统的实时共享，为数字普惠金融发展创造良好的外部环境。

（4）**推动金融要素平等竞争使用**。尽管民营经济已成为国民经济发展的主力军，但国有企业在资源占有、土地、贷款、公司上市、利润分配等方面享有不可比拟的政策优势，导致国有企业与民营企业身份悬殊、竞争不公平、绩效不可比，民营经济融资受限。对此，应加快要素市场化进程，让各类市场主体平等使用生产要素、公开公平公正参与市场竞争、同等受到法律保护。

专栏6-1　为民营经济发展创造良好制度预期

全国工商联研究室原主任陈永杰：党中央关于民营经济发展的方针、政策、战略都很明确，但执行当中遇到了障碍，深层次原因是思想、观念、理论落后于实践。要破除理论窠臼，解放思想，创新民营经济系统理论。一是构建民营经济的“百姓经济理论”。我国目前有4000多万家民营企业，近亿的民营企业投资者，1亿多家个体工商户，近4亿（城镇）劳动者在其中就业。二是构建“市场主体理论”。三是构建“内生要素理论”。四是构建“支柱根基理论”。五是构建“财富正义论”。六是构建“财富用益理论”。

中国宏观经济研究院教授常修泽：国有、民营企业都是共同的经济基础，都是党执政的基础。要坚持共同经济基础论，提供两个“根本支撑”。一是加强产权保护，防止“吃着民营经济的饭，砸民营经济的锅 ”；二是通过法治化消除“消灭私有制 ”这个悬在民营企业头上的一把“剑”。发展民营经济，要严格落实党的十九大报告提出的“保护人民人身权、财产权、人格权”，努力促进相关立法、司法、执法环节的改善。

香港全球化中心创始人、主席邱震海：要善待民营企业，不能把民营企业当成功利性、功能性的工具使用。不能需要民营企业时就用民营企业，国家强大后就不需要民营企业了。全球化环境改变了，第四次科技革命方兴未艾，国际关系也发生深刻改变，人类需要效益和公平。风和日丽时，要实现民营经济自由创新；疾风暴雨时，要呼唤国家掌控力。但国家掌控力不能让民营经济发展萎缩。安全与发展、宏观与微观不是对立的。

清华大学苏世民书院常务副院长潘庆中：在营商环境方面，是要企业家投票的，不仅要看利润，还要看经商是不是安全的。企业家走出去，可以在任何地方找到深耕开花结果的地方，这反过来可以进一步促进开放和改革。只要企业家精神还在，经济发展就有信心。中国拥有营商的基因，只要拥有充分宽松的环境，民营经济就一定可以发展得很好。

华东政法大学国际金融法律学院院长贺小勇：稳定民营经济发展预期，一是立法，关键是解决民营企业家最关心的几个问题，比如产权和自身安全。在健全冤假错案防范机制与常态化纠正机制方面，法律上要有强制性规定；涉及企业的立法，要邀请优秀企业家来评估。二是执法，监管要有公平性，法律要规范写清楚，使自由裁量权越来越小。三是司法，特别是不能用刑事手段解决民企之间或者民企与国企、民企与地方之间的纠纷。四是舆论，要尽可能杜绝引起民营企业家恐慌的言论。

贵州省律师协会会长白敏：发展民营经济，有各部门制定的单行法规政策，还有各地区配套的文件。要加快构建规范化的文件体系，营商环境相关政策要翻译成外国人懂的版本，并且要有相应的注释。要继续深化行政体制改革和行政执法体制改革，规范涉企行政执法。政府部门要做好监管信息的共享和多部门联合执法，避免重复检查干扰企业。要加强权利救济，当市场主体权利受到侵犯时，有可靠途径寻求合法帮助。

续

专栏6-1　为民营经济发展创造良好制度预期
新华社研究院院长刘刚：从新华社百家民营企业的问卷调查结果看，民营经济发展仍存在动力不足、信心不稳等问题。从营商环境角度来看，政府管制可以更加宽松一些，给民营企业更多的安全感。为此建议：一是丰富“两个毫不动摇”的法律依据和制度内涵；二是深化金融改革，出台税收支持等“一揽子”计划，缓解民营企业资金之渴；三是完善高质量公平竞争体制机制，为民营企业发展提供更广阔的空间；四是持续推进高标准、法治化营商环境建设，打通各类助企措施“最后一公里”。

资料来源：中国（海南）改革发展研究院：《为民营经济发展创造良好制度预期》，《中改院简报》第1690期，2023年11月6日。

二、实现民营资本发展的重大突破

1.民营资本已成为社会主义市场经济的重要生产要素

（1）正确认识民营资本的地位和作用，仍是重大课题。2003年3月，习近平总书记在浙江工作期间，先后发表《坚持“两个毫不动摇” 再创浙江多种所有制经济发展新优势》等署名文章，提出发展个私经济“四个不限”[①]“四个有”[②]和发展民营经济的“三个一切”[③]，这成为浙江坚持“两个毫不动摇”的具体方针与实践。“八八战略”提出20多年来，浙江在改革中不断完善基本经济制度，以体制机制新优势巩固强化民营经济发展优势。2022年，浙江民营经济增加值达到5.2万亿元，是2002年的10倍[④]；2021年，浙江民营经济贡献了全省73.4%的税收、75.5%的创新投入、87.5%的就业、96.7%的市场主体[⑤]；根据全国工商联发布的2022中国民营企业500强榜单，浙江省入围中国民营企业500强数量为107家，连续24年居全

① 四个不限：对个私经济不限发展比例、不限发展速度、不限经营方式、不限经营规模。

② 四个有：使个私经营者政治上有荣誉、社会上有地位、经济上有实惠、事业上有作为。

③ 三个一切：破除一切影响民营经济发展的思想束缚，改变一切影响民营经济发展的做法和规定，消除一切影响民营经济发展的体制障碍和政策制约。

④ 浙江省统计局：《2022年浙江省国民经济和社会发展统计公报》，2023年3月16日。

⑤ 《法治是最好的营商环境——全国政协“优化民营经济法治环境”调研组赴浙调研侧记》，https://www.cppcc.gov.cn/zxww/2023/06/09/ARTI1686277753334265.shtml。

国首位[①]。

（2）关键是有效发挥民营资本的力量。“资本是社会主义市场经济的重要生产要素”。民营资本是资本的重要形态。以浙江为例，自“八八战略”实施以来，浙江呈现出由个体私营经济到民营经济再到民营资本的发展趋势，并推动实现国有资本、集体资本、民营资本、外国资本等多元化发展新局面。截至2022年末，浙江私营企业和个体工商户注册资本额达到23.7万亿元，占内资市场主体注册资本额的70.7%[②]。与此同时，民营资本的快速壮大并未弱化国有资本力量。2021年，浙江国有及国有控股企业以1.7%的企业数量，创造了12.6%的工业总产值、10.8%的利润总额，且在电力、热力生产和供应业等领域处于绝对主导地位，对国民经济的控制力进一步增强。

（3）在深化对民营资本地位作用的认识中释放民营经济活力。1999年，我国首次以根本大法的形式，肯定了非公有制经济“是社会主义市场经济的重要组成部分”；2002年，党的十六大报告第一次提出“两个毫不动摇”；党的十八大以来，习近平总书记多次重申坚持基本经济制度。可以说，中央对发展民营经济的态度一直是明确的。但从具体实践层面看，“民营经济离场论”“新公私合营论”“民营企业家是资本家”等一些误解，以及一些歪曲中央关于民营经济发展方针的论调仍然不时出现，极大地干扰了民营经济发展的信心与预期。

在社会主义市场经济条件下，支持和发展民营经济，特别是支持民营资本发展壮大，不仅是一个重大实践问题，也是一个重大理论问题。这既需要我们回归“资本是市场配置资源的工具，是发展经济的方式和手段”等基础性认识，也需要推进新时代条件下我国民营资本及其作用和相关重大理论的突破，以此提振民营经济发展信心。从这个层面看，认真总结浙江“八八战略”实施以来从民营企业到民营资本的重要经验，具有全局性影响。

① 盛世豪、潘家栋：《民营经济：推进中国式现代化的重要力量》，《浙江日报》2023年6月5日第8版。

② 《2022年期末实有内资企业及其他主体登记情况》，https://zjamr.zj.gov.cn/art/2023/1/27/art_1229003074_59027530.html。

2.创新民营资本发展环境成为激发经济活力重大任务

（1）创新民营资本发展环境成为重中之重。习近平总书记在浙江工作时指出："浙江的活力之源就在于改革，就在于率先建立了能够调动千百万人积极性的、激发千百万人创造力的体制机制，这首先又体现于具有先天市场属性的民营经济的发展"[①]。当前，创新民营资本发展环境，仍然是稳定经济增长、激发民营经济活力的重中之重。尤其是在民营资本与国有资本、国外资本等多元化发展格局已经形成的背景下，创新民营资本发展环境，面临新的更高要求。

（2）以服务业市场开放优化民营资本发展的市场环境。例如，目前市场准入负面清单共有123条事项、541条具体管理措施。建议争取中央支持，积极开展大幅放宽市场准入负面清单限制措施的浙江试点；对标CPTPP推进服务业市场开放，争取在重点服务业领域率先全面实现"准入即准营"。

（3）以强化竞争政策基础性地位创造民营资本发展的公平竞争环境。将"竞争中性"作为浙江新阶段落实"两个毫不动摇"的特别之举，增强公平竞争审查制度刚性约束；以发展混合所有制为重点扩大社会资本参与，在垄断行业尽快向社会资本推出一批重大项目，让社会资本有盈利的预期。

（4）以平等保护为重点形成民营资本发展的法治环境。例如，在立法环节，在加快推动相关法律法规立改废释的基础上，推进产权保护由民营企业向民营资本拓展；在司法环节，真正实现对国有资本、民营资本同等对待，一视同仁、依法保护；在执法环节，针对性地解决行政执法"一刀切"等问题。

3.提升运用民营资本能力成为政府重要职责

（1）以"店小二"为突出特征推进政府转型。习近平总书记在浙江工作时提出："政府腾出更多的精力抓服务，市场的这只手壮大了，政府也可以转换出更多的职能，把该管的事情管好，把不该管和管不好的事情交给市场去管。"[②]当前，在市场决定资源配置的情况下对更好发挥政府作用，特别是更好发挥政府在规范和引导民

---

① 迟福林：《毫不动摇发展民营经济的浙江实践》，《人民政协报》2023年7月11日第4版。

② 周咏南、毛传来、方力：《挺立潮头开新天——习近平总书记在浙江的探索与实践·创新篇》，《浙江日报》2017年10月6日第4版。

营资本健康发展中的重要作用，已成为新阶段完善政府经济治理职能的重大任务。

（2）核心是以尊重市场规律为前提强化对民营资本的引导规范。例如，2003年，面对当时生态环境压力、资源要素制约、内外市场竞争等一系列突出问题，浙江率先推进土地、能源、水资源等要素市场化配置改革，反映资源稀缺程度、污染排放数量和市场供求关系的价格机制逐步形成，在推进当时民营经济的结构转型中发挥了基础性作用。数据显示，2022年底，浙江民营上市公司数量达到540家，是2000年的27倍，占比82.4%，高于全国平均水平15个百分点；市值占比74.9%，高于全国平均水平30个百分点左右①。民营上市公司数量的快速增长与政府的引导与服务密不可分。2009—2022年，浙江股权投资金额合计达7397亿元，居全国前五。也就是说，在政府引导下民营资本已逐步由自我积累性增长转变为调动配置社会资源、联通国内国际生产、促进经济社会发展的重要力量。

（3）在法治轨道上持续提升政府运用民营资本的能力。逐利和扩张是资本的天性，民营资本也不例外。从实践看，一方面，民营资本在逐利和扩张中推动实现经济高效率发展。例如，近年来华为充分发挥民营资本纽带作用，在坚持扩大基础研发与应用技术研发投入中促进科技创新，持续提升企业竞争力。另一方面，由于制度和规则不完善，民营资本在逐利中也出现了缺乏信用、无序扩张、平台垄断、脱实向虚等不规范甚至违法的问题。但需要用历史和发展的眼光看待这些问题，尤其是要真正落实习近平总书记强调的“始终把民营企业和民营企业家当作自己人”②。

为此，要完善民营资本发展的法律制度，在强化平等保护的同时，细化民营资本发展的红线与底线，进一步实现“法无禁止即可为”，并在法治轨道上强化事中事后监管；同时，在尊重市场规律的前提下引导民营资本在促进就业、增加收入、推动科技创新等方面发挥更好的积极作用。

---

① 迟福林：《毫不动摇发展民营经济的浙江实践》，《人民政协报》2023年7月11日第4版。

② 《习近平在看望参加政协会议的民建工商联界委员时强调 正确引导民营经济健康发展高质量发展 王沪宁蔡奇丁薛祥参加看望和讨论》，《人民日报》2023年3月7日第1版。

4.以服务业市场开放拓宽民营资本投资渠道

（1）建立平等规范、公开透明的服务业市场准入标准。放宽服务业投资准入标准，最大限度减少对服务业企业的经营服务、一般投资项目和资质资格的限制；在制定负面清单的基础上，依法开放各类资本平等进入负面清单之外的服务行业和领域。

（2）扩大服务业市场对民营经济的开放度。在银行、证券、保险、电信、邮政快递等行业进一步放开民营经济市场准入，取消不合理的经营范围限制，并实现由行政监管为主向法治监管为主的转变；实质性打破对社会资本的限制，鼓励支持民营资本进入教育、医疗、健康、文化、体育、养老等领域；在金融业、科学研究和技术服务业、人力资源管理服务、会计审计服务、培训咨询服务等对提升制造业创新水平、促进制造业服务业转型具有重要作用的生产性服务业领域进一步放开民营经济准入。

（3）破除服务业领域的行政垄断。在以电力、电信、石油、民航、邮政等为重点的垄断行业，进一步破除各种形式的行政垄断。推进资本市场的国有股减持，在非自然垄断环节退出一部分国有资本，给民营资本进入这些领域腾出空间；全面实现自然垄断和竞争性环节切实分开，在自然垄断部分强调国有资本主导，在竞争性环节对社会资本放开。对电力、电信、石油、民航、邮政等行业，除基础设施部分外，相当多的生产环节都可以放开市场引入社会资本；完善基础领域的准入制度，对垄断行业要逐步放松或解除管制，广泛引入市场竞争机制，鼓励社会资本参与基础领域的公平竞争。

（4）积极引导民营资本广泛参与投资。一方面，对国有资本继续控股经营的自然垄断行业，根据不同行业特点实行网运分离、放开竞争性业务等措施，促进公共资源配置市场化。在自然垄断环节，通过BOT、TOT等多种形式鼓励民营资本参与投资；对银行、保险、航空等行业，全面向民营资本放开。另一方面，对城市公用事业，要尽快健全特许经营制度，打破垄断经营，引入市场竞争机制，形成合理的价格形成机制，鼓励民营资本参与投资城市公用事业，积极引导社会资本参与。

三、推动产权保护的法治化

1.制定出台《中华人民共和国民营经济促进法》

（1）强化民营经济发展的法治保障。产权保护是激励创新创业的最大动力，是振兴实体经济的最大激励，也是规则对接的重点领域。我国进入经济转型升级的关键时期，形成以创新引领高质量发展的格局，关键在于建立产权保护的长效机制，实现产权保护与知识产权保护相一致。

1999年，我国首次以宪法的形式，肯定了非公有制经济“是社会主义市场经济的重要组成部分”；2002年，党的十六大报告提出“两个毫不动摇”；党的十八大以来，中央多次强调坚持社会主义基本经济制度。可以说，中央对发展民营经济的态度一直是明确的。但从具体实践层面看，“民营经济离场论”“新公私合营论”“民营企业家是资本家”等一些误解，以及一些歪曲中央关于民营经济发展方针的论调仍然不时出现，干扰了民营经济发展的信心与预期。建议加快制定出台《中华人民共和国民营经济促进法》，形成落实宪法关于基本经济制度的专门法律。

（2）树立平等保护、促进发展的立法理念。确立民营企业“法无禁止即可准入”原则，即只要在没有明确禁止的情况下，民营企业应该享有与其他市场主体同等的准入机会。实现各类市场主体诉讼地位平等、法律适用平等、法律责任平等，保障民营企业与其他市场主体公平竞争、共同发展、互利合作、平等监管。

（3）坚持问题导向，推动精准立法。重点围绕民营企业在市场准入、产权保护、投融资、公平竞争等方面遇到的困难和问题，进一步落实民营企业的投资主体地位。充分保障民营企业平等获取土地、贷款等生产要素以及投资补助、贷款贴息等政府投资资金，有效缓解民营企业生产要素制约和融资难、融资贵等现实瓶颈难题。

（4）切实保障民营企业家人身及财产权。推动建立维护民营企业合法权益投诉中心，依法查处侵犯企业合法权益的违法行为，推动民营企业法律咨询、法律援助和法律救济建设，全面保护民营企业物权、债权、股权、知识产权等各种类型的财产权。

2.加大知识产权保护力度

（1）加强知识产权保护国际合作的需求日益增强。从2001年开始，我国对外支付知识产权费增长加快。据统计，2022年，我国知识产权使用费进出口总额达3872.5亿元，同比增长2.4%，其中出口额同比增长17%；我国全年授权发明专利79.8万件；我国通过《专利合作条约》途径提交的专利申请受理量达7.0万件，通过《工业品外观设计国际注册海牙协定》提交外观设计申请2558项；我国在世界知识产权组织发布的《2022年全球创新指数报告》中排名提升至全球第11位[①]。在此背景下，我国知识产权案件呈逐年增加趋势。据《中国法院知识产权司法保护状况（2022年）》显示，2022年全国法院新收一审、二审、申请再审等各类知识产权案件526165件，审结543379件（含旧存）[②]。

（2）研究出台知识产权法。将现有的《中华人民共和国专利法》《中华人民共和国商标法》《中华人民共和国著作权法》等纳入知识产权法中；参考《建立世界知识产权组织公约》《与贸易有关的知识产权协定》，明确我国知识产权保护范围；对侵犯知识产权行为的惩治作出具体规定，做到有法可依。

（3）完善知识产权保护国际合作机制。加强与世界知识产权组织、世界贸易组织、亚太经合组织等国际和地区性组织的交流与合作，提升我国知识产权保护水平；深化与发达国家知识产权、经贸、海关等部门的合作，鼓励国内服务机构加强与国外相关组织的合作交流；推动相关国际组织在我国设立知识产权仲裁和调解分中心；探索建立"一带一路"沿线国家和地区知识产权合作机制。

（4）积极参与国际知识产权规则制定。我国已经加入《保护工业产权巴黎公约》《关于集成电路知识产权的华盛顿条约》《保护文学和艺术作品伯尔尼公约》《视听表演北京条约》《工业品外观设计国际注册海牙协定》《马拉喀什条约》等20余部国际公约（规定）。未来几年，为适应服务业市场对外开放的需要，要积极推动《多哈宣言》生效实施，主动参与《专利合作条约》（PCT）、《保护广播组织条约》等国际规则修订的谈判。

---

① 《国务院新闻办发布会介绍2022年中国知识产权发展状况》，https://www.gov.cn/lianbo/2023-04/24/content_5753009.htm。

② 《最高法发布〈中国法院知识产权司法保护状况（2022年）〉——全国法院去年新收知识产权案件超52万件》，《人民日报》2023年4月21日第6版。

3.依法保护企业家的财产权和创新收益

（1）**建立产权平等保护的长效机制。**增强各类企业家的财富安全感，给企业家一颗“定心丸”，需要规范和约束行政权力，严格规范执法机关的执法行为。这就需要尽快出台没收或者冻结财产的具体实施细则，使执法机关查封收缴私产时，对合法财产和非法财产区别对待，防止企业家的合法财产受到侵害。

（2）**保护企业家创新收益。**创新型企业主要是依靠商业模式、文化创意等要素经营，一旦知识产权得不到有效保护，企业创新成果被他人复制，不仅会给企业可持续发展带来严重后果，而且会严重影响全社会的创新活动。这就需要政府加快出台关于商业模式、文化创意等创新成果的知识产权保护办法，为企业创新发展提供法治保障。

（3）**加快建立补偿救济机制。**从实践看，一些地方政府在财产权保护方面力度不够，有些甚至因为当地政府自身的不当行为而使企业和公民的财产权受损。在这个背景下，不仅要建立对政府相关人员的问责与追责机制，而且要完善赔偿与救济机制。对因政府规划调整、政策变化造成企业合法权益受损的，要依法依规进行补偿救济。

（4）**严格纠正以公权侵犯私权的行为。**严惩各类利用公权侵犯私权的违法犯罪行为；严格区分企业家的违法所得和合法财产，区分涉案人员个人财产和家庭成员财产，在处置违法所得时不牵连合法财产；不得查封、扣押、冻结与案件无关的财产；因公权侵犯私权造成损失的，受害人有权申请国家赔偿。

▶▶▶

| 第三节 |

推动国有资本战略性结构调整

深化国资国企改革仍是我国经济体制改革的重点任务之一。在经济全球化新背景下，深化国资国企改革成为我国构建高水平社会主义市场经济体制的焦点之一。按照党的二十大确立的深化国资国企改革的目标要求，需要加快推动国有资本和国有企业做强做优做大。

一、加快从“管企业”走向“管资本”

1.实现“管企业”向“管资本”的实质性破题

党的二十大报告提出，“推动国有资本和国有企业做强做优做大”。近年来，我国通过改组组建国有资本投资、运营公司，初步形成了国有资本授权经营体制，国有企业资产规模也不断扩大。统计数据显示，2013—2022年，我国国有企业（不含金融企业）资产总额由91.1万亿元上升至339.5万亿元（见图6-2），年均增长15.74%。但总的来看，政府相关部门尚未把主要精力放在“管资本”上，仍存在过多过细的“管企业、管人”等突出问题。当前，深化国有企业改革的核心是搞活国有资本，这就需要尽快实现从“管企业”向“管资本”转变。

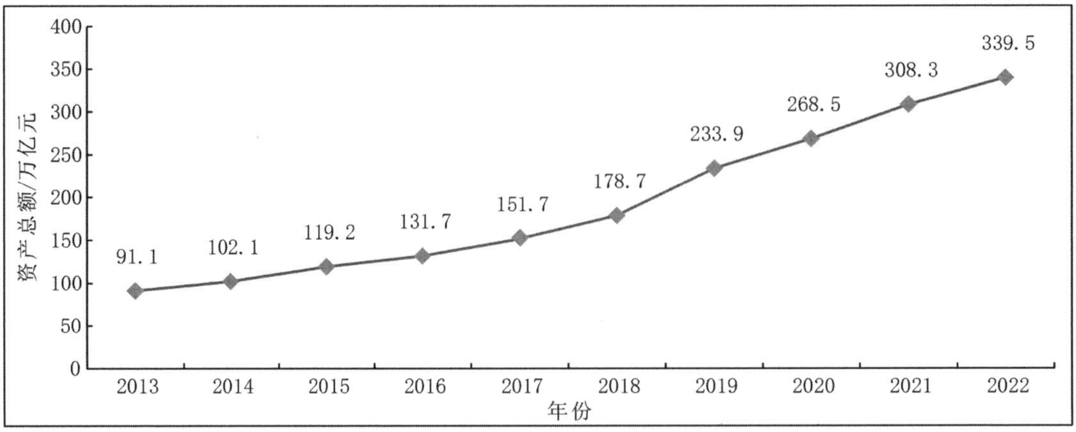

图6-2　2013—2022年我国国有企业（不含金融企业）资产总额

数据来源：根据国务院国有资产监督管理委员会网站公开数据整理。

2.进一步细化国有资本的分类管理

当前，我国将国有企业分为商业类和公益类，实行分类改革、分类发展、分类监管、分类定责、分类考核。但在实践中，对于“管资本”具体管什么、如何管等问题尚无明确指引；仅分为商业类和公益类过于简单，难以适应“管资本”的现实需求。为此，建议以实现各类企业充分竞争为导向划分国有资本类别，并形成明确的指引清单，为国有资本进出提供依据。

3.形成以“管资本”为主的国有资本管理格局

一是明确国有资产监管机构的主要职能是优化国有资本布局和实现国有资本保值增值；二是加快建立“管资本”主体的权责清单，按照国有资本的分类，尽快形成全国统一的国有资本投资、运营公司权责清单，重点在国企产权转让、企业领导任免、企业重组方案审核、企业改制方案审核、公司章程修改、企业业绩考核和薪酬标准、企业财务预算管理等方面作出制度性安排；三是进一步理顺财政部、国务院国有资产监督管理委员会、国有资本投资及运营公司之间的关系。

二、加快推进国有资本的战略性调整

1.尽快推动国有资本从竞争类行业退出

尽快从国家层面形成关系国家安全和国民经济命脉的重要行业和关键领域的目录与标准。在将国有企业分为竞争类、功能类和公益类的前提下，加快形成与之相配套的投资与退出清单。这样可以确保投资方向的合理性和可持续性，同时也能够为国有企业提供更好的退出机制。通过建立清晰的投资与退出规则，可以更好地引导资本流动，优化资源配置，提高国有企业的市场竞争力。

2.将国有资本更多配置在功能类与公益类领域

鼓励新增国有资本重点向教育、医疗、养老等环保民生领域和基础设施领域倾斜，强化国有资本对非国有资本的引导和支持作用；加大对现代服务业、高新技术产业、高端制造业和关系国民经济社会发展战略领域的投资力度，构建“高精尖”经济结构；国有资本增量一般不再以独资的方式进入完全竞争领域和市场竞争较充分的领域。

3.明确国有资本增量进入领域

与民营经济“非禁止即允许”的原则不同，国有资本投资非公益性领域应该实行“非允许即禁止”的原则。建议界定国有资本可以进入的非公益性领域，制定国有资本产业投资目录，对营利性国有资本进行严格限定。这可以帮助国家更好地控制国有资本的流向，避免其过度扩张和对市场的过度干预。

4.进一步优化对央企国资的考核机制

以战略性、长期性视角优化对央企国资的考核机制。适应新阶段央企国资的新角色、新任务，优化以往以纳税总额、GDP贡献等经济效益为主的评价标准，重点围绕央企国资在战略性基础设施建设、发展环境营造、产业链供应链安全维护及科技创新促进等方面的特殊作用，开展战略性、长期性评估。

三、以发展混合所有制为重点鼓励社会资本参与

1.在更多领域允许社会资本控股

近年来，社会资本参与国有企业改革的积极性很高，但仍存在较多顾虑。主要是担心参股之后，难以参与企业治理和决策，对自身收益缺乏稳定预期。建议率先在能源、运输、民航、电信等一般竞争性领域支持鼓励社会资本控股，注重发挥民营企业家作用，实现国有资本保值增值。将国有独资形式的企业严格限定在涉及国家安全的少数国有企业和国有资本投资公司、国有资本运营公司；将国有绝对控股的企业严格限定在涉及国民经济命脉的重要行业和关键领域；在支柱产业和高新技术产业等行业，主要采取相对控股；在不需要国有资本控制，可以由社会资本控股的国有企业，可采取国有资本参股形式或者国有资本全部退出。

2.推进混合所有制企业员工持股

实行员工持股有利于调动员工的积极性，有利于发展创新型国有企业，有利于员工持之以恒地关心企业命运。应该尽快形成国有企业员工持股的可操作性方案，形成国有企业员工与企业发展的命运共同体，避免员工的短期行为，形成国有企业可持续发展的体制机制。

3.加快实现国有资本自身多元化

例如，在东北地区国有企业混合所有制改革中，推进国有资本自身的多元化，比简单降低国有经济比重更具可操作性和现实性。通过国有资本所有者的多元化，如引入社保基金，由不同股东作为出资人代表，避免企业重要决策由大股东独断，来提高决策科学性，提升风险防范能力。

四、发挥国资国企在高质量发展中的基础性作用

1.基础设施的主要建设者

（1）加快推进跨省跨区输电。优化完善区域电网主网架，以国有企业为主体推动实施一批特高压输电工程。

（2）推进高速公路基础设施建设。适应“一带一路”等建设需要，加快投资一批国家高速公路网待贯通路段项目，并进一步加大界河航道维护和航道疏通力度，打造服务“一带一路”的开放大通道。

（3）推进能源资源重点基础设施建设。推进区域性油气管网和支线管道建设，完善原油、成品油输入输出通道。

2.发展环境的重要提供者

（1）退出一般竞争性领域。推动国有资本有序退出批发零售、住宿餐饮、房地产等竞争性行业，将其布局在提供公共产品和服务的行业和领域，提升国有资本在公共服务领域的集中度。

（2）搭建以支持民营企业发展为重点的平台。支持国有企业建设以自身主业为主题的产业转移示范园区、产业合作园区等，按照竞争中性原则，实施公平的市场竞争机制；支持采取企业主导型模式，由央企国资主导产业园区的规划建设、基础设施建设以及招商引资、土地征用、园区管理等。

3.创新环境的重要建设者

（1）促进民营经济创新。在产权平等保护、资产价格由市场决定的前提下，借助国有企业在资金、技术、品牌、融资、信用等方面的优势，支持国有企业与其主业相关的优质民营企业通过组建战略联盟、共设基金、联合投资、联合研发等方式，共同开拓市场资源。

（2）扩大战略性新兴产业公共产品供给。例如，对5G、工业互联网、数据中心以及具有公共服务性质的云计算平台等投资回收周期长、社会资本不愿意投资或

者没能力进入的产业，加大投资建设力度。

（3）支持央企国资加大对创新人才、平台的布局力度。例如，与民营企业合作设立产业人才培养实训和实习见习基地，合作开展专业技能人才定向委托培养。加大对基础性技术、产业共性技术的研发力度及对开放性实验室、共享数据库的建设力度，以此引进研发人才。

4.产业链供应链的重要促进者

（1）中小企业客观上需要央企国资在产业链供应链中发挥作用。从当前的实践看，产业园区中的众多中小企业通过研发、设计、创意、创新，成为高科技巨头企业的产品和服务提供商。中小企业最怕的就是单打独斗，一头要单兵作战搞创新，一头要到处找市场。产业链供应链是市场形成的，如果央企国资在其中发挥作用，以产业园区为载体，让中小企业等创新佼佼者围聚在一起，引进上下游产业，促进形成产业链供应链，就会放大企业集聚带来的规模效应和聚集效应，通过促链、延链、补链、强链，形成持续发展的动力，推动产业结构转型，更重要的是，能够培育形成具有全球竞争力、创新力的科技产业链供应链。

（2）维护我国产业链供应链稳定。促进引导国有企业加大对研发设计、咨询、第三方认证、金融、保险、物流、采购等配套服务布局力度，鼓励支持企业同境外供应链上下游企业通过签署双边合作协议等方式建立供应链联盟。

（3）支持国有企业在境外合理布局。支持具有竞争优势的装备制造企业、资源能源企业等进一步优化重组，培育一批带动企业走向东盟、东北亚的旗舰企业集团①。

① 迟福林：《新时代央企国资的重大职责使命——以深圳招商蛇口产业园区高质量发展实践探索为例》，《国家治理》2024年第8期。

▶▶▶

| 第四节 |

以市场决定为导向深化要素市场化改革

深化要素市场化配置改革，实现要素价格由市场决定、流动自主有序、配置高效公平，既为降低“边境后”壁垒、促进各类市场主体公平竞争提供制度性保障，也为主动参与国际合作竞争提供重要条件。党的二十大报告明确提出，“构建全国统一大市场，深化要素市场化改革，建设高标准市场体系”。当前，无论是畅通国内国际双循环，还是释放强大的国内市场潜力，都对推进要素市场化配置改革、提高要素配置效率提出了现实要求。推进要素市场化改革、构建更加完善的要素市场化配置体制机制，是加快构建高水平社会主义市场经济体制的基本要求，是使市场在资源配置中起决定性作用的基础和条件。

一、深化要素市场化配置改革的迫切性全面增强

1.实现要素市场化配置改革的重要突破

最近几年，经济发展面临着结构性、体制性、周期性问题相互交织，短期问题与中长期问题相互叠加的情况，依靠要素规模投入促进经济增长的难度明显加大。在此背景下，无论是应对外部环境变化、有效抵御外部风险挑战，还是适应国内发展的阶段性特征、充分发挥国内超大规模市场优势推进高水平开放，都需要加快实现深化要素市场化配置改革的重要突破，明显提升要素配置效率，在畅通国内大循环中促进国内市场和国际市场更好联通，更好利用国际国内两个市场、两种资源，赢得大变局下国际合作竞争的主动。

2.推动要素流动领域的制度集成创新

在内外环境明显变化的背景下，深化要素市场化改革，需要在经济体制关键性基础性重大改革上突破创新，需要更加突出改革的系统性集成。以此突出改革实效，推动改革更好服务经济社会发展大局。例如：要素市场化改革离不开产权制度改革，离不开价格制度改革；推进要素市场化改革的重要任务是包括土地等在内的要素确权；把要素市场化改革和产权改革、价格改革等有机结合起来，统筹设计、同步推进，形成制度集成创新的新格局。

3.分类推进要素市场化配置改革

深化要素市场化配置改革，核心是充分发挥市场在要素资源配置中的决定性作用，打破要素自由流动的体制机制壁垒，保障各类市场主体平等获取生产要素。

从实际出发深化要素市场化配置改革，需要突出重点、分类推进。例如，随着科技革命的推进，要素的范畴也在不断拓展，除了传统要素外，数据等成为新的要素。在传统生产要素领域，重点是消除资源配置扭曲，把劳动力、土地、金融等资源配置到生产率更高的领域，使实际经济增长达到潜在生产可能性边界；在数据等新生产要素领域，重点是加快产业数字化、智能化改造，推动先进技术市场化转化与扩散。

二、着力推进土地要素市场化配置改革

1.以土地要素市场化配置改革释放我国高质量发展的新动力

（1）市场决定包括土地。土地不仅是经济学中与劳动、资本并列的三大基本经济资源之一，而且是与劳动并列的两大原始资源之一。在工业化和城市化快速推进的当今中国，土地资源的稀缺性和重要性日益凸显。党的十八届三中全会提出的“市场决定”，也包括市场决定土地资源的配置。

从现实情况看，加快建立城乡平等的土地产权市场交易制度，在严格土地规划

和严格用途管制下，发挥市场在资源配置中的决定性作用，是释放巨大内需潜力的重中之重。

（2）土地成为我国要素市场化配置改革的突出短板。城乡土地要素市场分割，农村土地要素市场化配置改革滞后，农村土地产权交易市场缺位，成为制约农村巨大消费潜力与城乡融合发展潜力释放的重要因素。数据显示，2018—2022年，我国平均每年供应国有建设用地67.78万公顷，其中国有建设用地出让所占比重为40%—48%（见图6-3）。土地要素市场化配置改革将释放巨大的增长潜力，并在提高农民财产性收入、促进城乡要素合理双向流动中发挥十分重要的作用。

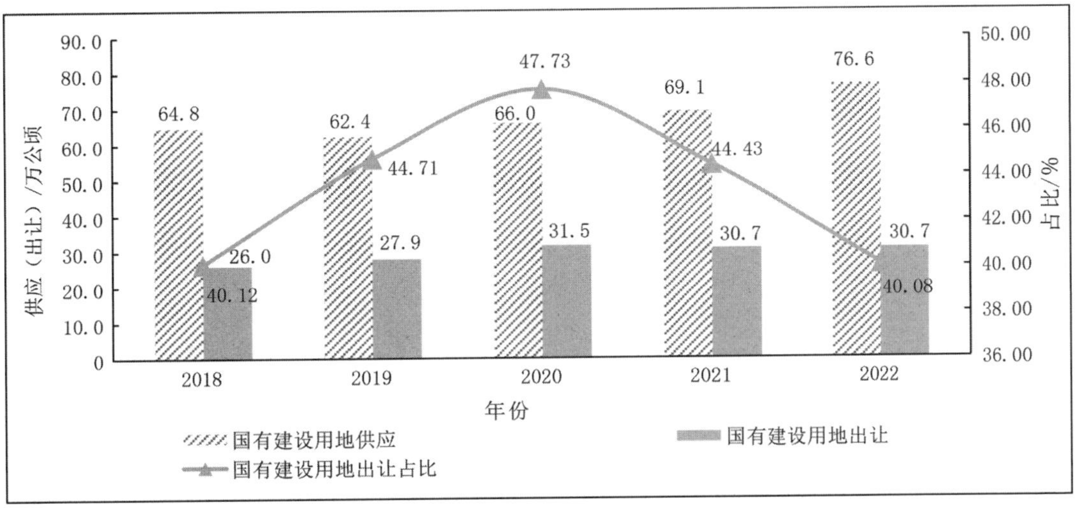

图6-3　2018—2022年我国国有建设用地供应及出让情况

数据来源：《2022年中国自然资源统计公报》。

（3）土地资源配置市场化程度提升将释放巨大的增长潜力。有研究指出，如果推进土地要素市场化，优化土地资源配置，在未来十几年可以每年带来0.66%的新的经济增长潜能①。

2.发挥市场在土地资源配置中的决定性作用

（1）加快形成市场主导的土地价格形成机制。在现行制度下，我国土地产

① 周天勇：《中国：二元体制经济学——增长解释与前景展望》，格致出版社、上海三联书店、上海人民出版社，2023。

权被分解为3个方面的权利，即经营权、承包权、所有权。土地流转不是所有权的流转，而是土地经营权的流转，是使农户所承包土地的经营权、承包权、所有权（“三权”）分置，在确保农户土地承包权不变的前提下，将农户拥有的承包土地的经营权转让给其他农户或经济组织。但从现实情况看，我国农村土地尚未形成合理的流转价格形成机制，土地流转价格偏低，难以合理反映土地的市场价值[①]。下一步，需要在市场决定基础上尽快形成供求决定的土地价格形成机制。

（2）加快建立完善土地要素市场化的交易平台。

第一，在现有各地方土地交易平台的基础上，加快建立全国范围内统一的土地供求信息平台。平台向土地供给方与土地需求方传递土地流转价格变动的趋势与幅度，更新流转土地的基本情况及价格等信息，并有专门的土地经纪人进行土地价值评估。

建立统一的土地供求信息平台能够达到以农户作为土地流转市场主体的目的，减少行政因素的影响，削弱土地流转信息不对称的消极影响，使市场机制在土地流转价格形成过程中发挥作用，更好地保障农民的收益。除同一集体组织内部农户之间进行的互换、转让、转包、股份合作外，其他的农业生产组织作为受让方进行农村土地流转的，均在土地流转交易中心进行。在操作上，各市的土地流转信息汇集到省土地流转网络交易平台，再由各省汇集到全国土地流转网络交易平台。意向购买者可在全国土地流转网络交易平台查看全国的土地流转信息，若看中某地区土地，购买者可进入此地区的土地流转交易中心网络平台进行交易。

第二，加快形成土地二级交易市场及多层次市场体系。鼓励各地成立土地二级交易市场，国有建设用地和集体建设用地使用权的转让、出租均通过土地二级交易市场公开交易。为土地二级交易市场公开交易提供服务场所，为交易双方提供信息发布、归集和查询服务，以有效解决土地二级交易市场交易信息不集聚、不对称，交易平台不统一、不规范等问题，保障交易双方合法权益，促进土地市场流通，进一步提升土地价值。在土地二级交易市场中实施公开透明的交易程序，接受各方监督，实现规范化管理，保障土地交易市场秩序。

---

① 在基层实践探索中，中国农村土地流转形成了流转双方自主协议定价、土地需求者竞拍定价、土地流转中介机构估价、政府指导参考定价4种模式。

专栏6-2　土地二级交易市场的职能

（1）咨询服务。为用户提供洽谈场所、行业资讯、土地经纪、法律咨询、土地估价等服务。

（2）信息发布。通过实时动态发布土地二级交易市场供需双方的信息，打破交易信息壁垒。

（3）产权核查。通过事前审查，及时了解土地利用现状、限制交易状态等情况，明晰交易标的产权。

（4）公开交易。通过挂牌和拍卖两种方式，组织建设用地使用权转让和出租二级市场交易活动。

（5）监督管理。对交易过程实行全周期管理，交易保证金在指定的银行账户进行监管，保障交易安全。

（3）建立合理的土地增值收益分配机制。

第一，尽快形成公平增值收益分配机制。土地增值收益分配主要发生在“征地-出让-开发”的过程中，涉及集体、农民、地方政府、开发商、投资者等不同利益主体。调研显示，我国土地增值收益分配呈现出“集体与农民 < 地方政府 < 开发商”的局面。深化土地要素市场化改革，保护农民权益，需要建立更加公平的增值收益分配机制，包括土地股份合作制，确保农民享受到长期稳定的收益。

第二，非公共利益土地交易，交易主体直接参与增值收益分配。首先，对于因为城镇化需要出让宅基地使用权的农民，要按照市场价格对其房屋和宅基地进行补偿，不能因为农民只拥有宅基地使用权不拥有宅基地所有权就忽视对其宅基地权益的补偿。同时，集体和农民可以依据贡献的宅基地面积获得适当比例的股份以确保取得宅基地增值的持续收益。其次，对于宅基地置换后节约的农村建设用地的出让收益和增值收益，应在政府和集体及农民间进行合理分配，不能由地方政府或企业独享。再次，国家和地方政府宜通过收取税费的方式参与宅基地增值收益的分配。最后，企业可以获得土地置换的成本补偿和节约的农村建设用地的开发建设优先权。

第三，公共利益征地补偿参照市场价格确定。即便是公益性征地，也需要参考市场价格给予被征地方合理的补偿。《中华人民共和国土地管理法》不仅强调征地补偿要“公平、合理”，而且明确规定“征收农用地的土地补偿费、安置补助费标准由省、自治区、直辖市通过制定公布区片综合地价确定。制定区片综合地价应当综合考虑土地原用途、土地资源条件、土地产值、土地区位、土地供求关系、人口以及经济社会发展水平等因素，并至少每三年调整或者重新公布一次”。要进一步参照市场价格，综合考虑公共利益因素，通过合理的利益博弈，形成均衡的公共利益征地补偿价格。既要避免地方政府侵害农民利益，也要避免漫天要价的“钉子户”。

3.加快建立健全城乡统一的建设用地市场

（1）全面推进农村土地征收制度改革。实行农村集体经营性建设用地和国有土地同等入市、同权同价，并建立公平合理的集体经营性建设用地入市增值收益分配制度与入市激励机制。

（2）尽快实现农村宅基地制度改革的实质性突破。建立农村宅基地自愿退出机制，盘活存量闲置宅基地，并按着“适度放活宅基地和农民房屋使用权”的要求，进一步探索宅基地“三权分置”改革。近期内按着立足存量、先房后地的原则，优先推进农村住房财产权的对外流转，通过自主经营、租赁经营、委托经营等多种方式盘活农村住房，并加快实现房地一体的农村宅基地使用权跨集体流转。

（3）进一步完善跨地区耕地占补平衡、增减挂钩的政策。建立全国性建设用地、补充耕地指标跨区域交易机制，允许各地区用地指标通过市场化方式自由交易。

（4）推动土地管理制度逐步由城乡二元向城乡统一过渡。实现各类土地在明晰产权前提下在一个平台上无障碍交易。考虑到土地改革的全面性和重要性，建议制定未来三到五年土地要素市场化单项改革的行动方案。

4.推动土地制度与户籍制度的联动改革

（1）尽快剥离农村土地的保障功能。土地要素的功能与社会保障的功能是两个领域不同职能，不存在相互替代或者补充的关系。实践中，一些地方政府提出“土地换社保”，严格意义上是对农民权益的侵犯。农民是否享受有保障的基本公共服务，不应该以是否退出土地为前置条件。此外，还有观点认为，土地是农民最后的保障，由此要求固化土地流动，不允许宅基地、农村集体经营性建设用地流转。这种静态的观点恰恰侵犯了农民参与市场经济的自主权，使农民拥有的财产难以通过市场获得增值。这种“保障论”，名为保障，实则给侵犯农民土地权益大开“方便之门”。

为此，需要尽快剥离农村土地的保障功能，将农村居民的社会保障功能交给政府，由政府实行城乡居民一体化的社会保障，提供基本公共服务。为充分发挥农村土地的经济功能，应加快土地使用权的完全物权化，在不改变土地用途的前提下尊重使用权主体的意志对其自由流转、抵押。

（2）以居住证制度全面取代户籍制度。全面实行居住证制度，取代城乡二元户籍制度，需要着力推进居住证取代城乡二元户籍制度进程和省际居住证制度的相互衔接进程，尽快建立以身份证号为唯一标识、全国统一的居住证制度，并使户籍人口城镇化率达到50%以上，由此基本形成人口城镇化的新格局。与之相适应，要推进人口管理理念、人口管理制度、人口管理主体的重大变革，由对人口的控制向对人口的服务与管理转变，实现对流动人口的精细化管理和服务；按照“扩大覆盖范围、降低申领门槛、提高服务水平、完善技术手段、推进制度并轨”的基本思路，实现由城乡二元户籍制度向居住证制度的转变；探索建立以民政部门为主，由公安、统计、卫生、工商、教育、社保等部门共同参与的人口综合服务管理系统，实现由治安部门管理向人口服务部门管理的转变。

（3）弱化农民的社会身份，强化农民的产业身份。当前，我国的农民还是一个社会身份，农民与市民的界限没有完全打破，以至于农民工成为独特的群体。推动户籍制度改革，最终目标是：使农民成为一个产业名称，代表从事第一产业的状态；农民不再是一个社会身份的标志，“城乡居民”和“农民工”的称谓退出历史舞台。在这个新格局下，所有的社会成员都可以从事自己愿意从事的第一、第二、第三产业，并且可以自由进出；农村土地与社会身份脱离，仅作为要素参与经济社会生产生活；城乡二元制度打破，包括公共服务在内的制度实现城乡对接与统一，实现基本公共服务均等化，非基本公共服务与个人贡献挂钩。由此形成一个城乡融合发展的新格局。

三、推进人才要素市场化配置改革

1.以人才价值实现为导向形成开放型人才政策

（1）补齐人才价值实现的突出短板。从国际经验看，绝大多数优秀人才都集中在企业是一个普遍现象。据统计，美国有80%左右的优秀人才集聚在企业[①]，使得优秀人才能够在引领经济领域的创新中充分发挥作用。尽管我国有全球规模最大的科技人力资本总量，但主要的科技人才集中在机关、高校和科研院所、国有企业，科研人员过多地分布在体制内。2021年，我国规模以上工业企业设立研发机构的比例只有27.27%[②]。全国研发人员中，博士毕业生愿意去企业从事研发工作的少之又少。现有的人才没有创造出应有的市场效益，是我国走向人力资本强国面临的首要问题。

（2）人才政策制定需要突出人才价值的实现。第一，缩小我国与主要人才强国之间的差距，关键是形成充分实现人才价值的政策安排。第二，人才向人力资本价值实现程度高的国家流动仍将是全球化的重要趋势，充分实现人力资本价值，才能有效避免高层次人才外流。第三，人才的总量优势是我国经济转型升级和产业变革的突出优势，把这个优势发挥好，关键是充分实现人才价值。

（3）形成具有全球竞争力的人才政策。以促进人才价值实现为目标，以促进人才优化配置为手段，建立市场导向人才评价机制，引导中高级人才向企业集聚。到2025年，在国内人尽其才的同时，能够广泛集聚全球人才参与国内经济建设；到2035年，使中国成为全球最具人才竞争力的国家之一。

2.深化人才发展体制机制改革

（1）改变行政主导的人力资本价值评价机制。科学、合理的人力资本价值评价机制，是引导人力资本价值实现的“指挥棒”。改革开放以来，我国的人力资本

---

① 《辜胜阻：科技改革要缝合科技经济“两张皮”》，http://theory.people.com.cn/n/2013/1025/c40531-23329034.html。

② 齐成喜：《让中小企业想创新、敢创新、能创新》，《人民政协报》2023年10月21日第3版。

价值评价机制有很大改进，但仍不完善，甚至一些方面仍存在扭曲现象。以我国中高级人才要素为例。多年来，中高级人才要素人力资本价值评价主要采取行政主导的职称评定，收入和职称直接挂钩。尽管实现了“评聘分开”，但一般而言，在体制内的工作岗位上，“高评低聘”的现象还比较少。在行政主导的人力资本价值评价机制下，唯学历、唯职称、唯论文等现象比较突出，不少真正对经济社会产生较大影响，而学历、职称、论文达不到要求的人才难以得到充分的承认。如果仅仅从学历、职称、论文等方面来评价中高级人才要素的人力资本价值，不仅有偏颇，而且会让更多年轻人把学历、职称、论文作为主要追求目标，从而使国家珍贵的人力资本用在脱离经济社会效益的环节上，导致人力资本配置的低效率。

（2）加快人力资本价值评价机制改革。2016年3月，《关于深化人才发展体制机制改革的意见》的出台，使我国新时期人力资本价值评价机制改革步入快车道。该文件对创新人才评价机制的顶层设计，充分体现了人力资本价值实现的客观规律。第一，从突出品德、能力和业绩评价的角度改进评价标准，能够有效遏制唯学历、唯职称、唯论文等倾向。第二，强调发挥政府、市场、专业组织、用人单位等多元评价主体作用，为改变行政主导的传统评价方式指明了方向。第三，明确提出改革职称制度和职业资格制度，在人力资本价值评价上充分考虑到用人单位的现实需求。

（3）区分不同类别的人力资本，形成多元化的价值评价标准。例如，在基础研究领域，可以以同行学术评价为主，强调论文质量而不是论文数量；对于应用研究和技术开发人才，应当以科技成果普及推广为主，追求实效，突出市场评价；对于哲学社会科学人才，应当突出在经济社会变革中的影响，强调社会评价。

（4）将人力资本价值评价权力下放到专业组织和用人单位。从多年的实践看，行政部门不宜作为职业资格评价和认定的主体。为此建议：第一，着眼于充分发挥中高级人才在经济转型升级和产业变革中的重大作用，把职业资格的评价和认定权力下放作为新阶段简政放权的重要任务。第二，对于中高级人才的职业资格认定，没有必要反复设置各种头衔的评比和审查，尽可能取消不必要的行政审查程序，取消不必要的重复评比等。第三，充分发挥各类专业组织作用，尽可能将职业资格的评价和认定权力下放到专业化的社会组织。第四，为突出实用性，允许用人单位直接作为职业资格评价和认定的主体，在推动高校、科研院所自主评审的同时，尽快让各类企业成为中高级人才职业资格自主评审的主体。

3.推动中高级人才资源市场化配置

（1）中高级人才资源配置效率低的突出矛盾是市场价值实现不充分。从实践看，人才价值实现主要不由市场决定，是我国中高级人才不愿意到企业工作、科技成果转化率低、产业处于中低端等问题的重要体制根源。

（2）经济转型升级与产业变革要求中高级人才资源配置市场化。从发达国家的经验看，大量的中高级人力资本走向企业，面向市场开展科技创新，是一个国家快速实现经济转型升级和产业变革的秘诀。以美国的硅谷为例，依托斯坦福大学，教育、科研机构培养造就了大批人才，他们带着大量世界领先的科技成果进入大大小小的企业，帮助企业生产出最具竞争力的产品，成就了惠普、英特尔、苹果、谷歌、Facebook等一大批知名企业。一个国家的科技成果转化能力，在很大程度上取决于中高级人力资源配置的市场化程度。

（3）推动中高级人才向企业集聚。国际国内经济转型升级的经验表明，中高级人力资本主要配置在企业，有利于科技成果转化及成就引领产业变革的伟大企业。以美国的惠普公司为例，从1538美元起家，短短数十年间便成为美国十大电子公司之一，其成功的秘诀就在于创始人之一的休利特吸引大量中高级人力资本到企业，他创业的两条管理公式是“人才+资本+知识=财富”“博士+汽车库=公司”[①]。

四、加快推动资本、技术、数据等要素市场化配置改革

1.以完善多层次资本市场为重点推进资本要素市场化配置改革

一是继续放开金融服务业市场准入，增加对小微企业和民营企业的金融服务供给，疏通金融和实体经济的传导机制。二是加快深化资本市场改革，拓展多层次资本市场内涵。三是在科创板试点的基础上推进注册制改革，为新经济提供更加便利快捷

① 田耕：《惠普的公式》，《企业改革与管理》1998年第5期。

的上市渠道，也为承接中概股回归创造条件。四是疏通货币市场和债券市场利率向信贷市场传导的渠道，通过加强公开市场操作打造利率走廊，实现利率市场化。

2.以科技成果产权激励制度改革为重点推动技术要素市场化配置改革

适应全球新一轮科技革命与产业变革相互融合的大趋势，加快构建科技人员职务科技成果产权激励制度。一是赋予科技人员职务科技成果所有权或长期使用权，进一步下放科技成果使用权、处置权和收益权，让科技项目研发成果与科技人员收益直接挂钩；二是进一步扩大创新主体自主权，支持科研单位和人员享有成果所有权，将“先转化后奖励”改为“先赋权后转化”，完善科技成果转化激励政策；三是加快发展技术转移机构和技术经理人，支持高校、科研机构和科技企业设立技术转移部门，形成科技成果转化的机制化安排。

3.以数据产权界定和数据交易市场培育为重点推进数据要素市场化配置改革

随着全球进入数字经济时代，数据对经济增长的作用显著提升，成为数字经济时代关键性生产要素。截至2022年底，我国蜂窝物联网用户数达到18.45亿户，较移动电话用户数多1.62亿户（见图6-4），占移动网终端连接数（包括移动电话用户数和蜂窝物联网终端用户数）的比重为52.3%。为此，建议抓紧制定相关法律法规，明确数据产权界定，对数据的所有权、使用权、收益权、处置权等进行规范。在保障国家安全的基础上，加快制定数据要素市场定价机制、市场交易方式和市场监管上的规范性制度和规则，加快培育数据交易市场，并与国际数据市场在数据确权、数据认证、数据定价、数据监管等方面的规则进行对接。

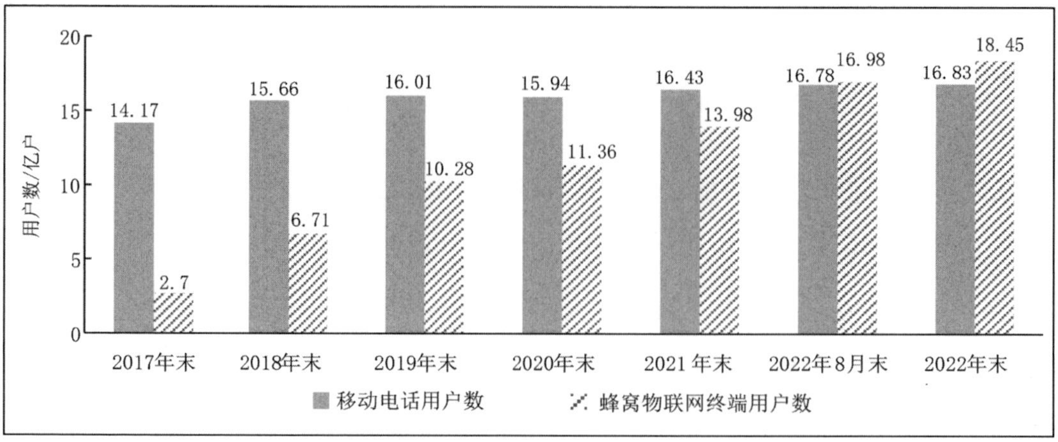

图6-4　2017—2022年我国移动物联网用户情况

数据来源：《2022年通信业统计公报》。

07 PART

第七章

以高水平开放推动高质量发展

党的二十大报告提出，“高质量发展是全面建设社会主义现代化国家的首要任务”。今天的中国已经全面深度融入世界。面对世界政治经济格局的深刻复杂变化，面对多种全球性危机叠加的严峻挑战，坚持高水平对外开放，构建高水平社会主义市场经济体制，不仅会形成中国高质量发展的重要动力，而且会在推动世界经济稳定与全球经济再平衡中作出重要贡献。

▶▶▶

第一节

以高水平开放作为增强高质量发展的重要动力

过去40多年，中国经济发展是在开放条件下取得的，未来中国经济实现高质量发展也必须在更加开放的条件下进行。面对发展与冲突的突出矛盾，作为拥有14亿多人口的大国，推动高质量发展进程，离不开高水平开放。要以高水平开放作为增强高质量发展的重要动力。

一、推动高质量发展离不开高水平开放

1.高质量发展重在高水平开放

我国实现高质量发展，既取决于产业结构、消费结构、能源结构等方面的转型，也取决于科技结构、城乡结构等方面的调整优化。以消费为例，2021年，我国城乡居民人均服务型消费支出超过1万元。尽管面临疫情等多方面挑战，但以服务型消费为重点的消费结构升级的趋势并未改变。据预测，到2030年，服务型消费占比将有可能达到55%左右。从现实来看，提升服务型消费比重，很大程度上依赖于供给侧结构性改革，依赖于以制度型开放为重点的高水平开放。

2.形成新发展格局重在高水平开放

构建以国内大循环为主体、国内国际双循环相互促进的新发展格局，是与我国经济结构转型趋势相适应的中长期发展战略，强调开放与发展的相互融合、国内市

场与国际市场的紧密连接。当前，面对国际形势的新变化，我们不仅要协同推动高水平开放与强大国内市场建设，在加快构建内外对接的市场制度规则体系等领域全面破题，还要在高水平开放中补齐产业链供应链创新链短板，进一步增强产业链供应链创新链韧性和竞争力，加快构建新发展格局。

3.打造竞争新优势重在高水平开放

我国是全世界唯一拥有全部工业门类的国家。2021年，我国出口规模达3.36万亿美元，不仅成为推动经济增长的重要因素，而且提高了世界对我国制造业的需求程度。客观来看，提升“中国制造”竞争力在一定程度上依赖于高水平开放。2021年，我国从发达国家和地区进口的高科技产品占进口总额的比重仍然较大。因此，我国仍要在高水平开放中主动适应全球分工体系调整重组，打造更加稳定的区域产业链供应链。同时，要在高水平开放中发挥我国超大规模市场优势，持续打造法治化、国际化、便利化营商环境，在国际竞争中形成新优势。

二、提升全要素生产率离不开高水平开放

1.高质量发展的核心是提高全要素生产率

从国际比较看，我国全要素生产率与发达国家仍有较大差距。要逐步赶上发达国家的水平，全要素生产率就要以比发达国家更快的速度提高。国际金融危机后，我国全要素生产率增速明显放缓，近年来虽有所回升，但仍受到资源要素配置和技术追赶空间等因素影响。有研究表明，2008—2022年我国全要素生产率增速均值为1.2%，相比1978—2007年增速均值下降了1.5个百分点[①]。全要素生产率与资源要素配置效率直接相关。比如农村土地配置，农村宅基地至今无法交易，仍是债权性质而非物权性质；再比如金融资源配置，最有活力的民营企业在获得要素资源方面并没有获得与国有企业平等的待遇。

① 陈彦斌、谭涵予：《提高全要素生产率的政策选择》，《中国金融》2023年第12期。

2.高水平开放是提升全要素生产率的基本路径

（1）高水平开放有利于扩大市场规模、深化分工，拓展要素资源配置空间。在市场经济条件下，市场规模决定分工深度，分工深度决定生产效率。只有不断拓展市场范围、深化分工，吸引全球优质要素资源参与国内循环，才能提高生产效率和经济发展质量。

（2）高水平开放有利于产业技术进步，促进更多产业达到国际先进水平。在全球化条件下，产业技术进步离不开参与国际分工和合作。各国越是具有国际竞争力的产业，对进口中间品的依赖度往往越高。在技术密集型行业，这是非常突出的特征。不开放，产业竞争力就会下降。当然，也要把握好开放和安全的关系。

（3）高水平开放有利于提升科技创新能力，在更多领域达到国际领先水平。科技创新离不开国际的学术交流、思想碰撞。教育和科技交流为我国培养了大批人才，积累了人力资本，提升了科技创新能力。近年来，我国科技创新能力明显提升，但是决不能因为科技创新能力提升而放慢对外开放的步伐，否则就会重新拉大与国际先进水平的差距①。

3.需要以高水平开放提升全要素生产率

（1）在开放中形成新的比较优势。尽管现在中国在人工智能、新能源技术等某些领域处于领先地位，但是，绝大多数的产业都是相对落后的。因此，在多数产业领域，仍然需要继续开放，继续更大程度开放，向国际社会学习。而且，知识的扩散不仅有直接的路径，也有其他间接的市场路径。因此，我们不能因为外部遏制就封闭自己，相反我们要更加开放。就像华为说的，我们要向比我们先进的人学习，不要被一些情绪干扰。正是在这个意义上，我们现在进一步开放，包括对所有制造业产业开放等，可以使我国在开放的过程中发挥后发优势，依靠更多的高级要素推动经济的持续增长。

（2）以更高水平的对外开放降低进口关税和制度性成本。扩大优质产品和服务、先进技术设备、能源资源等进口，促进进口来源更加多样化和多元化，提升我

① 王一鸣：《高水平开放推进高质量发展》，《人民政协报》2023年3月2日第3版。

国产业链运行的稳定性和安全性。在供给侧优化产业结构，坚持补短板与锻长板相结合，打造非对称性竞争优势，增强“中国制造”在全球产业链中的不可替代性，夯实现代产业体系根基。发挥需求侧对优质消费品、中高端产品和高品质服务的支撑作用，为新技术、新产品、新服务的创新提供充足的市场空间。

三、推动制度性变革离不开高水平开放

1.以制度型开放推动制度性变革的新突破

经过40多年的改革开放，我国不仅实现了从计划经济向市场经济的转变，而且推动了经济社会结构的转型。进入新发展阶段，开放与改革直接融合，“边境内”开放与市场化改革直接融合。从这个角度说，开放是最大的改革。

稳步扩大规则、规制、管理、标准等制度型开放，将使服务业市场开放、要素市场化改革、竞争政策基础性地位强化等关键性、基础性深层次体制机制改革取得重要突破，推动构建高水平社会主义市场经济体制。

2.以制度型开放促进服务业市场开放的新突破

从实际情况看，我国开放的重点与难点大都集中在服务业领域。2022年，我国市场准入负面清单事项缩减到117项，其中，服务业领域83项，占比71%；全国外商投资准入负面清单限制措施缩减至31项，其中，服务业领域23项，占比74%。为此，迫切需要进一步加快服务业市场开放进程，这是下一步全面深化改革的重大任务。第一，在教育、医疗健康等社会需求较大的服务业领域引入国际先进管理标准。第二，鼓励引导社会资本参与发展服务业，并在打破服务业市场垄断方面实现实质性破题。第三，清理并大幅削减服务业领域“边境内”壁垒，逐步在人员流动、资格互认、市场监管等领域实现与国际接轨。

3.以制度型开放加快市场化改革的新突破

制度型开放的基础在于深化要素市场化改革，充分发挥市场在资源配置中的决定性作用。第一，以农村宅基地为重点，深化土地要素市场化改革，建立城乡统一的土地要素市场。第二，着眼于释放人力资本活力，加快人才管理体制创新，建立以人为中心的科技创新激励机制。第三，加快建立数据确权、交易、保护等制度，完善数据跨境流动管理制度建设。

4.以制度型开放促进市场环境建设的新突破

当前，世界银行已将营商环境评估改为宜商环境评估，更加注重市场环境建设。从我国的实践看，要继续打造市场化、法治化、国际化的营商环境，需要在公平竞争、反垄断、市场透明、知识产权保护等方面强化制度性安排。第一，清理妨碍公平竞争的产业政策，强化对各类经济政策的公平竞争审查。第二，对国企、民企、外企一视同仁，为企业平等竞争提供制度保障。第三，强化知识产权保护的内外规则对接与合作，推动相关国际组织在我国设立知识产权仲裁和调解分中心。

▶▶▶

第二节

以高水平开放释放结构转型的内需潜力

党的二十大报告强调，“要坚持以推动高质量发展为主题，把实施扩大内需战略同深化供给侧结构性改革有机结合起来，增强国内大循环内生动力和可靠性，提升国际循环质量和水平”。我国经济转型升级蕴藏着国内巨大的消费和投资需求增长空间。14亿多人口内需大市场的潜力释放，将推动我国成为“世界市场”，并为全球的企业提供发展机遇。在当前全球需求不足、经济增长乏力的情况下，我国内需大市场将成为世界经济的突出亮点。未来5—10年，释放14亿多人口结构转型的内需潜力，关键在于实现高水平开放的重大突破。

一、经济转型升级蕴藏巨大内需潜力

1. 消费结构升级蕴藏巨大内需潜力

（1）消费结构升级带动产业结构升级。随着人们收入水平的提高，消费结构发生了变化，并推动工业化进程和产业结构调整。从国际经验来看，消费结构变化速度快于产业结构变化速度。以美国为例，1960—1978年，美国恩格尔系数从18.87%持续下降到13.74%。在此期间，第一产业的比重只下降了0.8%，而农产品消费的比重却下降了5.7%；第三产业的比重上升了5%，并成为支柱产业，而服务消费的比重却上升了6.7%（见表7-1）。

表7-1　1960—1978年美国消费结构与产业结构变化速度的比较（%）

	1960年	1970年	1978年	结构变动幅度
第一产业占比	4	3.6	3.2	−0.8
农产品消费占比	27.1	23.8	21.4	−5.7
第二产业占比	38	36.5	34	−4
工业品消费占比	24.7	24.2	23.7	−1
第三产业占比	58	60	63	5
服务消费占比	48.2	52	54.9	6.7

数据来源：上海国际问题研究所编《现代美国经济问题简论》，上海人民出版社，1981。

（2）**消费结构升级是产业结构升级的重要导向。**没有消费需求释放，产业结构调整将成为无源之水。只有围绕消费升级的方向进行投资、创新和生产，才能最大限度地提高投资和创新的有效性、提升产业竞争力，进而实现经济提质增效。未来，需要充分发挥消费对产业升级的引领作用，以消费升级带动产业升级，引导相关领域的科技创新，催生基础设施建设和公共服务等领域的新投资，促进产业结构升级和创新消费供给，进而加快培育形成经济发展的新动力。

（3）**我国消费市场规模大且呈扩大态势。**2021年，我国社会消费品零售总额达到44.08万亿元，同比增长12.5%（见表7-2）。1978—2022年，我国社会消费品零售以年均13.7%左右的速度增长。虽然受疫情影响，2020年出现了负增长，但是随着疫情防控常态化以及居民消费率（见表7-3）和服务型消费的快速增长，未来5—10年，我国消费市场规模将呈现持续扩大的态势。

表7-2　1978—2022年部分年份我国社会消费品零售总额及增速

年份	总额/亿元	增速/%
1978	1558.6	8.8
1980	2140.0	18.9
1985	4305.0	27.5
1990	8300.1	2.5
1995	23463.9	26.5
2000	38447.1	9.5
2005	66491.7	14.6
2010	152083.1	18.5

续表

年份	总额/亿元	增速/%
2011	179803.8	18.2
2012	205517.3	14.3
2013	232252.6	13.0
2014	259487.3	11.7
2015	286587.8	10.4
2016	315806.2	10.2
2017	347326.7	10.0
2018	377783.1	8.8
2019	408017.2	8.0
2020	391980.6	-3.9
2021	440823.2	12.5
2022	439732.5	-0.2

数据来源：《中国统计摘要2023》。

表7-3　2000—2021年部分年份各国居民消费率（%）

国家	2000年	2010年	2018年	2019年	2020年	2021年
中国	46.7	34.3	38.5	39.2	38.2	—
印度	63.7	54.7	59.3	61.0	60.8	59.3
日本	53.7	56.9	54.8	54.5	53.8	—
韩国	54.5	50.4	48.0	48.6	46.4	46.3
南非	65.6	62.4	63.6	63.8	62.3	60.6
加拿大	54.5	57.0	57.8	57.7	57.2	54.5
美国	66.0	68.2	67.8	67.5	67.2	—
巴西	64.6	60.2	64.6	65.1	62.9	61.0
德国	56.3	55.1	52.0	51.9	50.7	49.4
俄罗斯	46.2	51.5	50.4	51.6	50.9	49.9
英国	66.7	64.2	65.0	64.3	60.9	61.5

数据来源：《中国统计年鉴2022》。

2.产业结构升级蕴藏巨大内需潜力

（1）服务业快速发展蕴藏巨大内需潜力。2022年，我国服务业增加值占GDP的比重为52.8%①，低于2019年中等收入国家平均水平（56.3%）和世界平均水平（67.7%）②。如果到2025年，我国服务业占比达到60%左右，服务业规模有望达到70万亿元左右，市场增量将达到10万亿元左右。

（2）我国数字化转型蕴藏巨大的投资发展潜力。国际数据公司（IDC）研究指出，2022年，无论全球还是中国，超过50%的经济（中国超60万亿元）是基于数字化或受数字化影响的，中国2022—2026年数字化转型总支出将达到2.38万亿美元③。业内预测，到2025年企业应用云化率和人工智能利用率均将达到90%，数据、智能与制造业的深度融合将催生数个十万亿级产业④。

3.人口城镇化和乡村振兴蕴藏巨大内需潜力

（1）农村内需潜力巨大。随着农村市场环境持续改善，以及电商等新兴业态向乡村地区加快下沉，农村消费潜力将持续释放。2022年，我国第一产业固定资产投资14293亿元，同比增长0.13%；我国乡村消费品零售额59285亿元，与上年基本持平，而城镇消费品零售额同比下降0.3%⑤。

（2）新型城镇化的内需潜力巨大。以消费为例，户籍人口城镇化最重要的标志之一就是城乡居民消费水平的趋同和消费公平程度的不断提升。2022年，我国城镇居民人均消费支出约为农村居民人均消费支出的1.83倍（见图7-1）。如果户籍人口城镇化进程加快，农民工能享受到城镇人口的公共服务和公共设施，随着其消费水平接近或达到城镇居民的平均水平，一年至少有5万亿元的新增消费需求。

---

① 数据来源：《中国统计摘要2023》。

② 数据来源：世界银行数据库。

③ 《IDC：2022—2026年中国数字化转型总支出将达到2.38万亿美元》，https://new.qq.com/rain/a/20220627A04TCLOO。

④ 《业内预计2025年企业人工智能利用率达90%》，http://www.ce.cn/cysc/tech/gd2012/201901/07/t20190107_31191402.shtml。

⑤ 国家统计局：《中华人民共和国2022年国民经济和社会发展统计公报》，中国统计出版社，2023。

未来5—10年，城乡一体化和城乡融合发展，将创造近百万亿元的投资与消费需求，成为我国中长期发展的最大红利。

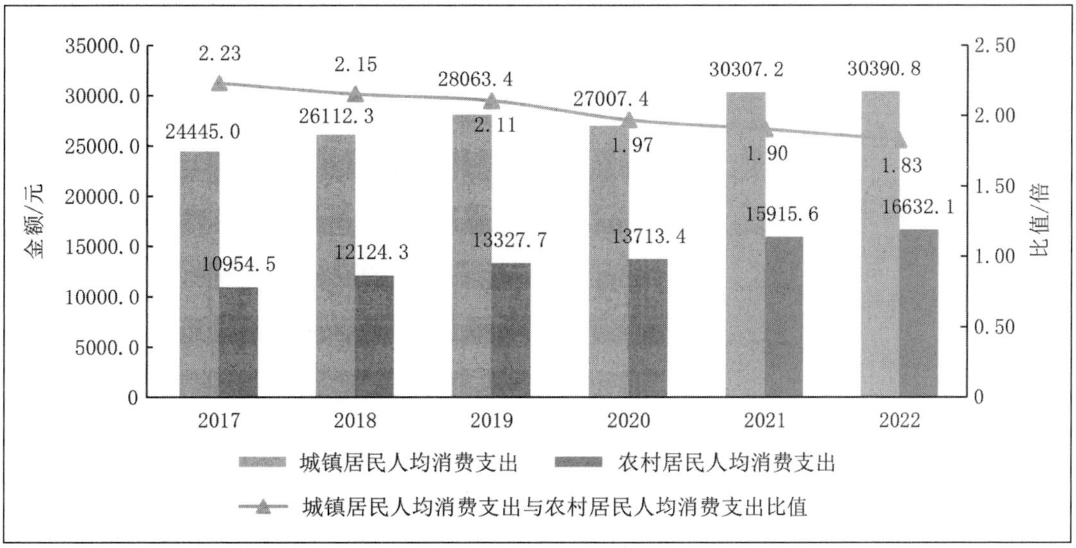

图7-1　2017—2022年我国城乡居民人均消费支出

数据来源：《中国统计摘要2023》。

二、内需潜力释放决定增长前景

1. 内需潜力释放是应对全球化新变局的“压舱石”

未来我国仍需要面对中美关系的不确定性，释放巨大内需潜力是我国应对美国贸易挑战的最大底气。与当年美日贸易战不同，我国是世界上唯一一个拥有全部工业门类的国家，有着14亿多人口、4亿多人的中等收入群体、快速升级中的内需大市场。即便中美贸易摩擦出现最坏情况，我国也可以依托内需至少在亚洲区域内推动经济一体化。也就是说，要在中美贸易摩擦中赢得主动权，关键是构建以国内大循环为主体、国内国际双循环相互促进的新发展格局，关键是把释放内需潜力这个优势充分利用好、发挥好。

2. 内需潜力释放能够支撑未来10年5%左右的中速增长

2022年，我国社会消费品零售总额（44.1万亿元）和全社会固定资产投资（不含农户）（58.0万亿元）合计已达到102万亿元[①]。这个巨大的市场是我国经济中速增长的重要动力。例如，2019年，我国经济增长速度为6.1%，但服务业增长速度为6.9%，而且服务业在整个国民经济中的比重不断上升。尽管受疫情影响，2022年，我国经济仍增长3.0%，服务业增长2.3%[②]。在服务业领域行政垄断和市场垄断逐步被打破的条件下，服务业增加值将可能保持较快增长速度，加上人口城镇化、消费结构升级带来的增长叠加效应，有望使经济增长速度在未来5—10年保持在5%左右，确保我国在"十四五"末步入高收入国家行列。

3. 内需潜力释放可以支撑我国基本实现社会主义现代化

内需市场是我国经济发展的重要引擎，其潜力的充分释放将成为我国实现社会主义现代化的关键。14亿多人口的内需大市场充分释放，能够确保我国经济未来10年按照年均5%左右的速度增长，到2035年我国将基本实现社会主义现代化，全体人民共同富裕迈出坚实步伐。按照年均5%的增长速度，到2035年，我国人均GDP将达到22432美元，处于高收入国家中等水平。为此，应充分认识到内需市场的巨大潜力和作用，采取有效的政策措施，不断扩大内需规模，推动经济实现持续健康发展，让全体人民共享发展成果。

三、以高水平开放充分释放内需潜力

1.在开放中推动国内国际市场对接

（1）推动高水平开放与高质量市场经济的融合。随着经济服务化进程的加快，需要推动高水平开放与高质量市场经济直接融合，以开放促改革，以改革促开

① 数据来源：《中国统计摘要2023》。

② 国家统计局：《中华人民共和国2022年国民经济和社会发展统计公报》，中国统计出版社，2023。

放，赢得国际经济合作竞争的主动。市场是全球最稀缺的资源之一。强大的国内市场是我国2035年基本实现社会主义现代化的重要动力和底气。以扩大内需为基本导向的高水平开放，就是要实现内外市场联动、要素资源共享，形成更高水平开放合作的新发展格局。

（2）构建高水平开放型经济新体制。与商品和要素流动型开放不同，制度型开放意味着对外开放的重点向国内制度层面延伸。制度型开放的重大任务在于打造市场化、法治化、国际化的营商环境，在公平竞争、反垄断、市场透明、知识产权保护等方面强化制度性安排。例如：进一步完善外商投资准入前国民待遇加负面清单管理制度，落实准入后国民待遇；加快服务业领域与高水平国际规则对接，尽快打破服务业市场垄断与行政垄断；实现经济政策由产业政策为主向竞争政策为基础的转变，强化对经济政策的公平竞争审查；主动对接国际高水平经贸规则，并在自由贸易港、自由贸易试验区强化敏感领域的压力测试；强化财产权与知识产权保护，最大限度激发市场活力与创新活力。

（3）推进服务贸易的开放进程。近年来，在产业结构变革加速与服务业市场开放的双重推动下，我国服务贸易快速发展。同时，随着经济服务化进程的加快以及城乡居民服务型消费潜力的不断释放，对现代生活性、生产性服务贸易的需求明显增强，服务贸易仍有很大发展空间。其中，数字服务贸易成为我国服务贸易领域的突出亮点。初步估计，到2025年，数字服务贸易占我国服务贸易总额的比重将达到50%左右[①]。加快数字服务贸易发展需要全面推动实施跨境服务贸易负面清单，降低各类服务贸易模式下的“边境内”壁垒，调整优化服务贸易结构。

2.在开放中提升服务标准

（1）进一步提升教育、医疗、健康、养老等服务标准。按照《国家标准化发展纲要》的要求，围绕普及健康生活、优化健康服务、倡导健康饮食、完善健康保障、建设健康环境、发展健康产业等方面，建立广覆盖、全方位的健康标准。一方面，在增加服务供给的同时，对标国际标准，结合我国实际，尽快制定教育、医

① 商务部：《中国数字贸易发展报告2020》。

疗、健康、养老等领域的服务标准。另一方面，在国内高水平开放新高地加快对标国际服务标准。如在海南自由贸易港率先引入国际先进的医疗药品、旅游娱乐、体育养老等重点服务业的管理标准，并实现资格单向认可，形成倒逼服务质量和水平提升的动力。

（2）**完善和优化服务体系。**与商品有所不同，服务型消费对服务体系的要求更高。例如，目前海南免税购物是以销售免税品为主，消费服务体系不完善，与建设国际旅游消费中心的要求尚有较大差距。释放服务型消费需求，在增加服务型消费供给的同时，要进一步完善服务体系。比如，海南需要对标香港，加快免税购物的服务体系建设，在规则、规制、管理、标准上下功夫，形成包含服务标准在内的一整套免税购物服务体系[①]。

（3）**强化服务市场监管。**伴随新业态、新模式、新政策的出现，除了传统消费领域的突出问题外，消费维权既有直播带货、盲盒等新模式带来的新热点，也有智能产品、智能客服带来的新难点，还有规范文娱消费发展带来的新问题。2021年教育培训服务投诉、文化娱乐体育服务投诉、邮政业服务投诉比重分别同比上升1.99个百分点、0.59个百分点和0.34个百分点[②]。为此，一方面要加快完善线上市场监管体系，落实平台企业对经营者的审核把关和监督责任，完善线上市场监管部门协作机制，切实维护线上消费环境。另一方面要进一步加大服务消费领域的市场监管力度，开展服务型消费领域的专项治理，持续提升服务型消费水平。

3.主动扩大优质产品和服务进口

（1）**培育建设国际消费中心城市。**党的十九届五中全会明确提出“全面促进消费”“培育国际消费中心城市”。党的二十大报告强调，“着力扩大内需，增强消费对经济发展的基础性作用”。目前，北京、上海、广州、深圳等一线城市，成都、天津、武汉、厦门、青岛、大连、哈尔滨、南京等大城市都提出打造国际消费中心城市的目标。为此，要把培育国际消费中心城市作为扩大优质产品和服务进口

---

① 《迟福林：海南免税消费的预期目标何在？》，http://www.news.cn/sikepro/20211227/7b5d0609412944da9f5baa58cec5346f/c.html。

② 中国消费者协会：《2021年全国消协组织受理投诉情况分析》，2022年1月28日。

的重要载体。加快进口政策调整，因地制宜打造一批立足国内、辐射周边、面向世界的具有全球影响力和吸引力的综合性国际消费中心城市，使其成为引领消费、促进产业结构升级、拉动经济增长的新载体和新引擎。

（2）主动扩大优质服务进口。服务贸易进口是我国外贸最具提升空间的领域，是促进国内国际双循环最具发展潜力的领域。未来3—5年，扩大服务贸易进口，既有利于满足国内消费需求，又有利于改善我国同发达国家之间的经贸关系。从现实情况看，服务型消费需求快速增长已成为人们对美好生活需要的突出特征。建议加大医药和康复养老等优质服务的进口力度，取消服务进口领域不合理的限制措施，不断提高服务进口的自由化便利化水平，更好满足人们的服务型消费需求。

（3）主动扩大优质商品进口。积极扩大优质商品进口是保民生的重大举措。当前，我国居民消费价格指数（CPI）出现上涨势头。2022年，全国居民消费价格指数比去年上涨2%[①]。2023年1—10月，全国居民消费价格比上年同期平均上涨0.4%[②]。扩大优质商品进口，有利于我国利用国际资源满足国内消费升级需求，避免经济复苏带来的通货膨胀。虽然CPI总体上呈现逐月收窄态势，物价涨势总体温和，但预计部分食品价格还将继续上升。未来3—5年，我国要主动扩大优质商品进口，充分利用国际资源平抑物价，同时推动"中国制造"充分参与国际竞争，从而倒逼国内制造业企业转型升级。

（4）加快加入WTO《政府采购协定》进程。加入WTO《政府采购协定》，不断提升政府采购领域的开放程度，不仅有利于提高我国政府采购产品与服务的质量，也有利于我国企业和产品在其他国家的政府采购市场中获得国民待遇。目前，我国政府采购规模快速增长，但与发达国家相比，我国政府采购占比仍然偏低。2021年，我国政府采购规模为36399亿元，较上年减少571.6亿元，下降1.6%；占全国财政支出和GDP的比重分别为10.1%和3.2%[③]，而发达国家政府采购规模占

① 《2022年CPI同比上涨2%》，http://www.news.cn/fortune/2023-01/12/c_1129276405.htm。

② 国家统计局：《2023年10月份居民消费价格同比下降0.2% 环比下降0.1%》，http://www.stats.gov.cn/sj/zxfb/202311/t20231109_1944382.html。

③ 《财政部：2021年全国政府采购规模为36399亿元》，https://www.chinanews.com.cn/cj/2023/06-29/10034026.shtml。

GDP的比重为15%—20%[①]。如果我国经济总量121.02万亿元中的10%能够作为政府采购向全球开放市场，那么对整个世界而言将是一次再增长，对我国来说将是一次更深层次的开放。

（5）建立与扩大进口相适应的政策体系。

第一，充分发挥全国现有43个进口贸易促进创新示范区先行先试和压力测试作用，积极探索扩大进口的政策体制创新，尽快形成可复制的经验并向全国推广；推动跨境电商综合改革，最大限度提升进口贸易自由化便利化水平，建设国际商品展示交易平台，打造区域扩大进口的重要基地，在以进口贸易促进创新发展方面为全国提供经验借鉴。

第二，进一步降低高端消费品关税水平。加入WTO以来，我国积极履行入世承诺，实现了关税水平的大幅下降。2023年7月1日起，我国关税总水平由入世前的15.3%降为7.3%[②]，而贸易加权平均税率为4.4%[③]，十分接近发达国家，已降至国际公认的适宜水平。例如，美国贸易加权的实际进口关税是2.4%，欧盟是3%，澳大利亚是4%[④]。未来5—10年，我国可以考虑进一步降低奢侈品、日用消费品进口关税水平，让更多消费留在国内。

第三，从进一步减轻患者经济负担的角度出发，适时取消药品及常见病所使用的医疗器械进口增值税，为解决老百姓看病贵问题提供重要条件。

---

① 《财政部：政府采购规模增长10倍与精简开支不矛盾》，https://www.gov.cn/jrzg/2012-07/09/content_2178960.htm。

② 《惠民生、谋创新、促开放——解读2023年我国关税调整方案》，https://www.gov.cn/zhengce/2022-12/30/content_5734172.htm。

③ 王珂：《商务部：希望美方不要一意孤行》，《人民日报》2018年3月30日第3版。

④ 任泽平、贺晨甘源：《中国对外开放的进展评估与变革展望——中美贸易战系列研究》，http://www.sohu.com/a/233343678_467568。

▶▶▶

第三节

以高水平开放缩小区域发展差距

我国改革开放40多年的实践证明，区域开放与区域发展直接相关，区域开放是促进区域协调发展的重要动力之一，开放程度高的区域，其发展水平一般都比较高。这些年来，我国中部、西部、东北地区与东部地区发展水平的差距，在很大程度上与开放水平相关。我国进入高质量发展阶段，需要从国内国际双循环新发展格局出发谋划区域协调发展，开创以区域开放引领区域协调发展的新局面。

一、以服务贸易为重点提升东部地区开放水平

1.提升东部地区在高水平开放中的引领作用

改革开放40多年来，东部地区作为我国改革开放的前沿，在工业市场开放、货物贸易发展方面积累了丰富的经验。进入新发展阶段，东部地区有条件在更高水平的开放中先行一步，可以实施更高水平的服务贸易开放。例如，广东在服务业市场开放中先行一步，上海在金融等市场开放中有实质性突破。当前，东部地区需要在更加精简的负面清单等重大开放举措方面加快先行先试，并带动服务贸易快速发展，推动本地区经济高质量发展，使东部地区在我国开放大局与区域发展中扮演更重要的角色。

2.以服务贸易为重点推动东部地区优化发展

以粤港澳大湾区为例，党的二十大报告指出，“推进粤港澳大湾区建设，支持香港、澳门更好融入国家发展大局，为实现中华民族伟大复兴更好发挥作用”。这给粤港澳大湾区发展带来了前所未有的机遇。从实际情况看，以服务贸易为重点推进粤港澳大湾区一体化，有利于加快粤港澳大湾区一体化进程及提升粤港澳大湾区的国际竞争力。从现实情况看，相比于港澳，广东在服务贸易发展方面的短板日益突出。统计数据显示，2022年，广东地区生产总值（19197.05亿美元）是新加坡（4667.89亿美元）的4.11倍，而广东服务贸易总额（1585亿美元）仅为新加坡（5498.71亿美元）的28.82%[①]。总的来看，加快推进粤港澳大湾区服务贸易自由化，率先在广东实行对标世界最高标准的服务贸易新规则与服务贸易管理新举措，不仅能使广东在我国新发展阶段中扮演重要角色，也将使我国在以服务贸易为重点的新一轮全球自由贸易中赢得主动。

3.在东部地区探索实施服务贸易项下的自由贸易政策

从不同区域的区位与资源优势出发，建议在东部具备条件的地区率先实行旅游、健康、医疗、文化、职业教育、电信、金融等产业项下的自由贸易政策。比如，海南可以探索实施健康、医疗、旅游、职业教育项下的自由贸易政策。从区域发展的角度看，如果产业项下的自由贸易政策能尽快在一些有条件的地区落地，其影响和带动效应将是比较可观的，产生的实际效果也可能超乎想象。

二、以高水平开放形成东北全面振兴新动力

1.以高水平开放打造东北对外开放新前沿

（1）东北在我国高水平开放中的战略地位凸显。改革开放40多年来，由于国家早期对外开放的重心在东南沿海地区，东北对外开放进程明显滞后。尽管

① 根据世界银行数据库、国家统计局和广东省统计局相关数据整理。

"十二五"规划纲要提出"把黑龙江、吉林、辽宁、内蒙古建成向东北亚开放的重要枢纽"，但从实际情况看，东北作为我国最早进入计划经济、最晚退出计划经济的地区，对外开放滞后的问题一直很突出。今天，随着东北亚经济一体化进程的加快，处于东北亚核心地带的东北地区，再次面临新的开放发展机遇。2018年9月，习近平总书记在东北调研期间主持召开深入推进东北振兴座谈会时强调，深度融入共建"一带一路"，建设开放合作高地[①]。2019年8月，习近平总书记在中央财经委员会第五次会议上强调，"东北地区要主动调整经济结构，推进产业多元化发展，加快国有企业改革，打造对外开放新前沿"[②]。2023年10月27日，习近平总书记主持中共中央政治局会议，审议《关于进一步推动新时代东北全面振兴取得新突破若干政策措施的意见》，并强调要牢牢把握东北在维护国家"五大安全"中的重要使命，牢牢把握高质量发展这个首要任务和构建新发展格局这个战略任务，统筹发展和安全，坚持加大支持力度和激发内生动力相结合，强化东北的战略支撑作用[③]。未来5—10年，我国内需潜力的不断释放及国内市场的进一步开放，将为东北亚经贸合作提供重大机遇，也将为东北地区向北开放提供最大条件。东北对外开放的关键在于把握东北亚经济一体化的新机遇，以高水平开放带动东北全面振兴，主动参与区域产业链分工，重塑区域竞争新优势。

（2）东北在推进东北亚经济一体化中扮演重要角色。东北一直是我国面向东北亚开放的重要门户。东北亚地区作为"一带一路"沿线国家的重要区域，成为全球最具发展潜力的地区之一。随着共建"一带一路"进程加快，我国东北地区的对外开放水平不断提升，与东北亚国家的经贸联系不断增强，贸易额也快速增长。2022年，黑龙江省对俄罗斯进出口总额达到1854.7亿元，同比增长41.3%[④]，占同

---

① 《习近平在东北三省考察并主持召开深入推进东北振兴座谈会》，https://www.gov.cn/govweb/xinwen/2018-09/28/content_5326563.htm。

② 《习近平主持召开中央财经委员会第五次会议》，https://www.xinhuanet.com/politics/2019-08/26/c_1124923867.htm。

③ 《中共中央政治局召开会议 审议〈关于进一步推动新时代东北全面振兴取得新突破若干政策措施的意见〉 中共中央总书记习近平主持会议》，https://baijiahao.baidu.com/s?id=1780906266246876526&wfr=spider&for=pc。

④ 《2022年黑龙江省对俄罗斯进出口1854.7亿元，同比增长41.3%》，https://baijiahao.baidu.com/s?id=1755337617543490109&wfr=spider&for=pc。

期全省对“一带一路”沿线国家进出口总值（2087.4亿元）[①]的88.85%，占全省对外贸易额（2651.5亿元）[②]的69.95%。近年来，沈阳、长春、哈尔滨、大连等城市都提出了打造东北亚区域中心城市的目标。未来3—5年，东北地区应抓住东北亚地区局势日趋稳定的有利时机，依托自身位于东北亚核心地带的区位优势，加快对外开放进程，充分发挥其作为我国面向东北亚经济圈重要门户的作用。可以预见，东北地区作为我国面向东北亚开放的核心区域，将在推进东北亚经济一体化进程中扮演重要角色。

（3）以高水平开放激发市场主体活力。多年来，东北的改革开放进程缓慢，开放度低、开放滞后是制约东北经济发展的突出短板。比如，民营经济具有“56789”的特征，即贡献了50%以上的税收，60%以上的国内生产总值，70%以上的技术创新成果，80%以上的城镇劳动就业，90%以上的企业数量[③]。目前，东北三省民营经济占GDP的比重超过50%，但与全国平均水平（60%以上）相比，还有10个百分点的增长空间。以高水平开放倒逼建设高标准市场体系，大幅度提升东北的市场化水平，民营经济有望成为经济转型升级的生力军、主力军。这就需要通过产权制度安排，稳定民企预期，保障其合法权益，更好激发民企活力和创造力；要优化民企发展环境，降低实体经济企业成本，增强盈利能力；要激发企业家精神，依法保护其财产权和创新收益。

2.以高水平开放促进东北经济转型升级

（1）东北经济转型升级处于攻坚期。比如，工业企业创新能力下降。《中国区域创新能力评价报告2022》显示，近年来东北地区创新能力排名持续下降，转型发展压力比较大。从研发经费投入来看，2022年，东北四省区研发经费投入占地区生产总值的比重平均约为1.46%，其中辽宁为2.14%、吉林为1.43%、黑龙江为1.37%、内蒙古为0.90%（见图7-2），分别低于全国平均水平（2.54%）0.4个百分

① 《黑龙江2022年进出口总值创新高 同比增长33%》，https://baijiahao.baidu.com/s?id=1755249213567518091&wfr=spider&for=pc。

② 同上。

③ 习近平：《在民营企业座谈会上的讲话》，《人民日报》2018年11月2日第2版。

点、1.11个百分点、1.17个百分点、1.64个百分点，与东部沿海省份的差距更大。

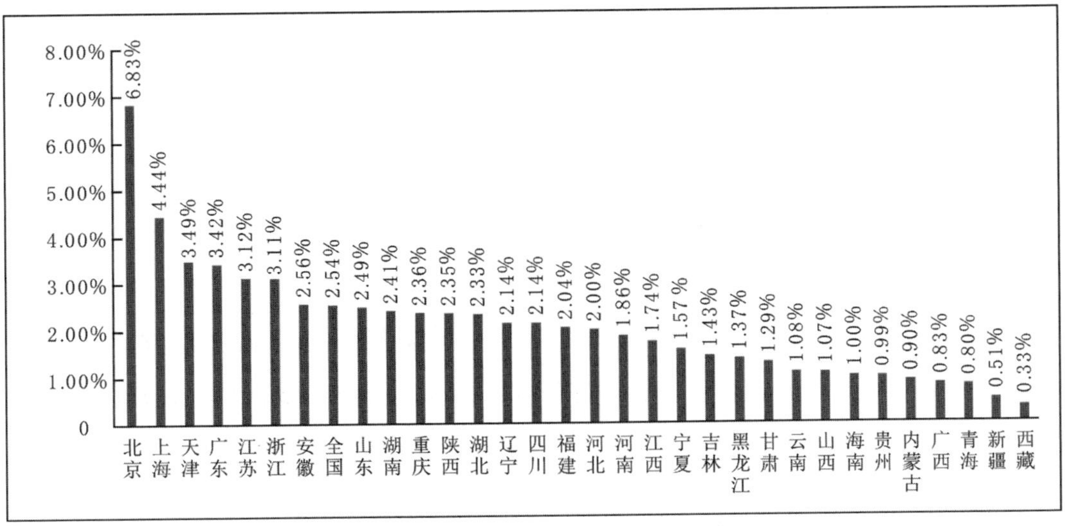

图7-2　2022年全国各地区研发经费占地区生产总值的比重

数据来源：《2022年全国科技经费投入统计公报》。

再比如，受发展过度依赖于资源优势、配套服务供给不足等影响，东北地区制造业生产专业化程度较低、产业发展较为分散，尚未形成真正的产业集群，规模效益也没有得到充分发挥。统计数据显示，2011—2022年，东北四省区规模以上工业企业利润总额年均下降0.28%，总体呈现下降趋势，同期全国规模以上工业企业利润总额年均增长2.90%，同期东部沿海三省规模以上工业企业年均增长更快（见表7-4）。

表7-4　2011—2022年全国及东北四省区、东部沿海三省规模以上工业企业利润总额情况

单位：亿元

年份	全国	内蒙古	辽宁	吉林	黑龙江	江苏	浙江	广东
2011	61396.3	2210.94	2511.21	1175.97	1446.65	7074.44	3320.45	5872.23
2012	61910.1	1931.69	2435.69	1215.04	1338.56	7250.2	3112.65	5464.9
2013	68378.9	1682.55	2461.58	1230.1	1150.21	7834.06	3385.87	5854.93
2014	68154.9	1299.32	2107.63	1445.89	1007.08	9057.17	3729.13	7014.99
2015	66187.1	1048.55	1069.66	1208.47	465.09	9686.84	3839.99	7723.16
2016	71921.4	1344.41	575.39	1268.49	295.54	10574.4	4469.42	8383.04
2017	74916.3	1451.74	1063.25	1028.03	416.7	10052.54	4605.41	8864.36

续表

年份	全国	内蒙古	辽宁	吉林	黑龙江	江苏	浙江	广东
2018		1409.4	1460.3	817	487	8491.9	4452.1	8309.7
2019	65799.0	1463.06	1354.04	743.99	417.22	6855.03	5003.04	9140.48
2020	68465.0	1315.0	1341.2	574.0	311.5	7622.8	5807.0	9572.1
2021	92933	3378.2	1842.0	1078.8	537	9586.5	7019.4	11278.4
2022	84039	4060	1540.9	917.3	604	9061.9	5864	9460.95

数据来源：历年中国统计年鉴以及全国和各省市2022年国民经济和社会发展统计公报。

（2）在融入全球产业链中推进东北制造业转型升级。实施跨国公司战略，建立跨国生产营销网络，加强东北企业在全球范围内进行市场整合和配置资源要素的能力，提升东北企业的国际化经营能力。一是使东北制造业在推动东北亚基础设施互联互通中发挥重要作用，把东北制造业作为东北亚区域合作的重要产业，打造东北亚制造业合作平台；二是借助“一带一路”建设开展国际产能合作的机遇，加快东北富余产能“走出去”，并建立跨国生产营销网络，提升东北制造业国际化经营能力；三是加大东北制造业企业引资引技力度，不断增强装备制造业、汽车制造业等领域的优势。

（3）以市场开放为重点促进生产性服务业领域的合作。生产性服务业的发展程度关系到东北制造业转型升级的进程。立足东北的实际，需要以扩大生产性服务业对外开放为重点，加强与发达国家、国内发达地区在生产性服务业领域的合作，推动生产性服务业向专业化和价值链高端延伸。一是对社会资本放开生产性服务业领域的市场准入。鼓励社会资本以多种形式到东北地区发展生产性服务业，支持社会资本参与本地区应用型技术研发机构市场化改革，鼓励社会资本参与东北地区国家服务业综合改革试点，提升东北地区生产性服务业的综合竞争力。二是吸引外资在东北地区设立生产性服务业企业。以辽宁和黑龙江自由贸易试验区为重点，加快推进研发设计、运输、法律、保险等生产性服务业对外开放，对外商投资实行准入前国民待遇加负面清单的管理模式。三是鼓励东北地区生产性服务业企业“走出去”。借助“一带一路”建设，以日韩等东北亚国家、中东欧国家为重点，建立境外投资公共信息平台和服务机构。

（4）实现制造业开放创新的新突破。在科技革命快速改变传统产业链、价值链、供应链的大趋势下，任何一个国家、任何一个地区、任何一个企业的科技创新都不可能再闭门造车，而是需要跨地区、跨国界的联合创新。为此，东北要在进一步强化自主创新的基础上，实现开放创新的重大突破。例如：加快实现基础研究与基础创新的突破，推进产业关键核心共性技术的研发和转化；加快推进科技项目向外国专家开放，探索技术移民制度，加大对人才落户东北的改革力度与补贴力度，最大限度吸引国内及全球科技研发人员；主动开展高水平的国际科技合作，积极发展知识产权、研发设计等科技服务产业，推动科技成果转化及产业化。同时，深化科研体制改革，全面下放科技成果使用权、处置权和收益权，加大对科研人员的股权激励力度，释放创新资源的潜力与活力。

3.构建东北亚经济一体化的大平台、大布局、大通道

（1）以制造业转型升级为目标形成东北对外开放的大平台。一是创新中德（沈阳）高端装备制造产业园、中以（哈尔滨）产业合作园等合作机制。以汽车等产业为重点，吸引国际知名跨国公司总部、生产性服务业企业和研发中心，加强与发达国家和地区在重点领域和重点项目方面的合作，引进先进技术、管理经验和高素质人才，推动“中国制造2025”与德国“工业4.0”对接融合。二是探索发展飞地型跨区域特别合作区。借鉴广东深汕特别合作区的体制“飞地”经验，通过引入市场机制，创新东北对外开放体制机制、政策和管理模式，与东北地区向北开放的广阔空间相融合，探索设立辽沪特别合作区、吉浙特别合作区、黑苏特别合作区等，共同打造对外开放新平台，加快建设中国向北开放的重要窗口和东北亚地区合作的中心枢纽。三是推进跨境经济合作区创新发展。发挥中韩俄蒙四国紧密合作、基础扎实的优势，按照自由贸易试验区标准推进黑龙江绥芬河-东宁重点开发开放试验区和图们江区域跨境经济合作区等沿边重点平台建设，探索跨境经济合作区的运营模式、管理体制与多层次跨境协调机制。

（2）以服务贸易为重点形成东北对外开放的大布局。一是全面推进服务业市场开放。加快向社会资本和外资开放服务业市场。例如，吸引俄罗斯、韩国、日本等国的金融机构在东北地区设立分支机构，发展相关金融业务。二是围绕东北地区融入“一带一路”建设，形成扩大对外开放大布局的总目标。借鉴上海、天津、广东、福建自由贸易试验区建设经验，立足东北地区对外开放的广阔空间及其开放的目的国家和地区的特点，加快建设中国（辽宁）自由贸易试验区，选择金融服务、航运服务、商贸服务、文化服务以及社会服务作为扩大开放的重点领域，全面实施负面清单管理。三是打造沿边迷你型自由贸易试验区。东北仅黑龙江对俄口岸就有15个，数量位居全国之首。适时选择辽宁丹东口岸、黑龙江绥芬河口岸、吉林珲春口岸等地全面实施贸易投资自由化政策，建设丹东对朝鲜、绥芬河对俄罗斯、珲春对俄罗斯和朝鲜的迷你型自由贸易试验区，打造扩大沿边开放的新高地。四是按照自由贸易试验区标准推进各类园区建设。在经济领域探索建立与国际通行规则接轨的制度框架体系，使保税区、出口加工区、边境经济合作区、国家级新区等各类园区成为“准自由贸易试验区”，进一步改善各类园区发展的体制政策环境，探索把各类园区建设作为国家实施自由贸易区战略的重要途径。

（3）以基础设施建设为依托形成东北对外开放的大通道。一是加快推动中蒙俄铁路网络建设。推动铁路网络与大连港、锦州港、营口港等出海口的互联互通，提升基础设施互联互通能力，将主要城市和港口打造成国际航运中心和国际物流中心。二是尽快启动东北东部快速铁路专线建设。积极争取亚洲基础设施投资银行资金支持，将东北东部5条东西走向的客运专线连通，加快建设哈大客运专线之外的第二条南北走向快速铁路专线，形成“两纵五横”快速铁路网络。三是打造江海联运水上丝绸之路。东北地区应进一步加大界河航道维护和航道疏通力度，维护通航水深在三级以上；构建黑龙江中下游、松花江干流高等级航道，畅通水上对俄经贸大通道，打造东北亚黄金水道。

三、以扩大高水平开放推动中部地区崛起

1.实施中部地区崛起战略的新起点

（1）中部地区崛起取得了较为明显的效果。2019年5月，习近平总书记在江西考察并主持召开推动中部地区崛起工作座谈会时强调，中部地区崛起，要“扩大高水平开放，把握机遇积极参与‘一带一路’国际合作，推动优质产能和装备走向

世界大舞台、国际大市场，把品牌和技术打出去”[①]。新发展阶段推动中部地区崛起，要以高水平开放充分释放发展潜力，发挥区域比较优势融入国内国际大循环。

据统计，2006—2022年，中部六省地区生产总值由4.4万亿元增长到26.7万亿元，名义年均增长率达到12.0%，占国内生产总值的比重由19.8%上升到22.0%（见图7-3）；地方一般公共预算收入由2950.1亿元增长到20635.4亿元（见表7-5），年均增长12.93%。

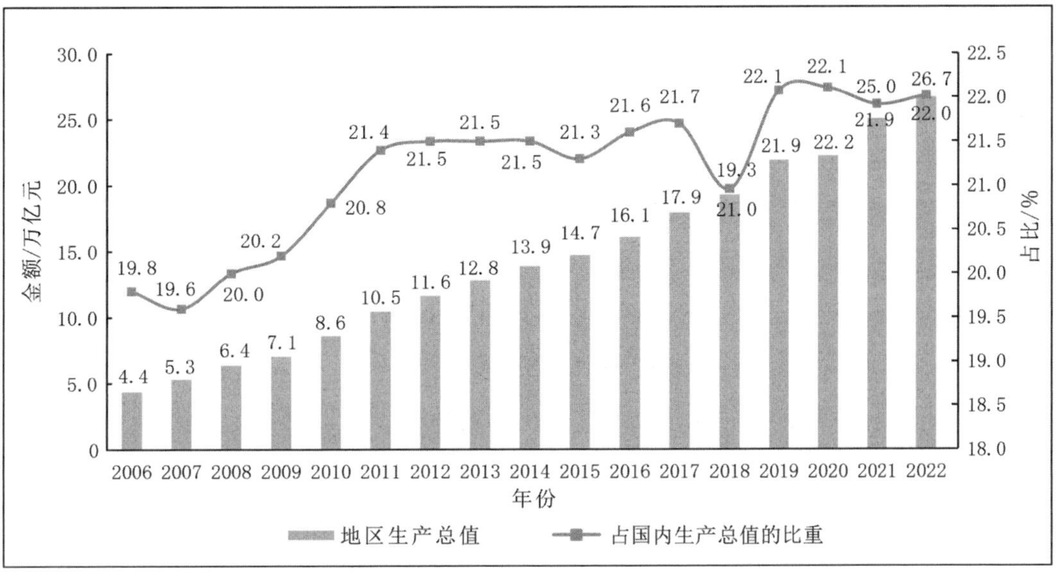

图7-3　2006—2022年中部六省地区生产总值及占国内生产总值的比重

数据来源：历年中国统计年鉴以及《中国统计摘要2023》。

表7-5　2006—2022年中部六省地方一般公共预算收入

单位：亿元

年份	山西	安徽	江西	河南	湖北	湖南	合计
2006	583.4	428.0	305.5	679.2	476.1	477.9	2950.1
2007	597.9	543.7	389.9	862.1	590.4	606.6	3590.6
2008	748.0	724.6	488.6	1008.9	710.8	722.7	4403.6
2009	805.8	863.9	581.2	1921.6	814.8	845.0	5832.3
2010	969.7	1149.4	778.1	1381.3	1011.2	1081.7	6371.4

① 《贯彻新发展理念推动高质量发展　奋力开创中部地区崛起新局面》，《人民日报》2019年5月23日第1版。

续表

年份	山西	安徽	江西	河南	湖北	湖南	合计
2011	1213.4	1463.6	1053.4	1721.8	1526.9	1517.1	8496.2
2012	1516.4	1792.7	1372.0	2040.3	1823.1	1782.2	10326.7
2013	1701.6	2075.1	1621.2	2415.5	2191.2	2030.9	12035.5
2014	1820.6	2218.4	1881.8	2739.3	2566.9	2262.8	13489.8
2015	1642.4	2454.3	2165.7	3016.1	3005.5	2515.4	14799.4
2016	1557.0	2672.8	2151.5	3153.5	3102.1	2697.9	15334.8
2017	1867.0	2812.4	2247.1	3407.2	3248.3	2757.8	16339.8
2018	2292.7	3048.7	2373.0	3766.0	3307.1	2860.8	17648.3
2019	2347.7	3182.7	2487.4	4041.9	3388.6	3007.1	18455.4
2020	2296.6	3216.0	2507.5	4168.8	2511.5	3008.7	17709.1
2021	2834.5	3498.2	2812.2	4353.9	3283.3	3250.7	20032.8
2022	3453.9	3589.1	2948.3	4261.6	3280.7	3101.8	20635.4

数据来源：历年中国统计年鉴以及《中国统计摘要2023》。

2006—2022年，中部六省服务业（第三产业）增加值占地区生产总值的比重由36.2%上升到49.2%，提升了13.0个百分点。与此同时，中部六省农业（第一产业）增加值占地区生产总值的比重由15.3%下降到8.5%，减少了6.8个百分点（见表7-6）。

表7-6　2006—2022年中部六省产业结构情况（%）

年份	第一产业	第二产业	第三产业
2006	15.3	48.5	36.2
2007	14.6	49.5	35.9
2008	14.6	50.9	34.5
2009	13.9	50.4	35.7
2010	13.0	52.4	34.6
2011	12.3	53.5	34.1
2012	12.1	52.8	35.1
2013	10.8	47.7	41.6
2014	11.1	49.6	39.3
2015	10.8	46.8	42.4
2016	10.4	45.4	44.1
2017	9.5	45.4	45.0
2018	8.4	44.0	47.6
2019	8.2	41.8	50.0

续表

年份	第一产业	第二产业	第三产业
2020	9.0	40.6	50.3
2021	8.6	41.3	50.0
2022	8.5	42.3	49.2

数据来源：历年中国统计年鉴以及《中国统计摘要2023》。

过去10多年来，中部地区对外贸易额实现较快增长。据统计，2006—2022年，中部六省对外贸易额由539.8亿美元增长到5675.9亿美元，占全国对外贸易总额的比重由3.1%上升到9.0%（见图7-4）。

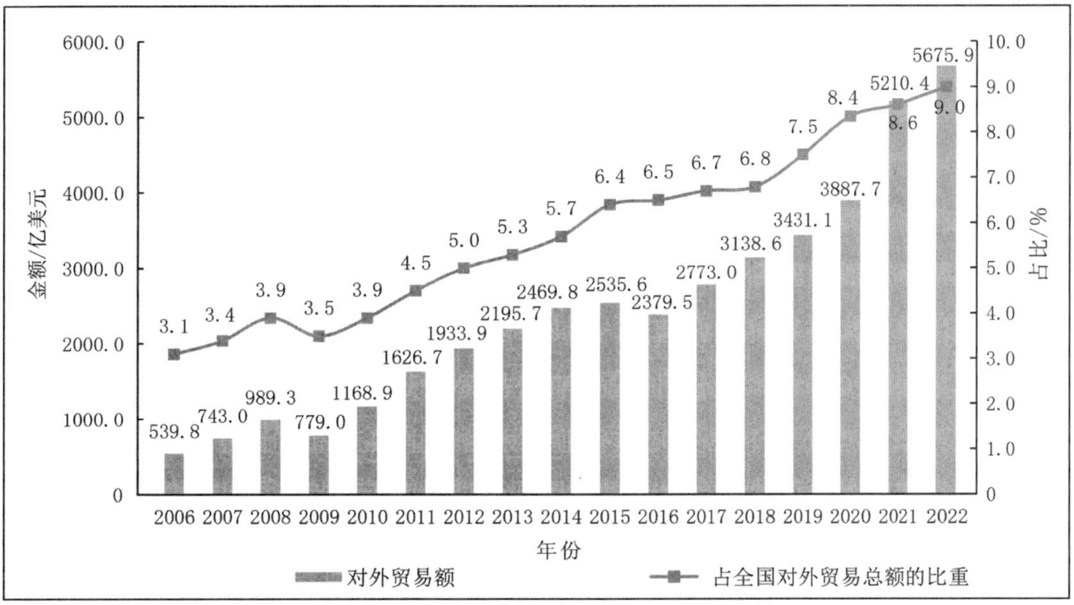

图7-4　2006—2022年中部六省对外贸易额增长情况及占全国对外贸易总额的比重

数据来源：历年中国统计年鉴、中部六省国民经济和社会发展统计公报以及《中国统计摘要2023》。

（2）开放滞后是制约中部地区发展的突出因素。中部地区地处内陆，不靠海，也不靠边，与东部地区相比，缺乏明显的开放优势，这也是制约中部地区发展的突出短板。与东部地区相比，中部地区之所以发展滞后，很大程度是因为中部地区外向型经济水平总体较低。尽管过去10多年来，中部地区对外开放水平有了明显提升，尤其是在吸引外商直接投资方面已经居于全国领先位置，但总的来看，中部地区对外贸易依存度仍然较低。与全国总体趋势一样，中部地区对外贸易依存度不断下降，但与全国平均水平相比，中部地区明显偏低。2022年，中部六省总体对外贸易依存度约为14.1%，比全国平均水平（34.8%）低20.7个百分点；其中对外贸易依存度最高的江西也仅为20.9%，低于全国平均水平13.9个百分点（见表7-7）。

表7-7　2006—2022年全国及中部六省对外贸易依存度（%）

年份	山西	安徽	江西	河南	湖北	湖南	全国
2006	10.9	16.0	10.3	6.3	12.4	7.7	64.4
2007	14.7	16.6	12.5	6.5	12.2	7.9	61.6
2008	13.8	16.0	13.7	6.8	12.8	7.6	56.0
2009	7.9	10.6	11.4	4.7	9.1	5.3	43.2
2010	9.3	13.3	15.5	5.2	11.0	6.2	49.0
2011	8.5	13.3	17.5	7.9	11.1	6.3	48.8
2012	7.8	14.4	16.3	11.0	9.1	6.3	45.3
2013	7.7	14.7	15.8	11.6	9.1	6.3	43.7
2014	7.8	14.5	16.7	11.4	9.7	7.0	41.0
2015	7.1	13.5	15.7	12.4	9.6	6.3	36.4
2016	8.4	12.0	14.3	11.6	8.0	5.5	32.8
2017	7.8	13.1	14.5	11.6	8.6	7.0	33.6
2018	8.1	13.8	14.4	11.5	8.9	8.4	33.2
2019	8.5	12.8	14.2	10.5	8.6	10.9	31.9
2020	8.5	14.1	15.7	12.1	9.9	11.7	31.8
2021	9.9	16.1	16.8	13.9	10.7	13.0	34.0
2022	7.2	16.7	20.9	13.9	11.5	14.5	34.8

数据来源：历年中国统计年鉴、中部六省国民经济和社会发展统计公报以及《中国统计年鉴2023》。

2.抓住高水平开放的机遇推进中部地区崛起

（1）抓住RCEP全面实施的机遇。2020—2022年，中部六省与RCEP其他成员国的贸易规模从1157.18亿美元上升到1735.99亿美元；除了山西明显偏低外，其他五省均在190亿美元以上。横向比较，河南在中部六省中的贸易规模最大，优势比较明显。分季度看，2023年第一季度、第二季度，河南与RCEP其他成员国的贸易规模在中部六省中仍位居前列（见表7-8、表7-9）。

表7-8　2020—2022年中部六省与RCEP其他成员国的贸易规模

单位：亿美元

省份	2020年	2021年	2022年
河南	274.26	341.47	382.13
江西	190.85	231.14	357.32
湖南	211.63	279.62	343.05
安徽	228.80	279.87	299.09
湖北	194.45	247.36	282.91
山西	57.19	106.32	71.49
六省合计	1157.18	1485.78	1735.99

数据来源：全球贸易观察数据库。

表7-9　2019Q1—2023Q2中部六省与RCEP其他成员国的贸易规模

单位：亿美元

年份	季度	六省合计	安徽	河南	湖北	湖南	江西	山西
2019	第一季度	205.06	47.72	40.30	34.64	32.31	38.97	11.12
	第二季度	232.11	49.16	45.78	41.47	41.54	41.64	12.52
	第三季度	282.83	53.14	67.35	49.80	49.89	46.08	16.57
	第四季度	303.77	51.38	80.05	58.76	51.16	46.97	15.45
2020	第一季度	215.66	47.74	49.20	29.89	34.55	43.33	10.95
	第二季度	272.14	56.56	47.36	42.70	57.11	57.14	11.27
	第三季度	295.12	63.28	61.02	55.92	54.12	47.20	13.58
	第四季度	374.28	61.23	116.69	65.94	65.85	43.18	21.39
2021	第一季度	325.69	61.39	85.22	54.76	52.62	49.58	22.12
	第二季度	361.52	71.23	69.85	59.98	69.01	57.17	34.28
	第三季度	362.72	71.44	74.73	64.26	75.43	51.05	25.81
	第四季度	435.86	75.82	111.67	68.36	82.57	73.33	24.11
2022	第一季度	371.14	69.09	89.60	63.69	59.06	72.37	17.33
	第二季度	458.42	85.10	84.33	71.05	102.62	97.29	18.03
	第三季度	452.48	75.81	98.46	80.38	80.46	98.93	18.44
	第四季度	453.96	69.09	109.74	67.79	100.92	88.73	17.69
2023	第一季度	428.07	63.91	93.31	65.52	88.00	99.25	18.08
	第二季度	369.17	69.77	75.06	67.60	66.99	71.33	18.42

数据来源：全球贸易观察数据库。

为此，需要抓住RCEP全面实施的重要机遇，推进中部地区加快发展。比如，在河南自由贸易试验区郑州片区高水平打造省RCEP示范区，在推动货物贸易高质量发展、加快服务贸易创新发展、拓展双向投资经贸合作、建设高水平区域合作平台、打造一流营商环境等方面积累先进经验，带动提升河南整体实施RCEP的效果。

（2）抓住“一带一路”建设的新机遇。“一带一路”建设的深入推进，为中部地区扩大开放提供了难得的历史机遇。例如，目前中欧班列虽然有货物运到欧洲，但从欧洲运回来的货物较少，其中武汉回程货物是全国最多的，这为中部地区扩大货物贸易提供了难得的机遇。再如，“一带一路”沿线国家和地区具有巨大的基础设施投资需求，而中部地区在钢铁、工程机械、建材、船舶、装备制造等方面具备优势，这就为中部地区优势产业“走出去”提供了重要机遇。为此，需要抓住“一带一路”建设的机遇，推进中部地区开放水平上一个新台阶。

（3）大力发展内陆开放型经济。

第一，积极发展货物贸易。中部地区各省份要发挥各自优势，积极开展合作，在更大范围内整合贸易资源。一是以扩大中欧贸易为重点创新中欧班列运营模式，打好“中欧班列”这张牌。二是推动加工贸易转型升级，支持有条件的地区建设沿海加工贸易梯度转移重点承接地。

第二，推动服务贸易开放，积极发展服务贸易。一是充分发挥中部地区自由贸易试验区的作用，全面复制推广自由贸易试验区在投资管理、贸易监管、金融创新等方面的改革创新成果。二是加快推动服务业领域开放，推动中部地区承接国际服务贸易转移，重点在物流、交通运输等服务行业扩大利用外资规模。三是大力发展服务外包，推动武汉、合肥、南昌等服务外包示范城市进一步提高服务外包水平。四是积极对接粤港澳大湾区，吸引粤港澳大湾区的现代服务业投资中部地区。

第三，鼓励支持企业“走出去”。充分发挥中部地区在现代农业、钢铁、汽车、机械、化工和装备制造业等方面的优势，鼓励对外承包工程企业参与“一带一路”建设，加强与沿线国家的产能合作。

第四节

以高水平开放推动开放创新

创新是引领高质量发展的第一动力。全球新一轮科技革命下的创新跨越国界，已成为一个全球现象，并呈现出开放创新的时代特征。党的二十大报告提出，“扩大国际科技交流合作，加强国际化科研环境建设，形成具有全球竞争力的开放创新生态”。推进高水平开放，要突出开放创新，加快构建开放创新网络体系，集聚全球创新资源，实现建设创新型国家的实质性突破。

一、尽快形成开放创新的新格局

1. 把促进开放创新作为高水平开放的重要目标

（1）高水平开放要服务于国内创新发展的大目标。高质量发展阶段的高水平开放与过去高速发展阶段有很大的不同，不单是引进外资促进经济总量增长，而且是把侧重点放在促进国内创新发展上。近年来，随着大数据、人工智能等新一轮技术革命的加快推进，创新在经济发展中的地位日益凸显。如果在大数据、智能化、云计算、移动互联网、物联网（简称“大、智、云、移、物”）等领域，在基础研究领域和应用研究领域再推出一大批重大科技创新成果，将为我国中长期发展注入强大的内生动力。

（2）以“引进来”促进开放创新。以“引进来”促进开放创新是当前阶段我国的发展方向。与过去不同，现在的“引进来”更加注重选择，主要集中在国际高科技和创新要素的引进。

我们不仅关注国外中低端产业向我国转移，而且更加注重引进国际先进技术、优质人才和创新思维。在全球化的背景下，各国之间的交流与合作变得更加紧密。通过引进国际高科技，我们可以借鉴先进的生产技术、管理经验和市场营销策略，提升我国产业的竞争力。同时，引进创新要素也能够激发我国内部的创新活力，推动科技进步和产业升级。

（3）以“走出去”促进开放创新。以“走出去”促进开放创新是当前阶段我国的发展策略之一。过去，我国企业“走出去”主要是为了寻求资源和市场，但现在“走出去”更加注重整合国际创新资源，提升自主创新能力。随着经济的快速发展，我国已成为资本净流出国家。这意味着我国不仅是将传统产能输出到国外，更重要的是将我国的创新理念和技术输出到国际舞台上。通过与国际企业的合作，我国企业可以获得先进的管理经验、科研成果和创新思维，从而提升自身的创新能力和竞争力。以雅万高铁为例，雅万高铁的技术标准、人员服务标准、管理标准都是我国制定的，高铁上的通信工程是华为建造的，车厢是中车制造的。也就是说，这是一个标准的系统集成，同时也锻炼了一批人才。

2. 形成科技领域开放创新的新格局

（1）借鉴发达国家经验，实现部分科技计划对外开放。根据科技发展水平和需要，有选择地开放科技计划是发达的科技大国的通行做法。以美国为例，除涉及军事和敏感技术的计划外，其科技计划大部分对外开放，可以开展国际合作，邀请外国专家到其实验室工作。欧盟先后制定了多项跨国的高技术研究与发展计划，这些计划的实施以欧洲国家为主，但也通过招标或签订双边协议的方式向其他国家开放。

（2）创新国际科技合作机制。要以更加开放的思维和举措推进国际科技交流合作，分类制定国别战略，丰富新型大国关系的科技内涵，推进与科技发达国家建立创新战略伙伴关系，与周边国家打造互利合作的创新共同体，拓展针对发展中国家科技伙伴的计划框架。

（3）充分利用并整合全球科技资源来促进本国发展。以开放基础研究和重大全球化问题研究为主，以开放应用研究为辅，允许拥有外国国籍的科学家、非本国独立法人或外资研究机构及企业参与本国的主体科技计划项目工作。

（4）**推进国内产学研相互开放融合。**围绕国家重大科技计划，推动产学研协同创新，实现产学研基础设施互联互通、信息共享、资源共享。打通军民融合的科技成果转化通道，加快国内高科技成果在应用领域的转化进程。

3. 形成企业开放创新的新格局

（1）**加快布局企业开放创新平台建设。**2017年，国务院印发《新一代人工智能发展规划》，提出了我国新一代人工智能发展的指导思想、战略目标、重点任务和保障措施，部署构筑我国人工智能发展的先发优势，加快建设创新型国家和世界科技强国。2017年，科技部宣布了首批4家国家新一代人工智能开放创新平台名单，包括依托百度公司建设自动驾驶国家新一代人工智能开放创新平台，依托阿里云公司建设城市大脑国家新一代人工智能开放创新平台，依托腾讯公司建设医疗影像国家新一代人工智能开放创新平台，依托科大讯飞公司建设智能语音国家新一代人工智能开放创新平台。2023年7月，科技部发布首批国家新一代人工智能公共算力开放创新平台的批复通知，共批复9家平台建设国家新一代人工智能公共算力开放创新平台以及16家平台建设国家新一代人工智能公共算力开放创新平台（筹）。

（2）**加快企业开放创新平台建设需要从多方面深入推进。**第一，围绕全球新一轮产业革命的重点产业创新，在大、智、云、移、物等领域培育领军企业和打造开放创新平台，形成开放创新由点到面的普及推广。第二，从我国国有企业开放创新滞后的现实出发，选择部分创新型国有企业进行搭建开放创新平台的试点，在国有企业的开放创新上破题发力。第三，鼓励和支持企业在“走出去”中实现创新资源和创新人才的本土化，充分利用国际创新资源提升企业竞争力。

4. 建设区域性创新高地

（1）**注重区域开放创新中心建设。**以美国的硅谷为例，区域开放创新中心对一个国家的开放创新影响巨大，科技创新的兴盛也吸引各类资本的集聚。

2022年，硅谷（包括旧金山）的专利注册数量分别占加州、美国的46%和13%；硅谷的风险投资总额为207亿美元，旧金山为285亿美元，硅谷和旧金山的风险投资总额占加利福尼亚（707亿美元）的69%，占美国（1504亿美元）的33%[①]。这也是硅谷能够涌现出苹果、惠普、谷歌、英特尔、思科、甲骨文等企业的原因。

（2）国内多个区域有望建成国际科技创新中心。清华大学产业发展与环境治理研究中心（CIDEG）联合施普林格·自然集团发布的《国际科技创新中心指数2022》显示，2022年中国共有19个城市（都市圈）跻身全球科技创新城市行列，长沙、天津、西安、重庆、济南、青岛、长春、大连、哈尔滨等城市首次进入国际科技创新中心的视野；其中，北京、粤港澳大湾区、上海分别居第3位、第6位、第10位[②]。2022年，北京专利授权量突破20万件；每万人发明专利拥有量达218.3件，稳居全国第一；产业知识产权运营中心达到5家，数量居全国首位[③]。2022年，深圳国内专利授权275774件，居北上广深首位；有效发明专利五年以上维持率达73.81%，十年以上维持率达29.07%；每万人发明专利拥有量达137.9件，约为全国平均水平的5.8倍，PCT国际专利申请量达15892件，连续19年居全国大中城市第一[④]。未来几年，我国北京、上海、粤港澳大湾区等地区在创新上与美国硅谷的差距将逐步缩小，并有望成为国际科技创新中心。

（3）布局建设全球一流的区域性创新高地。近年来，我国部分发达地区在打造区域性创新高地上进行了前瞻性布局。例如，上海张江高科技园区打造世界级科技创新中心、粤港澳大湾区打造世界级科技湾区、北京中关村打造具有全球影响力的科技创新中心、杭州国家自主创新示范区建设全球有影响力的“互联网+”科技创新中心等。加大对这些创新中心的支持力度，则这些地区有望率先达到或接近美国硅谷的水平。

---

① 《〈2023年硅谷指数〉发布！》，http://www.zfida.org.cn/newsinfo/5577318.html。

② 《国际科技创新中心指数2022发布，北京位居第三、上海首进前十》，https://baijiahao.baidu.com/s?id=1752725205342949004&wfr=spider&for=pc。

③ 《本市万人发明专利拥有量全国居首》，《北京日报》2023年4月22日第3版。

④ 《深圳国内专利授权量、PCT国际专利申请量均居全国第一》，https://baijiahao.baidu.com/s?id=1764405805275691602&wfr=spider&for=pc。

二、以开放创新建设科技强国

1.推动国家科技计划对外开放

（1）科技计划开放是发达国家利用全球创新资源的重要途径。

经济全球化推动科技全球化。随着信息技术的快速发展，经济全球化推动各国科技创新相互融合，科技创新活动呈现出国际化、网络化、共享化的趋势。例如，一架波音飞机的零部件由70多个国家的545家供应商生产，一辆特斯拉的核心技术供应商大部分来自日本、美国和欧洲，等等。也就是说，经济全球化促进创新资源在全球范围内加速流动，并推动全球科技计划开放进程。

不同国家科技计划开放程度不同。不同国家由于国情不同，其科技发展水平与科技计划开放程度也不同。总的来看，国家科技计划开放程度主要有三个层次。一是完全开放。例如，哈萨克斯坦的科技计划对外国政府、机构或个人给予国民待遇，允许其申请承担国家科技计划相关项目。二是有限开放。例如，美国、日本、德国等国家对国外机构参与本国科技计划项目存在部分限制，美国除涉及军事安全、敏感技术及对国计民生产生重大影响的计划外，大部分科技计划对外开放，以利用全球科技资源。三是完全不开放。例如，新加坡、丹麦等国家的科技计划项目完全不对外开放。

（2）我国科技计划开放有待提速。

从实践看，我国较早在个别科技计划中对外国专家开放。1998年12月，我国与欧洲共同体签订《中华人民共和国政府与欧洲共同体科学技术合作协定》，提出我国的“863”计划、“973”计划与欧盟的框架研发计划相互开放，双方研究人员可以通过招投标方式相互申请对方的研究计划项目。2000年，外国科学家与我国科学家合作成功申请了一个“973”计划项目——分子聚集体的化学。近年来，我国不断加大科技计划开放力度，主动融入全球创新网络。截至2023年10月，我国已经与160多个国家和地区建立了科技合作关系，签署了117个政府间科技合作协定，加入了

200多个国际组织和多边机制[①]。

但是，我国现有科技计划开放限制条件较多。一是在2011年之前，我国“863”计划、“973”计划等要求承担者为境内注册具有法人资格的高校、研究机构等事业单位法人和中方控股的企业法人；2011年，新的“863”计划、“973”计划和国家科技支撑计划均要求课题承担单位是在境内注册的具有独立法人资格的企业、科研院所、高校等。二是科研成果要求优先在国内转化。例如，“863”计划明确提出科研成果优先在境内转化。三是要求外方合作单位具备较强的科研实力和投入相关的人员、设备、资金。例如，“973”计划在对外开放领域要求合作国家进行资金配套。

同时，科技计划开放还面临深层次的问题。目前，我国科技计划开放还面临着多方面的矛盾与问题。例如，我国融入全球科技创新网络的程度并不高，参与国际科技合作的人才储备明显不足，国际科技合作经费投入不足，科技计划对外开放管理体制不完善，等等。

（3）加快推进国家科技计划开放进程。

加大科技计划开放力度，充分利用全球科技资源。随着科技全球化进程的加快，建设科技强国必须加快国家科技计划开放步伐，主动融入全球科技创新网络。以国家科技计划为平台，最大限度吸引拥有全球先进技术的外资研发机构、研发人员参与我国科技计划的实施，缩短我国相关技术领域的研发周期，通过开放合作，整合全球科技资源，提升我国自主创新能力。

借鉴国际经验，实行分类开放。对国家科技计划涉及的不同领域，采取不同的开放政策。例如：对于涉及国家安全、敏感领域的科技计划，如航空航天、军事工业等完全不能开放；对于基础研究领域的科技计划，应该扩大开放范围；对于能源、环保等领域的科技计划，应该加大开放力度，逐步取消相关限制。

制定并完善国家科技计划对外开放管理制度。加快国家科技计划对外开放对科技计划管理水平提出了更高的要求，我国需要尽快制定国家科技计划对外开放的指导意见和实施细则，对外资机构和人员参与我国科技计划的准入条件、经费使用规

① 《科技部：截至目前 我国已与160多个国家和地区建立科技合作关系》，https://baijiahao.baidu.com/s?id=1781171387743545418&wfr=spider&for=pc。

定、科研成果转化、知识产权管理等方面作出明确规定。

2.主动开展高水平的国际科技合作

（1）国际科技合作是创新发展的加速器。

国际科技合作取得新进展。随着我国深度参与全球化，国际科技合作呈现快速发展的态势。截至2022年，我国深度参与近60个国际大科学计划和大科学工程，参与度不断提升；2021年，中外合著科技论文数量达18.3万篇，合作伙伴涉及169个国家和地区[①]。“十三五”以来，我国与多个国家建立创新对话机制，深入推进科技合作。牵头组织国际大科学计划和大科学工程，加强气候变化、空间、健康、能源、农业等方面的国际合作；深度参与国际热核聚变实验堆、平方公里阵列射电望远镜等大科学工程；“一带一路”科技创新合作成效明显[②]。

国际科技合作推动我国科技水平再上新台阶。与欧美等发达国家和地区高层次的国际科技合作，推动了我国科技快速发展，提升了我国自主创新能力。例如，10多年前，我国开始与俄罗斯合作，成功开发出6000米水下机器人；我国与美国及其他国家的高能物理学家共同研究改造北京正负电子对撞机及其探测谱仪，将其工作效率提高约100倍，使其成为国际上最先进的双环对撞机之一；中国科学院计算技术研究所与意法半导体公司合作研制64位龙芯2号增强型高性能通用处理器，使其成为世界上性能最好的通用处理器之一。

国际科技合作吸引了一批全球顶尖人才。通过国际科技合作和国际人才引进，我国吸引了一批全球顶尖科技人才参与我国的科技计划。在2017年度国家科学技术奖励大会上，有7名外籍科学家荣获中国国际科学技术合作奖。同时，一批海外留学生回国参与科研事业。数据显示，1978—2019年，我国各类出国留学人员累计达656.06万人，其中490.44万人已完成学业，423.17万人在完成学业后选择回国发展，占已完成学业人数的86.28%[③]。

---

① 颜欢、李应齐、尚凯元、邹志鹏：《中国科创惠及世界——2022年中国国际科技合作成果丰硕》，《人民日报海外版》2023年1月16日第09版。

② 《“十三五”中国创新能力显著增强 科技实力跃上大台阶》，https://baijiahao.baidu.com/s?id=1688050404265113641&wfr=spider&for=pc。

③ 数据来源：《2019年度出国留学人员情况统计》。

（2）推动我国产业变革与全球新一轮科技革命交汇融合。伴随着第四次工业革命的到来，全球范围内产生了一系列重大颠覆性技术创新，信息技术、智能制造、生物技术等渗透到产业链的各个领域。中国信息通信研究院发布的《全球数字经济白皮书（2022年）》显示，2021年，全球47个国家数字经济增加值规模达到38.1万亿美元，同比名义增长15.6%，占GDP的比重为45.0%；其中，中国数字经济规模达7.1万亿美元，占47个国家总量的18%以上，仅次于美国，位居世界第二[①]。

（3）加强与欧美等发达国家和地区的科技合作。

与欧美等发达国家和地区的科技合作仍是重点。党的十八大以来，我国科技实力有了较大的提升，但与欧美等发达国家和地区相比还有较大差距，欧美等发达国家和地区在一些重要领域或行业仍掌握着核心关键技术。因此，未来很长一段时间，与欧美等发达国家和地区的科技合作仍是我国国际科技合作的重点，也是我国从科技大国走向科技强国的重要选项。

加强与重点国家在重点领域的国际科技合作。服务于国家重大科技需求，以美国、日本及欧盟为重点，在信息技术、人工智能、高端装备制造、海洋资源开发等领域，与具有创新优势的国家合作建设一批联合研究中心和国际技术转移中心；支持国内高校、科研机构、企业与国外相关机构开展科技合作，通过委托研发、合作研究、联合开发等形式，实现重大关键技术突破；重点加强中欧创新合作对话、中美创新对话、中法创新对话、中国与德国“工业4.0”深度对接、中国高新区与意大利产业集群对接合作等。

积极打造国际科技合作名牌。未来3—5年，要重点围绕国家优势技术领域和技术需求，积极策划举办国际科技合作论坛、研讨会、专题技术对接洽谈会等国际科技合作交流活动，提高国际科技合作层次和水平；加强科研人员国际交流，搭建国内外高校、科研机构联合研究平台，吸引全球优秀科技人才创新创业。

（4）加强与“一带一路”沿线国家的科技合作。在“十三五”期间，我国深入实施“一带一路”科技创新行动计划，累计支持8300多名各国青年科学家来华工作，培训学员18万人次，启动建设33家“一带一路”联合实验室，与8个国家建

① 《中国数字经济规模达7.1万亿美元》，https://www.news.cn/fortune/2022-07/30/c_1128876675.htm。

立了官方的科技园区合作关系，建设了5个国家级技术转移平台[1]，启动了中非科技创新合作中心。科技合作使这些国家得以应用相关技术改善当地人民的生活水平，促进经济发展。

未来5—10年，推动共建“一带一路”高质量发展，要进一步突出科技合作在“一带一路”建设中的重要地位。一是适应“一带一路”沿线国家科技合作的需求，全面提升科技合作的层次与水平，打造“一带一路”协调创新共同体；二是加强与“一带一路”沿线国家的人文交流，促进科技人员往来，与“一带一路”沿线国家共同培养科技人才；三是鼓励国内科研机构与“一带一路”沿线国家相关机构合作，围绕重点领域共建联合实验室；四是鼓励科技型企业在“一带一路”沿线国家创新创业，推进新技术、新商业模式方面的合作。

3.在开放中打造中国“硅谷”

（1）充分借鉴“硅谷”经验。为了加快科技创新步伐，我国于2000年开始建设北京中关村软件园，就是希望通过建设中国“硅谷”来提升科技水平。经过20多年的发展，中关村建设取得重要进展。《全球科技创新中心评估报告2022》显示，北京在2022年全球科技创新中心城市综合排名中位列第5名[2]。2021年，中关村有高新技术企业2.4万家，是2012年的1.6倍；企业有效发明专利拥有量突破18万件，年度获得专利授权9.16万件，PCT国际专利申请8189件；中关村企业和产业联盟主导创制发布标准1.5万项，其中国际标准605项[3]。

与此同时，我国更需要打造多个“硅谷”。我国作为一个发展转型中的大国，实现经济转型升级需要更多的“硅谷”作支撑。目前，北京、上海、广州、成都等中心城市已经成为我国科技创新的新高地。随着经济实力的明显增强，我国完全有条件布局建设多个“硅谷”，加快形成全球科技创新的高地。就连美国麦肯锡公司

① 《我国与161个国家和地区建立科技合作关系 基本形成“一带一路”技术转移网络》，http://www.ce.cn/xwzx/gnsz/gdxw/202010/28/t20201028_35943979.shtml。

② 《上海超洛杉矶追波士顿排在世界前八，全球科技创新中心城市综合排名百强来了》，https://export.shobserver.com/baijiahao/html/512711.html。

③ 《先行先试 中关村示范区十年建设硕果累累》，https://www.beijing.gov.cn/ywdt/gzdt/202210/t20221011_2833384.html。

董事华强森也认为，在中国出现15—20个“硅谷”是完全可能的。

（2）以中心城市为重点，建设全球科技资源配置中心。从全球来看，实现全球资源配置是当今世界全球城市的基本功能，也是中心城市提升竞争力的必然要求。目前，我国已有北京、天津、上海、广州、重庆、成都、武汉、郑州、西安9个中心城市。建议：一是依托国家中心城市，对标国际领先水平，优先在科技基础条件较好的北京、上海、广州等城市建设全球科技资源配置中心，提升全球资源配置能力；二是各中心城市根据自身资源条件进行差异化定位，实行错位发展，避免恶性竞争。例如，北京定位为全国科技创新中心，上海定位为具有全球影响力的科技创新中心，广州定位为全球科技创新资源配置中心，等等。

（3）以打造一流的营商环境吸引跨国公司落户。麦肯锡的一份报告显示，全球前20个大城市拥有全球跨国公司总部的34%，拥有全球跨国公司收益的47%，东京、纽约和伦敦是全球公认的顶级资源配置城市①。这就需要加快打造国际化、法治化的营商环境，形成内外资公平竞争的市场环境。

三、构建面向全球的开放创新网络

1.以开放创新为全球发展提供新动力

（1）以开放创新加快发展是各国的共同愿望。参考2021年底数据，与我国签署共建“一带一路”合作协议的国家分布在南亚、东南亚、西亚、北非、中东欧等世界大部分地区，包括我国在内，这些地区的国土面积占全球的65%，人口总量占全球的64%，而GDP规模却只占全球的42%②。按照世界银行以人均国民生产总值为标准的划分，目前“一带一路”沿线国家绝大多数为中等收入国家，仅有18个国家跻身发达国家行列。以伊拉克、不丹、东帝汶、老挝、孟加拉国、柬埔寨、尼泊

① 刘茜：《广州如何建设全球资源配置中心？》，《南方日报》2016年12月14日第GC03版。

② 《鲁政委：“一带一路”经济体机遇与风险分析》，https://baijiahao.baidu.com/s?id=1766609348434020430&wfr=spider&for=pc。

尔、缅甸、巴基斯坦、阿富汗等国家所在地区为例，它们是当今世界继非洲以外不发达国家最为集中的地区。“一带一路”倡议之所以在全球范围内产生广泛影响，很重要的原因在于它能够以开放创新的姿态包容不发达国家，并能够高度聚焦不发达国家的发展问题。

（2）以开放创新提供跨越“中等收入陷阱”的“中国方案”。以“一带一路”沿线国家为例，2017年《“一带一路”国家产业竞争力分析》显示，“一带一路”沿线国家中的绝大多数属于中等收入国家；所列64个国家（包括中国）中，2个国家属于低收入国家，44个国家属于中等收入国家，其中22个属于中等偏下收入国家，22个属于中等偏上收入国家①。从“一带一路”沿线国家的发展历程看，一些国家早已迈入中等收入国家行列，但一直没有迈过高收入国家的门槛，从中等收入国家行列进入高收入国家行列，如菲律宾、马来西亚、泰国等就十分典型。“一带一路”的多数国家所面临的最大挑战就是如何不落入“中等收入陷阱”。因此，以开放创新促进中等收入国家产业迈向中高端、收入水平迈向新台阶，是“一带一路”建设的根本动力。

（3）以开放创新提供科技创新和产业变革的“中国方案”。当今世界已经进入数字经济时代，但很多国家和地区仍处于“工业1.0”时代。以通信为例，一些落后国家和地区地理状况复杂，加上科技落后，通信事业严重滞后，如果按照传统发展路径，先普及电报、电话通信，再普及固定宽带互联网通信，最后普及移动互联网通信，实际上并不现实。依托我国在数字经济领域的发展优势，完全可以推动这些国家和地区越过传统发展阶段，直接进入移动互联网时代，从而实现数字经济领域的跨越式发展。构建人类命运共同体，很重要的一点在于为发展中国家提供科技创新和产业变革的“中国方案”。开放创新能够使不同发展水平的国家把握第四次工业革命历史机遇，在相互学习中提升各自的发展水平。

2.构建数字经济开放创新网络

（1）面向“工业4.0”构建21世纪的数字丝绸之路。打造数字丝绸之路是世

① 《报告精读｜“一带一路”国家产业竞争力分析》，https://www.sohu.com/a/140018370_186085。

界各国，尤其是“一带一路”沿线国家面向“工业4.0”的战略选择，也反映了很多欠发达国家的共同愿望，是我国走向开放创新的重大举措。第一，打造数字丝绸之路，将为政策沟通、设施联通、贸易畅通、资金融通、民心相通等“五通”的实现提供强有力的现代化技术支撑；第二，打造数字丝绸之路，可以帮助“一带一路”沿线国家在数字革命中找准自身定位、突出自身优势、扮演重要角色；第三，打造数字丝绸之路，可以通过有效的贸易联结带动科技领域的创新合作，使得“一带一路”沿线国家有条件在科技领域的开放创新中广泛受益，并找到适合本国产业创新的有效路径。

（2）充分发挥我国互联网经济的重要作用。我国具备引领“一带一路”互联网经济发展的实力。当前，全球互联网上市企业前10名中，我国占有3席（腾讯、阿里巴巴、拼多多分别位列第4名、第5名、第7名）[①]。波士顿咨询公司（BCG）2023年5月发布的《在不确定的时代达到新的高度》报告显示，2023年最具创新性的50家公司中，中国互联网企业字节跳动、阿里巴巴分别排名第36位、第44位[②]。总的来看，打造数字丝绸之路，我国具备互联网技术、互联网新业态、互联网经济模式三重优势。充分发挥我国互联网经济的引领作用，不仅有利于拓宽我国互联网经济发展的战略空间，还有利于将我国互联网经济发展的成果在“一带一路”沿线国家普及。

（3）以数字化的互联互通为重点。

推进数字化基础设施互联互通是关键。数字化基础设施互联互通是开放创新的重要支撑，是“一带一路”沿线国家迎接数字革命的重大任务。根据国家信息中心的测评结果，半数以上“一带一路”沿线国家信息基础设施发展处于中等以下水平。因此，迫切需要促进“一带一路”沿线国家数字化基础设施互联互通。

以数字化互联互通促进资金融通。金融服务在化解“一带一路”项目建设风险、提供项目建设资金等方面发挥了重要作用。总的来看，以金融业为重点的服务

---

① 《全球互联网市值TOP30榜：中国8家上榜 腾讯、阿里和拼多多进前十》，https://baijiahao.baidu.com/s?id=1782095876403811610。

② 《BCG 2023全球最具创新公司50强发布！苹果连续三年蝉联榜首，华为排名第8，小米排第29》，https://baijiahao.baidu.com/s?id=1766672483805236853&wfr=spider&for=pc。

业企业“走出去”滞后于实体企业“走出去”，也滞后于产能合作的实际需求。未来，随着区块链等新型数字技术在金融领域的快速利用，将有效解决交易中的信用与风险问题。

以数字化互联互通促进民心相通。以旅游业为例，“一带一路”沿线国家中，旅游热度较高的国家主要集中在东南亚，热度排名前五的国家分别是泰国、新加坡、马来西亚、越南和土耳其，前四名均为东南亚国家。据统计，2022年中国到访泰国的游客人数为286511人次，预计2023年将超500万人[①]。

（4）全面扩大数字经济领域的开放合作。在第四届世界互联网大会上，中国、老挝、沙特阿拉伯、塞尔维亚、泰国、土耳其、阿联酋等国家相关部门共同发起《“一带一路”数字经济国际合作倡议》。该倡议标志着以中国为主导的“一带一路”数字经济合作迈出重要步伐。建议以落实该倡议为重点，尽快出台数字丝绸之路建设行动方案，加强我国区域数字经济发展与“一带一路”沿线国家之间的对接，支持鼓励我国数字经济领域领军企业“走出去”，扩大业务范围，为“一带一路”沿线国家提供发展数字经济的“中国方案”，吸引更多国家加入中国主导的数字经济开放创新网络中来。

3.构建开放创新体系

（1）发挥中国科学院的突出优势。牵头启动一批重大国际科技合作计划，共建科技创新合作中心，积极探索开展集科学研究、技术创新、人才培养和成果转化于一体的战略合作，到2025年，使一批重大国际科技合作计划在推动全球科技创新中发挥重大作用。

（2）深化科技人文交流。与不同国家合作共同培养科技人才，扩大杰出青年科学家来华工作计划规模，建设一批不同类型的培训中心和培训基地，广泛开展先进适用技术、科技管理与政策、科技评估、科技创业等培训。

（3）搭建产学研开放创新平台。鼓励我国科研机构、高校和企业与不同国家的相关机构合作，围绕重点领域共建一批联合实验室（联合研究中心），共建一批

① 《泰国国家旅游局副局长：预计2023年赴泰的中国游客将超500万人》，https://baijiahao.baidu.com/s?id=1758524672458610772&wfr=spider&for=pc。

技术转移中心，共建一批先进适用技术示范与推广基地。

（4）**促进科技资源互联互通。**促进科研仪器与设施、科研数据、科技文献、生物种质等科技资源互联互通；以先期面向国际试点开放共享的大型研究基础设施为基础，推动数据、文献等科技资源共享。

（5）**共建科技创新中心。**推动我国的中关村等科技创新中心与“一带一路”沿线国家对接，围绕各国科技创新和产业变革的共性难题进行联合攻关，促进科技同产业、科技同金融深度融合，优化创新环境，集聚创新资源。

08

PART

第八章

高水平开放的中国与世界

当前，世界百年未有之大变局加速演进，世界之变、时代之变、历史之变的特征更加明显。经济全球化受到严峻挑战，世界经济复苏前景不明，国际社会比以往任何时候都更加需要相互合作，需要相互开放市场，需要坚定维护以多边主义为核心的合作机制。在这个背景下，作为新型开放大国，中国致力于推进高水平开放，推动建设更高水平开放型经济新体制；致力于推动贸易和投资自由化便利化，深化区域经济一体化，巩固供应链、产业链、数据链、人才链，坚定不移构建开放型世界经济。

▶▶▶

| 第一节 |

发挥中国对世界经济增长的重要作用

面对不断增多的外部矛盾风险因素，我国坚持高水平对外开放，以高水平开放推动形成改革发展新布局，以高水平开放积极构建以国内大循环为主体、国内国际双循环相互促进的新发展格局，将对世界经济增长产生积极影响。

一、世界经济增长面临多方面挑战

1.世界经济面临衰退风险

（1）世界经济增长遭遇重要冲击。2020年，全球GDP同比下降3.29%，是二战以来的最大降幅；商品贸易下降7.4%，全球出口总额为17.6万亿美元，比上一年减少1.4万亿美元；服务贸易同比下降20%，这是自有记录以来服务贸易的最大降幅①。2021年，尽管世界经济增长有5.5%的强劲反弹，但经济复苏不平衡的矛盾依然突出。例如，东亚太平洋地区GDP同比增长7.1%，中东北非地区仅增长3.1%。据IMF预测，世界经济增速预计将从2022年的3.5%放缓至2023年的3.0%和2024年的2.9%，远低于2000—2019年3.8%的平均水平②。

（2）全球发生经济危机的概率在加大。2008年金融危机以来，全球大部分国

① 资料来源：联合国贸易和发展会议。

② 《增长分化加剧 IMF下调全球经济预期》，http://www.jjckb.cn/2023-10/12/c_1310744972.htm。

家普遍以刺激性的财政政策与量化宽松的货币政策替代结构性改革，由此使得世界经济负债率持续上升。国际清算银行（BIS）数据显示，2021年第三季度所有报告国家非金融部门负债率已上升至265.9%，高于2009年金融危机时33.8个百分点（见图8-1）。同时，全球通胀率不断增长。2023年7月，国际货币基金组织发布的《世界经济展望报告》预计2023年全球总体通胀水平将从2022年的8.7%下降至6.8%，但核心通胀的回落会更加缓慢，目前多国核心通胀仍远高于本国央行的目标区间。若全球性的协调行动迟缓，债务风险就有可能演变成全球经济危机。对此，需要客观判断并保持高度警惕。

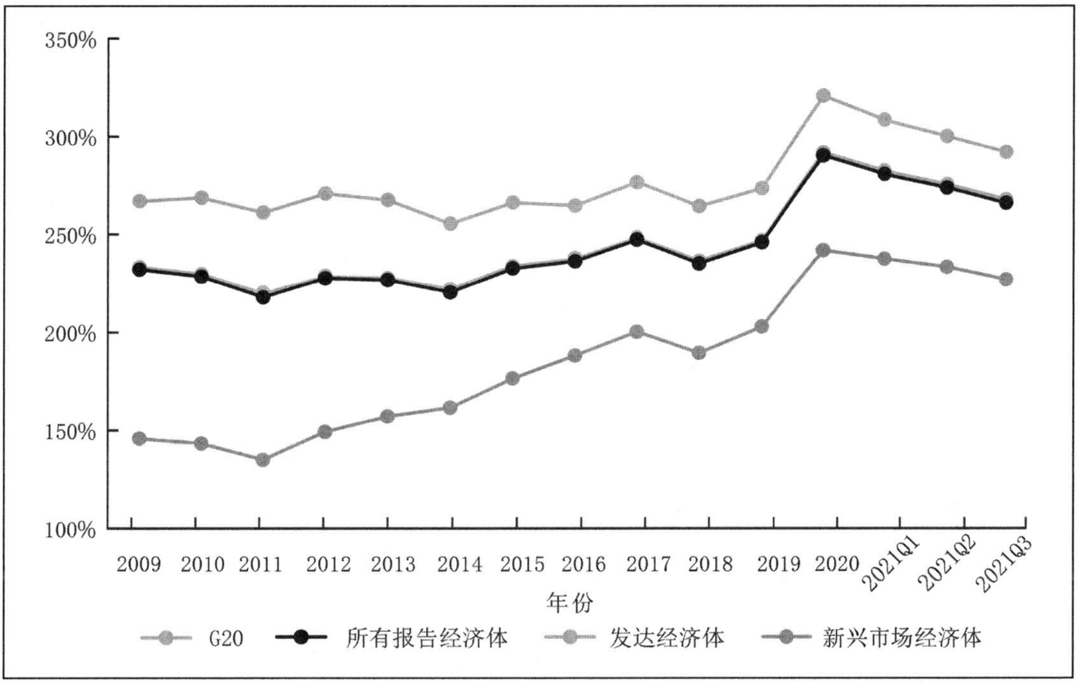

图8-1　2009—2021年第三季度全球债务与GDP的比率

数据来源：国际清算银行数据库。

（3）世界经济复苏不均衡的矛盾突出。在超宽松宏观经济增长政策叠加地缘政治冲突引发的能源价格冲击下，美欧遭遇了全球化以来从未有过的高通胀。中国则采取一系列政策，因此经济增长保持平稳，同时成为全球最早提供生产供给的国家。在美欧处于加息反通胀的信用紧缩周期时，中国则进入了降息和扩张信用刺激增长的信用扩张周期。

（4）**全球主要经济体债务负担仍然偏重。**国际清算银行的统计数据显示，2022年第四季度，全球非金融部门债务占GDP的比重已达到236.4%，虽然较2020年有所下降，但仍远高于2008年金融危机前的水平。其中，G20国家非金融部门债务占GDP的比重为238.5%、发达经济体为270.8%、新兴市场经济体为208.7%（见图8-2）。

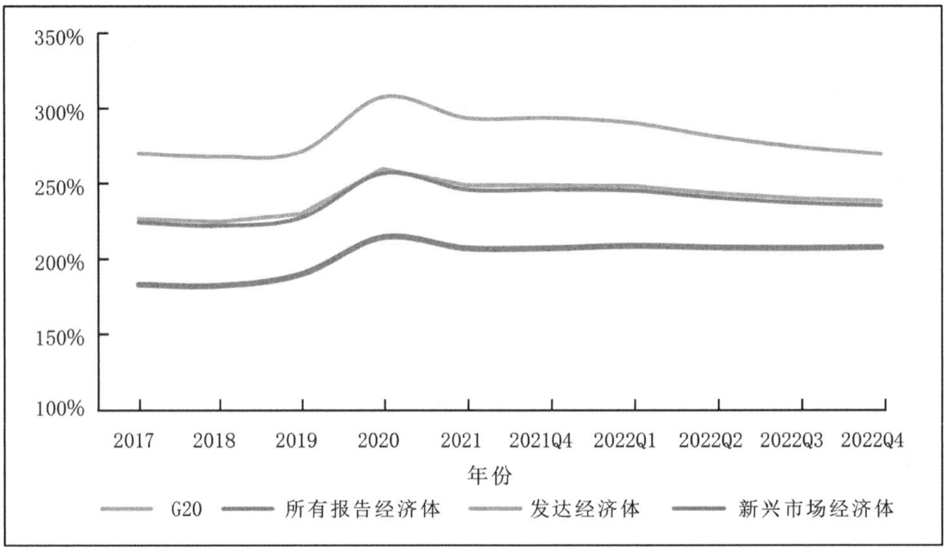

图8-2　2017—2022年全球非金融部门债务占GDP的比重

数据来源：国际清算银行数据库。

2.全球产业链供应链不稳定性明显上升

（1）**全球产业链供应链遭遇巨大冲击。**当前，国际分工已进入以产品不同价值增值环节为基础的全球价值链分工阶段，全球化程度大幅提升，与此同时，供应链的脆弱性也在上升。例如，全球粮食安全等带来严峻挑战。联合国粮食及农业组织（FAO）食品价格指数连续上涨，2021年全年，联合国粮食及农业组织食品价格指数比2020年高出28.1%（见图8-3）。

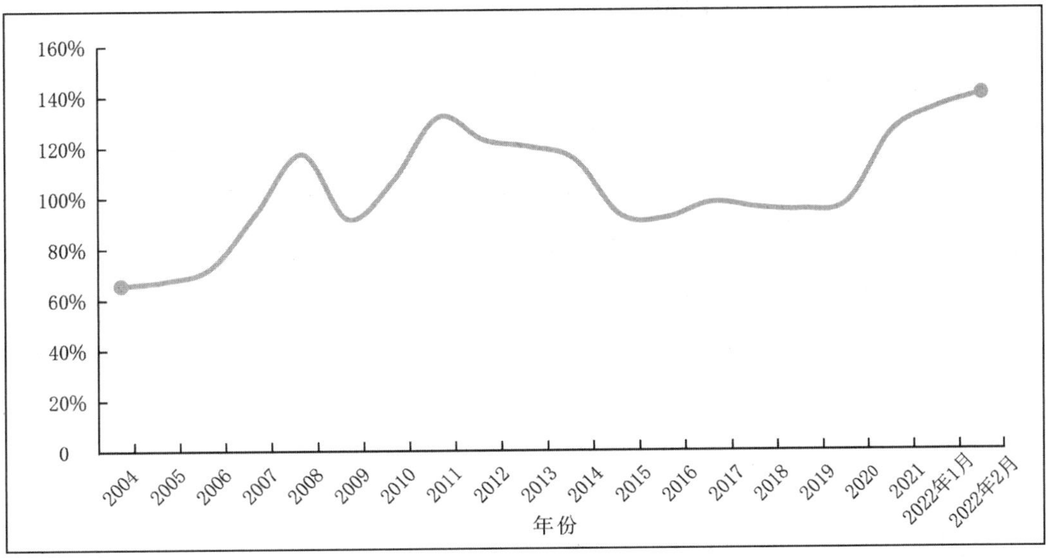

图8-3　2004—2022年2月联合国粮食及农业组织食品价格指数

数据来源：联合国粮食及农业组织官网。

（2）全球能源与大宗商品危机隐忧增加。俄罗斯是全球能源体系的基石，是世界最大的天然气出口国、世界领先的煤炭供应国，但受俄乌冲突和西方国家对俄制裁的影响，全球能源供应趋紧，化石燃料价格迅速上涨。同时，俄乌冲突导致乌克兰几乎停止所有谷物的出口，也影响新一轮的粮食种植，而乌克兰小麦出口量约占全球小麦出口总量的10%。

（3）美西方国家“脱钩断链”政策加剧供应链的不稳定性。例如，我国是全球最大的半导体市场。2022年7月28日，美国众议院投票通过《芯片和科学法案》，法案总规模约2800亿美元[①]。该法案是数十年来美国政府对产业政策的最大干预，以维系美国在高端前沿科技领域的优势。同时，该法案也包含了大量具有地缘政治色彩的条款，进一步扩大了对中国芯片的限制范围。日本等传统盟友紧跟美国，纷纷出台对华出口禁令，进一步加剧了经贸合作的不稳定性。

① 《美国众议院通过2800亿美元芯片法案 专家：不利于全球产业链优化配置》，https://baijiahao.baidu.com/s?id=1739673809912257809&wfr=spider&for=pc。

3.亚太经济的地位和作用明显上升

（1）亚太地区经济体量和贸易量在全球占比不断提升。 2023年10月，国际货币基金组织发布《亚太地区经济展望报告》。报告显示，2023年亚太地区经济增长4.6%，其中中国经济增长5%。相比于2023年世界经济增长3%的预期，亚太地区的经济增长仍旧充满活力，有望对世界经济增长作出约2/3的贡献。1980—2020年，APEC的GDP与货物出口额占全球比重总体攀升（见图8-4），亚太地区人口占世界总人口的1/3，经济在全球占比超过六成，贸易占比将近一半，是世界经济增长的动力之源。

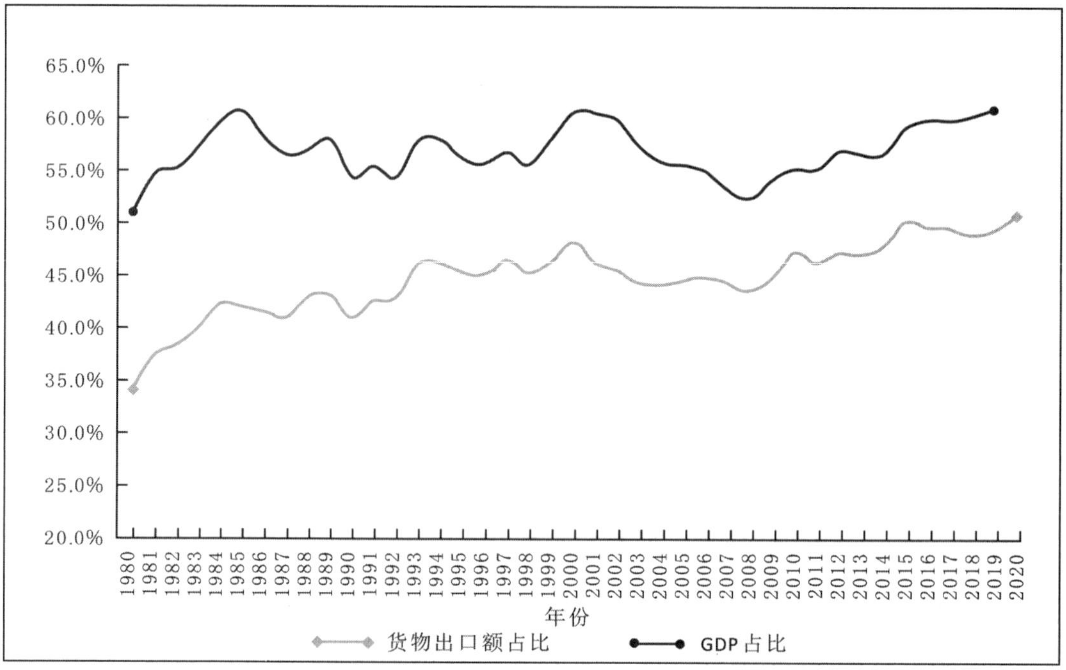

图8-4　1980—2020年APEC的GDP与货物出口额占全球的比重

数据来源：UNCTAD数据库。

（2）东亚地区成为世界经济的重要增长极。 亚太地区一直是世界经济的重要增长极。亚太地区经济总量与贸易额的快速增长主要得益于东亚。1980—2020年，东亚地区的GDP由1.6万亿美元增长至22.1万亿美元，年均增长7.0%，快于APEC整体增速1.4个百分点，占APEC经济总量的比重由24.7%提升至41.4%，提高了16.7个百分点；从贸易看，1980—2020年，东亚地区货物出口额由2081.3亿美元增长至46222.5亿美元，年均增长8.1%，快于APEC货物出口整体增速1.5个百分点，占APEC货物出口额的比重由29.6%提升至51.8%，提高了22.2个百分点（见图8-5）。未来5年，中日韩三国与东盟的经济总量将超过欧盟与美国的总和；亚洲区域内贸易总额占全球的比重在2025年将突破60%；亚洲在未来5年对世界经济增长的贡献将有望超过65%，消费增长贡献将超过75%[①]。

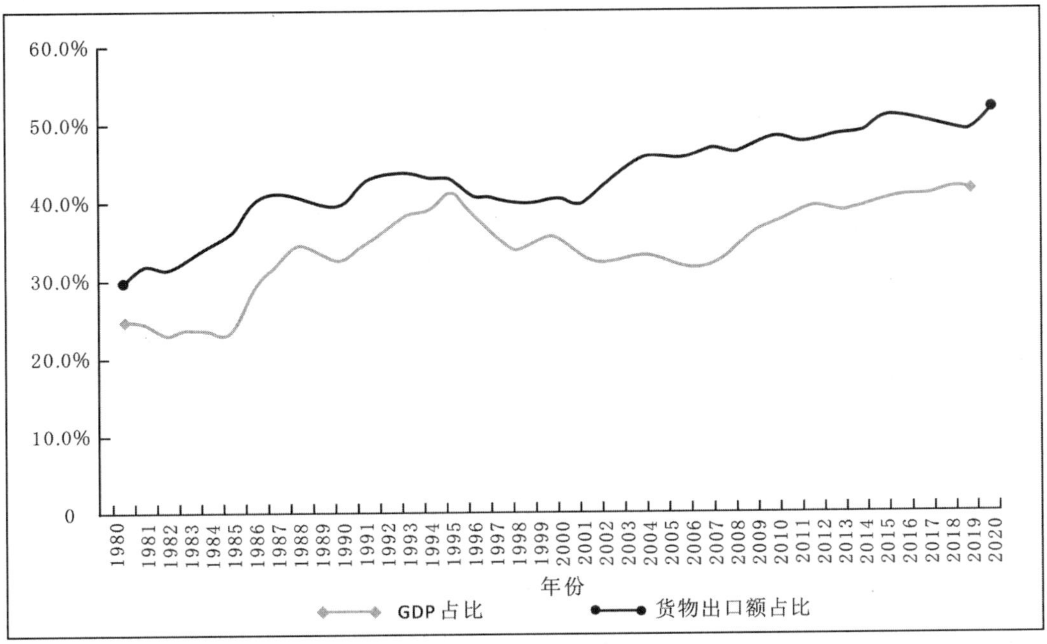

图8-5　1980—2020年东亚地区GDP与货物出口额占APEC的比重

数据来源：UNCTAD数据库。

（3）东亚的全球供应链中心地位进一步增强。近年来，凭借人口红利和正在快速崛起的消费市场，亚洲快速成长为全球制造业中心，在逐步形成全球最完整的产业链的过程中，推动价值链逐步向中高端制造业领域发展，甚至在部分制造技术方面已经形成一定的竞争优势。自2001年中国加入世界贸易组织以来，中国制造业增加值占全球的比重逐步提升，并分别在2001年超过德国、在2007年超过日本、在2010年超过美国。2022年，中国全部工业增加值突破40万亿元大关，占GDP的比重达到33.2%，其中制造业增加值占GDP的比重为27.7%，制造业规模已

① 王文：《“十四五”时间的世界变奏》，《环球》2020年第26期。

经连续13年居世界首位[①]。日本、韩国制造业增加值占全球的比重分别为5.9%和2.8%，在亚洲制造业产业链供应链体系中占据重要地位[②]。

二、中国经济成为世界经济增长的重要动力

1.以自身可持续发展为世界经济发展作出贡献

2013—2021年，我国对世界经济增长的平均贡献率达38.6%，超过G7国家贡献率的总和，是推动世界经济增长的第一动力[③]。当前，我国整体进入工业化后期，经济结构转型呈现历史性趋势。推动高质量发展，重点是推动产业结构、科技结构、消费结构、城乡结构、能源结构、贸易结构等转型升级。例如，2000—2019年，我国服务业增加值年均增长15.8%，是同期世界平均增速的3.8倍[④]。人民群众服务需求的快速增长，成为服务业发展的重要动力，蕴藏着结构性增长潜能。

2.在高水平开放中致力于构建良性的大国关系

（1）中国致力于以开放拓展合作空间。过去几年，习近平主席和拜登总统以各种灵活的方式进行了多次战略沟通。2023年11月15日，习近平主席与拜登总统在旧金山会晤时进一步强调：相互尊重、和平共处、合作共赢[⑤]。这既是从40多年中美关系历程中提炼出的经验，也是历史上大国冲突带来的启示，应该是中美共同努力的方向[⑥]。当前，中国仍以开放的姿态，致力于推动构建相互尊重、和平共处、合作共赢的中美关系。同时，中国持续推进中俄新时代全面战略协作伙伴关

---

① 《工信部：2022年全部工业增加值突破40万亿，制造业规模连续13年居世界首位》，https://baijiahao.baidu.com/s?id=1759151990928679616&wfr=spider&for=pc。

② 张威、林梦：《全球制造业格局加速调整》，《经济日报》2022年11月9日第11版。

③ 张翼：《我国成世界经济增长第一动力》，《光明日报》2022年10月2日第02版。

④ 《2021中国新消费发展论坛纵论消费结构升级 长三角有望率先实现消费突破》，http://www.chinareform.org.cn/2021/0510/35017.shtml。

⑤ 《习近平同美国总统拜登举行中美元首会晤》，《人民日报》2023年11月17日第1版。

⑥ 《习近平同美国总统拜登举行中美元首会晤》，https://news.cnr.cn/native/gd/sz/20231116/t20231116_526488200.shtml。

系、中欧关系等建设，致力于以开放拓展合作空间。

（2）以自身发展应对中美关系变化。比如，目前美国主要是泛安全化的问题。一是美国自身的安全、盟友的安全；二是高科技安全。美国现在对中国进行科技制裁、科技“脱钩”，短时间内对中国不利，但中长期对美国是不利的。对中国来说，过去的发展带来了大变局，应对中美关系的变局也得靠中国自己继续发展。第一，竞争可以推进技术进步，可以推动社会发展，包括世界的发展。第二，大国竞争推动了发展，推动了创新。“脱钩断链”、切断技术扩散路径反而迫使我们进行技术创新、市场扩张。 第三，现在很多企业“走出去”，更多的原因是大国博弈。从贸易摩擦开始，美国提高关税，然后是技术战、“长臂管辖”，逼得企业“走出去”。在一定程度上，这也推动了中国进一步开放。第四，大国竞争有利于小国，特别是非洲以及亚太、东南亚国家受益，它们可以在大国间游刃有余，两边得利，这更加有利于小国发展。我们既要大国博弈，也要重视小国的作用。

（3）积极处理好中欧关系。当前，中欧合作深受政治因素负面影响。欧盟将中国定位为“制度性对手”。事实上，中欧还有很多合作领域可以拓展，但由于意识形态问题，双边的务实合作一直笼罩在不和谐的政治气氛中。《中欧全面投资协定》搁置，到目前为止，双方还没有找到任何解决办法。但中欧关系不同于中美关系，中欧之间并不存在根本的利害冲突，中欧也不构成战略竞争对手，中欧重建信任的基础和条件依然存在。中欧可以合作的领域依然十分广阔，潜力也很大。从实践看，只要符合国家长远利益，我国就可以主动单方面落实协议中的部分内容。同时，中欧技术合作不可忽视。通过制度型开放，可以学习欧洲规制、规则、标准的制定。欧洲在技术转让方面比美国、日本对中国要更加友好。推动高质量发展，还是要想办法扩大与欧洲的务实合作，在各个领域恢复与欧盟正常的经贸往来。

（4）中印两国也有合作空间。第一，印度实力不足和发展诉求使得印度需要稳定的对华关系。尽管印度对华经贸合作加入了一些其他因素，但2022年两国贸易总额创下历史新高，这表明两国产业结构存在着巨大合作潜力。第二，印度绑上美国的“战车”，不仅让印度失去战略自主，还有可能让印度进一步失去大国地位和印度洋的主导地位，这是印度不愿意见到的。因此，印度的战略自主性和大国意识又决定印度会维持与中国的有限合作，不会脱离两国战略合作轨道太远。第三，印度依靠美国并非想成为美国战略附庸，而是要实现自身的战略利益。过度靠向美国不是印度的选择。第四，中印在很多事务中有着共同主张。中印在俄乌问题、阿富汗问题、气候变化、金砖国家、上海合作组织及二十国集团等诸多国际事务和多边外交中都有着共同立场，都主张以对话方式和平解决争端，严重关切单边制裁对世界经济及供应链安全的影响[①]。

三、以中国高水平开放助力世界经济增长

1.中国增长成为推动世界经济增长的重要因素

国际货币基金组织2023年10月发布的《世界经济展望报告》指出，2023—2024年，世界经济分别预计增长3%和2.9%，中国仍然是世界经济增长的最大引擎，贡献全球增长量的三分之一。在世界经济复苏乏力、全球贸易投资放缓的背景下，我国积极扩大高水平开放，积极推动贸易结构优化，在互利共赢的基础上同世界各国加强经贸往来。2023年上半年，我国货物进出口总额同比增长2.1%，其中附加值较高的一般贸易进出口占进出口总额的比重上升到65.5%。2023年上半年，我国对“一带一路”沿线国家进出口总额增长9.8%，对东盟、拉丁美洲、非洲进出口总额分别增长5.4%、7%和10.5%。马来西亚中华总商会社会经济研究中心执行董事李兴裕表示，面对世界经济放缓、保护主义抬头、气候变化以及粮食危机等不利因素，中国坚持推进国际经贸合作、高水平对外开放，将助力世界经济发展。

2.在高水平开放中释放中国增长潜力

进入新发展阶段，扩大内需在引领高水平开放中的基本导向作用全面凸显。一方面，消费结构升级对世界多样化高品质的产品、服务产生更多需求。到2030年，我国累计商品进口额有望超过22万亿美元。另一方面，随着我国经济全面深度融入世界，释放14亿多人口的内需潜力，需要以更高水平的开放融入国际经济循环。例如，目前我国95%的高端专用芯片、70%以上的智能终端处理器以及绝大

① 中国（海南）改革发展研究院：《“高水平开放与大国关系”专题研讨观点摘要（1）（2）（3）》，《中改院简报》2023年第1686期、第1687期、第1688期。

多数存储芯片依赖进口[①]。中国提出的双循环是基于内需大市场作出的战略选择。为了扩大内需，我国将采取一系列政策措施，包括提高居民收入水平、加强社会保障体系建设、促进城乡居民消费、鼓励企业增加投资等。通过提高居民购买力和改善消费环境，有效刺激内需，推动经济增长。与此同时，我国还将继续推进对外开放，积极吸引外资和技术，加强与国际市场的互联互通。通过进一步推动自由贸易、优化投资环境和打造开放型经济体系，进一步扩大国内国际双循环，实现内外市场的良性互动。

3.以高水平开放推动14亿多人口大市场成为世界市场

“让中国市场成为世界的市场、共享的市场、大家的市场”，14亿多人口的大市场是连接中国与世界的关键所在。超大规模内需市场潜力的释放，将为我国实现高质量发展提供更大空间，也将为经济全球化注入更多正能量。初步测算，百万亿元级别的内需市场规模将为未来5—15年我国实现4%—5%的经济增长奠定重要基础。2006年以来，我国对世界经济增长的贡献率连续16年全球排名第一。预计未来5—10年，我国对世界经济增长的贡献率仍有望保持在25%—30%之间。也就是说，我国提出的“构建以国内大循环为主体、国内国际双循环相互促进的新发展格局”，绝不是封闭的国内循环，而是应对复杂多变的国内外环境实行的战略转型；绝不是短期举措，而是与我国经济转型升级趋势相适应的中长期发展战略。

① 《依靠科技创新规避“卡脖子”风险》，https://baijiahao.baidu.com/s?id=1648877879176500197&wfr=spider&for=pc。

▶▶▶

丨第二节丨

合力共建全球最大自由贸易区

RCEP的正式签署生效，标志着全球规模最大的自由贸易协定正式达成。顺应维护全球多边贸易体制的大趋势，坚持以开放、包容、共享、均衡为导向，以亚太经济一体化为目标，以签署RCEP为突破，是中国以实际行动维护全球多边贸易体制的重要体现，是推进多边自由贸易进程的务实选择。

一、RCEP区域合作面临IPEF的冲击与挑战

1.以排他性为主要特征的IPEF

（1）美国推出IPEF（“印太经济框架”），意在对冲RCEP。2022年5月23日，美国总统拜登在日本东京正式宣布启动IPEF，美国、韩国、日本、印度、澳大利亚、新西兰、印度尼西亚、泰国、马来西亚、菲律宾、新加坡、越南、文莱等13个国家成为初始成员①。IPEF目前设定了四大支柱：公平和适应性强的贸易、有弹性的供应链、清洁能源和基础设施、税务和反腐败。其中在公平和适应性强的贸易方面，又设置了劳动力、环境和气候变化、数字经济、农业、监管透明度、竞争规则和贸易通畅性7个子领域。

（2）IPEF经贸规模更大。IPEF成员覆盖的人口约为25亿，GDP占世界40%

① 《“印太经济框架”启动：宣称在四大领域加强整合 更像美国主导的政治安排》，https://baijiahao.baidu.com/s?id=1733661243276609576&wfr=spider&for=pc。

以上。2020年，IPEF经济总量约为34.73万亿美元，占世界经济总量的40.98%；2020年，RCEP经济总量约为25.96万亿美元，占世界经济总量的30.63%。2020年，IPEF经济总量约是RCEP经济总量的1.3倍，占世界经济总量的比重高出10个百分点以上（见表8-1）。

表8-1　2000—2020年部分年份相关经济总量情况

年份	2000年	2005年	2010年	2011年	2012年	2013年	2014年	2015年	2016年	2017年	2018年	2019年	2020年
文莱	0.01万亿美元	0.01万亿美元	0.01万亿美元	0.02万亿美元	0.02万亿美元	0.02万亿美元	0.02万亿美元	0.01万亿美元	0.01万亿美元	0.01万亿美元	0.01万亿美元	0.01万亿美元	0.01万亿美元
柬埔寨	0	0.01万亿美元	0.01万亿美元	0.01万亿美元	0.01万亿美元	0.02万亿美元	0.02万亿美元	0.02万亿美元	0.02万亿美元	0.02万亿美元	0.02万亿美元	0.03万亿美元	0.03万亿美元
印度尼西亚	0.17万亿美元	0.29万亿美元	0.76万亿美元	0.89万亿美元	0.92万亿美元	0.91万亿美元	0.89万亿美元	0.86万亿美元	0.93万亿美元	1.02万亿美元	1.04万亿美元	1.12万亿美元	1.06万亿美元
老挝	0	0	0.01万亿美元	0.01万亿美元	0.01万亿美元	0.01万亿美元	0.01万亿美元	0.01万亿美元	0.02万亿美元	0.02万亿美元	0.02万亿美元	0.02万亿美元	0.02万亿美元
马来西亚	0.09万亿美元	0.14万亿美元	0.26万亿美元	0.30万亿美元	0.31万亿美元	0.32万亿美元	0.34万亿美元	0.30万亿美元	0.30万亿美元	0.32万亿美元	0.36万亿美元	0.37万亿美元	0.34万亿美元
缅甸	0.01万亿美元	0.01万亿美元	0.04万亿美元	0.05万亿美元	0.06万亿美元	0.06万亿美元	0.06万亿美元	0.06万亿美元	0.06万亿美元	0.06万亿美元	0.07万亿美元	0.07万亿美元	0.08万亿美元
菲律宾	0.08万亿美元	0.11万亿美元	0.21万亿美元	0.23万亿美元	0.26万亿美元	0.28万亿美元	0.30万亿美元	0.31万亿美元	0.32万亿美元	0.33万亿美元	0.35万亿美元	0.38万亿美元	0.36万亿美元
新加坡	0.10万亿美元	0.13万亿美元	0.24万亿美元	0.28万亿美元	0.30万亿美元	0.31万亿美元	0.31万亿美元	0.31万亿美元	0.32万亿美元	0.34万亿美元	0.38万亿美元	0.37万亿美元	0.34万亿美元
泰国	0.13万亿美元	0.19万亿美元	0.34万亿美元	0.37万亿美元	0.40万亿美元	0.42万亿美元	0.41万亿美元	0.40万亿美元	0.41万亿美元	0.46万亿美元	0.51万亿美元	0.54万亿美元	0.50万亿美元
越南	0.03万亿美元	0.06万亿美元	0.12万亿美元	0.14万亿美元	0.16万亿美元	0.17万亿美元	0.19万亿美元	0.19万亿美元	0.21万亿美元	0.22万亿美元	0.25万亿美元	0.26万亿美元	0.27万亿美元
中国	1.21万亿美元	2.29万亿美元	6.09万亿美元	7.55万亿美元	8.53万亿美元	9.57万亿美元	10.48万亿美元	11.06万亿美元	11.23万亿美元	12.31万亿美元	13.89万亿美元	14.28万亿美元	14.72万亿美元
日本	4.97万亿美元	4.83万亿美元	5.76万亿美元	6.23万亿美元	6.27万亿美元	5.21万亿美元	4.90万亿美元	4.44万亿美元	5.00万亿美元	4.93万亿美元	5.04万亿美元	5.15万亿美元	5.06万亿美元
韩国	0.58万亿美元	0.93万亿美元	1.14万亿美元	1.25万亿美元	1.28万亿美元	1.37万亿美元	1.48万亿美元	1.47万亿美元	1.50万亿美元	1.62万亿美元	1.72万亿美元	1.65万亿美元	1.64万亿美元
澳大利亚	0.42万亿美元	0.70万亿美元	1.15万亿美元	1.40万亿美元	1.55万亿美元	1.58万亿美元	1.47万亿美元	1.35万亿美元	1.21万亿美元	1.33万亿美元	1.43万亿美元	1.39万亿美元	1.33万亿美元

续表

年份	2000年	2005年	2010年	2011年	2012年	2013年	2014年	2015年	2016年	2017年	2018年	2019年	2020年
新西兰	0.05万亿美元	0.11万亿美元	0.15万亿美元	0.17万亿美元	0.18万亿美元	0.19万亿美元	0.20万亿美元	0.18万亿美元	0.19万亿美元	0.21万亿美元	0.21万亿美元	0.21万亿美元	0.21万亿美元
RCEP小计	7.84万亿美元	9.80万亿美元	16.27万亿美元	18.91万亿美元	20.25万亿美元	20.45万亿美元	21.07万亿美元	20.98万亿美元	21.73万亿美元	23.2万亿美元	25.30万亿美元	25.85万亿美元	25.96万亿美元
东盟小计	0.61万亿美元	0.94万亿美元	1.99万亿美元	2.31万亿美元	2.44万亿美元	2.52万亿美元	2.55万亿美元	2.48万亿美元	2.60万亿美元	2.80万亿美元	3.00万亿美元	3.17万亿美元	3.01万亿美元
美国	10.25万亿美元	13.04万亿美元	14.99万亿美元	15.54万亿美元	16.20万亿美元	16.78万亿美元	17.53万亿美元	18.24万亿美元	18.75万亿美元	19.54万亿美元	20.61万亿美元	21.43万亿美元	20.95万亿美元
世界合计	33.83万亿美元	47.78万亿美元	66.5万亿美元	73.67万亿美元	75.31万亿美元	77.44万亿美元	79.58万亿美元	75.12万亿美元	76.31万亿美元	81.22万亿美元	86.27万亿美元	87.57万亿美元	84.75万亿美元
RCEP/世界	23.17%	20.52%	24.47%	25.67%	26.89%	26.40%	26.48%	27.93%	28.47%	28.56%	29.32%	29.53%	30.63%
东盟/世界	1.82%	1.97%	2.99%	3.13%	3.25%	3.26%	3.20%	3.30%	3.40%	3.45%	3.48%	3.62%	3.55%
中国/世界	3.58%	4.78%	9.15%	10.25%	11.33%	12.36%	13.16%	14.73%	14.72%	15.16%	16.11%	16.31%	17.37%
美国/世界	30.30%	27.29%	22.54%	21.10%	21.51%	21.67%	22.03%	24.28%	24.56%	24.06%	23.89%	24.48%	24.72%
印度	0.47万亿美元	0.82万亿美元	1.68万亿美元	1.82万亿美元	1.83万亿美元	1.86万亿美元	2.04万亿美元	2.10万亿美元	2.29万亿美元	2.65万亿美元	2.70万亿美元	2.87万亿美元	2.66万亿美元
IPEF小计	17.34万亿美元	21.35万亿美元	26.79万亿美元	28.65万亿美元	29.66万亿美元	29.43万亿美元	30.07万亿美元	30.17万亿美元	31.44万亿美元	32.98万亿美元	34.6万亿美元	35.76万亿美元	34.73万亿美元
IPEF/世界	51.24%	44.69%	40.29%	38.89%	39.38%	38.00%	37.79%	40.16%	41.20%	40.61%	40.11%	40.84%	40.98%

数据来源：世界银行数据库、东盟数据库。

（3）IPEF不包括市场开放内容。从理念上看，开放包容共享的RCEP更适应各地区合作发展，而IPEF排斥了东盟最不发达的国家（老挝、缅甸、柬埔寨）的参与。从实施上看，具有法律效力的RCEP更具稳定性，IPEF主要依赖行政推动。从发展上看，RCEP将逐步提质扩容，并逐步对接CPTPP的某些高水平经贸规则。与RCEP不同的是，IPEF是由美国主导的总统倡议，所有规则和标准均由华盛顿单方面规定（RCEP与IPEF的区别见表8-2、表8-3）。由于没有得到国会的批准，该协议与传统贸易协定不同。IPEF没有包括关税削减和市场准入等条款。

表8-2　IPEF拟议的贸易支柱条款与RCEP条款对比

议题	IPEF	RCEP
农业	目的：为农业生产者提供进入整个IPEF地区市场的机会，促进粮食安全，并促进农业可持续生产 1.促进农业可持续生产以及提供创新、技术上的支持 2.用创新、公平贸易和个性化的方法，合作推进环境目标 3.提高监管流程和程序的透明度 4.推进科学决策，以保护人类、植物和动物的生命和健康 5.改进流程并促进监管和行政要求的合作 6.促进整个IPEF地区的农产品贸易 7.与农产品进口许可程序透明度、认证要求和等效性相关的规定	未按产业进行划分
服务业国内监管	目的：确保服务提供商在申请IPEF国家/地区运营许可时得到公平和透明的对待，同时不妨碍监管机构应用国内标准保护安全、健康和环境等方面的重要利益，并确保工人和消费者福利 1.透明的法律法规，并且监管机构独立于其监管的行业 2.禁止许可规则中的性别歧视 3.监管机构必须告知申请人获得许可证的要求，为申请人提供公平的机会来证明其符合要求，并在合理的时间内作出是否颁发许可证的决定 4.鼓励监管机构试验新技术，使申请过程更加容易，特别是着眼于减少小企业不必要的行政负担	相同： 1.现行措施的透明度清单 2.国内规制合理、客观、公正（迅速公布影响服务贸易的普遍使用措施，并回应成员的任何请求） 不同： 1.具体行业的服务业开放清单 2.国民待遇及最惠国待遇 3.禁止本地存在条款，负面清单开放“棘轮机制” 4.对最不发达国家的能力建设 5.专业服务领域资格互认

续表

议题	IPEF	RCEP
海关和贸易便利化	目的：减少边境的繁文缛节，减少贸易成本和时间，并确保所有贸易商的透明度和公平性 1.关注自动化、减少手续、开发新的边境流程或改进创新边境流程（自动化规定要求政府在网上发布其贸易和边境相关的法律、法规和程序等） 2.电子商务，包括减少快递运输的手续和便利跨境退货（禁止对进口货物使用领事交易，减少集装箱手续，要求政府提供税款和其他费用的电子支付服务，并鼓励电子发票和电子发票框架的使用） 3.公平可靠的跨境贸易（以合作确保处罚的透明度和公平性、边境人员的行为标准、商业机密信息的保护、非法贸易和海关违法行为的消除等）	相同： 1.确保透明度和信息公开（网上及时公布进出口和过境程序及相关文件、进出口相关关税和国内税以及其他相关法律法规及行政措施等） 2.信息技术应用及风险管理的监管手段（数据及风险目标管理的电子或自动化系统、无纸化贸易文件） 不同：海关预裁定制度；海关程序简化、快速通关制度；认证经营者的额外贸易便利化措施
良好的监管实践（GRP）	目的：为公民、贸易商和其他利益相关者提高监管流程透明度 1.使用监管议程提供有关监管行动计划的早期信息 2.强调法规制定的透明度，即公布法规草案并留出足够的时间考虑意见 3.公开监管决策（涉及决策制定、评估和更改等） 4.提供保证监管透明度的工具（扩大对相关信息的线上访问） 5.专家顾问对监管行动计划提出建议，以作为对公众咨询的补充 6.设立GRP委员会，以监督协议履约情况	—
数字贸易	目的：促进数字经济对工人、消费者和企业，特别是对中小微企业的包容性和可持续增长 1.促进数字贸易，包括避免不公平的贸易行为 2.支持新兴技术的开发和使用 3.推进数据保护、消费者保护和人工智能发展，通过促进对数字经济的信任实现包容性增长 4.促进互联网、在线服务和信息的获取，通过促进数字公平和包容性以及投资于教育和培训来应对数字鸿沟 5.确保电子交易的有效法律框架符合国际最佳做法 6.弹性和安全的数字基础设施	相同： 1.保护消费者权益与网络信息安全 2.促进跨境电商发展 3.加强对话合作，促进电商的发展和使用 不同： 1.免征电子传输关税，以电子方式促进贸易便利化 2.有条件允许跨境数据自由流动 3.针对欠发达国家采用过渡期

续表

议题	IPEF	RCEP
劳工	目的：利于工人并确保自由和公平贸易，促进印太地区的可持续和包容性发展 1.各缔约方在其劳动法中采用并维护国际公认的劳工权利 2.以不克减和有效执行劳动法的承诺来遵守劳动法 3.建立合作机制，包括能力建设、共享信息和最佳实践；确定并共同合作解决新出现的劳工问题，包括数字经济中的劳工问题 4.解决供应链中强迫劳动的问题 5.在企业违反当地劳动法的情况下鼓励使用企业责任制 6.各缔约方（包括与公众）就履行劳工承诺建立程序和机制以保持定期沟通与合作	—
环境	目的：为环境保护作出贡献，并应对包括气候变化在内的共同的可持续发展挑战 1.努力确保提供高水平以及更高水平的环境保护 2.确保不会削弱或减少国内环境法的要求以吸引贸易或投资 3.有效执行各自的环境法 4.关注印太地区海洋环境，森林、渔业和野生动物，渔业补贴，海洋塑料垃圾污染，空气质量，生物多样性保护等环境提议 5.关注与气候和贸易相关的要素（更高资源效率，循环经济、数字经济和环境可持续性，清洁能源技术以及可持续金融） 6.公众参与程序，加强缔约方在环境领域的合作 7.建立一个环境委员会来监督协议的实施，并建立一个机制来支持缔约方就协议的事项进行磋商	—
技术支持	目的：促进印太地区高标准贸易条款的全面实施 1.提供一套原则和框架，使缔约方能够确定支持实施IPEF第一支柱（贸易）条款的需求和资源 2.建立发展和经济合作委员会，帮助确定发展中国家成员相关的能力需求，最大限度发挥能力建设资源效力 3.在发展和经济合作委员会下设立一个工作组，由政府和非政府代表组成，就国家行动计划提出建议 4.协商基于成员的创新合作方法，推进区域经济包容性、可持续性和弹性发展	虽然RCEP没有设立单独技术支持章节，但是针对区内最不发达国家给予了相关优惠政策

续表

议题	IPEF	RCEP
包容性	目的：加强IPEF成员之间的合作，以减少贸易和投资的障碍，并获得更多贸易和投资的机会和利益 为IPEF成员实施合作活动建立流程，以支持社会各阶层共享IPEF创造的机会和利益	—

资料来源：中国（海南）改革发展研究院课题组整理。

表8-3　RCEP与IPEF供应链内容对比

RCEP		IPEF	
措施	优缺点	措施	优缺点
·原产地规则 ·优惠市场准入 ·贸易便利化措施	优点： 1.有具体可以遵守实施的协议和条款 2.各成员根据RCEP制定相关政策 缺点： 1.谈判的修改和升级需要通过每个成员内部繁杂的法律程序，时间长，无法应对供应链紧急情况 2.没有针对关键产业作出特别规定	·为关键部门和商品建立标准 ·增加关键部门和商品的弹性和投资 ·建立信息共享和危机响应机制 ·加强供应链物流 ·增强工人的角色意识 ·提高供应链透明度	优点： 1.新型、具有创造性的措施 2.解决纯贸易之外的紧迫性区域经济问题 3.强调关键部门和商品的管理 4.针对供应链危机设立及时响应机制 缺点： 1.没有需要遵守的具体协议和条款 2.缺少法律约束力，成员内部没有相应的政策 3.企业层面短期内难以调整供应链，更多还是政府层面的合作

资料来源：中国（海南）改革发展研究院课题组整理。

2.IPEF给RCEP全面实施带来干扰和冲击

（1）改变中低端制造业的区域布局，部分可能加速转移至东南亚国家、印度。IPEF的供应链支柱强调加强成员供应链的弹性与安全，最终达到促使印度、马来西亚、越南等国在全球中低端制造业供应链体系中替代中国的目的。美国财政部部长珍妮特·耶伦就表示“美国希望帮助越南成为多元化供应链中的重要一环，建议越南加大对这一领域的投资”。但2022年9月，IPEF首次部长级会议举行期间，印度就以“目前看不到益处”“可能歧视发展中国家”等为由，宣布暂时退出IPEF贸易谈判。因此，IPEF贸易支柱和供应链支柱条款如果得到正式实施，短期内对RCEP产业链和供应链布局的影响不一定很大，但中长期有可能会有深远影响。

（2）IPEF成员多样化出口市场，减少对中国市场的依赖。如表8-4所示，在IPEF的14个成员中，中国是10个成员的最大贸易伙伴，美国只是印度的最大贸易伙伴。因此，RCEP中的IPEF成员与中国贸易联系比与美国更为紧密，短期内IPEF成员供应链合作很难对RCEP产生较大影响。但如果IPEF相关条款得到落实，IPEF将为其成员提供发展新供应链网络的机会，以便在必要时进行协作。长期来看，有可能使IPEF成员之间资金流、贸易流不断加强，从而降低对中国的贸易依赖度，进而冲击RCEP贸易体系。

表8-4　2021年IPEF成员与中美货物贸易情况

国家	贸易总额/百万美元	与美国			与中国		
		贸易额/百万美元	比重/%	排名	贸易额/百万美元	比重/%	排名
澳大利亚	603622	37637	6.2	3	189677	31.4	1
文莱	19633	230	1.2	13	2798	14.3	2
斐济	2931	390	13.3	3	364	12.4	5
印度	965216	112897	11.7	1	110572	11.5	2
印度尼西亚	427712	37129	8.7	2	110009	25.7	1
日本	1529342	221942	14.5	2	349524	22.9	1
韩国	1259425	169115	13.4	2	301541	23.9	1
马来西亚	537480	52446	9.8	3	101622	18.9	1
新西兰	123248	12148	9.9	3	34672	28.1	1
菲律宾	199010	20137	10.1	3	39741	20.0	1
新加坡	1159963	107245	9.2	3	164253	14.2	1
泰国	534880	55801	10.4	3	103004	19.3	1
越南	666545	111507	16.7	2	165774	24.9	1

数据来源：联合国商品贸易统计数据库。

（3）IPEF与RCEP出现两条平行价值链。一条是在IPEF框架下，面向美国的少数战略性高技术产业价值链；一条是在RCEP框架下，面向中国消费市场的区域价值链。IPEF大多数成员都是出口导向型经济体，难以接受与中美任何一方“脱钩断链”，美国企业也无法承担与中国完全脱钩的代价。因此IPEF选择在关键领域进行合作，推动区域内的产业链整合，从而实现在高技术、战略性产业中“去中国化”的目标[①]，同时未来IPEF也有纳入欧洲国家的可能，从而实现更大市场和更大供应链整合。

（4）对中国造成较大冲击。如果IPEF全面实施，中国将面临两个方面的挑战：一是关键技术产业被“卡脖子”，难以推动产业结构优化升级。根据2021年《全球价值链发展报告2021：超越生产》，中国ICT（信息和通信技术）企业主要依赖出口劳动密集型产品和中间投入组装产品，仍然缺乏核心技术竞争力[②]。IPEF与“芯片四方联盟”结合有可能使中国出现关键技术产业“低端锁定”的情况，难以推动产业结构优化升级。比如在芯片行业，美国、日本、韩国负责设计，美国、日本、韩国、新加坡制造芯片，越南、泰国、马来西亚等在下游领域负责做芯片的封装和测试，并且中国台湾地区虽然名义上不是IPEF成员，但是与美国已签署“芯片四方联盟”以及“美台21世纪贸易倡议”，台积电等芯片制造强企同样将把握机会参与其中。二是IPEF如果升级成为政治联盟，将威胁中国的国际环境。未来IPEF有可能演变为“四方安全对话”的一种形式，为IPEF成员参与“印太战略”提供“合法性”，并在国际事务上形成联盟对抗中国。由于IPEF不是传统意义上的自贸协定，并且在一些关键、敏感领域都有相应的标准，很难保证未来IPEF不会将标准扩大至多个领域和议题。因此，IPEF对中国外交、军事、经济、金融领域的影响，需要综合考量。

---

① Li Xiangyang, “Launch of the Indo-Pacific Economic Framework May Lead to Two Parallel Sets of Regional Supply Chains,” 2022, https://china-cee.eu/2022/12/21/launch-of-the-indo-pacific-economic-framework-may-lead-to-two-parallel-sets-of-regional-supply-chains/ 。

② WTO, “Global Value Chain Development Report 2021: Beyond Production,” 2021, https://www.wto.org/english/res_e/booksp_e/00_gvc_dev_report_2021_e.pdf 。

二、推动RCEP全面实施与不断升级

1.推动RCEP市场开放承诺和规则全面落实

（1）全面落实货物贸易自由化规则。需要在既有承诺的基础上，尽可能缩短重要原材料、关键零部件的“零关税”过渡期；推动RCEP成员国由“国别关税减让”向“统一关税减让”过渡，以降低企业利用协定成本等。

（2）促进原产地累积规则升级。需要尽快完成RCEP原产地规则章节相关条款的审议，适时推进原产地规则从“部分累积”向“完全累积”升级，使企业更加灵活地开展产业链供应链布局。

（3）推进区域内服务贸易开放水平提升。需要推动相关成员国跨境服务贸易由正面清单向负面清单过渡，实现服务贸易与投资负面清单一体化管理，推动区域内加工制造向高附加值环节延伸。

2.促进RCEP不断扩容升级

（1）推进RCEP更高水平市场开放。需要RCEP成员国推进货物、服务、投资等领域市场准入的进一步放宽。需要各方推进海关程序、检验检疫、技术标准、监管规则等的逐步统一，促进域内经济要素自由流动，构建高水平的RCEP统一大市场。

（2）开展新兴议题领域的规则探索。随着数字化转型和绿色转型趋势的加速推进，迫切需要在新兴议题领域开展规则探索，以适应不断变化的环境。这些规则的制定旨在促进包容性数字经济和绿色经济发展。例如，解决数字鸿沟问题、关注数据安全和隐私保护、防止出现垄断行为或不正当竞争、加强数字化就业和技能培训等。

（3）持续扩大RCEP覆盖范围。需要坚持开放的区域主义，促成印度重返RCEP，并吸引其他国家和地区加入。

3.打造面向企业的RCEP公共服务平台

（1）着眼欠发达国家企业的实际需求。 目前，RCEP15个成员国中，有8个国家人均GDP低于世界平均水平，其中6个国家人均GDP低于发展中国家平均水平。推进RCEP，仍面临着如何助力发展中国家和最不发达国家更好适应区域市场开放环境的实际需求。

（2）合力搭建能力提升机制。 需要合力搭建RCEP公共服务平台和能力提升机制，合力提升政府官员、企业家等利用RCEP规则的能力以及区域内市场竞争的能力。需要合力促进各方营商环境的改善，更好吸引RCEP区域内优质资本与各类人才助力本国经济发展。

（3）强化RCEP区域宏观经济政策协调机制的硬约束。 在美联储加息政策的影响下，RCEP成员国普遍面临资金外流、本币贬值的压力。这不仅加剧了RCEP区域输入性通胀压力，也增大了区域性金融风险。为此，需要加强RCEP成员国之间的宏观经济政策沟通，尽快建立并不断完善RCEP区域宏观经济政策协调机制；需要加强财政、货币、汇率、贸易和结构性改革等政策协调，促进RCEP区域经济均衡复苏与增长；需要避免出台额外贸易投资限制措施而干扰区域内产业链供应链的稳定性，尽可能扩大宏观经济政策的正面溢出效应。

三、发挥中国市场在RCEP全面实施与不断升级中的重要作用

1.中国大市场是推进RCEP的重要动力

（1）RCEP其他成员国均是中国重要的经贸伙伴。 中国与RCEP其他成员国的贸易总额约占中国对外贸易总额的1/3①。海关统计数据显示，2021年我国对RCEP其他14个成员国进出口12.07万亿元，增长18.1%，占我国外贸总值的30.9%。其中，出口5.64万亿元，增长16.8%；进口6.43万亿元，增长19.2%②。

① 《RCEP正式生效 全球最大自由贸易区启航》，《中国总会计师》2022年第1期。

② 《国新办举行2021年全年进出口情况新闻发布会》，www.scio.gov.cn/xwfb/gwyxwbgsxwfbh/wqfbh_2284/2022n_2285/2022n01y14r/。

（2）中国与RCEP其他成员国形成了较为紧密的供应链合作关系。例如，从出口类依赖程度看：印度、印度尼西亚、文莱深度依赖对华出口中间品、对美出口消费品；越南深度依赖对华出口资本品、对美出口消费品；泰国深度依赖对华出口中间品、对美出口资本品；澳大利亚深度依赖对华出口原材料、对美出口中间品。

（3）高举RCEP开放共享的旗帜。IPEF与RCEP相比，从内容上看，IPEF不包括市场开放内容，市场开放是RCEP的突出优势。从理念上看，开放包容共享的RCEP更适应各地区合作发展。而IPEF排斥了东盟最不发达的国家（老挝、缅甸、柬埔寨）的参与。从实施上看，IPEF主要依赖行政推动，具有法律效力的RCEP更具稳定性。从发展上看，RCEP将逐步提质扩容，并逐步对接CPTPP的某些高水平经贸规则。

专栏8-1　做好RCEP就是应对IPEF的务实举措

美国总统拜登推出IPEF之后不久，中国就全球最大的贸易协定——RCEP在海南省举行了第二届RCEP区域发展媒体智库论坛，RCEP区域的贸易专家齐聚一堂，讨论扩大内部贸易的方式。此次RCEP会议显示，中国可能不会对IPEF作出反应或反击，但中国将利用现成的关税和市场准入来推进既定的贸易协定。与RCEP不同，IPEF不涉及关税谈判与市场准入问题，因此被许多国家视为缺乏实际利益。

对于中国来说，RCEP是中国在地缘政治和地缘经济上发挥重要影响力的难得的多边平台。实际上，中国用不着太在意IPEF，做好RCEP就是对IPEF最好的回应。

资料来源：美国消费者新闻与商业频道（CNBC）网站，《被排除在“印太经济框架”之外的中国正在推动世界上最大的贸易协议》，2022年6月5日。

2.构建RCEP区域安全稳定的产业链供应链

（1）释放关税减让政策效应，增强区域内产业链供应链的弹性和韧性。RCEP生效后，区域内90%的货物贸易最终实现“零关税”，由此将大幅降低区域内贸易成本与产品价格。这就需要RCEP成员国共同努力，把放大关税减让的政策效应作为早期收获的重点。例如：在既有承诺的基础上，尽可能缩短重要原材料、关键零部件的“零关税”过渡期；推动中国、日本、韩国、印度尼西亚等产业链供应链关键性国家由“国别关税减让”向“统一关税减让”过渡，进一步降低企业利用协定成本等。

（2）释放原产地累积规则政策效应，推动区域内产业链供应链的多元化布局。使用区域累积的原产地规则是RCEP的重大成果，有利于激励企业采购区域内产品，推动形成密切、稳定和有竞争力的区域产业链分工合作体系。从发展需求看，要协调推动并尽快完成RCEP原产地规则章节相关条款的审议，推进“部分累积”向“完全累积”的过渡，使企业依托各成员国资源禀赋与市场优势，灵活调整产业链供应链布局。同时，需要共同推动原产地认定程序简化，逐步实现区域内海关信息共享基础上的信用通关管理。

（3）释放服务贸易与投资自由化便利化政策效应，推动区域内产业链供应链的延伸。RCEP以非服务业领域投资准入负面清单和正负服务贸易清单模式，推动区域内服务贸易与投资自由化便利化，为内外投资者营造一个稳定、开放、透明的投资环境。未来几年，仍需推动相关成员国实现服务贸易由正面清单向负面清单的过渡，实现服务贸易与投资负面清单一体化管理；推动实现日韩的研发技术及生产性服务、“中国制造”、东盟组装等的深度融合，推动区域内加工制造向高附加值环节延伸，整体提升东亚在全球价值链中的分工地位。

3.推动形成RCEP区域一体化大市场

（1）以RCEP为重要平台推动区域内市场的对接。RCEP在整合多个“10+1”自贸协定基础上，打通了东南亚与东北亚规则壁垒，形成了覆盖22.7亿人口超大规模市场的制度基础。目前，RCEP内部相互投资占其全部对外投资的比重为30%，内部贸易额占其对外贸易总额的40%。为形成区域一体化大市场，需要协调推进各成员国在平等准入、公平竞争、产权保护、监管透明度等方面的立法与公平执法，推动实现区域内市场监管与海关部门信息共享、多边互认；需要适时启动RCEP成员国在服务业规则、规制、管理、标准方面的互认磋商等。

（2）推进RCEP项下农产品、服务业、数字经济等重点领域的共同市场建设。第一，依托RCEP农业开放政策及快速通关机制，支持企业开展农业投资、种植和加工合作，共建RCEP农产品大市场。第二，推动旅游、医疗健康、文化娱乐等区域内有发展基础、需求比较大的生活性服务业合作，共建RCEP服务型消费大市场。第三，在RCEP电子商务规则框架下，推动共建跨境数字自由贸易园区、数字经济合作园区等，推动数据、数字技术、数字服务等便利流动，共同开拓RCEP

数字经济大市场。

（3）打造中国市场与RCEP其他成员国市场深度融合的对接点。我国是全球最具潜力的大市场。预计2025年前，我国将成为全球第一大商品消费市场，并蕴藏数万亿元的服务型消费市场空间。我国的消费潜力释放与消费结构升级，无论是对东盟的农产品，还是对日韩的中高端消费品与优质服务，以及对澳大利亚、新加坡的能源产品，都有日益增长的市场需求。海南地处RCEP区域中心位置。建设海南自由贸易港，努力打造世界最高水平开放形态的政策与制度体系，有望成为RCEP其他成员国分享中国消费大市场的重要枢纽和交汇点[①]。

① 迟福林、匡贤明主编《结构转型：跨越高质量发展门槛》，中国工人出版社，2023。

第三节

以单边开放实现中国-东盟自由贸易的突破

面对百年未有之大变局加速演进的大趋势，面对美国战略竞争的严峻挑战，未来3—5年是中国与东盟深化经贸合作的战略窗口期。抓住战略窗口期，实施向东盟的单边开放，以单边开放的主动举措，实现中国与东盟自由贸易的重大突破，赢得与东盟全面战略合作的主动。

一、向东盟单边开放的战略机遇

1.以向东盟单边开放提速中国-东盟自由贸易进程

（1）东盟已经成为我国高水平开放布局的重点、关键。目前，作为亚太地区的合作中心和核心单元，东盟成为世界主要大国战略布局亚太地区的关键支点。例如：美国“印太战略”中将东盟视为枢纽和支点；欧盟将东盟视为在该地区实现对外政策目标的战略抓手和战略合作伙伴。在全球地缘格局变化的大背景下，进一步加大对东盟的战略投入，是维护我国核心利益、实现经济可持续发展、化解中美战略竞争压力的务实举措，对参与构建亚太地区及全球经济秩序也具有重要的战略意义。

（2）对等开放、增量拓展，难以实现中国-东盟经贸合作的重大突破。

对等开放对东盟深化自由贸易的吸引力有限。例如，中国作为区域大国，在贸易开放的开价上占有优势；无论是从经济体量还是从经济发展水平看，东盟的一些中小型经济体很难开出对等的条件。由此，势必对推进高水平中国－东盟自由贸易形成掣肘，影响中国－东盟自由贸易区3.0版谈判进程。

中国－东盟自由贸易区3.0版的增量拓展范围有限。从公开信息看，3.0版谈判将增加数字经济、绿色经济、供应链等内容，但仍以传统议题为主，原产地规则和服务贸易等不再纳入谈判范围，中国与东盟各自开放需求的契合面较为有限。因此，中国－东盟自由贸易区3.0版不能有效跟进国际经贸规则演变的前沿，也难以达成高水平的自由贸易制度安排。

中国－东盟自由贸易区3.0版的红利释放需要较长时间。从谈判进程看，东盟国家奉行协商一致原则，谈判最快在2024年才能达成一致。从红利释放看，在开放的区域主义下，为照顾东盟的舒适度，势必将增加诸多例外原则、过渡期等条款，难以适应百年未有之大变局下加强与东盟经贸合作的迫切需求。

（3）单边开放是我国务实推进与东盟自由贸易进程的重大行动。

单边开放是彰显我国高水平开放决心的重大行动。站在新的历史起点，中国开放的大门只会越开越大[①]。超越传统以自由贸易协定为载体的互惠开放、对等开放，发挥我国高水平开放的自主性与灵活性，针对不同国别、不同领域采取主动的单边开放政策，这是立足改革开放40多年实践基础的拓展和提升，将成为中国－东盟自由贸易的一个重大突破点，将彰显我国扩大高水平开放的决心和务实行动，也将有力回击“中国经济威胁论”，澄清对我国“开放承诺疲劳”等误解，显著提升我国在东亚区域内的影响力。

以单边开放有效应对IPEF冲击与干扰。从现有信息看，IPEF谈判不包括市场相互开放的议程。也就是说，美国不会向IPEF成员开放其国内市场。与美国的举措相反，我国主动推进向东盟的单边开放，有利于弱化东盟成员参与IPEF的积极性，也将为我国深化与东盟经贸合作、有效应对关键产业链“脱钩断链”“小院高墙”提供重要条件。

单边开放是实现两个最具活力经济体产业链进一步融合的重大举措。从现实情况看，我国与东盟对稳定供应链有相当大的需求。比如，越南对我国出口与进口的

---

① 习近平：《开放合作　命运与共——在第二届中国国际进口博览会开幕式上的主旨演讲》，人民出版社，2019。

依赖程度分别达到17.54%和32.48%。在资本品上，越南对我国出口的依赖程度达到53.17%（见表8-5）。我国主动向东盟单边开放，将进一步加强双边内在经贸联系，有效对冲域外因素的干扰。

表8-5　2020年东盟部分成员不同出口品类对我国的依赖程度

国别	原材料	中间品	消费品	资本品
印度尼西亚	24.67%	51.25%	22.11%	1.97%
文莱	4.51%	74.51%	20.54%	0.43%
越南	11.23%	22.19%	13.41%	53.17%
泰国	20.64%	37.42%	14.10%	27.84%
马来西亚	5.60%	32.40%	22.94%	39.06%
菲律宾	20.92%	13.03%	4.15%	61.90%
新加坡	0.33%	27.94%	16.36%	55.37%

数据来源：《“印太经济框架”：美国思维的变与不变》，中国宏观经济论坛，2022年。

2.以向东盟单边开放推动区域经济一体化进程

（1）以包容、发展为导向的区域经济一体化符合本地区利益。

东盟由“地区合作中心”向“增长中心”的战略转向。东盟的重要作用离不开其经济潜力的释放。近年来，因经济体量相对较小，东盟在推进区域合作中显得力不从心，“小马拉大车”的挑战比较严峻。2023年，东盟峰会明确提出打造“增长中心”的设想。从实际看，2021年东盟人均GDP达到5024美元①，正处于经济快速增长期。未来3—5年，如何破除市场空间较小的掣肘，实现东盟“增长中心”的基本框架，成为东盟各国面临的重大课题。

我国以高水平开放构建新发展格局。面对百年未有之大变局加速演进的大趋势，面对美国的战略竞争挑战，面对国内经济增长的困境，需要抓住未来几年时间，尽快形成新发展格局的基本框架，在稳定短期经济增长的同时，为中长期经济高质量发展奠定重要基础。

东盟成员多元需要形成包容共享的经贸合作安排。2021年，东盟成员最高人均GDP与最低人均GDP之比为55∶1。巨大的发展差异和多元的人文情况，需要分

① 东盟秘书处：《东盟统计年鉴2022》，2022年12月18日。

国别、分产业开展差异化开放合作，使各国依托自身比较优势更加便利地融入东亚生产网络，共享自由贸易红利。

（2）以向东盟单边开放形成以包容、发展为导向的区域合作框架。

为构建开放、包容、共享的地区合作秩序提供重要示范。秩序构建及维护能力，是一个大国的重要标志。2021年，我国提出全球发展倡议，得到东盟国家的关注与认同。全球发展倡议致力于实现更加强劲、绿色、健康的全球发展，共创普惠平衡、协调包容、合作共赢、共同繁荣的发展格局。依托我国市场与产业发展优势，推进向东盟的单边开放，以不断扩大开放且增长的大市场形成一个包容、稳定、连贯、可持续的地区发展机制，打造具有深度经济依赖和融合的利益共同体。

为RCEP的全面实施与不断升级注入重要动力。从英美实施单边开放政策的经验看，主动推进单边开放可以有效带动双边与多边自由贸易进程。向东盟单边开放，提前落实我国在RCEP中的开放承诺，为东盟分享占RCEP区域经济总量超过60%的市场提供重要条件，并带动东盟加快落实RCEP中的相关承诺。

（3）为解决地区内焦点问题创造重要条件。以南海问题为例。从法德萨尔争端、牙买加与哥伦比亚海域争端、加勒比海地区争端等问题成功解决的经验看，以单边开放推动统一大市场构建是主要做法之一。我国南海政策应服务于国家发展战略，重在消除因实力差距较大而产生的“群体性恐慌”和心理失衡。为此，需要在更高层面为周边国家提供更多的资本、规范、价值、理念等公共产品，从心理和认知上化解并消除周边的担忧，并促进利益融合—安全依赖的良性循环。

3.以向东盟单边开放促进世界经济再平衡

（1）适应世界经济重心东移的基本趋势。

中国与东盟成为推动世界经济重心东移的重要动力。根据联合国贸易和发展会议数据库相关数据，2000—2021年，按2015年不变价美元计算，亚洲地区GDP年均增长5.0%，是世界平均增速的1.8倍；占全球GDP的比重由25.3%提升至39.1%，超过欧洲与北美。从增量看，中国与东盟GDP增量占亚洲GDP增量的68.9%。

亚洲已成为全球最主要的制造中心。目前，全球已形成了以美国为中心的北美供应链、以德国为中心的欧洲供应链和以中国、日本与韩国为中心的亚洲供应链网络。全球制造业围绕美德中日韩等制造业大国，通过与周边国家产业链供应链合作，形成了各具特色和优势的全球制造业三大中心。根据联合国贸易和发展会议数据库相关数据，从规模看，2021年，亚洲制造业增加值为8.5万亿美元，分别是北美、欧洲的3.1倍、2.6倍；占全球制造业增加值的比重为54.3%，分别高于北美、欧洲36.8个百分点、33.2个百分点。

（2）区域最终需求市场发展滞后的短板日益突出。根据联合国贸易和发展会议数据库相关数据，2021年，亚洲最终消费支出占GDP的比重为63.7%，低于世界平均水平10个百分点左右，低于美欧11个百分点以上；其中，家庭最终消费支出占GDP的比重为47.4%，低于世界平均水平9个百分点，低于北美19个百分点。在外部市场收缩的情况下，本地最终需求市场不足成为东亚经济可持续增长的突出掣肘。

（3）以单边开放促进东亚经济可持续包容增长。从北美、欧洲推进经济一体化的实践看，大国开放在其中发挥了关键性作用。例如，目前墨西哥对美国的出口占其出口总额的比重为82%、加拿大为75%[①]；欧盟内部贸易占其贸易总额的60%左右。2020年、2021年，东盟货物贸易依存度分别达到89%、100%[②]。未来10年左右，我国以研发设计为重点的生产性服务业将有20—30个百分点的增长空间；服务型消费将有15—20个百分点的增长空间，城镇化率至少还有10个百分点的升级空间。若结构性改革有重要突破，将释放经济转型升级的巨大潜力。以单边开放主动向东盟分享中国较快增长的内需大市场，使其便利分享中国发展机遇的同时，增强对中国经济快速崛起的期待与认同。

（4）以单边开放促进东亚生产网络的发展与安全。

合力应对国际分工不利局面的共同挑战。东盟经济外向度高，抵御外部经济风险和冲击的能力较弱。特别是在全球经济不景气时期，东盟受发达国家贸易保护主义和以邻为壑的宏观经济政策的伤害较大。在此特定背景下，我国向东盟的单边开放将为区域内各经济体长期增长提供开放、包容、稳定的发展环境与经济制度安

① 数据来源：美国商务部网站。

② 东盟秘书处：《东盟统计年鉴2022》，2022年12月18日。

排，为东盟国家应对和解决增长瓶颈及转型发展问题拓展更大空间，并在加强数字经济、绿色经济等领域的合作中形成可持续增长的重要动力。

以单边开放主动塑造区域分工协作新模式。近年来，中国与东盟逐渐形成了“东盟向中国出口初级品—从中国进口机械设备（资本密集型）和中间品（技术密集型）—将消费品（劳动密集型）出口给中国和第三国”的互利共赢的区域循环模式。当前，在全球产业链供应链加速调整的背景下，以向东盟的单边开放增强中国市场在区域分工协作中的特殊作用，有利于加快形成内部高度依赖、外部相对自立的分工格局。

增强我国产业链供应链安全性。中间品贸易是制造业供应链稳健性的关键指标之一。2022年，我国与东盟之间的中间品进出口同比增长16.2%，占双边进出口总额的67%①。此外，东盟在能源、矿产、农业等领域有着明显的比较优势。在以美国为代表的西方国家正在加快供应链“去中国化”的大背景下，主动向东盟单边开放，将为稳定并进一步深化我国与东盟产业链供应链合作、提升双链安全度创造重要条件。

二、向东盟单边开放的重大任务

1.主动向东盟单边开放我国内需大市场

（1）向东盟单边开放我国最终消费品市场。以美国为例。除安全领域外，美国在东亚的经济优势在于其拥有东亚区域最终消费品市场高达24%的份额②，并通过最终消费品市场的优势形成对东亚生产分工网络的强大控制力。2021年，中国自东亚地区进口的最终消费品金额为1398.82亿美元，不到美国从东亚地区进口额的三分之一（见图8-6）。通过向东盟单边开放，争取到2030年，我国成为东盟最大的最终消费品市场，对东南亚生产分工网络的影响力进一步提升。

① 《海关总署：我国与东盟双边贸易有望取得更大发展》，https://politics.gmw.cn/2023-01/13/content_36300626.htm。

② 中国社会科学院国家全球战略智库编：《2016年的中国与世界》，社会科学文献出版社，2017。

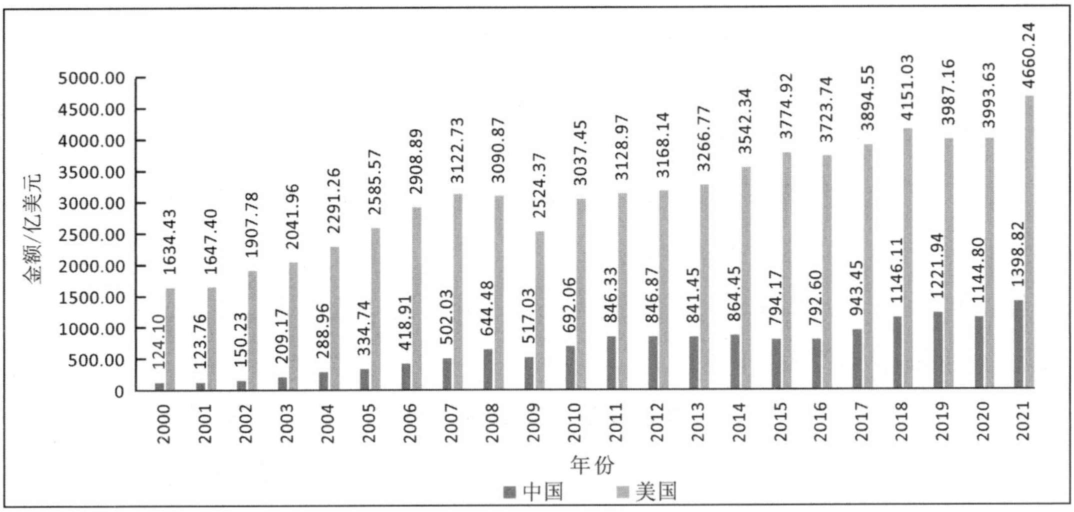

图8-6　2000—2021年中国与美国自东亚地区进口的最终消费品

数据来源：World Integrated Trade Solution（WITS）数据库。

（2）对东盟实施货物贸易单边开放政策与制度。

将“零关税”进口商品比例提升至99%。我国在RCEP中的非“零关税”工业品共有688项（见表8-6），若将RCEP中的工业品全部实现“零关税”，则“零关税”商品比例将达到98.8%。建议全面降低原产自东盟的消费品、制成品、零部件等商品进口关税，扩大“零关税”消费品覆盖范围。

表8-6　我国在RCEP中的非“零关税”产品分布

单位：项

行业名称	非“零关税”数量	行业名称	非“零关税”数量
动物产品	1	纺织品，服装	39
植物产品	66	石头/玻璃	21
食品	31	金属	40
矿产品	1	机械	109
燃料	3	电子产品	68
化学品	69	运输设备	124
塑料和橡胶	18	玩具	1
兽皮	1	杂项	21
木制品	173		
农业品	98		
工业品	688		

推进面向东盟的商品进口交易全环节便利化。例如：尽快与东盟商签经认可的贸易商制度，实现6小时通关；在全国范围内推广对东盟的“单一窗口”，并进一步拓展“单一窗口”包含的贸易服务功能，实行一次报关、一次查验、全程放行、一站式运输，沿途各国海关不再重复关检，实现联合边检、联合检验检疫等。

开辟面向东盟的进口商品绿色通道。对农产品、关键原材料等商品进口，全面实施绿色通道、单证预审等通关便利措施，做到即到即查、即验即放，大幅度压缩东盟进境商品在口岸停留时间。

（3）主动扩大原产于东盟的优质商品及服务进口。一是主动扩大原产于东盟的大宗商品、原材料和农产品的进口，发挥东盟比较优势，保障我国产业链供应链安全；二是更加重视以最终消费品为重点的劳动密集型制成品进口，吸纳和消化东盟国家日益增长的工业生产能力，鼓励其制造业发展，并以此为抓手促进中国与东盟的贸易平衡；三是积极扩大旅游、家政等服务进口，助力我国服务型消费潜力释放。

（4）对东盟制定实施灵活多样的原产地规则。

制定实施差异化产品原产地规则。借鉴中国-新西兰自由贸易协定关于区域价值成分的要求（见表8-7），确定不同货物加工增值比例，以符合我国产业转型升级的现实及发展趋势。例如，着眼我国关键核心技术攻关的战略要求，对于出口至我国进行再加工的机械设备、化工电气设备、计算机、新能源装备、电子及光学设备等资本密集型制造业，实施20%—30%的加工增值比例；对于农产品及其加工、纺织等适用较高的加工增值比例。

表8-7　中国-新西兰自由贸易协定中部分货物区域价值成分要求

区域价值成分比例要求	品名
不少于30%	其他薄荷油；制版照相机；已组装的完整表芯
不少于40%	未浸除咖啡碱；已浸除咖啡碱；船用桅杆式起重机，起重机，移动式吊运架、跨运车及装有起重机的工作车；用激光、其他光、光子束、超声波、放电、电化学法、电子束、离子束或等离子弧处理各种材料的加工机床；加工金属的加工中心、单工位组合机床及多工位组合机床；其他真空吸尘器

续表

区域价值成分比例要求	品名
不少于45%	牵引车、拖拉机；10座及以上的客运机动车辆；主要用于载人的机动车辆；货运机动车辆；特殊用途的机动车辆；装有发动机的机动车辆底盘；机动车辆的车身（包括驾驶室）；摩托车；船舶及浮动结构体；医疗、外科、牙科或兽医用仪器及器具
不少于50%	橙油

资料来源：中国（海南）改革发展研究院课题组。

丰富价值增值计算方法。建议引入RCEP中的累加法和CPTPP中的净成本法（见表8-8），以便于各类企业根据自身业务特点自主选择不同的计算方法提交加工增值证明。

表8-8　RCEP、CPTPP原产地规则中区域价值成分计算方法

RCEP	累加法	（原产材料价格+直接人工成本+直接经营费用成本+利润+其他成本）÷出口产品的FOB价格×100%
	扣减法	（出口产品的FOB价格-非原产材料价格）÷出口产品的FOB价格×100%
CPTPP	价格法	（货物价格-特定非原产材料价格）÷货物价格×100%
	扣减法	（货物价格-非原产材料价格）÷货物价格×100%
	增值法	原产材料价格÷货物价格×100%
	净成本法	（净成本-非原产材料价格）÷净成本×100%

资料来源：中国（海南）改革发展研究院课题组。

2.加快中国-东盟产业链供应链深度融合

（1）以单边开放培育面向东盟的多元化产业链供应链网络。依托巨大的买方市场，在初级产品加工领域，加大在东盟投资布局力度，引导国内企业重点开展研发设计、相关咨询、第三方认证、金融、保险、物流、采购等配套服务；发挥单边开放的灵活性，加大在东盟的生产基地布局力度；鼓励支持企业同东盟供应链上下游企业通过签署双边合作协议等方式建立供应链联盟。

（2）推进我国优势产业的单边开放。针对高铁、电力装备、新能源、通信设备等产业链优势领域，向东盟放开市场准入，支持其利用资金、技术、产品等嵌入我国产业链供应链；积极布局尚未形成合作竞争新优势的高技术产业链，如智能制造、半导体产业、医药、3D打印等，鼓励研发设计，利用市场优势、政策优势和

资源优势，形成产业链供应链新优势。

（3）在单边开放中强化我国与东盟产业链供应链关键环节的合作。支持国内企业在东盟设立面向全球的采购中心、转口中心等，利用所在国的国际贸易网络加大对全球先进技术、重要设备、关键零部件、原材料等的采购力度；全面放开面向东盟的创新成果应用市场，充分利用我国市场优势与政策优势，吸引东盟国家创新成果、优质要素在我国应用转化；支持地方、企业制定知识产权交易机制与利益分享机制，调动各方协同推进产业转移的积极性和主动性，形成互惠互利合作的局面。

（4）以数字经济、绿色经济为重点深化研发和技术交流。密切关注东盟数字经济、绿色经济发展计划实施进程，依托我国资本、技术、人才等优势，在加大对东盟公用技术援助力度的同时，实现与东盟差异化合作。例如，对于缅甸、老挝、柬埔寨等欠发达国家，重点开展数字经济、绿色经济项下的基础设施合作及人才培养；对于新加坡、马来西亚等国家，聚焦技术创新、产业数字化绿色化转型、数字金融、绿色金融等领域开展合作。同时，加快建立数字经济、绿色经济项下的重点要素一体化大市场，共同探索区域数字贸易、绿色贸易的治理规则体系。

3.稳步推进向东盟的服务贸易与投资单边开放

（1）对东盟单方面制定实施跨境服务贸易负面清单及外商投资准入负面清单制度。

对东盟单方面制定实施跨境服务贸易负面清单。在争取3年内全面实施RCEP跨境服务贸易负面清单管理制度的基础上，逐步扩大对东盟服务贸易开放。在文化、出版、视听、电影等领域明确内容审查标准、程序等的基础上，逐步放宽文化、电信领域的跨境服务贸易负面清单限制。可以考虑中方主导，逐步放开。

对东盟制定实施更加精简的外商投资准入负面清单。在全面落实准入前国民待遇的基础上，进一步扩大投资准入，特别是逐步放开互联网信息服务、法律、医疗、文化等领域。同时，改变外商投资准入负面清单过多采用禁止准入和股比限制等硬约束的现状，尝试采取更加灵活的管理措施，探索外资特定条件下的准入模式，通过渐进方式推动行业进一步开放。

条件成熟时推动两张清单的合并。外商投资准入负面清单（服务业）与跨境服务贸易负面清单在大部分领域存在重叠，可以统一纳入服务贸易管理制度。建议将两张清单合并，并在法律、会计、专利、咨询、调查、测绘、统计、建筑设计、教育、医疗、公证、出版、广播、电视、互联网信息服务等领域率先实现商业存在模式下的开放，并逐步向跨境服务开放过渡。

（2）对标CPTPP形成跨境服务贸易的境内规制。

明确细化国民待遇标准。明确在负面清单外的领域，给予东盟服务和服务提供者的待遇不低于在相似情况下给予本国服务和服务提供者的待遇；以清单形式列明国民待遇的具体标准，包括准入阶段的管理权、要素供给、融资方式、进出口权、税收政策、法律保护、司法救济等一系列细化标准。

明确跨境服务贸易市场准入及当地存在的标准。例如：明确提出除负面清单内规定的措施外，不得以数量配额、垄断、专营服务提供者的形式，对服务提供者的数量、交易额、人员数量等进行限制；除负面清单内规定的措施外，不得要求缔约方的服务提供者在我国境内设立或维持代表处或任何形式的企业或成为居民，作为跨境提供服务的条件；等等。

（3）制定实施更加便利的资金支付和转移制度。对实体企业对外投资，除开展事中事后真实性审查和额度管理外，按照最大限度便利服务贸易企业的原则开展跨境服务业务，探索在服务贸易企业跨境支付领域实行法人承诺制。对区域性总部企业的资金汇出需求，采取余额管理模式，如允许一定比例的投资增量资金自由汇出。对基金类企业对外投资，在合格境内有限合伙人（QDLP）制度框架下实施管理，并在强化对其高管、金融资产实时监管的条件下逐步放宽认证条件与额度上限。对个人的资金支付和转移需求，大幅提升额度上限，对超出额度的情况实行真实性审查。

4.尽快形成对东盟单边开放的金融制度安排

（1）推动建立中国–东盟人民币结算机制。目前，亚洲区域内新兴经济体和发展中国家在经贸、投资、借贷等领域深度依赖美元，清迈倡议的法定出资货币和融资货币也是美元，金融体系的安全性和稳定性不定期受到美国金融“长臂管辖”和货币政策连锁反应的冲击。随着美元的“武器化”演变和发达国家经济实力的相对下降，推动人民币的国际化使用可以有效满足对经济安全的需求，提升货币金融机制合作的自主性和灵活性，增强域内和全球结算与支付网络的安全性和稳定性。

（2）主动打造促进区域发展的金融公共产品。例如：建立以人民币计价的国际债券市场，积极吸引东南亚国家政府或企业在海南发行人民币债券；率先允许印度尼西亚、菲律宾、越南、缅甸等经济体量相对较大或增长较快、货币较为稳定的国家在海南发行人民币债券。逐步实现离岸债券市场和境内债券市场的相互联通，并实行与内地完全隔离的、本外币合一的、账户内可自由兑换的账户体系及与之相配套的清算体系。

（3）与东盟国家建立资本市场互联互通机制。例如，总结债券通、沪港通、深港通等股票市场交易互联互通机制的实施经验，适时扩大现有机制下的投资品种范围，在有一定基础条件的RCEP成员国主要市场中扩展类似制度，待条件成熟时逐步建立沪新通、深新通等新的股票市场交易互联互通机制。

（4）与东盟合作尽快做实清迈机制。例如，探索合并清迈倡议多边化机制与亚洲基础设施投资银行，建立以实缴资本为基础、具有法律地位和常设机构的基金实体，作为中国-东盟经贸合作的“国际货币基金组织”，实现对区域外汇储备库的集中管理，提升实际可用规模和危机救助能力，降低对双边救助机制的依赖。同时，根据亚洲国家的经济结构与制度、经济开放程度与金融市场发达程度，制定更加有针对性的贷款和救助政策，畅通广大发展中国家的紧急资金融通渠道。

5.在单边开放中推进与东盟市场管理规则、标准衔接

（1）加大对国际标准的采标力度。聚焦我国与东盟重点贸易领域需求，积极开展国际标准的适用性分析和关键技术指标比对，提出采用国际标准重点领域，加快采用国际标准，提升我国标准与国际标准的一致性。根据区域内标准协调的需要，对国家采标标准立项申报项目实施审评快速程序。

（2）构建与东盟市场管理规则协调机制。

商品市场管理规则衔接。通过共同建立标准化体系，消除大部分商品的技术性贸易壁垒，并以相互承认原则保障商品的自由便利流动。

服务市场管理规则衔接。在市场准入、执业经营等领域实行统一的市场管理标

准，如金融领域的“单一通行证”制度等，建立服务的一体化大市场。

要素监管规则衔接。以人员为例，通过相互承认证书和其他形式的资格证明，确保劳动要素在区域内大市场中优化配置。

适时构建中国－东盟标准联盟。在完善我国商品与服务标准体系的基础上，支持国内企业与东盟企业成立标准联盟，实现统一标准、统一认证；在此前提下，实现资金、技术、人才的自由便利流动。

（3）推动标准协调和合格评定结果互认合作。

提升东盟商品及服务在我国认证的便利度。组建中国－东盟专业服务工作组，为东盟服务业企业提供标准认证指导服务。鼓励东盟服务业企业参与服务认证。建立健全社会第三方服务认证认可制度，鼓励东盟服务业企业积极参与我国服务认证，引导各类服务业企业特别是中小型服务业企业获得服务认证，帮助更多服务业企业提升质量管理水平。率先在旅游、教育、健康医疗、文化娱乐、金融等服务业领域开展标准认证工作，对获得官方或国际协会认证的企业给予优先推介、税收减免等。

实现对东盟认可经营商制度的全覆盖。高水平制定商品与服务“认可经济营运商”认证标准，允许符合条件的东盟企业经备案后在我国自由开展自身业务范围以内的相关商品与服务供给业务。积极开展单向认可标准协调研究，及时汇总发布我国向东盟成员国开放的合格评定市场准入制度及相关调整信息。

制定市场经营行为差异化责任豁免目录。例如，发挥海南自由贸易港的重要作用，在保证国家安全的前提下，允许境外企业在海南提供相关服务，最大限度减少因标准差异而产生的企业成本。

（4）实施更加开放的职业资格单向认可制度。以医疗健康、研发设计、文化娱乐、商务服务等为重点领域，增加面向东盟国家的职业资格单向认可目录内容；允许取得境外职业资格的相关技术人员经认定后提供跨境服务；放宽东盟人员参加职业资格考试范围，将旅游、交通运输、租赁和商务服务、科学研究和技术服务、文化体育娱乐等领域纳入允许参加职业资格考试范围。

6.建设适应单边开放的自由贸易大走廊

（1）推进以陆海新通道为重点的陆路交通基础设施互联互通。引导鼓励越南、缅甸、马来西亚等国参照国际铁路标准对本国米轨进行改造或重建；加强中国与东盟各国在铁路标准建设上的沟通、协商、谈判，推进包含铁轨制式、管理模式、线路电气化等内容的铁路技术标准统一。在此基础上，在陆海贸易新通道框架下，加快建设一批具有重要支撑作用和通往各国口岸的地方高速公路项目，建设广覆盖、高等级边境高速公路网。

（2）加强海上交通基础设施建设，实现陆海协同。加大对区域内欠发达国家在基础设施领域的援助力度，提升印度尼西亚、菲律宾、柬埔寨、缅甸、东帝汶、孟加拉国等港口基础设施的质量与水平。以中国-东盟港口城市合作网络为基础，结合中国-马来西亚港口联盟等现有合作基础，协同推进海南、广东、香港、澳门与区域内其他国家和地区合作，组建以企业为主体的泛南海区域港口联盟，推动共建泛南海区域航运标准体系、管理制度体系等；同时，着力推进泛南海区域内各港口与公路、铁路、内河、航空等交通枢纽有机连接。

（3）加密优化面向东盟的区域内航线。在强化内地枢纽机场与新加坡樟宜国际机场、马来西亚吉隆坡国际机场等连接的同时，加强中西部地区机场与东盟的合作，联合开通、加密区域内国家和地区间的直飞、中转国际航线，培育以东盟为中心的货运航线网络结构，共同构建泛南海区域通达通畅的航线网络，打造泛南海区域空中运输大通道。同时，鼓励国内航空公司通过在国外设立基地、并购或合资成立公司、吸引国外公司组成联盟等方式，深化与区域内国家的航空运输服务合作。

三、向东盟单边开放的行动路线

1. 货物贸易领域率先实施，并向服务贸易领域拓展

（1）率先向东盟全面开放非农货物进口。

全面降低原产自东盟的消费品、零部件等进口关税，扩大“零关税”消费品覆盖范围。中国与东盟在双边FTA与RCEP中的关税承诺见表8-9。未来3年，自东盟进口“零关税”商品比例由目前的90%左右提高到99%。同时，大幅度减少关税壁垒及对进出口施加的数量限制或其他措施。

表8-9　中国与东盟在双边FTA与RCEP中的关税承诺

自由贸易协定	中国-东盟FTA	RCEP
中国承诺	94.30%	90.50%
东盟承诺	94.50%	90%

数据来源：根据中国-东盟FTA与RCEP协定整理。

适应单边开放需求，加快建立中国-东盟海关协作机制，推动通关便利化。推动建立中方执法部门与周边国家口岸执法部门合作机制，实现口岸双方通关便利化。

进一步扩大东盟商品进口的平台体系。支持地方建立面向东盟的商品采购交易中心、农（海）产品直销中心等，设立农产品进口绿色通道。

（2）加快服务领域的单边开放拓展。以非歧视为基本原则，给予东盟服务业企业创业自由与提供服务的国民待遇，实现服务要素的自由流动。

在数字经济领域向东盟单边开放。依托我国数字经济发展的优势，向东盟单边开放数字贸易和服务（电子商务、无纸化贸易）、数据治理（在线个人数据和消费者保护，大数据运用下的数据共享、交换与比较，电子可转移记录，跨境数据流）等领域，深化与东盟在人工智能、智慧城市发展等领域的合作。

在绿色经济领域向东盟单边开放。我国在绿色经济领域具有较强的优势，具备向东盟单边开放的条件。在低碳可持续经济背景下向东盟率先开放绿色经济的知识、实践和技术，如绿色金融、可持续消费与生产、新能源汽车等低碳技术和绿色基础设施、环境产业、绿色工业等；深化在可持续能源领域（包括智慧能源解决方案、能源存储系统等）的合作。

推动单边开放尽快向服务贸易全行业拓展。推进旅游、教育、医疗、文化娱乐及金融、保险等服务业的市场开放，降低跨境交付、自然人移动、境外消费等服务贸易模式下的市场壁垒，逐步实现服务贸易主体在区域内国民待遇的全覆盖。

（3）推动向东盟金融单边开放，深化中国-东盟金融合作。

率先放开对东盟资金进出中国的限制。在符合监管条件的基础上，逐步实现东盟资金自由进出中国；对其在国内的投资所得，完税后可以完全自由汇出。

加快人民币区域化进程。适应中国-东盟贸易投资结算对人民币不断上升的需求，在各国拥有主权货币的前提下，尽快使人民币成为区内贸易投资主要结算货币，争取成为东盟国家的主要储备货币之一。

加快形成人民币与东盟国家货币直接汇率形成机制。深化中国－东盟货币合作，进一步扩大区域货币储备规模，尽快将与IMF贷款脱钩的比例从现在的40%提高到50%以上①。

2.陆域合作率先实施，并向海洋领域拓展

（1）根据东盟成员不同情况，率先在陆域实施向东盟单边开放。

率先向东盟单边开放制造业，打造中国－东盟制造业的一体化市场。依托中国内需大市场，强化对中国－东盟区域制造业中间产品和最终产品的购买；在进一步深化纺织等领域合作的同时，深化在生物医药、工业机器人、石油化工、电气设备、新能源汽车等领域的合作。

在农业项下实施向东盟单边开放政策，打造中国－东盟农业的一体化市场。支持双方企业互设农业产业合作园、农产品加工园、农业科技合作园等；发挥中国资本、技术等优势与东盟资源优势，携手打造涵盖种子研发、种植、包装、运输、加工、储藏等的跨境农业产业链供应链，并共建以金融、保险为重点的农业合作服务体系；同时，强化政府间协调，消除非经济因素对企业投资经营的不利影响。

（2）有序拓展到海洋领域的单边开放。

加快推动海洋产业单边开放进程。第一，向东盟推动海洋旅游市场的单边开放。例如，支持国内及东盟企业开发以面向国内消费者为主的环南海邮轮旅游航线和产品。第二，向东盟推动海洋渔业等领域的单边开放。开展与东盟在渔业捕捞、水产技术交流、海洋生物资源开发等方面的合作。重点强化海水养殖合作，依托我国资本与技术，探索合作发展生态型、高产值深水网箱和大型智能化养殖渔场。同时，加大生态系统海洋渔业管理成功经验的分享与推广力度，合作打造海洋牧场，共建海洋的产业链供应链。

① 2020年9月，区域危机救援合作机制（CMIM）协议特别修订稿正式生效，其主要内容包括：第一，将与IMF贷款脱钩的比例从30%提高到40%；第二，使自愿和需求驱动的本地货币出资制度化；第三，明确IMF脱钩部分的CMIM条件性框架。

推动涉海资源共同开发项下的单边开放。对东盟成员率先开放涉海投资。以政府资金为引导，撬动国有资本、社会资本、金融资本和境外资本，探索以公司制形式设立中国–东盟海洋产业投资基金，合作发展海洋经济。支持社会资本设立服务海洋经济的信托投资基金、股权投资基金、产业投资基金和风险投资基金，鼓励各类投资基金投资小型微型海洋科技企业；推动银行、保险、信托、金融租赁与股投、担保合作，组建海洋投贷联盟。

（3）推动中国–东盟海洋经济由经贸领域向治理、安全领域拓展。

以单边开放拓展海洋油气资源开发等领域合作的广度与深度。例如，推动共建具有自由贸易区性质的海洋产业园区、海洋高端装备保税港区、海洋经济合作示范区、以海洋产业为重点的工业港区等，着力打造海洋资源开发利用合作基地、海洋高端产业孵化基地、热带海洋经济产业示范园、区域创新合作中心等。

以单边开放促进区域内国家共商共建共享治理。例如，依托开放性、包容性和公平性的国际生产分工体系和经济发展秩序，在持续推进“南海行为准则”磋商的同时，尽快合作建立南海治理体制机制。

以单边开放探索同相关国家开展泛南海防务合作。例如，合作举办泛南海防务部门海空联络机制年度会议和专门会议，深化和细化防务部门的常态化沟通，促进政策层面的相互了解，避免海上出现军事摩擦与冲突。待条件成熟时，积极探索情报共享、军事行动、参与全球其他地区安全事务等领域的常态化合作。

3. 经贸领域率先实施，并向社会领域拓展

（1）适应产业发展需要逐步放开人文交流。

全面放开东盟商务人员的进出限制。例如，发起面向东盟的商务旅行卡计划，实现东盟国家高端商务人士入境免签。

加大人员交流往来的开放力度与幅度。增加面向东盟国家的职业资格单向认可目录内容；允许取得境外职业资格的相关技术人员经认定后提供跨境服务；放宽东盟人员参加职业资格考试的范围。

（2）率先实现教育科技领域的单边开放。支持具备条件的地区开设东盟留学生来华学习、实习、创业、就业的绿色通道，吸引他们在华居住、创业、就业；更

大力度吸引东盟国家青年企业家来华投资等。

（3）在人文交流中提升社会管理的协同程度。一是加快推进人文与社会领域交流合作。在边境交流合作的基础上，尽快扩大教育、卫生等软性基础设施的互联互通。二是加快完善从政府到民间多层次、多元主体的沟通交流网络。比如，在渔业领域尽快建立中国-东盟渔民交流机制，形成民间人文与社会交流的机制。

第四节

稳定大国经贸关系

长期以来，我国外交秉持“大国是关键，周边是首要，发展中国家是基础，多边是重要舞台”的基本原则。在经贸关系上，这一原则仍然适用。尽管中美、中欧、中日韩等大国经贸关系面临诸多挑战，但仍需要以国家利益为导向，采取务实举措，稳定和深化大国经贸关系，为未来5—10年发展创造一个良好的外部环境。

一、稳定中美经贸关系

1.未来10年是中美关系重塑的关键时期

（1）未来10年是中美经济实力相对变化的敏感时期。改革开放以来，我国经济总量不断提高，与美国的经济总量差距逐步缩小。根据世界银行的数据，1978年，我国GDP和人均GDP分别为1495.41亿美元和156.40美元，分别为美国的6.36%和1.48%；到2022年，我国GDP和人均GDP分别为17.96万亿美元和12720美元，分别为美国的70.55%和16.65%。

有研究预测，中国经济总量持续增大，将在2030年前后超过美国成为世界第一大经济体。根据美联储预测，美国长期GDP增长率约为2%；国务院发展研究中心课题组预测，中国将于2030年超过美国成为世界第一大经济体，美国将成为世界第二大经济体。当然，以综合国力论，美国将继续保持全球超级大国地位[①]。

（2）**未来10年是中美相互适应、重塑关系的关键时期。**随着双方相对实力的变化，在全球经济增长乏力和全球经济治理面临挑战的情况下，中美如何看待自己在全球中的角色，如何适应不断变化的对方，以及如何定位多变环境下自身在全球事务中的角色，成为中美关系的重大课题。

中美关系有一个相互调适的过程。改革开放40多年来，在中美经贸关系上，中国总体上是一个因变量，是融入世界经济格局，并且在这个过程中不断发展自己的；美国总体上是一个自变量，通过自身经济实力以及反映自己意志的全球治理机制，影响着全球经济。未来10年，中美两国经济实力的相对变化，并不必然带来冲突，关键是双方能否有效地适应不断变化的对方。

美国需要接受中国发展起来的事实。实践证明，美国用单边主义、贸易保护主义的手段遏制中国，不仅难以奏效，也难以得到国际社会的认同。美国诉诸非经济手段遏制中国，不仅解决不了美国国内的问题，而且有损美国世界领导者的形象。实际上，一个更加开放、发展更加全面的中国，将同世界形成更加良性的互动，带来更加进步和繁荣的中国和世界。

中国需要在国际公共产品供给中承担更大责任。中国发展起来并不是要挑战美国，中国也无意称霸，作为新型开放大国，中国通过提供更多国际公共产品，在世界格局变化中成为积极的建设者。

中美有条件实现竞争性共存。中美两国出现竞争并不可怕，经济领域的竞争有利于各自的发展，也有利于全球经济的创新发展。问题在于，竞争的主要手段是市场竞争，不能将竞争手段扩大到政治、安全等非经济领域，并使之无限扩大化。

2.防止“小院高墙”“脱钩断链”不断恶化

（1）**要避免中美经贸摩擦的持续恶化。**从发展态势看，未来1—2年，中美经贸摩擦可能有三种前景。

前景一：达成协议。中美双方就贸易谈判达成相关的协议，中方核心关切得到

---

① 国务院发展研究中心“国际经济格局变化和中国战略选择”课题组：《未来15年国际经济格局面临十大变化》，《中国发展观察》2019年第1期。

解决，如取消全部加征关税，贸易采购数字符合实际，改善文本平衡性[①]。在这个情况下，中美经贸关系将根据双方达成的协议重新恢复正常。但受到长达一年半中美经贸摩擦的冲击，相当多的中方市场主体开始调整自身经营策略，中美经贸关系不可能完全回到过去，而是将形成新的平衡。从现实情况看，达成符合以上三个标准的协议有较大的难度，但可能性并非不存在。

前景二：摩擦不断扩大并长期化。从美国新一届政府履职以来的战略思路和政策导向看，中美经贸摩擦极有可能朝不断扩大化、长期化的方向发展。美国对华经贸摩擦升级的路径有可能是关税战升级→投资战→技术战→汇率战→金融制裁[②]。

前景三：全面割裂。中美双方经贸关系全面“硬脱钩”，双方贸易、投资、金融联系全面割断。如果中美重新回到美苏冷战的情况，全球就有可能陷入冷战。一是挑起不同发展理念的对立；二是挑起不同国家集团的对抗；三是对抗的强度超越经贸领域，甚至包括低烈度的对抗。

（2）要避免形成“一个世界、两个体系”的“治理脱钩”。当前中美在全球治理上面临两个选择。一是加强在全球治理框架下的合作。中美可在全球治理框架、国际公共产品提供等方面达成诸多共识，维护共同利益。美国和中国作为全球数一数二的两大经济体，对于保持世界和平稳定、维护全球开放贸易体制与国际金融体制稳定负有特殊的责任。中美在过去基本上较好地处理了彼此的关系，合作多于冲突，共识大于分歧。中美双方以史为鉴，可以在扩大两国共同利益的基础上形成合作共赢的基本共识。二是中美经济“脱钩”，各自构筑自己的体系。这将加大全球经济的不确定性。在世界经贸格局中，10年前美国是130个国家和地区的最大贸易伙伴，中国是70多个国家和地区的最大贸易伙伴[③]。中美经济“脱钩”若引发各国“选边站”，不仅将割断中美已形成的经济联系，也将对世界政治经济秩序产生极大的负面冲击，并由此引发全球经济的新一轮衰退。

---

① 《中美开展经贸合作是正确的选择，但合作是有原则的》，《人民日报》2019年5月13日第1版。

② 《余永定：美方升级贸易战的六种可能——在第九届“中日金融圆桌研讨会”上的发言》，中国金融四十人论坛，2019年6月1日。

③ 王勇：《中美贸易摩擦升级背后：全球治理合作的选择和挑战》，《中国报道》2018年第7期。

能否避免形成“一个世界、两个体系”，是长期内中美关系的战略性挑战。形成“一个世界、两个体系”，对中美两国的长期发展极为不利，对世界也是一个灾难性的后果。这就需要中美双方从全球大局出发，尽快形成共识，加强治理体系的协调，尤其是加强事务上的交流与沟通，避免陷入冷战或者“新冷战”。

（3）要避免短期矛盾演变成长期冲突，避免经济问题演变成社会层面的对抗。中美两个大国在经贸领域的争端，包括贸易逆差问题，会随着中国和全球经济结构调整而逐步得到解决。在美元作为国际货币的条件下，美国出现贸易逆差并不奇怪，而且是必然的。在美国的贸易逆差史上，不同时期的贸易逆差来源不同。但共同点是，出现贸易逆差的贸易对象都是制造业大国。最早是日本和德国相对美国出现贸易顺差，日本由此成为美国贸易摩擦的主要对象国。对中国来说，在20世纪80年代至90年代初期美国一直处于顺差地位，1992年之后中国转为顺差；随着中国加入WTO和制造业快速崛起，中国对美贸易顺差才有所加大。因此，对美贸易顺差的国别变迁和全球制造业转移的进程是大致吻合的。

避免中美经济争端社会化、政治化、战略化。美国的单边主义和贸易保护主义有民粹主义的深刻背景。在民粹主义的推波助澜下，中美经济争端社会化、政治化、战略化的趋势相当明显。尤其要高度警惕美国民粹主义的蔓延以及绑架双方贸易等的公共政策。从2017年美国公共政策的走向看，这个风险不能排除。

3.以协调、合作、稳定的基本原则为未来中美关系定向把舵

（1）中美大国关系要回到协调、合作、稳定的轨道上来。虽然中美两国当前经贸关系比较紧张，但着眼长期，中美仍有可能构建新型大国关系。关键是双方要理性管控分歧，尊重各自的核心利益和重大关切，并将协调、合作、稳定作为处理好中美关系的基石。

（2）中美关系要走向协调。中美同为全球大国，在双边事项上应该保持沟通、协调，不挑战“底线”，不逾越“红线”，不能以牺牲一方的发展权为代价，更不能损害一国的主权。在这个前提下，就可以有效克服和解决中美关系发展进程中出现的矛盾与问题。此外，大国关系事关全球战略稳定，大国肩上都承担着特殊责任。中美两国在维护世界和平稳定、促进全球发展繁荣方面发挥着重要作用，中

美加强协调合作，是国际社会普遍期待，必将为世界提供更多稳定性和正面预期[①]。

（3）中美关系要走向合作。在中美关系上，形成合作的新认知十分关键。美国需要客观认识到，中国与苏联不同。一方面，中国没有称霸的野心，中国把解决好自己的事情作为对全球最重要的贡献之一；另一方面，与冷战时期不同，美国缺乏从经济上孤立中国的国际机制，也缺乏从经济上孤立中国的理由。无论是经贸关系还是地缘政治关系都绕不开一个基本事实：中美共同利益远大于分歧。为此，在合作中实现共赢，既符合中美实际情况，也符合全球的共同利益。即便是在一些竞争性逐步增强的经济领域，未来10—20年中美之间也可以形成竞争性共存的新格局，既有竞争，又有合作，但更多的是在竞争中共存，并在竞争中更好发展。

（4）中美关系要走向稳定。中美大国关系的稳定对全球稳定有重要意义。2018年以来，国际资本市场的走势在很大程度上受中美贸易谈判的影响。未来10—20年，如果中美关系不能有效地稳定下来，全球经济将会受到严重的冲击。着眼长期，中美需要尽快形成稳定、可预期的经贸关系，由此稳定全球的预期。从现实情况看，美国是最大的发达国家，中国是最大的发展中国家，中美共同利益远大于分歧，二者完全可以实现合理分工、互利共赢。

二、以单边实施有效激活中欧投资协定

1.中欧投资协定水平不亚于CPTPP标准

（1）尽管目前处于搁置状态，但中欧投资协定是我国高质量开放的标志。根据欧盟官网公布的中欧投资协定的核心内容，协定涵盖市场准入承诺、公平竞争规则、可持续发展和争端解决四方面内容。在制造业方面，中国将开放汽车、运输设备、医疗器械、化工等行业；在服务业方面，中国将开放金融服务、国际海事、环保、建筑和计算机服务等，并进一步放开云服务、私人医院、航空运输等。

客观来看，欧盟作为发达经济体在市场准入的标准上高于仍是发展中国家的中

① 《新华社评论员：共同推进以协调、合作、稳定为基调的中美关系》，www.xinhuanet.com/world/ 2019-06/30/c_1124691303.htm?bdmpm=tcform-pbnews。

国，但在中欧投资协定中，中国在较多方面作出大力度的对等开放，显现了中国与深度的、高质量的区域贸易协定逐步对接的诚意，这也是中国高水平开放的标志。

（2）以公平竞争环境相关承诺为例[①]。从中欧投资协定文本披露的信息看，中欧双方在这方面都有较高水平的承诺。

国有企业。该协定将要求国有企业按照商业考虑行事，在购买和销售商品或服务时不得有歧视。这些规定涵盖了一个定义广泛的国有企业类别，包括由国家通过少数股权或法定所有权控制的实体，以及国家指定的垄断企业或拥有特殊权利的实体。这些规定旨在改善上市公司和私营企业之间的公平竞争环境，有助于市场上更公平的竞争，并对投资者的信心产生有利影响。该协定将包括具体的透明度规则，包括各方有义务根据请求提供信息，以便评估具体实体（或实体集团）的行为是否符合商定的义务。

强制技术转让。该协定将为禁止强制转让技术制定非常明确的规则，包括禁止强制转让技术的几种投资要求，以及禁止直接或间接干涉技术许可方面的合同自由。这些规则还将包括保护行政机构收集的机密商业信息不被未经授权披露的要求。

补贴的透明度。该协定将通过对与服务有关的补贴规定透明度义务，补充现有多边货物补贴规则中规定的透明度要求，将适用一项具体的磋商程序，要求任何一方进行磋商，以便就可能对另一方的投资利益产生负面影响的任何补贴提供补充信息，并寻求消除这种负面影响的方法。

2.中欧经贸合作的现实需求在加大

由于非经济因素，应当说2020年底中欧投资协定签署后，协定被欧盟方面非理性搁置。但客观上，中欧经贸合作的现实需求在加大。比如，2022年7月1日，国内较大的三家航空公司中国南方航空、中国国际航空、中国东方航空发布公告，与欧洲飞机制造巨头空中客车签订了一项购机协议——合计采购A320NEO系列飞机共292架，合计购置金额将达372.57亿美元。这批新飞机将于2023—2027年分批

① 欧盟官网，2020年12月30日。

交付。此次交易是三大航有史以来飞机购买订单中数量最大和订单金额最高的单笔订单，同时也是近三年来中国民航业首次对外宣布的大规模的客机订单。与此同时，空中客车中国研发中心签约落户苏州工业园区。此举对空中客车而言，意味着能够更好融入中国市场。再比如，为了有效应对能源危机，欧洲各国加大了对中国光伏等清洁能源产品的引进力度。根据光伏咨询机构PV InfoLink对中国海关出口数据的分析，2022年1—5月，中国光伏组件出口达到63.4吉瓦，同比增长102%。其中，向欧洲累计出口33.3吉瓦，同比增长144%，占出口总量的52%，欧洲是中国五大销售区（欧洲、亚太、美洲、非洲、中东）中需求增长强劲、需求总量最多的地区。其中进口中国光伏组件超过1吉瓦的欧洲国家有7个，分别为：荷兰、西班牙、德国、波兰、希腊、葡萄牙、法国。据预测，2022年欧洲市场对中国光伏组件需求的有望达到65吉瓦，超越2021年创下的40.9吉瓦纪录[①]。这说明中欧经贸合作空间相当大。

3.以单边实施创造条件激活中欧投资协定

（1）单边实施中欧投资协定。可以预见，在目前的政治环境下，欧洲议会很难快速使中欧投资协定生效。对于这个经过艰苦谈判达成的协定，我国可以单方面宣布实施相关条款，而不必等欧盟方面签署同意。比如，在卫生医疗领域，率先在五个城市放开私立医院。再比如，对于欧盟关注的绿色发展等合作，鼓励和支持企业和地方率先实施。单边实施中欧投资协定，既可以取得中欧经贸合作的主动权，又可以有效应对美国“脱钩断链”的企图，还可进一步强化我国作为开放大国的国际形象。

（2）与德国、法国等在特定服务业项下深化合作。德国和法国是重要的发达经济体，也是欧洲经济一体化的重要推动力量，在推动中欧投资贸易自由化进程中有不可或缺的作用。比如，德国在汽车、机械、装备、化工等制造业和研发、物流、通信、职业教育等生产性服务业领域全球领先，法国在飞机制造、航空航天等制造业和旅游、健康、生物、制药等领域全球领先，这些都是我国消费结构升级

① 《重启煤电之外，欧盟正利用中国光伏产业缓冲压力｜新京智库》，https://www.bjnews.com.cn/detail/1657189583169003.html。

和经济转型升级迫切需要发展的领域。为此，我国可以同德国、法国对双方存在巨大互补性的制造业和服务业领域，通过构建产业园区等多种方式，在技术和安全标准、非关税措施、知识产权等层面加强协同合作。

（3）加快实施早期收获项目。

共同推动实施服务贸易便利化措施。尽快探索与服务贸易特点相适应的通关管理模式，全面加强中欧双方在促进贸易便利化、提高过境效率、知识产权执法、贸易统计等方面的合作；提升人员签证的便利性，提高签证程序的透明度；加强在食品安全、质量标准领域的合作；推动第三方检测和认证服务的检测认证结果互认，加强信息资源共享。

深化以环保技术为重点的技术合作。欧盟在绿色能源、低碳技术、环境治理技术等领域走在全球前列，尤其在清洁能源开发使用技术出口方面有很大优势，而我国拥有全球最大的清洁能源市场和相对较低的制造成本，可以充分借鉴欧盟的先进技术和管理经验。为此，应当以环保技术为重点，率先放宽对欧盟环保企业的市场准入，吸引欧盟企业进入我国环保市场。

加强中欧基础设施投资合作。欧盟在桥梁、水路、铁路、公路、航空和电力等基础设施的更新、扩容和改造方面存在巨大投资需求，仅实施“容克投资计划”就需要不低于3150亿欧元的投资，而我国在高铁、桥梁、机场、电力等方面有世界一流的技术与设备、建设能力和价格竞争力。双方可以将基础设施项下的自由贸易作为中欧一体化大市场的重要内容。

扩大中欧政府采购合作。《第二十一次中国-欧盟领导人会晤联合声明》提出，“欧盟支持中国加快加入世贸组织《政府采购协定》进展”。从发展趋势看，中欧双方扩大政府采购的空间很大，可以考虑以负面清单方式明确双方政府采购参与实体，增强中欧在政府采购方面的合作。

三、在RCEP框架下稳定和推进中日韩经贸合作

1.中日韩经贸合作正处于关键时期

（1）RCEP为中日韩经贸合作带来了新的机遇。作为全球最大的自由贸易区，RCEP正式生效以来，其红利逐步释放，并给中日韩经贸合作带来重要机遇。2022年中国与日本、韩国的贸易总额约7200亿美元，占中国外贸总额的11.4%；日韩双边货物贸易额达到881.06亿美元，同比增长3.9%；韩国、日本2022年前11个月实际对华投资分别增长122.1%和26.6%。RCEP进入全面实施阶段，将给中日韩经贸合作带来更大的机遇。

（2）中日韩经贸合作的深化，对推动RCEP高水平开放进程具有重要的带动和引领作用。中日韩三国GDP、制造业增加值占RCEP的80%以上，也是区域内主要出口市场。中日韩深化经贸合作，对于建设高水平的RCEP将发挥相当重要的作用。2012—2021年，中日韩货物贸易占全球的比重从17.73%稳步提升到19.64%。随着RCEP全面实施，中日韩货物贸易还有较大的增长空间，形成区域内重要的新增市场，为RCEP其他经济体发展注入重要动力。

（3）中日韩经贸合作面临严峻挑战和突出矛盾，关键是排除干扰，在RCEP框架下务实推进三国经贸合作。今天，美国挑起的"小院高墙""脱钩断链"等，不可避免地对东北亚区域经济合作造成严重的负面冲击。深化中日韩经贸合作，需要进一步推进市场开放，更需要避免区域产业链供应链安排因域外势力干扰被价值观而不是市场主导。

在RCEP这个特定背景下推进中日韩合作，需要顺应趋势、把握定力、形成合力、务实推进。在此，重点从服务贸易角度对中日韩经贸合作进行探讨。

2.把握中日韩服务贸易互补性不断提升的趋势

当前对中日韩经贸合作有一种担心，认为随着中国经济发展，中国与日韩经济结构的竞争性在增长。客观地看，部分产业会出现这种情况，但中日韩产业结构仍有相当大的互补性，尤其是服务贸易领域互补性还在提升，由此不断拓展中日韩经

贸合作的空间。

（1）中日韩服务贸易蕴藏巨大的增长空间。2012—2021年，中日韩三国服务贸易总额从1.02万亿美元增长到1.4万亿美元。但从服务贸易占GDP的比重看，2021年中日韩仅为5.74%，远低于全球同期11.80%的水平（见表8-10）。静态估计，如果中日韩服务贸易水平翻1倍，占GDP的比重接近或达到全球平均水平，将带来至少1.4万亿美元的新增市场，不仅能为中日韩发展注入重要动力，而且能为RCEP区域发展注入重要动力。

表8-10　2012—2021年中日韩服务贸易占GDP的比重（%）

年份	中国	日本	韩国	中日韩	全球
2012	5.66	5.13	16.53	6.32	11.92
2013	5.62	5.88	15.54	6.54	12.28
2014	6.22	7.28	15.30	7.33	12.81
2015	5.90	7.68	14.30	7.09	12.96
2016	5.79	7.24	13.80	6.87	12.91
2017	5.56	7.70	13.31	6.79	13.16
2018	5.46	7.90	13.72	6.75	13.49
2019	5.25	8.33	14.20	6.70	13.60
2020	4.18	7.09	11.99	5.47	11.60
2021	4.40	7.70	13.60	5.74	11.80

数据来源：中日韩合作秘书处，Trilateral Statistics Hub数据库。

（2）中国与日韩经济发展阶段不同，服务贸易互补性正在提升。中国总体上处于工业化后期，而日韩总体上处于后工业化时期，服务业发展差距使得中日韩服务贸易互补性在提升。2012—2021年，中日服务贸易从257.31亿美元增长到314.23亿美元；中韩服务贸易从222.88亿美元增长到324.45亿美元。更重要的是，中国对日本、韩国的服务贸易长期保持逆差。2012—2021年，中国对日本、韩国的服务贸易逆差累计分别达到1090.05亿美元和408.91亿美元（见表8-11）。

表8-11　2012—2021年中国与日韩服务贸易规模

单位：亿美元

年份	中国与日本服务贸易				中国与韩国服务贸易			
	中国向日本出口	中国从日本进口	中日总额	中国对日本顺差	中国向韩国出口	中国从韩国进口	中韩总额	中国对韩国顺差
2012	101.44	155.87	257.31	−54.43	103.42	119.46	222.88	−16.04
2013	96.57	171.30	267.87	−74.73	101.27	145.34	246.61	−44.07
2014	108.47	202.30	310.77	−93.83	112.37	184.62	296.99	−72.25
2015	102.25	231.32	333.57	−129.07	115.47	179.81	295.28	−64.34
2016	100.03	241.50	341.53	−141.47	118.18	183.28	301.46	−65.10
2017	100.64	249.31	349.95	−148.67	131.64	155.10	286.74	−23.46
2018	115.69	282.63	398.32	−166.94	152.65	192.00	344.65	−39.35
2019	123.50	295.58	419.08	−172.08	148.06	185.32	333.38	−37.26
2020	111.54	172.16	283.70	−60.62	123.10	138.65	261.75	−15.55
2021	133.01	181.22	314.23	−48.21	146.48	177.97	324.45	−31.49

数据来源：根据WTO服务贸易数据库整理。

以数字服务贸易为例，中日韩均为数字服务贸易的主要经济体，三国数字服务贸易规模总体上都在扩大（见表8-12）。日本数字服务出口项目呈现出知识密集度更高的特征，韩国次之，中国则在中低端服务出口项目上更为集中，三者互补性相当强（见表8-13）。研究表明，无论是中国出口、日本进口，还是日本出口、中国进口，中日绝大部分年份数字服务贸易互补性指数均超过1①；中韩在数字服务贸易领域的互补性也在不断提升②。

表8-12　2013—2021年部分年份中日韩数字服务贸易规模

单位：亿美元

年份	2013	2015	2017	2019	2021
中国	1850.97	1794.41	2079.52	2718.10	3596.89
日本	1513.51	1893.96	2154.74	2611.17	2749.05
韩国	693.21	761.20	872.10	959.30	1198.06

数据来源：UNCTAD数据库。

① 服务贸易互补性指数超过1，说明存在互补性；数值越大，互补性越强。

② 张弛、朱潇晓：《中日韩数字服务贸易特征及关系的实证分析》，《党政干部学刊》2023年第2期。

表8-13 2021年中日韩数字服务进出口结构(%)

国家	进出口占比	项目					
		ICT服务	保险服务	金融服务	知识产权服务	其他商业服务	个人文娱服务
中国	出口占比	39.51	2.72	2.62	6.13	48.05	0.97
	进口占比	24.34	9.73	3.24	28.44	32.26	1.99
日本	出口占比	8.53	1.79	11.05	38.92	38.17	1.54
	进口占比	16.56	7.55	6.55	19.05	48.87	1.41
韩国	出口占比	21.34	1.63	8.12	14.70	51.42	2.79
	进口占比	13.58	1.97	4.10	16.89	62.34	1.12

数据来源：根据UNCTAD相关数据整理计算。

(3)**以服务贸易为重点加快推动中日韩贸易结构升级。**中日韩三国双边贸易中的服务贸易占比均低于全球平均水平。2021年，中日、中韩、日韩双边贸易中的服务贸易占比分别为7.8%、8.22%和11.06%(见表8-14)，低于全球平均水平(21.4%)。中日韩三国均面临着贸易结构升级的要求与任务。适应全球服务贸易发展的大趋势，中日韩把经贸合作新增长点与重点放在服务贸易上，由此形成的贸易增长点可同时推动三国贸易结构升级，并形成RCEP服务贸易升级的重要牵引力。

表8-14 2012—2021年中日、中韩、日韩双边贸易中的服务贸易占比

年份	中日双边贸易结构			中韩双边贸易结构			日韩双边贸易结构		
	货物贸易总额/亿美元	服务贸易总额/亿美元	服务贸易占比/%	货物贸易总额/亿美元	服务贸易总额/亿美元	服务贸易占比/%	货物贸易总额/亿美元	服务贸易总额/亿美元	服务贸易占比/%
2012	3294.59	257.31	7.24	2564.02	222.88	8.00	1020.60	157.47	13.37
2013	3123.78	267.87	7.90	2742.38	246.61	8.25	923.36	150.82	14.04
2014	3123.12	310.77	9.05	2904.42	296.99	9.28	849.06	160.48	15.90
2015	2785.19	333.57	10.07	2757.92	295.28	9.67	708.26	142.18	16.72
2016	2749.39	341.53	11.05	2526.82	301.46	10.66	712.55	148.10	17.21
2017	3030.53	349.95	10.35	2802.57	286.74	9.28	813.88	168.29	17.13
2018	3277.09	398.32	10.84	3134.00	344.65	9.91	846.15	174.01	17.06
2019	3150.13	419.08	11.74	2845.33	333.38	10.49	758.71	167.57	18.09
2020	3172.52	283.70	8.21	2855.76	261.75	8.40	712.88	102.69	12.59
2021	3713.47	314.23	7.80	3622.92	324.45	8.22	846.50	105.27	11.06

数据来源：中国(海南)改革发展研究院课题组根据联合国商品贸易统计数据库、WTO服务贸易数据库整理并计算。

注：服务贸易占比=服务贸易总额÷(服务贸易总额+货物贸易总额)。

3.以市场开放深化RCEP框架下以服务贸易为重点的中日韩经贸合作

（1）以更高水平市场开放有效应对“小圈子”和“脱钩断链”。美国主导的IPEF企图在亚太地区构筑以价值观为前提的排他性供应链体系，其实质是以自身利益为驱动、以牺牲别国利益为代价维护自身霸权的“零和博弈”，这不可避免地对东北亚区域经济合作造成严重的负面冲击。IPEF供应链协议就是美国企图排斥中国供应链的一个做法。例如，在芯片上，受美国胁迫，韩国不敢填补美光在华市场禁售后留下的市场缺口；日本正式将先进芯片制造设备等23个品类纳入出口管制清单。有研究表明，这将使日本芯片产业自绝于中国市场[①]。中国坚决反对“小圈子”和“脱钩断链”；作为搬不走的邻居，日韩也需要把握RCEP的发展趋势，把握亚太地区发展趋势，排除干扰，以更大的市场开放有效应对域外势力推进“小圈子”和“脱钩断链”的企图和行动。

（2）中国加快推进以服务业市场为重点的高水平市场开放，推动中日韩服务贸易发展。过去几年，中国在服务业市场开放上有明显进展，金融等领域开放承诺提前落地。在RCEP框架下，中国服务业市场开放承诺目前采取正面清单形式，而日韩则采取了负面清单形式。深化中日韩服务贸易合作，建议我国尽快制定实施服务贸易负面清单；同时，用好海南跨境服务贸易负面清单，并在目前70项措施的基础上大幅压缩，对标CPTPP争取压缩到35项甚至30项以内。

（3）重点扩大中日韩生产性服务业的开放与合作。适应全球科技进步的趋势，发挥中日韩在研发、设计与制造上的比较优势，在相关行业建立中日韩制造业产业联盟，加快实施制造业项下的生产器械、技术服务、联合研发、技术人员自由流动等自由贸易政策，以中日韩生产性服务业合作推动东北亚先进制造业与现代服务业的融合，形成新的经济增长动力。此外，适应数字经济发展趋势，中日韩需要积极探索数据安全有序流动的相关安排。在确保数据流动安全可控的前提下，扩大数据领域开放，实现数据充分汇聚，推动形成东北亚数据要素市场，为中日韩数字经济发展注入重要动力，并形成引领RCEP数字经济发展的强大动力。

---

① 《廉德瑰：日本将因此付出的代价可能很重》，https://opinion.huanqiu.com/article/4D6tsXNU7KA。

4.以中日韩经贸合作推动RCEP高水平开放进程

（1）率先实施“完全累积”的原产地规则，提升原产地证书便利化水平。RCEP生效使中日和日韩首次形成相互开放市场、降低关税的制度安排，但根据协定，双边仍需要20年以上的时间实现90%左右的“零关税”商品比重目标，尤其是中韩需要35年的过渡期。这个过渡期过长，不利于RCEP的开放进程，也不利于三国经济合作需求。建议中日韩三国尽快协商，缩短关税减让过渡期；率先推动原产地规则从“部分累积”向“完全累积”过渡，率先实施“完全累积”的原产地规则；在原产地证书方面，日本已经实施了进口商原产地自主声明制度，建议中韩尽快对接日本，缩短原产地自主声明制度实施的过渡期。

（2）共同推动RCEP与CPTPP的融合，促进RCEP高水平开放进程。当前，中韩已申请加入CPTPP。中韩如能尽快加入CPTPP，可以进一步提升RCEP与CPTPP的成员重合度，促进RCEP与CPTPP规则融合，并为推动亚太自由贸易区建设奠定坚实基础。为此，日本应持开放心态，放下芥蒂，积极支持中韩早日加入CPTPP；与此同时，中日韩三国合力，促进RCEP服务贸易、电子商务、竞争政策等领域的规则标准逐步对标CPTPP，为亚太自由贸易区闯出一条新路。

（3）以服务贸易为突破，务实推进中日韩自由贸易区谈判。RCEP在关税减让、市场准入、区域供应链调整等方面为中日韩自由贸易区谈判的突破提供了重要条件。在中日韩三国的经济互补性强、市场依赖程度高的背景下，需要排除域外干扰，在RCEP框架基础上，加快中日韩自由贸易区谈判。建议参照RCEP条款，把中日韩自由贸易区谈判议题进行分类，对标全球最高水平的自由贸易协定，在传统贸易议题基础上，将更多的新议题，如知识产权保护、服务业开放、环境标准等纳入其中，尽快实现中日韩自由贸易区谈判的突破。

专栏8-2　积极务实地深化中日韩经贸合作

外交学院原副院长江瑞平：中日韩格局发生了至少四个方面的重大变化。一是经济互利与政治互信背离。日本和韩国在中国经济快速崛起中获得了巨大的经济利益，但这并没有换来对华进一步强化的政治信任。二是相互依存与相对地位异动。相互依存就是彼此利用对方的市场、资金、技术共同推动经济增长。三是同步崛起与内部差距拉大并行。中日韩相对地位在发生重大变化，三国经济都在增长，都是东亚经济奇迹的重要组成部分。但在这个过程当中，中国拉大了与日本的差距，由此导致了一系列的情感、心理状态的变化。根据韩国的民调，中韩之间的好感度在降低。再加上历史上有过对立、对抗、冲突、战争等事件，就更加激发了复杂的国民情感。四是日韩走近与对华疏离同步。在三边调整当中，最大的变化来自韩国。

韩国中央大学国际关系研究生院杰出教授安忠荣：韩国和中国应该共同努力推动RCEP，包括投资争端解决要进一步加速。RCEP取得进步，中日韩之间的关系改善，中国加入CPTPP最终会实现。中国和韩国应该签署双边贸易协定，可能是15年或长于15年，这将是公平的自由贸易协定。

韩国高丽大学国际关系学院杰出教授、韩国对外经济政策研究院原院长金兴钟：在国际舞台上，中国的角色越来越重要。中国现在是非常活跃的国家，在国际舞台上大家都提到中国，中国与其他大国都存在着巨大的投资和合作空间；中国在服务贸易、知识产权保护方面作出了很多贡献，中国在5G、6G技术方面是非常领先的，韩国需要和中国共同合作；中国现在是超级大国，并且在很多方面领先。我们需要共同讨论，务实推进中日韩合作。

资料来源：中国（海南）改革发展研究院：《当前周边关系的形势与对策——“高水平开放与大国关系”专题研讨观点摘要（3）》，《中改院简报》2023年第1688期。

▶▶▶

第五节

以高水平开放统筹发展和安全

在发展与冲突成为全球突出矛盾的特定背景下，需要在高水平开放中促进发展、在开放发展中强化安全保障，形成发展和安全的动态平衡。

一、在高水平开放中完善经济安全机制

1.建立外商投资安全审查委员会

2021年1月18日，《外商投资安全审查办法》正式施行，并明确“国家建立外商投资安全审查工作机制（以下简称工作机制）”“工作机制办公室设在国家发展改革委，由国家发展改革委、商务部牵头，承担外商投资安全审查的日常工作”。总的来看，工作机制明确了国家发展改革委与商务部审查主体的作用。但从实际执行情况看，双部门牵头管理机制具有非持续性、职能界定不清晰等诸多弊端。建议借鉴其他国家的成熟做法，建立常设性的外资安全审查机构——外商投资安全审查委员会，在国家安全委员会指导下开展工作，对涉及国家安全的外国投资（包括绿地投资和并购投资）进行审查，强化国家安全审查的部门协调，进一步提升安全审查主体的层次与权威性。

2.进一步完善安全审查与监管制度

（1）加强外资安全审查配套立法。建议针对外资安全审查专门立法，也可针

对《中华人民共和国外商投资法》进行相应的配套立法，对原则性规定进行具体阐述，列明审查主体、审查标准、审查范围、审查程序以及外国投资者违反我国外资安全审查规定应当接受的处罚等。特别是在审查标准方面，可借鉴加拿大和澳大利亚的经验，分别设定绿地投资和并购投资的不同审查标准，可根据投资标的额缴纳相应的审查费用，维持外商投资安全审查委员会秘书处的正常运行。

（2）建立外资安全审查救济渠道及监督机制。一是充分发挥各级法院的作用，增设外资安全审查的听证程序，允许外国投资者或其他利益相关者发起听证申请，针对非敏感可公开的投资内容进行听证，并将其作为外资安全审查最终裁决的考量因素，最大限度保护外国投资者应当享有的投资权利。二是充分发挥国务院在部际联席会议中的重要作用，将国务院作为外资安全审查的监督部门，对部际联席会议的审查决定进行监督，国务院最终向国家安全委员会负责，并向其汇报最终审查结果及裁决理由。三是发布年度审查报告，最大限度保证外资安全审查的透明度。年度报告应根据每年审查案件的数量、案件分布的行业领域、外国投资者应注意的审查事项等问题展开，保护外国投资者合法投资权益。

（3）不断完善不可靠实体清单制度。严格落实《不可靠实体清单规定》，以完善的制度保障各类市场主体合法权益，并根据实际运行情况不断完善不可靠实体清单制度；同时，加快完善反垄断审查制度。

3.推动外资安全审查制度的国际协调

外资安全审查制度的产生和发展有其国际法基础。近年来，区域自贸协定在强调促进国际投资的同时，更加强调国家安全例外条款，这也成为各国开始纷纷设立外资安全审查制度的重要依据。随着我国经济实力不断提升，国际话语权不断扩大，应大力推动并促进外资安全审查制度的国际协调，将外资安全审查制度控制在合理限度内，并将其适用原则纳入双多边国际投资条约。这些原则应该明确规定外资安全审查的目的、范围和程序，并确保透明度和公正性。同时，为避免歧视和不当限制，外资安全审查制度应该建立在非歧视和平等待遇的基础上，并避免对特定国家或地区的投资实施过度限制。一方面，外资安全审查制度不能成为国际贸易的壁垒，阻碍自由投资和贸易的发展；另一方面，外资安全审查制度不能过于宽松，忽视对国家安全的保护。

二、创新应对经贸摩擦的政策工具

1.坚持把稳定就业作为应对外部经贸摩擦的基础保障

未来5—10年，既要重视经贸摩擦对国内就业的冲击，加强就业监测与保障，也要按照《关于大力发展实体经济积极稳定和促进就业的指导意见》要求，加快构建实体经济与人力资源协同发展的产业体系，不断完善社会政策，有效控制失业率，实现就业与经济社会发展的良性互动。除了加强就业监测和构建实体经济体系外，还应不断完善社会政策，以提供更好的就业保障。这包括改善劳动条件、提高工资水平、完善社会保险和福利制度等。通过这些措施，可以增强劳动者的安全感和归属感，提高就业质量和稳定性。

2.坚持把金融稳定作为应对外部经贸摩擦的基石

将防范和化解金融风险作为应对外部经贸摩擦的重中之重，畅通货币政策传导机制，强化财政政策在扩大内需和结构调整上的作用，形成政策合力。同时，不断增强金融服务实体经济的能力，加强对实体经济的支持，为实体企业提供更加精准、便捷的金融服务，促进实体经济的稳定增长。在制定监管政策时，还需要考虑实体经济的承受力，把握好结构性去杠杆的力度，避免过度限制和约束，积极防范风险。此外，要根据不同行业和企业的特点，采取差异化的监管政策，确保金融体系的稳定和实体经济健康发展之间的平衡。

3.加强国际宏观经济政策协调

（1）加强全球范围内的政策协调合作。依托现有多边、区域治理平台，加强各国财税、货币政策协同和监管协调，增强经济刺激和恢复政策的精准性和有效性。

（2）加强国际经贸和运输领域的通力合作。在疫情全球蔓延及其防控常态化的背景下，保障国际运输通畅是稳定全球经贸的关键。在各国受疫情影响，普遍出现货运滞缓、口岸通关减速甚至跨国运输中断的情况下，应充分平衡疫情防控和国际运输之间的关系，加强国际运输领域的通力合作。

（3）**优化我国参与国际宏观经济政策协调的体制机制。**设立统筹协调我国对外利益的战略委员会，进一步整合、优化当前散落在各部门的相关机构与职能，统筹开展对外经济政策协调工作。

三、建立重要资源和产品全球供应链风险预警系统

1.加快构建全产业链安全保障体系

（1）**加大核心关键供应链的财政支持力度。**加快建立健全芯片产业、操作系统开发等核心关键项目审批及备案流程绿色通道，适当放宽市场准入。探索实施制造业供应链竞争力提升工程，逐步完善战略性新兴产业供应链关键配套体系，巩固制造业供应链核心环节竞争力。

（2）**组建国家芯片产业发展联盟。**完善关键核心技术攻关的新型举国体制，研究出台芯片核心关键产业链支持政策，以新型举国体制助力重大科技创新，全面攻关芯片技术，从国家层面支持华为等龙头企业科技创新。

（3）**加快构建科技创新投融资体系。**进一步放宽基金审批，加快形成多元化科技创新投融资体系。加快制定明确的面向全社会、全行业、全要素的核心技术发展规划体系。

2.积极发挥企业在保障供应链安全中的主体作用

（1）**加大对核心关键供应链上企业技术研发的支持力度。**对重点行业的龙头企业实施全球供应链“备链”计划，加快构建重点行业供应链安全管理体系。鼓励企业积极参与全球供应链网络，建立重要资源和产品全球供应链风险预警系统，重点监测核心产业及与国民生活紧密相关行业的供应链安全风险。

（2）**加快建设国家重点实验室。**围绕关键“卡脖子”技术，加速筹建承担国家重大专项科研任务的国家重点实验室，大幅提升专利技术转化为真实生产力的能力，实现创新链、产业链、人才链、资金链深度融合。

（3）**搭建核心关键供应链的国际平台。**从国家战略层面加快建设全方位的政府服务平台助力国内企业“走出去”。坚持共建“一带一路”，与沿线国家形成更紧密的互利共赢关系，提高国际市场对我国核心供应链企业的接纳能力。

3.加强国际收支监测，保持国际收支基本平衡和外汇储备基本稳定

完善国际收支监测和统计体系，跟踪研究人民币国际化、汇率波动、国际收支以及外汇储备之间的变动关系，摸清短期资本流动方向、特征和深层次原因。加强对外资产负债监测，完善国有企业境外负债约束机制，建立健全全口径外债水平预警和监管体系。完善境外投资分类分级监管体系，建立重点企业境外资产评级机制，健全国有企业境外投资和境外资产内部风险披露制度。

4.构建海外利益风险预警防范和保护体系

发挥驻外机构桥梁纽带作用，充分利用驻外企业、社会组织以及多边组织力量，加强与当地政府、社会组织、社区和政党的交流互动，做好重点国别、重点区域、重大项目常态化风险跟踪分析研判工作。优化提升驻外机构基础设施保障能力，完善领事保护工作体制机制，提升对外援助对国家海外利益的综合支撑服务能力，维护海外中国公民、企业、机构及华侨的安全和正当权益。